本书得到以下单位资助出版：
☆内蒙古财经大学
☆中蒙俄经贸合作与草原丝绸之路经济带
　构建研究协同创新中心

☆内蒙古物流协会协助

内蒙古自治区
社会经济发展
蓝皮书

总主编／杜金柱　侯淑霞

内蒙古自治区
物流业发展报告
（2016）

主　编＼娜仁图雅　曹　刚
副主编＼汤晓丹　张宏伟　侯东亮　刘宇鑫　柴国君

THE LOGISTICS INDUSTRY DEVELOPMENT
REPORT ON INNER MONGOLIA（2016）

经济管理出版社
ECONOMY & MANAGEMENT PUBLISHING HOUSE

图书在版编目（CIP）数据

内蒙古自治区物流业发展报告(2016)/娜仁图雅，曹刚主编．—北京：经济管理出版社，2017.1

ISBN 978－7－5096－4161－3

Ⅰ.①内…　Ⅱ.①娜…　②曹…　Ⅲ.①物流—经济发展—研究报告—内蒙古—2016　Ⅳ.①F259.272.6

中国版本图书馆 CIP 数据核字(2015)第 299578 号

组稿编辑：王光艳
责任编辑：许　兵
责任印制：黄章平
责任校对：超　凡

出版发行：经济管理出版社
　　　　　（北京市海淀区北蜂窝 8 号中雅大厦 A 座 11 层　100038）
网　　　址：www.E－mp.com.cn
电　　　话：(010) 51915602
印　　　刷：北京九州迅驰传媒文化有限公司
经　　　销：新华书店
开　　　本：720mm×1000mm/16
印　　　张：21.5
字　　　数：412 千字
版　　　次：2017 年 1 月第 1 版　　2017 年 1 月第 1 次印刷
书　　　号：ISBN 978－7－5096－4161－3
定　　　价：98.00 元

总　序

　　2015 年，面对错综复杂的国际形势和艰巨繁重的国内改革发展稳定任务，内蒙古自治区各族人民在自治区党委、政府的正确领导下，深入学习贯彻党的十八大，十八届三中、四中、五中全会及习近平总书记系列重要讲话精神，按照"五位一体"总体布局和"四个全面"战略布局的总要求，牢固树立和贯彻落实创新、协调、绿色、开放、共享的发展理念，主动适应经济发展新常态。

　　《内蒙古自治区 2015 年国民经济和社会发展统计公报》显示，2015 年末全区常住人口为 2511.04 万人，比 2014 年增加 6.23 万人。人口自然增长率为 2.4‰。城镇化率达到 60.3%，比 2014 年提高 0.8 个百分点。全区实现地区生产总值 18032.8 亿元，按可比价格计算，比 2014 年增长 7.7%。全年居民消费价格总水平比 2014 年上涨 1.1%。年末全区城镇单位就业人员为 292.6 万人。年末城镇登记失业率为 3.65%。全年实现失业人员再就业人数为 6.1 万人。全年完成一般公共预算收入 1964.4 亿元，一般公共预算支出 4290.1 亿元，分别比 2014 年增长 6.5% 和 10.6%。财政收入在增收困难较大的情况下，顺利完成了全年增长目标。全年农作物总播种面积 756.8 万公顷，比 2014 年增长 2.9%。年末全区农牧业机械总动力为 3805.1 万千瓦，比 2014 年增长 4.8%；综合机械化水平达到 81.4%。全年全部工业增加值为 7939.2 亿元，比 2014 年增长 8.2%。全区规模以上工业企业实现主营业务收入 18522.7 亿元，比 2014 年下降 0.3%；实现利润 940.5 亿元，比 2014 年下降 23.8%。全年规模以上工业企业产品销售率为 96.6%，产成品库存额为 643.2 亿元，比 2014 年增长 0.7%。全年建筑业增加值为 1263.2 亿元，比 2014 年增长 6.7%。全年全社会固定资产投资总额为 13824.8 亿元，比 2014 年增长 14.5%。其中，500 万元以上项目完成固定资产投资 13651.7 亿元，比 2014 年增长 14.5%。新开工项目 12695 个，比 2014 年增长 2.4%；在建项目投资总规模 35672 亿元，比 2014 年下降 0.1%。全年社会消费品零售总额为 6107.7 亿元，比 2014 年增长 8.0%。全年海关进出口总额为 790.4

亿元，比 2014 年下降 11.6%。全年实际使用外商直接投资额 33.7 亿美元，比 2014 年下降 15.4%。全年完成货物运输总量 20.9 亿吨，比 2014 年增长 2.1%。全年完成旅客运输总量 19820 万人，比 2014 年增长 0.2%。年末全区民用汽车保有量为 400.1 万辆，比 2014 年增长 7.6%；全年邮电业务总量（2010 年不变价）为 400.3 亿元，比 2014 年增长 19.1%。全年实现旅游总收入 2257.1 亿元，比 2014 年增长 25.0%。接待入境旅游人数 160.8 万人次，比 2014 年下降 3.8%；旅游外汇收入 9.6 亿美元，比 2014 年下降 4.0%。国内旅游人数为 8351.8 万人次，比 2014 年增长 12.6%；国内旅游收入为 2193.8 亿元，比 2014 年增长 25.7%。年末全区金融机构人民币存款余额为 18077.6 亿元，全年新增存款 1641.3 亿元，比 2014 年增长 11.0%。全年全体居民人均可支配收入为 22310 元，比 2014 年增长 8.5%。数据显示，2015 年内蒙古自治区社会经济总体发展实现了稳中有进、稳中有好、进中有创、创中提质的良好态势，结构调整出现积极变化，改革开放不断深化，民生事业持续进步，经济社会发展迈上新台阶，实现了"十二五"圆满收官，为"十三五"经济社会发展、决胜全面建成小康社会奠定了坚实基础。

为真实反映内蒙古自治区社会经济发展全景，为内蒙古自治区社会经济发展提供更多的智力支持和决策信息服务，2013 年，由内蒙古财经大学组织校内学者编写了《内蒙古自治区社会经济发展研究报告丛书》，丛书自出版以来，受到社会各界的广泛关注，亦成为社会各界深入了解内蒙古自治区的一个重要窗口。2016 年，面对新的社会经济发展形势，内蒙古财经大学的专家学者们再接再厉，推出全新的《内蒙古自治区社会经济发展蓝皮书》，丛书的质量和数量均有较大提升，力图准确诠释 2015 年内蒙古自治区社会经济发展的诸多细节，书目包括《内蒙古自治区区域经济综合竞争力发展报告（2016）》《内蒙古自治区文化产业发展报告（2016）》《内蒙古自治区旅游业发展报告（2016）》《内蒙古自治区社会保障发展报告（2016）》《内蒙古自治区财政发展报告（2016）》《内蒙古自治区能源发展报告（2016）》《内蒙古自治区金融发展报告（2016）》《内蒙古自治区投资发展报告（2016）》《内蒙古自治区对外经济贸易发展报告（2016）》《内蒙古自治区中小企业发展报告（2016）》《内蒙古自治区区域经济发展报告（2016）》《内蒙古自治区工业发展报告（2016）》《蒙古国经济发展现状与展望（2016）》《内蒙古自治区商标品牌发展（2016）》《内蒙古自治区惠农惠牧政策促进农牧民增收发展报告（2016）》《内蒙古自治区物流业发展报告（2016）》。

一个社会的存续与发展，有其特定的社会和经济形态，同时也离不开独有的思想意识、价值观念和技术手段。秉承社会主义核心价值观、使命意识和学术的职业要求是当代中国学者应有的担当，正是基于这样的基本态度，我们编撰了本套丛书，丛书崇尚学术精神，观点坚持学术视角，客观务实，兼容并畜；内容上专业深入，丰富实用；兼具科学研究性、实际应用性、参考指导性，希望能给读者以启发和帮助。

丛书的研究成果或结论属个人或研究团队观点，不代表单位或官方结论。由于研究者水平有限，特别是当前复杂的世界政治经济形势下的社会演进节奏日新月异，对社会科学研究和发展走向的预测难度可想而知，因此书中结论难免存在不足之处，恳请读者指正。

编委会

2016. 8

本 书 编 委 会

目　　录

第一篇　综合报告

第二篇　物流行业发展报告

第三篇　专题研究报告

第　一　篇

综合报告

第 一 章

内蒙古自治区"十二五"期间物流业发展环境

　　进入"十二五"以来，内蒙古自治区政府全面贯彻党中央的战略决策，落实"8337"发展思路，社会经济总量稳中有进，发展质量不断提高，各项社会事业均取得了显著成绩。各级政府高度重视物流业发展，相关规划陆续出台，一系列含金量较高的政策不断推出，政策环境不断完善，内蒙古自治区物流业取得了较快发展。受本轮经济调整周期的影响，物流业需求呈现回落趋势，加之物流业基础设施较薄弱，市场机制还不完善，随着物流业要素成本继续上涨，市场竞争加剧，环境保护压力增大。

一、国民经济总量稳中有进

（一）国民经济结构不断优化

"十二五"期间，内蒙古自治区不断推进各项富民强区政策，加快转变经济发展方式，经济和社会实现了持续稳定发展。2014年内蒙古自治区实现生产总值17769.5亿元，按可比价格计算，增长7.8%。其中，第一产业增加值1627.2亿元，增长3.1%；第二产业增加值9219.8亿元，增长9.1%；第三产业增加值6922.6亿元，增长6.7%。人均生产总值达到71044元，增长7.5%，按年均汇率计算折合为11565美元。全区三次产业比例为9.1:51.9:39。2011～2014年详细数据如表1-1所示。

表1-1 2011～2014年内蒙古自治区宏观经济发展状况

指标＼年份	2011	2012	2013	2014
国民生产总值（亿元）	14246.11	15988.34	16832.38	17769.5
第一产业增加值（亿元）	1304.91	1447.43	1599.41	1627.2
第二产业增加值（亿元）	8092.07	9032.47	9084.19	9219.8
第三产业增加值（亿元）	4849.13	5508.44	6148.78	6922.6
人均生产总值（元）	57515	64319	67498	71044
三次产业比例	9.2:56.8:34	9.1:56.5:34.4	9.5:54.0:36.5	9.1:51.9:39

资料来源：各年度《内蒙古自治区国民经济和社会发展统计公报》。

由表1-1可知，国民生产总值年均增长7.64%，略低于全国9.55%的平均增速，也体现出本轮经济调整对内蒙古自治区的影响较大。其中，第一产业增加值年均增长7.63%；第二产业增加值年均增长4.44%，作为内蒙古自治区经济的主要贡献者，增长速度较"十一五"期间大幅回落，特别是煤炭、有色金属、机械制造等行业受本轮经济结构调整的冲击较大；第三产业增加值年均增长12.60%，远高于第一产业和第二产业，也表明内蒙古自治区在产业结构调整方面取得一定成效，人均生产总值年均增长7.30%。产业结构进一步优化，第二产业由2011年的56.8%下降至2014年的51.9%，第三产业在国民经济中的占比由2011年的34%增长至2014年的39%。

（二）农产品产量保持基本稳定

内蒙古自治区是全国重要的农畜产品基地。拥有河套、土默川平原的优质小麦基地，西辽河流域的优质玉米基地，大兴安岭岭东的优质大豆基地和阴山、燕山丘陵区的优质杂粮基地。另外，呼伦贝尔、科尔沁、锡林郭勒、乌兰察布、鄂尔多斯、阿拉善六大草原生产的优质农畜产品销往国内和国外。

2014年农作物总播种面积735.6万公顷，增长2%。其中，粮食作物播种面积565.1万公顷，增长0.6%。粮食总产量达2753万吨，下降0.7%；油料产量170.3万吨，增长7.7%；甜菜产量160.2万吨，下降11.7%；蔬菜产量1472.7万吨，增长3.6%；水果（含果用瓜）产量322.3万吨，增长9.4%。

牧业方面，2014年内蒙古自治区牲畜存栏头数达12915.8万头（只），增长9.3%；牲畜总增头数7349.9万头（只），总增率达62.2%。牧业年度良种及改良种牲畜总头数11587.3万头（只）。全年肉类总产量252.3万吨，增长3%。其中，猪肉产量达到73.3万吨，下降0.1%；牛肉产量达到54.5万吨，增长5.3%；羊肉产量达到93.3万吨，增长5.1%。牛奶产量788万吨，增长2.7%；禽蛋产量53.5万吨，下降2.8%。

2014年末，内蒙古自治区农牧业机械总动力3632.6万千瓦，增长5.9%；综合机械化水平达到79.8%。全年农村牧区用电量63.1亿千瓦时，增长5.3%；化肥施用量（按折纯）222.7万吨，增长11.6%；机耕地面积628万公顷。

表1-2　2011~2014年内蒙古自治区主要农产品产量情况

指标 ＼ 年份	2011	2012	2013	2014
粮食（万吨）	2387.51	2528.5	2773.00	2753
小麦（万吨）	170.94	188.42	180.40	153.9
玉米（万吨）	1632.13	1784.39	2069.71	2186.1
稻谷（万吨）	27.83	73.26	55.99	52.4
大豆（万吨）	137.24	121.96	119.70	81.9
薯类（万吨）	204.00	184.73	201.10	161.4
油料（万吨）	140.53	145.08	158.14	170.3
甜菜（万吨）	157.72	167.93	181.36	160.2
水果（含果用瓜）（万吨）	301.45	283.50	294.77	322.3
蔬菜（万吨）	1440.17	1476.29	1421.07	1472.7

2011～2014 年内蒙古自治区主要农产品产量情况如表 1-2 所示，粮食总产量逐年增加，玉米、油料、水果、蔬菜产量稳中有升，其他农产品产量略有波动。

表 1-3　2011～2014 年内蒙古自治区主要畜产品产量及牲畜存栏情况

指标 ＼ 年份	2011	2012	2013	2014
牛奶（万吨）	908.20	910.20	767.30	788.0
绵羊毛（万吨）	10.66	10.42	11.05	12.2
山羊绒（吨）	7644.00	7642	7901.00	8283.6
水产品（万吨）	12.29	13.16	14.13	14.8
肉类总产量（万吨）	237.50	245.74	244.96	252.3
猪肉（万吨）	71.34	73.90	73.40	73.3
牛肉（万吨）	49.73	51.20	51.80	54.5
羊肉（万吨）	87.24	88.60	88.80	93.3
牧业年度牲畜存栏（万头、只）	10762	11263	11819.76	12915.8
大牲畜（万头）	1176	1238.70	1266.54	1308.5
羊（万只）	8347	8605.40	9024.72	10091.0
猪（万头）	1238	1418.90	1528.50	1516.3

从 2011～2014 年内蒙古自治区畜产品产量情况来看，牛奶产量近两年下降明显，猪肉产量总体持平，绵羊毛、山羊绒、水产品、肉类总产量小幅增长，牲畜存栏总量方面有所增长，年均增幅达到 6.27%（见表 1-3）。

（三）主要工业品产量回落

2014 年，内蒙古自治区实现工业增加值 8004.4 亿元，增长 9.5%。其中，规模以上工业企业增加值增长 10%。在规模以上工业企业中，国有及国有控股企业增加值增长 3.7%，集体企业增加值增速下降 2.8%，股份制企业增加值增长 10.6%，外商及港澳台投资企业增加值增长 4.9%，其他经济类型企业增加值增长 27.1%。在规模以上工业企业中，轻工业增加值增长 10.6%；重工业增加值增长 9.8%。

从主要工业产品产量来看，内蒙古自治区原煤产量达 99391.3 万吨，增长 0.3%；焦炭产量 3445.9 万吨，增长 8.4%；天然气产量 281.1 亿立方米，增长 3.9%；发电量达到 3857.8 亿千瓦时，增长 8.2%，其中，风力发电量 386.2 亿千瓦时，增长 3.6%；钢材产量为 1763.2 万吨，增长 5.7%；载货汽车为 11996 辆，下降 18.3%。

内蒙古自治区工业发展呈现出以下特点：①规模以上工业增加值增速实现稳中向好发展态势。全年规模以上工业增加值增长10%，增速高于全国平均增速1.7个百分点。全年规模以上工业总体实现了低开高走、稳步回升的态势。②工业结构调整成效明显。围绕"五大基地"建设，内蒙古自治区党委、政府先后制定了10余项产业发展规划，到年底新开工清洁能源、有色装备、农畜产品加工、煤化工等亿元以上工业项目达到1250个。非公有制经济、新兴产业发展步伐加快。全年非公有制经济增加值增速达13.8%，高新技术产业增加值增长14.2%，装备制造业增加值增长16.1%，战略性新兴产业增加值增长15.7%。③东部和西部盟市工业发展基本同步。西部盟市规模以上工业增加值增速达10.9%，东部盟市规模以上工业增加值增速达10.8%。

表 1 - 4 2011 ~ 2014 年内蒙古自治区主要工业产品产量

指标 ＼ 年份	2011	2012	2013	2014
原煤（万吨）	97925.55	106194.31	103000	99391.3
天然原油（万吨）	202.97	197.84	192.68	193.2
发电量（亿千瓦时）	2970.52	3116.88	3475.85	3857.8
粗钢（万吨）	1669.75	1734.14	1978.56	1661.5
钢材（万吨）	1417.32	1661.82	1797.74	1763.2
电解铝（万吨）	165.70	179.40	208.85	235.9
平板玻璃（万重量箱）	1259.53	549.07	521.63	629.3
化肥（万吨）	126.06	123.03	112.40	126.1
精甲醇（万吨）	449.35	552.55	563.24	647.3
水泥（万吨）	6396.47	5872.06	6395.72	6268.3
乳制品（万吨）	383.21	325.67	300.92	269.8
液体乳（万吨）	309.71	273.39	272.97	246.5
发电机组（万千瓦）	79.27	178.99		
载货汽车（万辆）	3.09	2.09	1.46	1.2
彩色电视机（万部）	261.09	383.23	373.76	349.8
纱（万吨）	2.03	1.09		
布（万米）	10171.30	4153.00		
服装（万件）	4172.82	3277.00		
汽油（万吨）	34.26	15.31		
柴油（万吨）	93.55	76.35		

指标 ＼ 年份	2011	2012	2013	2014
十种有色金属（万吨）	238.51	243.88	286.98	329.9
瓷质砖（万平方米）	1001.66	1080.47		
单晶硅（吨）	1912.84	5869.49		
多晶硅（吨）	3802.56	6055.15		
铁合金（万吨）	342.92	358.69		

资料来源：各年度《内蒙古自治区国民经济和社会发展统计公报》。

从表1-4可以看出，2011~2014年，原煤产量在2012年达到峰值后，近两年有所回落，粗钢产量在2013年达到峰值后，2014年大幅降低，降幅达到16.02%；天然原油、平板玻璃、乳制品、彩色电视机等产量均有下降；同时化肥、水泥产量近年基本持平，钢材（7.55%）、发电量（9.10%）、电解铝（12.50%）、精甲醇（12.94%）、十种有色金属产量（11.42%）均有大幅度增长，钢材产量年均增幅最低也达到了7.55%，精甲醇年均增幅更是达到了12.94%。

内蒙古自治区规模以上工业企业实现主营业务收入19064亿元，增长7%；实现利润1294.4亿元，下降18.8%。全年规模以上工业企业产品销售率96.9%，产成品库存额635.7亿元，增长9.8%。

全年建筑业增加值1217.6亿元，增长5.9%。内蒙古自治区具有建筑业资质等级的建筑施工企业963个；施工企业房屋建筑施工面积8053.4万平方米，下降8.9%；竣工房屋面积3648.9万平方米，增长0.5%；房屋建筑竣工率45.3%。全年具有建筑业资质等级的建筑企业实现利润101.9亿元，实现税金57.9亿元。

（四）国内贸易基本保持平稳增长

2014年，内蒙古自治区第三产业增加值6922.6亿元，同比增长6.7%。消费品市场规模不断扩大，社会消费品零售总额5619.9亿元（见表1-5），增长10.6%。从经营单位所在地看，城镇实现社会消费品零售额4955亿元，占社会消费品零售总额的88.2%，增长10.6%；乡村实现社会消费品零售额664.9亿元，增长11%。在限额以上企业商品零售额中，粮食、食品、饮料、烟酒类完成零售额188.9亿元，增长9.9%；汽车类完成零售额420.7亿元，下降2.5%；石油及制品类完成零售额594.9亿元，下降0.9%。

表 1-5　2011~2014 年内蒙古自治区社会消费品零售总额

指标 \ 年份	2011	2012	2013	2014
社会消费品零售总额（亿元）	3936.61	4534.55	5075.2	5619.9
城镇	3439.92	3967.99	4461.3	4955
乡村	496.69	566.56	613.9	664.9

资料来源：各年度《内蒙古自治区国民经济和社会发展统计公报》。

2011~2014 年，居民消费呈现出可喜变化，增长强劲。其中，社会消费品零售总额年均增幅高达12.6%，远高于地区经济增长速度，城镇居民消费总额年均增长率达到12.94%，略高于农村年均10.21%的增度，也从一定程度上反映出近年随着区域经济发展水平的不断提升，居民收入水平大幅提高。

（五）进出口贸易规模大幅增加

伴随国民经济结构调整、口岸建设和一系列利好政策，2014 年对外贸易规模有了大幅增长，见表1-6。2014 年海关进出口总额145.5 亿美元，比2013 年增长21.4%。其中，出口总额63.9 亿美元，增长56.2%；进口总额81.6 亿美元，增长3.3%。从主要贸易方式看，一般贸易进出口额达80.4 亿美元，占进出口总额的55.3%；边境小额贸易进出口额达35.7 亿美元；加工贸易进出口额达2.6 亿美元。

表 1-6　2011~2014 年内蒙古自治区海关进出口分项表

指标 \ 年份	2011	2012	2013	2014
海关进出口总额（亿美元）	119.39	112.57	119.93	145.5
出口总额（亿美元）	46.87	39.70	40.95	63.9
一般贸易（亿美元）	34.62	26.62	29.15	50.6
边境小额贸易（亿美元）	2.42	3.59	3.96	4.4
加工贸易（亿美元）	5.22	2.49	1.40	1.8
进口总额（亿美元）	72.52	72.86	78.98	81.6
一般贸易（亿美元）	23.23	25.64	37.46	29.8
边境小额贸易（亿美元）	44.16	43.66	36.34	31.3
加工贸易（亿美元）	4.28	2.17	1.38	0.8

资料来源：各年度《内蒙古自治区国民经济和社会发展统计公报》。

2014 年完成货物运输总量 20.4 亿吨，增长 18.9%。完成货物运输周转量 4550.3 亿吨公里，增长 3.1%。2014 年末内蒙古自治区民用汽车保有量 371.7 万辆，增长 6%，其中本年新注册汽车 42.6 万辆。年末私人轿车保有量 185.2 万辆，增长 16.1%，其中本年新注册轿车 25.3 万辆。

（六）物流业重要观测指标下降明显

表 1 - 7   2011 ~ 2014 年内蒙古自治区各种运输方式完成货物运输量、周转量

年份 / 指标	2011	2012	2013	2014
货物运输总量（亿吨）	15.67	16.81	20.4	20.4
铁路（亿吨）	5.3	4.28	6.1	7.8
公路（亿吨）	10.37	12.53	14.3	12.7
民航（万吨）				7.6
货物运输周转量（亿吨公里）	4353	5582	6347	4550.3
铁路（亿吨公里）	1626	2283	2553	2446.8
公路（亿吨公里）	2737	3299	3794	2103.5

资料来源：各年度《内蒙古自治区国民经济和社会发展统计公报》。

受本轮经济结构调整的影响，随着原煤产量的下降，2014 年内蒙古自治区完成的货物运输量和周转量均有一定程度回落，从 2011 ~ 2014 年阶段性来看，除公路货物周转量外，其他运输方式完成的货运量和货物周转量仍有一定幅度的增长，在 2011 ~ 2014 年，公路货物周转量年均降幅达到 8.4%（见表 1 - 7）。

二、政策环境不断完善

"十一五"期间是我国物流业快速扩张发展时期，我国首次在经济社会发展五年规划中确立了物流产业的发展地位，提出要大力发展物流业，物流业的发展受到政府和企业的高度重视。物流业逐步实现了从分散、自发发展向规范、有序发展的转变，发展质量和水平有了显著提高，物流业已经成为我国重要的服务产业。

到了"十二五"期间，物流业发展迎来黄金时期，无论是中央还是地方政府，都相继出台了大批物流业的发展政策，形成了政策体系，有效支持了物流业发展。

（一）"十二五"期间国家发布的物流业相关政策

《中共中央关于制定"十二五"规划的建议》中提出："加快发展服务业，把推动服务业大发展作为产业结构优化的战略重点。"物流业作为国民经济的加速器，将迎来新的发展机遇期。

1. 物流业各类综合及专项规划密集出台

2011年3月16日发布的《国家"十二五"规划纲要》中提出"大力发展现代物流业"为产业定位，加快建立社会化、专业化、信息化的现代物流服务体系，大力发展第三方物流，优先整合和利用现有的物流资源，加强物流基础设施建设和衔接，提高物流效率，降低物流成本。推动农产品、大宗矿产品、重要工业品等重点领域物流发展。

2011年5月，商务部正式对外发布了《全国药品流通行业发展规划纲要（2011~2015）》，客观分析了药品流通行业的现状和问题，对行业面临的形势进行了深入剖析；明确了行业发展"十二五"时期的总体目标，提出了八大任务。

2011年6月，国务院常务会议研究部署促进物流业健康发展工作。会议主要提出八条促进物流行业健康发展的措施，如切实减轻物流企业税收负担、加大对物流业的土地政策支持力度、促进物流车辆便利通行、改进对物流企业的管理等八项措施。

2011年8月，国家邮政管理总局陆续发布《邮政业"十二五"规划》和《快递业务操作指导规范》；国务院办公厅印发《关于促进物流业健康发展政策措施的意见》，强调切实减轻物流企业税收负担、加大对物流业的土地政策支持力度、促进物流车辆便利通行、加快物流管理体制改革鼓励整合物流设施资源、推进物流技术创新和应用、加大对物流业的投入、优先发展农产品物流业、加强组织协调等九项举措。相比于6月出台的意见，增加了行业资源整合的内容。

2011年9月，国家邮政管理总局发布了《邮政业标准化"十二五"发展规划》，2011年12月，又发布了《快递服务"十二五"规划》。

2011年，商务部、发改委、供销社联合出台《商贸物流发展专项规划》，提出建立一套与商贸服务业发展相适应的高效通畅、协调配套、绿色环保的现代商贸物流服务体系，形成城市配送、城际配送、农村配送有效衔接，国内外市场相互贯通的商贸物流网络，引导和培育一批能够适应商贸服务业发展需要，具有较强国际竞争力的商贸物流服务主体。

2012年7月，国务院印发《"十二五"综合交通运输体系规划》（国发〔2012〕18号），9月国务院办公厅印发《国内贸易发展"十二五"规划》（国办发〔2012〕47号），提出重点支持城市物流配送体系示范工程18项工程。12

月国务院印发《服务业发展"十二五"规划》（国发〔2012〕62号），要求重点发展包括现代物流业在内的12项生产性服务业，后又陆续发布《物流园区发展专项规划》、《煤炭物流发展专项规划》、《应急物流发展专项规划》等专项规划。

2013年6月30日，国家发改委、交通运输部发布《国家公路网规划（2013～2030年）》。这是我国首个集高速公路和普通公路于一体的国家中长期公路网布局规划。国家公路网规划目标：形成"布局合理、功能完善、覆盖广泛、安全可靠"的国家干线公路网络，实现首都辐射省会、省际多路连通、地市高速通达、县县国道覆盖。未来国家级干线公路将形成由"普通国道＋国家高速公路"两个层次共同组成的路网格局，总规模约40万千米。

2013年9月30日，国家发改委等12部门联合发布《关于印发全国物流园区发展规划的通知》（发改经贸〔2013〕1949号），是我国第一个物流园区方面的专项规划，强调了物流园区的公共性和基础性，提出了物流园区的服务对象和发展方向，确定了99个城市为物流园区布局城市，提出了八项主要任务和八项保障措施。要开展国家级物流园区示范工程，由国家发改委等有关部门和行业协会组织国家级示范物流园区评定工作。

2014年9月，国务院印发《国务院关于印发物流业发展中长期规划（2014～2020年）的通知》（国发〔2014〕42号），梳理和总结当前物流业发展现状及面临的形势，提出物流业发展的总体要求和着力降低物流成本、着力提升物流企业规模化、集约化水平和着力加强物流基础设施网络建设三项发展重点以及七项主要任务、十二项重点工程、九项保障措施。

2. 行政改革稳步推进

2009年以来，按照国务院的统一部署和行政审批制度改革的要求，行政审批制度改革工作部际联席会议依据行政许可法等法律法规的规定，组织对国务院部门的行政审批项目进行了新一轮集中清理。

2012年9月，国务院下发《国务院关于第六批取消和调整行政审批项目的决定》（国发〔2012〕52号），决定取消的行政审批项目目录（171项）、调整的行政审批项目目录（143项）。

2013年5月，国务院下发《国务院关于取消和下放一批行政审批项目等事项的决定》（国发〔2013〕19号），决定取消和下放一批行政审批项目等事项，共计117项。

2013年6月25日，财政部、国家发改委发出《关于公布取消和免征一批行政事业性收费的通知》（财综〔2013〕67号），决定自2013年8月1日起，取消和免征33项行政事业性收费。10月16日发出《关于公布取消314项行政事业性收费的通知》（财综〔2013〕98号），决定自2013年11月1日起，取消314项各省、自治区、直辖市设立的行政事业性收费。

2013 年 7 月，国务院下发《国务院关于取消和下放 50 项行政审批项目等事项的决定》（国发〔2013〕27 号），决定再取消和下放一批行政审批项目等事项，共计 50 项。其中，取消和下放 29 项、部分取消和下放 13 项、取消和下放评比达标项目 3 项；取消涉密事项 1 项（按规定另行通知）；有 4 项拟取消和下放的行政审批项目是依据有关法律设立的，国务院将依照法定程序提请全国人民代表大会常务委员会修订相关法律规定。

2013 年 11 月，国务院下发《国务院关于取消和下放一批行政审批项目的决定》（国发〔2013〕44 号），决定再取消和下放 68 项行政审批项目（其中有 2 项属于保密项目，按规定另行通知）。另建议取消和下放 7 项依据有关法律设立的行政审批项目，国务院将依照法定程序提请全国人民代表大会常务委员会修订相关法律规定。

2014 年 1 月，国务院再次下发（国发〔2014〕5 号）文件，决定再取消和下放 64 项行政审批项目和 18 个子项。另建议取消和下放 6 项依据有关法律设立的行政审批项目，国务院将依照法定程序提请全国人民代表大会常务委员会修订相关法律规定。

2014 年 7 月，国务院下发《国务院关于取消和调整一批行政审批项目等事项的决定》（国发〔2014〕27 号），决定取消和下放 45 项行政审批项目，取消 11 项职业资格许可和认定事项，将 31 项工商登记前置审批事项改为后置审批。另建议取消和下放 7 项依据有关法律设立的行政审批事项，将 5 项依据有关法律设立的工商登记前置审批事项改为后置审批，国务院将依照法定程序提请全国人民代表大会常务委员会修订相关法律规定。

2014 年 10 月，国务院印发《国务院关于取消和调整一批行政审批项目等事项的决定》（国发〔2014〕50 号），决定取消和下放 58 项行政审批项目，取消 67 项职业资格许可和认定事项，取消 19 项评比达标表彰项目，将 82 项工商登记前置审批事项调整或明确为后置审批。另建议取消和下放 32 项依据有关法律设立的行政审批和职业资格许可认定事项，将 7 项依据有关法律设立的工商登记前置审批事项改为后置审批，国务院将依照法定程序提请全国人民代表大会常务委员会修订相关法律规定。

2014 年 12 月，国务院印发《国务院关于印发落实"三互"推进大通关建设改革方案的通知》（国发〔2014〕68 号），是落实"推动内陆同沿海沿边通关协作，实现口岸管理相关部门信息互换、监管互认、执法互助"的重大举措。

2015 年 2 月，国务院印发《国务院关于取消和调整一批行政审批项目等事项的决定》（国发〔2015〕11 号），决定取消和下放 90 项行政审批项目，取消

67 项职业资格许可和认定事项，取消 10 项评比达标表彰项目，将 21 项工商登记前置审批事项改为后置审批，保留 34 项工商登记前置审批事项。同时，建议取消和下放 18 项依据有关法律设立的行政审批和职业资格许可认定事项，将 5 项依据有关法律设立的工商登记前置审批事项改为后置审批，国务院将依照法定程序提请全国人民代表大会常务委员会修订相关法律规定。

2015 年 4 月，国务院印发《国务院关于印发中国（福建）自由贸易试验区总体方案的通知》（国发〔2015〕20 号）、《国务院关于印发中国（天津）自由贸易试验区总体方案的通知》（国发〔2015〕19 号）和《国务院关于印发中国（广东）自由贸易试验区总体方案的通知》（国发〔2015〕18 号）三份自贸区文件，对加快政府职能转变、积极探索管理模式创新、促进贸易和投资便利化，为全面深化改革和扩大开放探索新途径、积累新经验。

2015 年 4 月，国务院办公厅印发《国务院办公厅关于清理规范国务院部门行政审批中介服务的通知》（国办发〔2015〕31 号），清理和规范国务院部门行政审批中介服务有关事项。

2015 年 5 月，国务院印发《国务院关于取消非行政许可审批事项的决定》（国发〔2015〕27 号），国务院决定，在前期大幅减少部门非行政许可审批事项的基础上，再取消 49 项非行政许可审批事项，将 84 项非行政许可审批事项调整为政府内部审批事项。今后不再保留"非行政许可审批"这一审批类别。

2015 年 5 月，国务院印发《国务院关于印发 2015 年推进简政放权放管结合转变政府职能工作方案的通知》（国发〔2015〕29 号），要求各省、自治区、直辖市人民政府，国务院各部委、各直属机构认真贯彻落实。

2015 年 10 月，国务院下发《国务院关于第一批取消 62 项中央指定地方实施行政审批事项的决定》（国发〔2015〕57 号），经研究论证，国务院决定第一批取消 62 项中央指定地方实施的行政审批事项。

3. 财税体制改革影响深远

2012 年起，国家出台土地使用税减半征收政策，受到行业的普遍欢迎，两年来，我国大部分地区执行了该项政策。但是，随着政策即将到期，面临后续政策跟进的问题。

2012 年 5 月，财政部、交通运输部发布《关于印发公路甩挂运输试点专项资金管理暂行办法》（财建〔2012〕137 号），对专项资金的支持范围和方式、专项资金的申请、审核与拨付和专项资金的监督管理作出规定。

2013 年 4 月，国务院决定自 2013 年 8 月 1 日，将营改增试点在全国范围内推开。12 月 4 日，国务院常务会议决定自 2014 年 1 月 1 日起将铁路运输和邮政业纳入营改增试点范围。财政部、国家税务局先后下发《关于在全国开展交通运输业和部分现代服务业营业税改征增值税试点税收政策的通知》（财税〔2013〕37号）、《关于将铁路运输和邮政营业纳入营业税改征增值税试点的通知》（财税〔2013〕106号），对试点政策进行了调整、修订和完善。在37号文件中，取消了国际货代业差额纳税政策，导致国际货代业税负大幅增加。后在106号文件中作出调整，明确国际货物运输代理服务享受免征增值税政策。但在地方解释和实际操作过程中，该项政策并没有得到很好落实，对国际货代业影响重大。

"营改增"是我国财税体制改革的重大举措，国家税制得到简化和规范，中小规模纳税人税负得到减轻，重复纳税问题得到解决。但对于物流业，特别是交通运输业，企业税负出现大幅增加，税率不统一问题仍然没有得到解决。

4. 投融资体制逐步放开

2013年3月，撤销铁道部，职能一分为三，成立中国铁路总公司，承担原铁道部的企业职责；原铁道部拟定铁路发展规划和政策的行政职责划入交通运输部，组建国家铁路局，承担原铁道部的安全生产监管等其他行政职责。

2013年5月6日，国务院常务会议研究部署2013年深化经济体制改革重点工作时，明确提出形成铁路投融资体制改革方案。8月，国务院下发《关于改革铁路投融资体制 加快推进铁路建设的意见》（国发〔2013〕33号），从推进铁路投融资体制改革、完善铁路运价机制、建立铁路公益性政策运输补贴、加大力度盘活铁路用地资源、强化企业经营提高资产收益水平、加快项目前期工作形成铁路建设合力六方面提出具体要求。

2013年12月12日，国务院下发《国务院关于发布政府核准的投资项目目录（2013年本）》，共取消、下放和转移49项核准权限，有利于物流业基础设施建设和海外项目投资。

5. 引导性政策意见不断出台

2012年8月，国务院下发《国务院关于深化流通体制改革 加快流通产业发展的意见》（国发〔2012〕39号），提出加强现代流通体系建设、积极创新流通方式、提高保障市场供应能力、全面提升流通信息化水平、培育流通企业核心竞争力、大力规范市场秩序、深化流通领域改革开放七项主要任务，制定完善流通网络规划、加大流通业用地支持力度、完善财政金融支持政策、减轻流通产业税收负担、降低流通环节费用五项支持政策，完善流通领域法律法规和标准体系、健全统计和监测制度、发挥行业协会作用、强化理论体系与人才队伍和基层机构建设、加强组织领导五项保障措施。

2012年中央一号文件发布《关于加快推进农业科技创新 持续增强农产品供给保障能力的若干意见》，其中提出"提高市场流通效率，切实保障农产品稳定均衡供给"。

2012 年 6 月，商务部印发《关于推进现代物流技术应用和共同配送工作的指导意见》（商流通发〔2012〕211 号），要求完善城市共同配送节点规划布局，鼓励商贸物流模式创新，加快物流技术应用步伐和加大商贸物流设施改造力度。

2012 年 7 月，国务院印发《国务院关于促进民航业发展的若干意见》（国发〔2012〕24 号），提出民航业发展的总体要求、主要任务和政策措施。

2012 年 10 月，国务院令第 625 号发布《国内水路运输管理条例》，从水路运输经营者、水路运输经营活动、水路运输辅助活动和法律责任四个方面进行规范。

2012 年 10 月，国务院下发《国务院关于促进海关特殊监管区域科学发展的指导意见》。

2012 年 11 月，交通运输部起草《快递市场管理办法》，国家邮政局下发《关于进一步加强快递企业收寄验视工作的通知》，国家邮政局与商务部联合下发《关于促进快递服务与网络零售协同发展的指导意见》（国邮发 1 号）。

2012 年 12 月，商务部印发《关于促进仓储业转型升级的指导意见》（商流通发 435 号），引导仓储业由传统仓储中心向多功能、一体化的综合物流服务商转变，提出了五年物流仓储业效率提升目标。

2013 年初，国务院印发《循环经济发展战略及近期行动计划》，提出循环经济发展的中长期目标和到"十二五"末的近期目标。针对物流业部分，提出要提高物流运行效率、加快绿色仓储建设。到 2015 年，初步建立低碳、循环、高效的绿色物流体系，物流设施能源利用效率明显提高，车辆空驶率稳步降低。

2013 年 1 月，商务部流通发展司印发《全国城市配送发展指引》，为各地开展城市配送工作提供借鉴。继 2012 年开展城市共同配送综合试点以后，2013 年 3 月，商务部、财政部联合下发《关于组织申报城市共同配送试点的通知》（财办建〔2013〕21 号），决定自 2013 年起在现代服务业综合试点工作中启动实施城市共同配送试点。全国 15 个城市纳入首批共同配送试点。2013 年 11 月，商务部、财政部下发《关于加强城市共同配送试点管理的通知》（商办流通函〔2013〕838 号），明确了试点重点支持领域及方向。

2013 年 1 月，工业与信息化部出台《关于推动物流信息化工作的指导意见》（工信部发〔2013〕7 号），提出到"十二五"末期，初步建立起与国家现代物流体系相适应和协调发展的物流信息化体系，为信息化带动物流发展奠定基础。分别从社会物流信息资源开发利用、物流政务和监督信息化、物流行业与企业信息化、企业物流信息化、物流信息化标准规范等七个方面提出了主要任务。

2013 年 1 月，国务院办公厅印发《降低流通费用 提高流通效率综合工作方案》（国办发〔2013〕5 号），确定降低农产品生产流通环节用水电价格和运营费用、规范和降低农产品市场收费、完善公路收费政策、保障必要的流通行业用地、便利物流配送和建立健全流通费用调查统计制度等 10 项措施降低流通费用。5 月 30 日,国务院办公厅印发《深化流通体制改革,加快流通产业发展重点工作部门分工方案》(国办函〔2013〕69 号),包括 15 部分,38 项具体工作,细化落实到 15 个部门和单位。其中,提出要大力发展第三方物流,促进企业内部物流社会化,大力推广并优化供应链管理,支持流通企业建设现代物流中心,积极发展统一配送。涉及物流园区政策有较大变化,禁止以物流中心名义圈地,同时提出"以租代售",将过去协议出让用地改为租赁用地;支持依法使用农村集体建设用地发展流通业。

2013 年 2 月,国务院出台《关于推进物联网有序健康发展的指导意见》(国发〔2013〕7 号),明确了我国物联网发展的总体目标。到 2015 年,要实现物联网在经济社会重要领域的规模示范应用,突破一批核心技术,初步形成物联网产业体系。要推动应用示范,围绕生产制造、商贸流通、物流配送和经营管理流程,推动物联网技术的集成应用。

2013 年 2 月,交通运输等七部门联合下发《关于加强和改进城市配送管理工作的意见》(交运发〔2013〕138 号),提出八大发展任务。除解决城市配送车辆通行难、停靠难、装卸难的问题外,重点要解决城市配送规划落后、基础设施不足、市场管理无序、科技应用欠缺、体制机制不健全的问题。

2013 年 5 月,交通运输部组织起草的《收费公路管理条例(修订案征求意见稿)》(以下简称《征求意见稿》)公开征求意见。《征求意见稿》对 2004 年版《收费公路管理条例》提出了 23 条修改意见,对一些模糊和调整的内容进行了明确和修正,对出现的一些新情况、新问题进行了梳理和规定,提出了特许经营制度、信息公开制度、收费标准计算方法等。但其中一些条款的设置不尽合理,如延长收费年限的理由、收费期满后养护费用来源、统贷统还投融资模式与收费期限的矛盾等条款有待进一步调整。对社会普遍关心的问题,如公路收费标准的制定和统一、公路收支和还贷情况还有待进一步明确。

2013 年 3 月 7 日,国家发改委出台《促进综合交通枢纽发展的指导意见》(发改基础〔2013〕475 号),要求加快转变交通运输发展方式,以一体化为主线,促进各种运输方式有效衔接,提高枢纽运营效率,实现便捷换乘、高效换装,为构建综合交通运输体系奠定坚实基础。要求统筹货运枢纽和产业园区、物流园区等的空间布局,提出在"十二五"期间全国要基本建成 42 个全国性综合交通枢纽。

2013 年 5 月,工信部发布通知,决定正式启动电子商务领域集成创新试点工程,目前正处于项目申报阶段。该工程主要围绕 5 个领域,即大企业电子商务和供应链信息化、行业电子商务平台服务创新、移动电子商务、跨境电子商务、产品信息追溯。

2013年6月，交通运输部出台《关于交通运输推进物流业健康发展的指导意见》（交规划发〔2013〕349号），提出到2020年基本建成便捷高效、安全绿色的交通运输物流服务体系，明确七项重点任务，提出五个方面的具体保障措施。

2013年9月，交通部印发《关于推进交通运输信息化、智能化发展的指导意见》（厅科技字〔2013〕257号），对交通运输信息化、智能化作出了总体部署和政策保障。11月，正式出台《交通运输物流公共信息平台建设纲要》、《交通运输物流公共信息平台国家级行业管理系统建设方案》和《交通运输物流公共信息平台区域交换节点建设指南》三个文件。确定了平台"1＋32＋nX"的总体布局。

2014年1月，交通部、公安部、商务部联合下发《关于城市配送运输与车辆通行管理工作的通知》（交运发〔2014〕35号），提出多项指导城市配送运输与车辆通行的具体办法。

2014年9月，商务部印发《商务部关于促进商贸物流发展的实施意见》（商流通函〔2014〕790号），为贯彻落实2013年国务院召开的部分城市物流工作座谈会和2014年6月国务院常务会通过的《物流业发展中长期规划》精神，促进商贸物流发展，降低物流成本，引导企业做大做强，完善服务体系，更好地保障供给，支持国民经济稳步增长，要求各级商务主管部门要高度重视商贸物流发展，认真贯彻落实国务院部分城市物流工作座谈会精神，深入扎实开展工作，努力使商贸物流成为内贸工作"上台阶"的突破口。

2014年10月，国务院小公厅印发《国务院办公厅关于促进内贸流通健康发展的若干意见》（国办发〔2014〕51号），从推进现代流通方式发展、加快流通基础设施建设、深化流通领域改革创新、着力改善营商环境和加强组织领导等方面提出具体要求。

2014年10月，交通运输部印发《贯彻落实〈国务院关于促进海运业健康发展的若干意见〉的实施方案》，从加快海运市场结构调整、加快航运服务业转型升级、积极推进港口升级和现代物流发展、构建改革开放新优势、努力提升运输服务保障能力、积极推进海运安全绿色发展、加强和改进行业管理、强化科技信息和人才保障、切实强化组织实施九个方面对促进海运业健康发展进行了规范。

2015年7月，商务部办公厅印发《关于智慧物流配送体系建设的实施意见》（以下简称《实施意见》），指出智慧物流配送体系是一种以互联网、物联网、云计算、大数据等先进信息技术为支撑，在物流的仓储、配送、流通加工、信息服务等各个环节实现系统感知、全面分析、及时处理和自我调整等功能的现代综合性物流系统，具有自动化、智能化、可视化、网络化、柔性化等特点。发展智慧物流配送，是适应柔性制造、促进消费升级、实现精准营销、推动电子商务发展的重要支撑，也是今后物流业发展的趋势和竞争制高点。

《实施意见》要求，智慧物流配送体系建设要以"互联网＋"理念为指导，将满足生产和消费需求作为出发点，把握互联网、物联网背景下物流业发展的规律，以信息化、智能化设备为载体，加强技术创新和商业模式创新，优化供应链管理和资源配置，推动物流业与制造业、商贸业的融合，物流与商流、信息流、资金流的融合，互联网、移动互联网、物联网与车联网的融合，促进提高效率、降低成本，提升物流业综合服务能力和整体发展水平。

2015年10月，国务院颁布《关于促进快递业发展的若干意见》（国发〔2015〕61号），这是国务院出台的第一部全面指导快递业发展的纲领性文件，提出了促进快递业发展的总体要求、重点任务和政策措施。

2015年11月，中华人民共和国交通运输部发布《邮政普遍服务监督管理办法》，就服务保障、服务规范、用户权利与义务、监督管理和法律责任等方面内容进行规范。

（二）"十二五"期间内蒙古自治区出台的物流业相关政策

内蒙古自治区根据国家的方针政策和有关物流方面的利好政策，针对本地的经济发展情况，内蒙古自治区第十一届人民代表大会第四次会议通过了"国民经济和社会发展第十二个五年规划纲要"，该纲要中也明确体现了诸如培育壮大现代物流业，提高物流业组织化程度和社会化配置能力，促进专业化、规模化、集约化发展。围绕交通干线，推动呼和浩特市、包头市全国性物流节点城市建设，选择条件较好的中心城市、产业基地和交通枢纽，加快现有物流园区升级改造，新建一批大型物流园区和内陆港。加强农村牧区物资运输、仓储、配送、交易市场和信息发布等设施，建设和完善城市配送体系。发展国际物流，建设口岸物流带。大力发展第三方物流，支持国内外物流企业设立分支机构或地区总部，推动一大批区内物流企业通过参股控股、兼并联合、合资合作等多种形式扩大经营规模，培育一批在全国具有影响力的名牌物流企业。搭建物流资源共享信息平台，提升现代物流业发展水平等有关发展内蒙古自治区物流业的利好政策。

在国家下发的关于促进内蒙古自治区经济社会又好又快发展的若干意见中，也能看到支持物流业发展的影子，诸如把发展服务业作为产业结构优化升级的重点，推进生产性服务业和生活性服务业发展。加强区域性物流节点城市的物流基础设施建设，依托煤炭、化工、农畜产品等资源产品优势和口岸优势，建设一批地区性物流中心，把满洲里市建成东北亚国际物流中心。合理布局商业网点，完善城乡流通网络，提升城市社区服务业功能和水平；实施"万村千乡市场工程"，开展农超对接，提高农牧区连锁经营、物流配送覆盖面；推进粮食储备设施和专业市场建设，加大对物流基础设施的投入力度等。

根据国家对物流业扶持与发展的相关政策，内蒙古自治区本地的各类金融机构开发和推广适应物流业发展需要的金融产品，探索逐步扩大收费权、股权质押贷款范围，加大对符合条件重点物流企业的授信额度。对列入国家和内蒙古自治区规划的重点物流业建设工程，支持通过银行贷款、股票上市、发行债券、增资扩股、企业兼并等途径筹集建设资金。对涉及全区性、区域性的大型物流建设工程，内蒙古自治区服务业专项资金以贷款贴息等方式重点给予支持。各级政府的中小企业、科技、信息等专项资金，可以扶持物流企业开展技术改造、新技术开发和信息平台建设。原划拨土地建设的物流、仓储设施，政府收回进行招标拍卖的，所得收入除进行拆迁安置外，其余部分全部用于支持物流项目建设。内蒙古自治区人民政府将安排奖励资金，用于对引进知名第三方物流企业的地区和创造知名物流服务品牌的企业的奖励。从以下几个方面来重点阐述：

1. 金融政策方面

对于中小物流企业发展资金问题，各个金融机构适时推出针对中小物流企业融资与发展的优惠政策和金融产品，提高对符合条件的重点中小物流企业的授信额度，建立内蒙古自治区服务专项资金以贷款贴息等方式重点给予支持，政府安排物流企业发展的专项资金，用于对内蒙古自治区中小物流品牌创造的企业进行重奖。

2. 税收政策方面

为了鼓励本土中小物流企业的发展，政府也出台了相关举措，针对当地的中小物流企业缴纳土地使用税确实有困难的，可以按规定程序审核后适当地对此税收进行减免。对纳入国家试点名单的物流企业及其所属企业，将承揽的运输业务、仓储业务分包给其他企业并由其统一收取价款的，以该企业取得的全部收入减去付给其他企业费用后的余额为营业税的计税基数，实行差额纳税。物流企业进口物流设备，可按国家有关规定免征关税、进口环节增值税。为物流企业购买符合规定的环境保护、节能节水、安全生产专用设备，设备投资额的 10% 在政策规定期限内可抵免应纳税额。物流企业并购重组，全额返还并购重组涉及税收的地方分享部分。

3. 土地政策方面

对列入内蒙古自治区物流业发展规划的物流园区和物流配送中心项目，优先保证建设用地，土地出让金制度按照国家 2009 年规定的工业用地最低价标准执行。按照城市规划，对旧仓库设施进行拆迁异地改造且新建物流配送中心和物流配送站的，在拆迁或收回企业土地使用权和建筑物时，应在城市规划用地中给予相应安排。

4．市场准入政策方面

对于进入市场的中小物流企业，凡具备或租用必要的运输工具和仓储设施，至少具有从事运输（或运输代理）和仓储两种以上经营范围，能够提供运输、代理、仓储、装卸、加工、整理、配送等一体化服务，并具有与自身业务相适应的信息管理系统的企业，均可登记注册为物流企业。物流企业办理登记注册时，除国家法律、行政法规和国务院决定外，其他前置性审批事项一律取消。

5．其他政策方面

对于加工运输型的中小物流企业，必须针对其必要性与特殊性的现实，保证鲜活农产品绿色通道畅通，严禁乱收费、乱罚款。制定科学的城市货车通行管理办法，为重点物流企业的小型配送车辆在市区通行、停靠提供便利。简化通关手续，推行物流企业与口岸通关监管部门信息联网，鼓励海关、检验检疫、货运代理、报关报检、场站服务等部门实行"一站式"服务。

三、经济运行下行压力较大

（一）经济增速持续回落

2009 年，内蒙古自治区 GDP 增速达到了 16.5％，其后持续回落，2013 年的增长速度为 9％，与我国总体的国民经济发展中高速增长阶段保持同步转变（见图 1 - 1）。而且从趋势上看，未来一段时间内这种下行回落态势仍将保持。

国民经济增速回落传导至物流业主要体现在市场需求疲软，物流服务需求不足，导致物流业大量资源闲置，对企业日常经营活动影响较大。

（二）传统优势产业产能过剩，盈利水平大幅下降

为了应对世界金融危机，2008 年国家出台了一系列经济刺激计划，使得经济增速持续回升，但也相应地带来了一定的"后遗症"。对内蒙古自治区而言，主要表现在煤炭、钢铁、水泥等拉动地区经济增长主要力量的传统优势产业产能过剩。在新常态背景下，经济增速放缓，需求不足，煤炭、冶金、电力等传统产业盈利水平大幅下降。

以煤炭中的动力煤为例，2013 年初，全区动力煤平均坑口价格为 159.69 元/吨，在进口煤冲击下，煤炭价格快速下降，至 3 月底，全区动力煤平均坑口价格

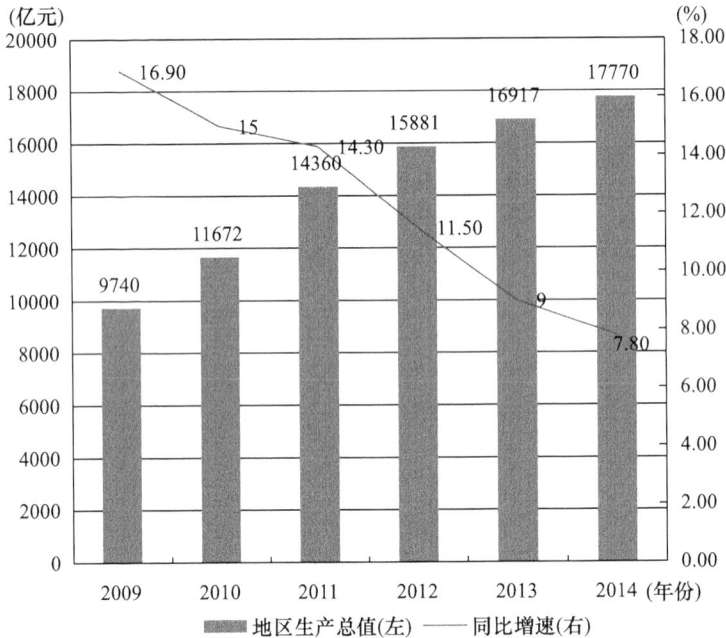

图 1-1　2009~2014 年内蒙古自治区国民生产总值及增长速度

资料来源：依据国家统计局资料数据库数据整理。

降至 150.63 元/吨，下降 6.35%。其中，鄂尔多斯 5000~5500 千卡热值动力煤价格从 215 元/吨降至 165 元/吨，下降幅度达 23.26%。根据内蒙古自治区煤炭交易中心最新数据，至 2015 年 12 月中旬，鄂尔多斯 5000~5500 千卡热值动力煤坑口价格已降至 106~140 元/吨区间。

　　工业品物流在内蒙古自治区物流总额中占主导地位，受传统优势产业产能过剩的影响，物流业增长速度明显回落。受食品安全问题的影响，农畜产品追溯系统建设被提上日程，对物流运作能力的要求日渐提高。同时，受节能减排压力影响，冷链物流、绿色物流等新技术在物流领域得到推广。

　　综上所述，内蒙古自治区物流业虽面临严峻挑战，但也蕴藏着较多的机遇。从国家产业布局来看，国家高度重视污染防治、食品安全工作，高度重视大型煤化工基地、绿色农畜产品基地建设，相关省市对内蒙古自治区清洁能源、绿色农畜产品需求持续增长，为物流业发展注入新动力。另外，国家深入实施区域发展总体战略，着力推进由东向西梯度发展支撑带规划建设，大力支持老少边穷地区加快发展，积极引导沿海地区产业更多向中西部地区有序转移，加之国家近期快速推进中蒙俄经济走廊建设，内蒙古自治区作为核心区，即将迎来新的重大机遇。

第 二 章

内蒙古自治区物流业发展状况

　　近年来，在经济社会持续快速发展的带动下，内蒙古自治区物流业保持了较快增长势头，物流总量迅速扩大，物流企业快速成长，服务水平显著提高，基础设施条件不断完善，发展环境不断改善。但随着本轮经济结构调整，内蒙古自治区"十二五"期间的经济增速下滑明显，造成市场需求不足与产能过剩的矛盾较为突出，受部分工业品价格低迷、煤炭等大宗商品市场未见明显好转等因素的影响，全区社会物流总额增速有所放缓。

一、内蒙古自治区物流业运行现状

2014 年，由于市场需求不足，受产能过剩及物流服务、部分工业品价格低迷，煤炭等大宗商品市场未见明显好转等因素影响，内蒙古自治区社会物流总额增速有所放缓，呈稳定发展态势。

（一）社会物流总额稳中有升

2014 年，内蒙古自治区社会物流总额完成 35974.47 亿元，同比增长 5.74%，主要特点是增幅呈逐步回升态势。从社会物流总额构成来看，呈现以下特点：

1. 工业品物流总额仍占主导地位

工业品物流总额完成 20276.06 亿元，同比增长 6.61%，占社会物流总额的 56.36%。

2. 农产品物流总额保持平稳

农产品物流总额完成 2780.00 亿元，同比增长 3.00%，占社会物流总额的 7.73%。

3. 批发业物流总额增速略有下降

批发业物流总额完成 8325.40 亿元，同比增长 10.60%，占社会物流总额的 23.14%。

4. 进口货物物流总额增速保持增长

进口货物物流总额完成 500.29 亿元，同比增长 3.30%，占社会物流总额的 1.39%。

5. 邮政业务物流较快增长

近年来邮政快递业已成为流通的重要通道，受电子商务市场繁荣及网络购物的推动，内蒙古自治区邮政业务总量保持增长态势。邮政业务总量（单位与居民物品物流总额）完成 19.47 亿元，同比增长 11.12%，占社会物流总额的 0.05%。

（二）物流业增加值平稳增长

2014 年，内蒙古自治区第三产业增加值完成 6922.55 亿元，同比增长 6.70%，占 GDP 的 38.96%，与周边山西省、甘肃省、宁夏回族自治区、陕西省相比，排在第一位（见图 2-1）。

内蒙古自治区物流业增加值完成 1218.05 亿元，同比增长 10.35%，占第三产业增加值比重的 17.59%，占 GDP 的 6.85%。国家物流业增加值完成超过 3.5 万亿元，占第三产业增加值比重接近 12%，占 GDP 的比重接近 6%。

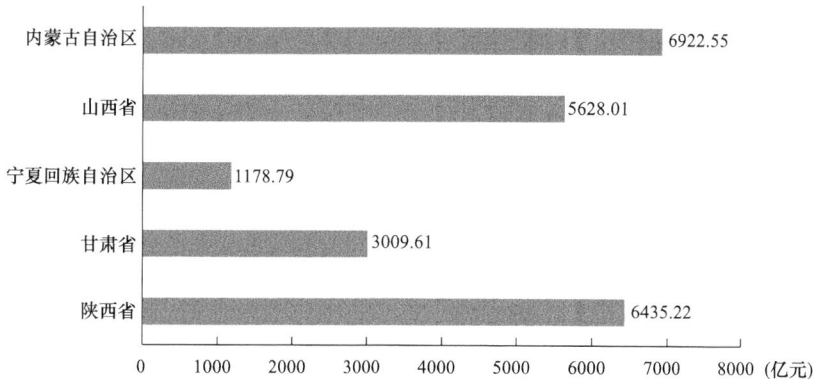

图 2－1 内蒙古自治区、山西省、甘肃省、宁夏回族自治区、陕西省第三产业增加值情况
资料来源：内蒙古自治区物流协会。

（三）货运量、货物周转量小幅回升

内蒙古自治区货运量、货运周转量小幅回升（见图 2－2、图 2－3）。2014 年，内蒙古自治区完成货运量 204304.76 万吨，同比增长 18.86%。内蒙古自治区完成货运周转量 4550.29 亿吨公里，同比增长 3.13%。

1. 铁路货运量上升

2014 年，铁路货运量完成 77593.20 万吨，同比增长 3.71%。铁路货运周转量 2446.82 亿吨公里，同比下降 3.65%。

2. 公路货运量增速略有下降

2014 年，公路货运量完成 126704.00 万吨，同比增长 30.54%。公路货运周转量 2103.47 亿吨公里，同比增长 12.32%。

3. 航空货运量上升

2014 年，航空货运量完成 7.56 万吨，同比增长 7.80%。

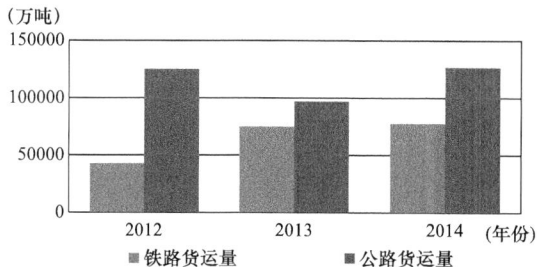

图 2－2 2012～2014 年内蒙古自治区货运量完成情况
资料来源：内蒙古自治区物流协会。

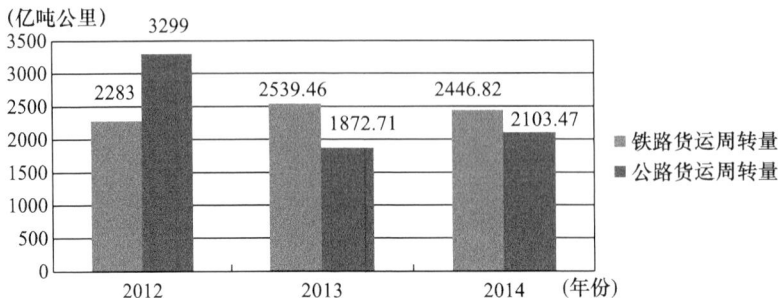

图2-3　2012～2014年内蒙古自治区货物周转量完成情况

资料来源：内蒙古自治区物流协会。

（四）物流业固定资产投资保持增长

内蒙古自治区物流相关行业固定资产投资额完成1382.66亿元，同比增长27.10%，占第三产业投资完成情况比重的25.10%。

（五）社会物流总费用与GDP的比率略高于国家同期水平

内蒙古自治区社会物流总费用2973.10亿元，社会物流总费用与GDP的比率接近17%。其中，运输费占65.5%，保管费和管理费分别占26.3%、8.2%。

（六）物流企业经营效益偏低

依据内蒙古自治区发改委、统计局指定重点物流样本企业统计数据（共统计企业112户，其中64户物流企业，48户企业物流。在64户物流企业中，有6户企业没有2013年同期数字，例如货运量、周转量、物流业务收入等，导致同比增速过快，不能反映真实情况，所以剔除了这6家企业），内蒙古自治区物流服务价格低位震荡，物流企业经营效益偏低，企业经营压力较大，其营业成本的增幅要大于营业收入的增幅。2014年，内蒙古自治区物流行业从业人员、劳动报酬比前三季度略有下降。

从收入构成来看，物流收入结构有所优化，一体化、信息化成为企业收入的新亮点。运输收入占物流总收入的50.5%，一体化物流业务收入占物流总收入的31.3%，信息化收入占物流总收入的0.17%。

二、"十二五"期间内蒙古自治区物流业运行特点

（一）基础设施建设渐趋完善

铁路、公路、航空场站和货物运输枢纽等设施明显改善，以现代物流理念建

设的各类物流园区、物流中心、配送中心得到较快发展。截至 2014 年底，内蒙古自治区铁路运营里程达到 1.2 万公里，居全国第一位。截至 2013 年底，内蒙古自治区公路总里程达到 16.7 万公里。内蒙古自治区已建成投资亿元以上的物流园区 54 个，年营业额 270 亿元，在建投资亿元以上的物流园区 90 个（其中口岸物流园区 9 个），总投资规模 640 亿元左右，有些物流园区已在内蒙古自治区乃至全国物流市场形成一定的知名度和辐射力。

（二）物流企业数量不断增加

通过改造、改制传统的国有运输和仓储企业，发展民营物流企业等途径，逐步形成了不同所有制、不同经营模式物流企业共同发展的格局。培育了红山、松山、阿康等一批区域性物流园区和安快、中昊、巴运、通运、内蒙古物资储运等一批本土物流企业，初步形成了多种经济成分和各种服务模式的第三方物流市场主体。据盟市统计上报的数据汇总，截至 2010 年底，内蒙古自治区注册登记的物流企业达到 1600 家，从业人员 20 万左右。其中，自治区备案的物流项目 73 个，盟市备案的物流项目 110 个；两级备案的物流园区和企业已建成投产的共 85 家，从业人员达 8.7 万人；3A 级以上物流企业达到 23 家。

（三）物流体系渐具雏形

围绕工业化发展，以煤炭、化工、冶金建材、装备制造为重点，推动建设了一批物流枢纽、物流园区，初步形成了工业物流体系。围绕城乡居民消费，加强商业网络等新兴业态，推动实施"万村千乡市场工程"和家电、汽车下乡，培育形成了较为完善的商业物流体系。围绕煤炭、石油、木材、矿产品等产品的进口和食品、服装、机电等产品出口，加强口岸建设，积极承接国际物流外包业务，国际物流得到较快发展。

（四）物流技术应用水平有大幅提高

制造企业、商贸流通企业开始采用现代物流管理理念、方法和技术，实施流程再造和服务外包，在生产组织、原材料采购、产品销售、运输和仓储等方面实行一体化运作，有效降低了物流成本。重点物流园区、物流配送中心和物流企业注重采用信息管理技术、GPS 全球定位系统、电子数据交换技术、BC 条形码技术、RFID 无线射频管理技术以及立体高层货架、托盘、集装箱等物流新技术、新装备，增加了金融、保险、通信、信息、法律服务等专业配套服务功能，物流现代化水平进一步提高。部分地区、物流企业积极整合信息资源，加强物流信息网络建设，初步形成了一批区域性物流公共信息平台。

（五）物流业发展水平在西部各省中处于中等水平

当前对物流业核算的指标体系尚不健全，但可根据统计信息中的相关信息进行替代描述。一个地区的物流总量可由该地区的地区生产总值、社会消费品零售总额、全社会货物周转量、对外贸易量等指标来整体反映。

表2-1　2014年西部大开发各省份物流业主要指标对比情况

西部省份	地区生产总值（亿元）	排名	社会消费品零售总额（亿元）	排名	全社会货物周转量（亿吨公里）	对外贸易量（亿美元）	排名
重庆市	14265.40	5	5096.20	5	9.73亿吨（完成的货物运输量）	954.50	1
四川省	28536.7	1	11665.8	1	2474.4	702.5	2
贵州省	9251.01	8	2579.53	7	1326.25	108.14	8
云南省	12814.59	6	4632.9	6	1759.60	296.22	4
陕西省	17689.94	3	5572.84	4	3523.50	274.07	6
甘肃省	6835.27	9	2410.4	8	2516.82	86.5	9
青海省	2301.12	11	614.61	11		17.2	12
西藏自治区	920.83	12	364.51	12	74849万吨（完成货物运输量）	22.54	11
宁夏回族自治区	2752.10	10	673.22	10	877.33	54.36	10
新疆维吾尔自治区	9264.10	7	2279.65	9	72312.40万吨（完成货物运输量）	276.69	5
内蒙古自治区	17769.5	2	5619.9	3	4550.3	145.5	7
广西壮族自治区	15672.97	4	5716.6	2	4089.65	405.53	3

资料来源：各省份公布的国民经济和社会发展统计公报。

由表2-1可知，内蒙古自治区在地区生产总值、社会消费品零售总额及完成货物周转量方面均在西部十二省区中排名前列。对外贸易总量在西部省区的比较中处于中等位次。地区经济的持续稳定增长、产业结构的不断优化都为物流业的发展提供了良好的基础，持续上升的物流总量带动了旺盛的物流服务需求。

第 三 章

内蒙古自治区物流业发展中存在的问题

　　内蒙古自治区物流业发展相对滞后，主要体现在物流基础设施落后、物流成本高、现代物流业发展格局不均衡、物流信息化水平比较低、物流业高端技术人才比较缺乏几方面。

一、物流基础设施落后，物流成本高

（一）铁路方面

目前内蒙古自治区铁路建设相对比较滞后，单位国土面积铁路营业里程相比全国平均水平较低。鄂尔多斯市、包头市等能源聚集区、新兴工业区的铁路网建设更显滞后，现有铁路线条单一、通过能力较差，特别是呼铁局所处的内蒙古自治区中西部地区铁路运输满足度不到20%。许多企业只能"以运定产"或选择公路运输，经营成本大大增加，资金周转十分困难。这种局面也在一定程度上影响了内蒙古自治区的招商引资。

此外，由于交通发展相对滞后，特别是高铁还没有实现零的突破，这严重制约了内蒙古自治区经济的快速发展。在"一带一路"的建设中，内蒙古自治区所处的地理位置是我国区域向北开发开放的前沿，交通的发达程度，特别是铁路网的完善程度，严重影响着内蒙古自治区对外开放的格局，因此，对内蒙古自治区来说，加快铁路建设步伐，形成四通八达的铁路网，既能够提升其在"一带一路"建设中的区位优势，又能够带动内蒙古自治区产业结构的调整和经济的快速发展。

（二）公路方面

公路交通基础薄弱，公路等级偏低。目前已建成的高速公路出区通道容量不足，干线路网主骨架还没有形成，交通量得不到合理分流，资源和能源外运主通道堵车现象严重，交通服务水平较低。另外，目前内蒙古自治区公路网密度在全国仍处于落后位置，公路通达深度不足，技术等级偏低，农村牧区公路网络还没有形成。运输组织现代化程度不高，现代交通物流业发展缓慢，公路运输站场及服务区、停车区数量不足，等级偏低。

城市交通网络的建设还需进一步完善。"十二五"期间，内蒙古自治区完成新建城区内道路桥梁互联互通工程，新建续建道路、桥梁及通道工程66项，实现与中心城区主次干道的大连通。在此基础上，还需加强对道路交通秩序的管理，提升道路通行能力，缓解市区拥堵。进一步加快智慧城市建设，实现城市管理的智能化、精细化。

（三）民航方面

近年来，内蒙古自治区航空运输业发展迅速，航线网络布局不断完善。截至2014年底，内蒙古自治区投入使用的民用机场总数达18个，运营航线303条。

2014 年全年，民航累计完成货运量 593 亿吨，同比增长 5.7%，增速比 2013 年提高 3.4 个百分点，累计完成货物周转量 186 亿吨公里，同比增长 9.3%，比 2013 年提高 6.4 个百分点。但整体上民航货运量偏小，不足以满足境外进出口货运量的要求；货运服务质量有待加强，民航市场潜力有待挖掘，需进一步拓展民航的市场空间。

二、现代物流业发展格局不均衡

根据内蒙古自治区的经济结构、产业布局、交通条件、区位特点等因素，西部物流区域、东部物流区域和口岸物流带"两区一带"的现代物流业格局发展不均衡。

西部物流区域包括呼和浩特市、包头市、乌兰察布市、鄂尔多斯市、巴彦淖尔市、乌海市和阿拉善盟。该区域工业基础好、物流关联度高，商贸流通业较为发达，综合运输网络较为完善。但是要发挥呼和浩特、包头国家级物流节点城市的作用，还需要重点围绕呼包鄂城市群和沿黄河沿交通干线产业带进行大力建设，推进物流产业集聚，加强与京津冀协作，形成连接西北、华北经济区，连通欧亚大陆的我国西北地区重要的物流基地。

东部物流区域包括呼伦贝尔市、兴安盟、通辽市、赤峰市和锡林郭勒盟。该区域人口相对集中，工业经济快速发展，交通网络比较完善。但是要发挥中心城市作用，还需要重点围绕蒙东地区煤电、有色金属冶炼加工、绿色农畜产品加工等基地建设，进一步打通出海通道和连接俄蒙的口岸通道，加强与环渤海、东北经济区及俄蒙的物流协作，形成连接东北、华北经济区，连通俄罗斯、蒙古国的重要物流基地。

口岸物流带包括内蒙古自治区沿边开放的 19 个口岸。要以满洲里、二连浩特、策克、甘其毛都、满都拉、珠恩嘎达布其、室韦等口岸为重点，进一步完善口岸基础设施，充分利用"两种资源、两个市场"，围绕煤炭、石油、木材、矿产品等进口资源及食品、服装、机电等出口产品，积极承接国际物流外包业务，大力发展国际物流，形成连接俄蒙及欧洲的陆路口岸物流产业带。

三、物流信息化水平亟待进一步提高

目前，内蒙古自治区综合物流园区、中小型物流企业的信息化和网络化应用程度较低，物流公共信息系统体系不够健全。由于服务于内蒙古自治区的物流信息平台尚未完全建立，因此，内蒙古自治区货物运输量分布不均衡、流向不对称的运输结构导致物流运行效益不高等问题不能得到很好解决。大部分物流企业重硬件、轻软件，这导致物流企业信息化建设受阻。

调查结果表明，在仓储行业中，许多企业仍以人工作业为主，作业效率相对低下，出错率较高。大部分中小型物流园区对信息化建设的理解仅停留在安防安保方面，通过安装摄像探头、电子显示屏，引入金融服务来实现信息化。这种信息闭塞，部门、系统间缺乏信息联动的管理思想严重阻碍了物流园区的效益形成。在中小物流企业信息化建设方面，内蒙古自治区中小物流企业信息化应用的层次及水平还比较低，对现代信息技术的应用还比较保守。相对物流发达地区而言，内蒙古自治区中小物流企业在物流信息化方面的差距较大。

四、物流业高端技术人才缺乏

目前内蒙古自治区有物流从业人员 40 多万，分布在各盟市地区的大中小型物流企业及科研院所。不少物流公司的现有员工尽管从学历、年龄结构看还比较合理，但真正适应现代物流发展的高端专业人才却非常缺乏。另外，由于物流企业或者新型物流园区大多数选址在城郊或者地级市下属的各旗县，基础设施较差、实际工作环境和条件差，因此，大部分学生毕业后不愿意到比较艰苦的旗县或城郊工作，这导致物流人才分布不均匀。

据调查，当前内蒙古自治区物流人才培养亟待解决的问题是理论与实践脱节较严重。相对发达省份，物流行业职业资格认证培训机构较少，多数物流从业人员具有实践经验，但缺乏相关理论的系统培训；而许多高校毕业生在校内尽管已经考取了物流师职业资格证书，但缺乏实践机会，参加工作后也不能很快进入角色。

第 二 篇

物流行业发展报告

第 四 章

内蒙古自治区交通运输物流业发展报告

　　运输是物流系统的核心功能和主要环节，综合运输体系的完善是现代物流高效运作的基本前提，运输系统的转型升级是现代物流发展的首要路径，运输组织效率的提升对降低全社会物流成本具有重要影响。近年来，内蒙古自治区交通运输业发展较好，交通基础设施建设不断完善，技术水平不断提升，为内蒙古自治区物流业的发展奠定了坚实的基础。但同时也存在着诸如综合网络建设相对滞后、信息系统不健全、运输企业规模偏小、服务水平偏低等问题。因此本部分将全面梳理交通运输物流业发展情况，分析其中存在的问题，为内蒙古自治区交通运输物流业发展提供对策建议。

一、内蒙古自治区交通运输物流业发展现状

近年来，特别是内蒙古自治区印发《关于贯彻落实国家物流业调整和振兴规划的实施意见》以来，内蒙古自治区交通物流基础设施和政策环境明显改善，交通物流发展规模不断扩大，技术装备水平不断提升，重点领域物流发展迅速，物流政策环境不断向好，为内蒙古自治区经济社会发展发挥了重要作用。

（一）交通基础设施不断完善

内蒙古自治区不断强化交通物流基础设施建设，逐步完善铁路、公路、航空等多式联运网络，目前综合运输布局基本成网，多种运输方式相互衔接和配套，初步构建了贯通东西、出区达海、连接口岸的物流通道格局，形成以京通、京包、包兰、集通、临策铁路为依托的铁路物流网，以京藏高速、包茂高速、G110国道、G109国道、兴巴高速、沿黄公路等为依托的公路物流网，以呼和浩特、呼伦贝尔等机场为依托的航空物流网。截止到 2014 年底，内蒙古自治区公路总里程达 17 万公里以上，铁路营业里程 1.22 万公里，民用机场总数达 18 个。

1. 公路交通物流运行情况

表 4-1　公路运输基本情况

年份	公路线路里程（公里）	民用货车拥有量（辆）	公路货运量（万吨）	公路货物周转量（亿吨公里）
2000	67346	167004	34979	211.8
2001	70408	180481	36145	220.3
2002	72673	182971	37239	231.4
2003	74135	202306	38532	241.91
2004	75976.2	240591	42697	269.84
2005	124465	248809	51020	323.35
2006	128762	284285	58978	384.12
2007	138610	305163	73300	492
2008	147288	338015	60941	1637.36
2009	150756	421962	70832	1885.25
2010	157994	485141	85162	2261.12
2011	160995	545221	103651	2737.6
2012	163763	477214	125260	3299
2013	167515	499608	97058	1872.71
2014	172167	511683	126704	2103.47

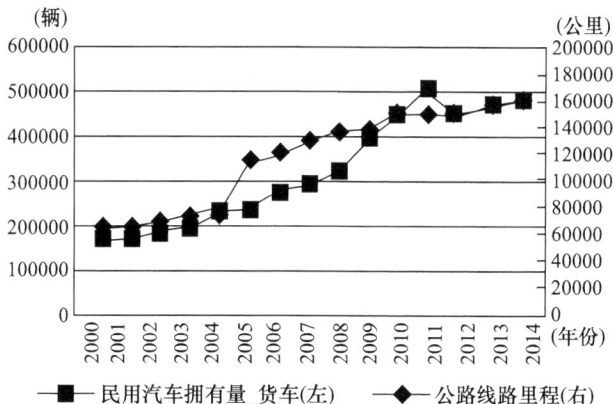

图 4 - 1　2000 ~ 2014 年公路运输线路里程及货车量

由表 4 - 1 及图 4 - 1 可知，2011 年，内蒙古自治区营业性公路货运量累计完成 103651 万吨、货物周转量完成 2737.6 亿吨公里。比 2010 年同期分别增长 21.7%、21.1%。2012 年，内蒙古自治区营业性公路货运量累计完成 125260 万吨、货物周转量完成 329982 百万吨公里，比 2011 年同期分别增长 20.8%、20.5%。2013 年，内蒙古自治区营业性公路货运量累计完成 97058 万吨、货物周转量完成 187271 百万吨公里。2014 年，内蒙古自治区营业性公路货运量累计完成 126704 万吨、货物周转量完成 210347 百万吨公里，分别比 2013 年增长 30.5%、12.3%。

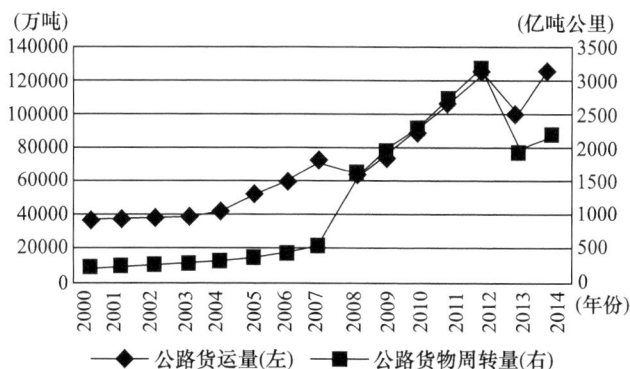

图 4 - 2　2000 ~ 2014 年内蒙古自治区公路货运量及货物周转量

由图 4 - 2 可知，2000 ~ 2007 年，公路货运量与货物周转量呈现稳定上升趋势，公路运输距离没有太大变化，从 2008 年开始，货物周转量出现快速上升，因此可看出公路运输距离出现了大幅度增长，直至 2013 年，货运量与货物周转量双双出现下降。

截止到 2014 年底，内蒙古自治区公路总里程达 17 万公里以上。内蒙古自治区载货汽车 47.7 万辆，其中营运载货汽车（登记注册）达到 39.7 万辆，大型车数量为 16.8 万辆（其中重型车 12.2 万辆），占比达 42.2%，高于全国 13.4 个百分点。

2. 铁路运输物流运行情况

表 4-2　内蒙古自治区铁路运输基本情况

年份	国家铁路营业里程（公里）	铁路机车拥有量（辆）	铁路货运量（万吨）
2000	5011	883	9648
2001	5071	865	9816
2002	5010.7	898	10639
2003	5024	912	11512.7
2004	5008.7	892	18559.9
2005	5188	892	22059.9
2006	5035	980	25157
2007	5040	1123	29605.04
2008	6256.1	1715	39069.89
2009	6468.8	837	45675.48
2010	7801	700	47040
2011	7986	726	42934
2012	8972.83	831	42813
2013	9328.72	1410	76849.48
2014	9351	2368	77593

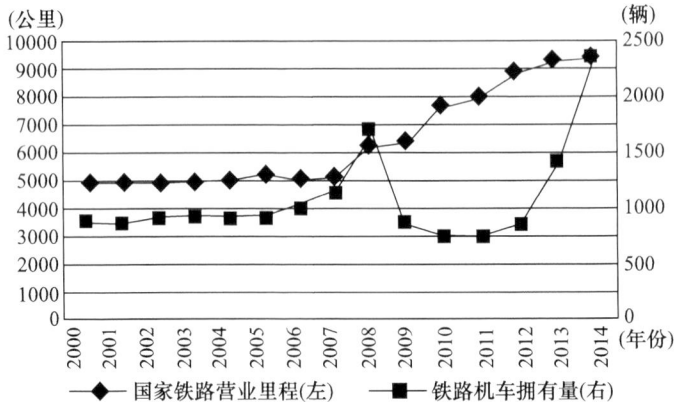

图 4-3　2000~2014 年内蒙古自治区铁路里程及机车数量

　　由表4-2及图4-3可知，内蒙古自治区国家铁路营业里程在2007年前，呈现平稳态势，从2008年起，出现快速大幅度的增长，机车数量也在2008年出现激增，但之后又迅速回落至原有水平，2013年又重新出现大幅回升。2014年底，铁路营业里程1.22万公里，铁路机车2368辆。

　　2015年，内蒙古自治区将加快推进重大基础设施建设，在铁路建设方面将投资300亿元，新开工铁路里程1800公里，新增运营里程1100公里。2015年、2016年两年，内蒙古自治区拟建成铁路里程3000公里，2015年底实现铁路运营里程1.4万公里，在呼和浩特市、包头市、鄂尔多斯市、乌兰察布市间开行时速160公里动车组。2020年将力争在蒙西主要城市间形成快速客运网，蒙东主要城市融入东北快速客运网，2030年，形成贯通内蒙古自治区东西的快速铁路大通道。可见，在内蒙古自治区交通物流发展中，铁路运输仍将发挥重要作用。

　　3. 水路运输物流运行情况

　　内蒙古自治区属于内陆地区，水路资源较少，因此水路运输在运输中所占比重较低。水路运输落后，几乎没有长航运输，只有少量的摆渡运输及旅游观光，内河航运尚未形成。2014年内河通航里程2516.50公里，航道通航里程2402.76公里。其中全部为四级及以下等级航道，等级里程达2459.91公里，航道里程2379.76公里；等外航道里程56.60公里，航道通航里程23.00公里。登记注册的货运船舶48艘，总载重量为1966吨，全部为三等及以下船舶。见表4-3和图4-4。

表4-3　内蒙古自治区水路运输里程及船舶数量

年份	内河航道运输线路里程（公里）	民用运输船舶拥有量（艘）
1999	1326	433
2000	1326	488
2001	1188	570
2002	1188	1260
2003	2517	1217
2004	2508	1108
2005	2508	1108
2006	2516.5	883
2007	2517	856
2008	2517	863

年份	内河航道运输线路里程（公里）	民用运输船舶拥有量（艘）
2009	2517	908
2010	3256	982
2011	2517	1007
2012	2517	1018
2013	2402.76	1018
2014	2403	978

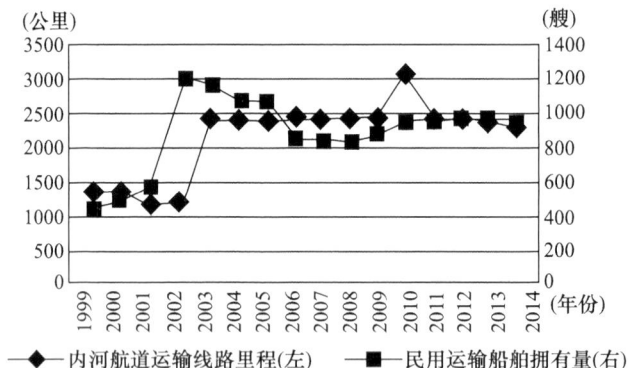

图4-4　内蒙古自治区内河航道里程及民用船舶数量变化趋势

4. 航空运输运行物流情况

内蒙古自治区航空运输业近几年发展迅速，在货运中发挥了积极作用。航线网络布局不断完善，截至2014年底，内蒙古自治区民用机场总数达18个，运营航线303条，通航城市80个；2014年，民航累计完成货运量593亿吨，同比增长5.7%，增速比2013年提高3.4个百分点；累计完成货物周转量186亿吨公里，同比增长9.3%，增速比2013年提高6.4个百分点。

（二）公路为主、铁路为辅的运输物流格局显现

内蒙古自治区2014年全年完成货物运输总量20.4亿吨，增长18.9%。完成货物运输周转量4550.3亿吨公里，增长3.1%。为内蒙古自治区社会经济发展做出了巨大的贡献。其中公路货运量、公路货物周转量分别达到12.7亿吨、2103.5亿吨公里，占比分别达62%和46%；铁路货运量、铁路货物周转量分别达到7.8亿吨、2446.8亿吨公里，占比分别达38%和54%。由图4-5可知，自

2000 年以来，内蒙古自治区运输货运量持续攀升，其中铁路货运量一致呈现稳步上升趋势，2013 年则出现大幅度上升，公路货运量则是在 2007 年以后出现波动上升趋势，2013 年出现大幅度波动下降。相比而言，航空运量远低于公路和铁路运量，且呈现较大幅度波动趋势，自 2009 年以来，航空运量出现持续大幅上升趋势。从总量上看，公路货运量始终占据内蒙古自治区运输方式中的首位。

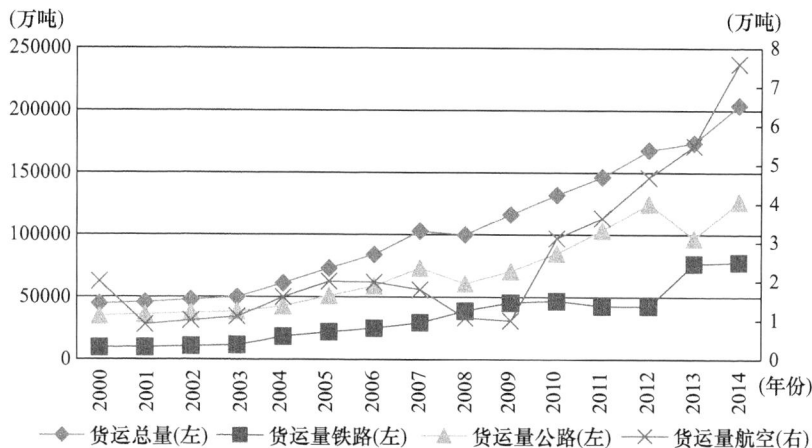

图 4 - 5　2000 ~ 2014 年内蒙古自治区各种运输方式货运量

由图 4 - 6 可知，在 2000 ~ 2007 年，内蒙古自治区公路、铁路货物周转量呈现稳步增长态势，且铁路货物周转量始终明显高于公路货物周转量。但在 2008 ~ 2012 年，内蒙古自治区公路货物周转量呈现快速、大幅货物度增加，在 2010 ~ 2012 年，已超过铁路周转量；从 2013 年开始又出现大幅度下降，重新低于铁路货物周转量。对照货运量指标来看，此阶段，公路货运量出现了快速上涨，此外长距离公路运输也是产生此现象的原因之一。

2015 年 1 ~ 9 月，内蒙古自治区交通运输货运量累计完成 15.7 亿吨，同比增长 1.1%，增速比 1 ~ 8 月提高 0.9 个百分点；内蒙古自治区交通运输货物周转量累计完成 3291 亿吨公里，同比下降 3.3%。其中公路运输货运量呈小幅上升。1 ~ 9 月，内蒙古自治区公路运输货运量完成 10.7 亿吨，同比增长 10.2%；货物周转量完成 1781.5 亿吨公里，同比增长 11.2%。铁路运输货运下降明显，内蒙古自治区铁路运输货运量完成 5.0 亿吨，同比下降 14.1%；货物周转量完成 1509.5 亿吨公里，同比下降 16.3%。民航货物运输呈现小幅上升，内蒙古自治区民航货邮运量完成 6 万吨，同比增长 12%。

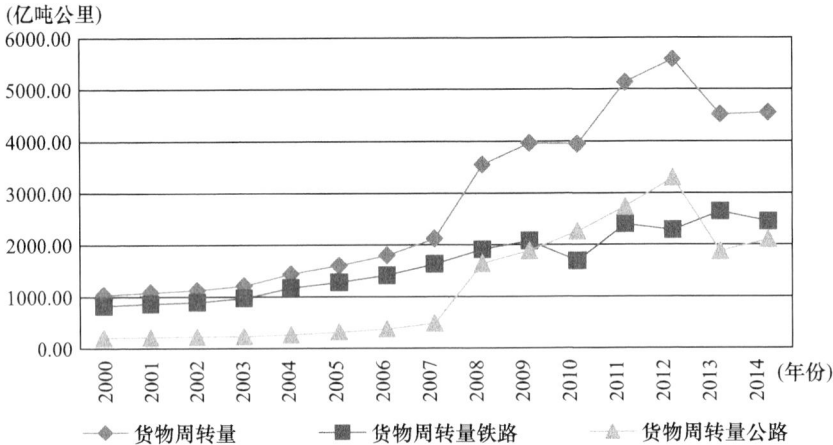

（亿吨公里）

图4-6　内蒙古自治区货物周转量

图例：货物周转量　货物周转量铁路　货物周转量公路

（三）货物运输流向均衡

内蒙古自治区物流货运量持续扩大，重点货物运输分布主要在经济发达、生产加工企业聚集度高的"呼包鄂"地区，所占比重近半数；运输种类以煤炭及制品等大宗货物为主，运输量及周转量占比分别达48.3%和44.5%。货物流向由前几年的"出多进少"逐步转变为相对均衡，出区、入区、内销货运量各占运输总量的30%左右，其中河北省、天津市是内蒙古自治区货物流出的主要省份，占比约为32%。

（四）"两区一带"物流空间布局形成

随着不同区域间资源的优化配置和产业分工，交通物流发展呈现出以城镇为中心，沿重要河流、沿口岸及资源富集地区分布，并逐步向中心城市集聚的特点，初步形成了西部物流区域、东部物流区域和口岸物流经济带的"两区一带"现代物流发展格局。西部地区以"呼包鄂"为核心，是连接西北、华北经济区，连通欧亚大陆的重要物流基地；东部地区依托呼伦贝尔、霍（林河）白（音华）胜（利）、赤峰等资源富集地区，是连接东北、华北经济区，连通俄罗斯、蒙古国的重要物流基地；沿边口岸经济迅速发展，满洲里口岸过货量占全国对俄罗斯口岸过货量的65%，二连浩特口岸过货量621.3万吨，占全国对蒙古国口岸过货量的47%，形成了连接俄蒙及欧洲陆路口岸物流产业带。

（五）运输物流市场主体发展加快

随着传统的运输和仓储企业向现代物流企业转型升级，逐步形成了不同经营模式的物流企业共同发展的格局。培育了巴运、金港、安快、中昊、通运、内蒙古物资储运、红山、松山、阿康等一批本土物流企业，初步形成了多种经济成分和服务模式的第三方物流市场主体。截至 2014 年底，内蒙古自治区注册登记的物流企业达到 2000 余家，A 级企业达到 41 家；从事道路货物运输的业户为 21.7 万户，其中道路货物运输企业 6461 户，道路货物运输从业人员 45.3 万人。

（六）运输技术装备条件明显改善

物流信息技术得到初步应用，大多数物流园区、物流配送中心和物流企业已经建立了物流管理信息系统；以政府为主导搭建的"内蒙古交通物流公共信息系统"平台也已初步完成。运输装备总量不断增加，专业化、重型化车辆比重进一步加大。同时，随着甩挂试点项目的稳步推进，运输装备也将进一步得到优化升级。

（七）运输物流发展环境逐渐向好

随着国家、内蒙古自治区相继出台《物流业调整和振兴规划》、《国务院关于印发物流业发展中长期规划（2014～2020 年）》、《国家发展改革委关于印发〈促进物流业发展三年行动计划（2014～2016 年）〉的通知》、《关于减收甩挂运输车辆通行费的通知（试行）》和内蒙古自治区交通运输厅、发改委、经信委、财政厅下发《关于促进公路货物运输发展的通知》等一批促进物流业健康发展和货运车辆通行费优惠政策，现代物流业在内蒙古自治区产业体系中的战略地位得到了进一步确立，并初步建立起物流发展的运行机制。2014 年底，内蒙古自治区统计局首次正式开展内蒙古自治区物流业统计工作，建立了物流统计调查、分析和信息发布制度，加强了物流业运行的监测与分析；物流标准化、物流人才培养和技术创新等行业基础性工作逐步加强；物流协会等社团组织的作用也得到了充分发挥，促进行业自律。

二、主要盟市交通运输物流发展现状

（一）呼和浩特市交通运输业运行情况

1. 交通运输业发展趋稳

2014 年呼和浩特市交通运输及邮政业实现增加值 566.42 亿元，同比增长

10.5%，比2013年增长了2.9个百分点；呼和浩特市公路货运量16326.2万吨，同比增长34.4%，货物周转量282.2亿吨公里，比2013年同期增长15.6%。

2. 物流基础设施明显改善

呼和浩特市城发白塔（恼包）公路物流园区，位于110国道和东绕城高速交会处，占地1380亩，年货物吞吐量约为640万吨，已完成投资额约5亿元；完成了4座仓储库的建设和5座附属建筑物的主体建设，预计2016年底全部完成建设并投入运营。沙良铁路现代物流园区已完成园区规划设计和国土部土地预审，园区货场土地平整工作已开工；沙尔营煤炭物流园区战略转型项目已完成园区整体规划并通过集团审批，目前园区正在规划口岸物流、转口物流，并积极推进政府项目立项和战略转型工作；昌璟冷链物流园区、新畅日用快速消费品仓储配送中心项目正在积极推进。

3. 交通区位日益优化

呼和浩特市位于内蒙古自治区中部大青山南侧，西与包头市、鄂尔多斯市接壤，东邻乌兰察布市，南抵山西省。地处环渤海经济圈、西部大开发两大战略交会处，有利于呼和浩特市利用西部大开发政策，有效对接和承接环渤海经济圈外溢效应发展服务业。呼和浩特市是"呼包鄂"经济圈的核心城市，是连接黄河经济带、亚欧大陆桥、环渤海经济区域的重要桥梁，是中国向蒙古国、俄罗斯开放的重要沿边开放中心城市，也是东部地区连接西北、华北的桥头堡，随着国家"一带一路"战略的实施，呼和浩特市作为草原丝绸之路的起点，有利于发挥首位地位，利用蒙元文化影响力，打造连通北亚、辐射呼包鄂银榆的高端服务业集聚、新兴服务业领先的国际性重要节点城市，推动呼和浩特市以蒙元文化为主题的特色服务业的国际化发展。

随着高铁建成通车、铁路二四线修建、新机场迁建、高速公路网络完善，以及各级公路的建设，呼和浩特市作为中西部地区承东启西的重要交通节点和通往蒙古国、俄罗斯及东欧诸国的重要交通枢纽地位进一步增强，对满足区域间、国际间人员沟通需求和经济要素流动需求起到巨大的促进作用，有利于呼和浩特市打造成为西北地区商贸流通、物流仓储、现代旅游等服务业的集散中心。

（二）包头市交通运输业运行情况

包头市物流业发展态势良好。2014年加快实施36个重点物流项目，华蒙钢铁物流、北方风驰物流港等项目和铁路现代综合物流、满都拉口岸国际物流等园区进展顺利。2014年，包头市货物运输量完成38090万吨。其中，公路货运量28831.6万吨，同比增长26%；铁路货运量完成9257.4万吨，同比下降19.8%；民航货运量1.0万吨，同比增长1.3%；飞行架次17105次，同比增长14.3%。

（三）鄂尔多斯市交通运输业运行情况

1. 铁路方面

鄂尔多斯市已建成包神、包西、包兰、东乌、三新、准东、呼准、大准、南部主干铁路 9 条，乌审召、蒙西、大路园区专用线等工矿园区专支线 9 条，集运站 22 个，通车里程达 1667 公里（复线里程 560 公里）。实现国铁客运通达北京、上海等 9 个省会城市、20 多个地级市。在建呼准鄂、准朔等 20 多个重点项目，在建铁路里程 1200 余公里；启动了蒙西至华中、呼鄂城际、陶利庙至鄂托克前旗等铁路通道项目前期工作。2014 年，铁路货运量达到 29600 万吨，同比增长 12%，其中发运煤炭 29400 万吨，同比增长 11.9%。

2. 公路方面

鄂尔多斯市基本形成了以东胜为中心，以包茂、荣乌高速公路和 109 国道、210 国道、沿黄公路为主网架，连接各省道和各旗乡公路的干支结合的公路运输网络。截至 2014 年底，鄂尔多斯市公路总里程达到 18820 公里。外出通道主要有荣乌高速、包茂高速、109 国道、210 国道、海生不浪至大饭铺高速、103 省道喇嘛湾至大饭铺段、德胜西至萨拉齐、德胜泰至敖包梁、壕圪卜至托县等出口公路。在建东胜至阿康物流园区高速公路、棋盘井至蒙西一级公路、S216 线察汗淖至敖勒召、S215 线独贵塔拉至锡尼，以及国道 109、国道 210 部分路段升级改造工程等项目。2014 年，鄂尔多斯市实现货运量 16996.8 万吨，同比增长 27.53%；货物周转量 1944995 万吨公里，同比增长 7.57%。

3. 民航方面

鄂尔多斯机场于 2007 年 7 月通航，后经过改扩建，新航站楼主体建筑面积 10.03 万平方米，飞行区等级由 4C 级上升到 4D 级，可满足年旅客吞吐量 1200 万人次的要求，于 2013 年 1 月正式投入使用。2014 年，机场共计运营航线 42 条（已开通鄂尔多斯至香港航线），通航城市 41 个。2014 年，鄂尔多斯市民航完成货邮吞吐量 6610.4 吨，同比下降 30.1%。

4. 基础设施日臻完善

截至 2014 年底，鄂尔多斯市铁路通车里程达 1667 公里（复线里程 560 公里）。公路总里程达到 18820 公里。机场共计运营航线 42 条（已开通鄂尔多斯至香港航线），通航城市 41 个。

（四）二连浩特市交通运输业运行情况

二连浩特市正在加快建设区域性国际物流枢纽。锡二线铁路建设进展顺利，集二线铁路扩能改造，二巴铁路、二满线一级公路前期工作加快推进，开通二连浩特至蒙古国乌兰巴托临时国际航线，铁路、公路、航空立体化运输体系初步形成。开通郑州、成都经二连浩特至欧洲集装箱货运专列，二连浩特市被联合国亚洲及太平洋经济社会委员会《政府间陆港协定》列为国际陆港城市，口岸国际物流枢纽地位进一步显现。目前，浩通保税仓库、汇通海关监管场所投入运营，物流园区功能逐步完善。受口岸经济下行压力影响，交通运输业出现下滑。2014年，二连浩特航空货运量累计完成 345 吨，增长 30.3%；公路货运量累计完成 987.6 万吨，下降 5%；铁路货运量累计完成 713.55 万吨，下降 19.96%。

（五）呼伦贝尔市交通运输业运行情况

2014 年全年呼伦贝尔市铁路、公路完成货运量 18059 万吨，增长 5.6%。其中，铁路 8290.46 万吨，下降 3.4%；公路 9769 万吨，增长 30.1%；民航货邮吞吐量 2.2 万吨，增长 18.8%。铁路、公路完成货物周转量 497.3 亿吨公里。其中，铁路完成货物周转量 326.2 亿吨公里，下降 6.6%；公路完成货物周转量 171.1 亿吨公里，增长 12.3%。

2014 年，呼伦贝尔市铁路货物发送中，地方产品发送量 6728.3 万吨，同比增长 4.7%；口岸发送量 1560.2 万吨，同比下降 27.7%，口岸发送量下降是呼伦贝尔市铁路货运量下降的主要原因。

1. 地方产品铁路外运情况

煤炭、石油、非金属矿石、矿建、木材等铁路发送量稳步增长。其中，煤炭发送量 6144.6 万吨，同比增长 5%；石油发送量 58.3 万吨，同比增长 39.8%；非金属矿石发送量 5.3 万吨，同比增长 158.2%；矿建发送量 123.7 万吨，同比增长 11.7%；木材发送量 122 万吨，同比增长 18.7%。

金属矿石、钢铁、水泥、粮食铁路发送量大幅下降。金属矿石发送量 38.9 万吨，同比下降 40.9%；钢铁发送量 0.1 万吨，同比下降 59.1%；水泥发送量 27 万吨，同比下降 46.9%；粮食发送量 64 万吨，同比下降 18.6%。

2. 地方重点企业铁路运力保障情况

2014 年，地方重点企业运力需求保障稳定，呼伦贝尔市 12 户铁路运输重点企业的铁路发送量 5841.6 万吨，同比增长 4.2%，其中，发往哈铁局管内 4342.8 万吨，发往沈铁局管内 1469.4 万吨，发往其他管局 29.4 万吨，运输方向的结构比例为 74.3∶25.2∶0.5。

7 户煤炭重点运输企业铁路发送量 5738.4 万吨，同比增长 5%，占呼伦贝尔市发送量的 69.2%。其中，神华宝日希勒能源有限公司 2334.6 万吨，同比增长 3.2%；华能呼伦贝尔能源有限公司 2286.5 万吨，同比增长 6.9%；内蒙古神华大雁集团 680.6 万吨，同比增长 0.8%，3 户企业煤炭运量占呼伦贝尔市煤炭总运量的 84.1%。

5 户非煤重点运输企业铁路发送量 103.1 万吨，同比下降 26%，占呼伦贝尔市发送量的 1.2%。其中，呼伦贝尔东北阜丰生物科技有限公司 58.2 万吨，同比下降 26.5%；中国黄金集团内蒙古矿业公司 33.5 万吨，同比下降 11.8%；根河森粮公司 7.1 万吨，同比下降 47%。

（六）满洲里市交通运输业运行情况

2014 年，满洲里市口岸过货量达 3011 万吨，增长 0.2%。其中，进口 1432 万吨，下降 19.8%；出口 302 万吨，下降 5.6%；转口 1277 万吨，增长 44.1%。客运量 199.6 万人次，同比增长 17%。其中，铁路运输发送旅客 114.3 万人次，同比增长 10%；公路运输发送旅客 44.7 万人次，同比增长 24%；航空运输发送旅客 40.6 万人次，同比增长 31%。

在满洲里口岸铁路进口货物发送中，非金属矿石、木材进口量小幅下降。其中，非金属矿石进口 9.8 万吨，同比下降 5.9%；木材进口 833.5 万吨，同比下降 17.3%。煤炭、石油、金属矿石、钢铁、矿建、水泥、粮食进口量降幅较大。其中，煤炭进口 161.1 万吨，同比下降 61.1%；石油进口 4.8 万吨，同比下降 40.7%；金属矿石进口 313.2 万吨，同比下降 30.9%；钢铁进口 2.5 万吨，同比下降 51.2%；矿建进口 0.1 万吨，同比下降 57.3%；水泥进口 0.01 万吨，同比下降 80%；粮食进口 0.4 万吨，同比下降 65.9%。

（七）通辽市交通运输业运行情况

2014 年，通辽市交通运输、仓储和邮政业增加值 107.17 亿元，比 2013 年增长 8.1%。通辽市公路里程 18484 公里，其中，高速公路 430 公里。全年公路货运量 8984 万吨，比 2013 年增长 39.9%，公路货物周转量 155.05 亿吨公里，增长 21.0%。2014 年，铁路货运发送量 5554 万吨，同比增长 12.4%。

三、内蒙古自治区交通运输物流发展趋势

（一）交通物流需求更加旺盛

1. 地区经济增长对交通物流需求增加

"十二五"期间，内蒙古自治区生产总值年均增长达 12% 以上，社会消费品零售总额年均增长达 18%。若按照 8.5% 的增长率，到 2020 年自治区 GDP 总额将达到 29796 亿元。如此庞大的 GDP 规模将产生巨大的物流需求。未来五年，

以生产要素及产成品运输为主的工业物流将继续作为物流需求的主体，畜牧业占比的提升、"三产"的快速发展将成为新的经济驱动器。新型工业化要求加快建立规模化、现代化的制造业物流服务体系；农牧业现代化对鲜活农产品冷链物流的需求不断增长；现代服务业大力发展迫切需要建立更加完善、便捷、高效、安全的消费品物流配送体系。

2. 新兴业态对快递物流需求快速增长

在国家推进"互联网+"和"双创"的背景下，电子商务领域发展迎来了新的动力。内蒙古自治区电商创业已经走过观望期和试验期，进入快速发展阶段。内蒙古自治区支柱、特色产业纷纷开发电子商务。作为内蒙古自治区传统产业的"羊煤土气"陆续触网。鄂尔多斯、鹿王、兆君、东达蒙古王、盘古等一批企业陆续搭上电商快车。伊泰煤炭、蒙泰煤电等煤炭企业也纷纷登上"找煤网"等网上平台。除了传统产业，风干牛肉、奶制品等一批非标准化的农牧区特产也成为内蒙古自治区本土电商的重要品类。此外，内蒙古自治区网络消费能力也在不断提升。因此，这些新兴业态的发展为快递物流发展注入新的动力，对内蒙古自治区交通物流需求也必然会进一步增加。

3. 冷链运输需求稳步增加

内蒙古自治区作为肉禽奶制品主要产区和消费地，畜牧业产值占农业增加值的45%，较全国高出10个百分点，对于冷链运输一直有着较为稳定的需求，冷链运输市场发展前景广阔。冷链运输不同于普通物流，需要更为专业的基础设施，包括冷库、冷藏车以及温度监测、保温箱等一系列设备。与巨大的冷链需求相比，内蒙古自治区专门提供冷链运输的物流企业相对偏少，发展潜力较大。

（二）交通物流升级动力更加强劲

随着交通物流业与制造业、农牧业、商贸等"多业联动"不断深入，物流服务方式开始向定制化、个性化等新型需求渗透，服务范围向供应链一体化延伸。推动内蒙古自治区经济发展方式转变，优化产业结构，必须充分发挥交通物流业的龙头带动作用，推进物流企业参与整个供应链的组织管理，带动产业结构调整优化与转型升级。

（三）交通物流区位优势更加凸显

内蒙古自治区内与八省区毗邻，外与俄罗斯、蒙古国交界，享有独特的区位优势，"五个基地"和"一个桥头堡和沿边经济带"的发展定位明确了全区未来经济发展和增长的重心，"一带一路"战略规划同俄罗斯跨欧亚大铁路、蒙古国草原之路的倡议进行对接，推进区域物流和国际物流的协调发展，打造中蒙俄经济走廊，畅通物流大通道给予内蒙古自治区新的发展机会。除带来各类生产要素、产成品的中转和集散衍生出的巨大物流需求外，更增强了中国沿海及内陆地区与欧洲贸易互联互通的条件。高效的物流体系将是落实自治区"8337"发展思路的重要保障，在辐射范围、服务能力和服务效率上将面临更高的要求。

（四）交通物流新技术新管理更加广泛

1. 信息技术与供应链管理得到广泛应用

信息技术和供应链管理不断发展并在物流业得到广泛运用，为广大生产流通企业提供了越来越低成本、高效率、多样化、精益化的物流服务，推动制造业专注核心业务和商贸业优化内部分工，以新技术、新管理为核心的现代物流体系日益形成。随着城乡居民消费能力的增强和消费方式的逐步转变，全社会物流服务能力和效率持续提升，物流成本进一步降低、流通效率明显提高，物流业市场竞争加剧。

2. 甩挂运输进一步发展

在发达国家，甩挂运输已然成为主流运输模式。在西欧北美等国家，公路网络较为成熟，以牵引车拖带挂车的汽车列车运输量在总量中占七成，甚至八成，甩挂运输与多式联运的有效结合成为新型高级运输组织方式。"一带一路"战略将连通亚欧非参与各国的运输体系，构建全球性的物流互联网，这为甩挂运输提供了新的机遇和广阔的发展前景。首先，联运甩挂提高运输安全水平，由于牵引车不随火车、滚装船一同过海，既可以有效避免或者减少驾驶员因疲劳驾驶而发生车祸的可能性，又可以有效降低公路运输事故的发生概率。其次，可以降低燃料使用，减少大气污染，是节能减排的重要举措，更是缓解能源和环保压力的最优选择。环境已成为当今世界性的重要话题和课题，围绕减排问题的能源消耗和环境保护问题成为世界关注的焦点。与陆路运输相比，实行甩挂运输具有能源消耗低、污染物排放少、道路损坏轻等优点。最后，开展陆海甩挂联运运输项目可以大幅提升经济效益，甩挂相比于传统运输方式，能够提高物流运输效率、降低物流运营成本，便于运输与仓储，有效地减少堆存、装卸等环节，减少货物破损。

（五）交通物流绿色发展更加明确

随着内蒙古自治区经济社会的不断发展，交通运输物流规模持续快速扩大。与此同时，能源消耗和环境污染形势的加重，传统的物流运作模式已难以为继。按照建设生态文明的要求，必须加快运用先进运营管理理念，不断提高信息化、标准化和自动化水平，促进一体化运作和网络化经营，大力发展绿色物流，推动节能减排，切实降低能耗、减少排放、缓解交通压力。

（六）国际交通运输能力增强

1. 多式联运发展迅速

内蒙古自治区依托地域、产业优势，以打造面向三北的物流通道、打造我国向北开放的国际物流大通道为重点，积极构建承东启西、南联北开的大物流格局。内蒙古自治区将不断加快物流体系和物流基础设施建设，构建铁路、公路、航空等多种形式的联运网络，形成贯通东西、出区达海、连接口岸的物流通道，统筹规划城市道路与铁路、公路站场和机场的有效衔接，逐步推进货物"无缝对接"，实现煤炭、化工产品、钢铁、粮食等大宗货物主要通过铁路集运站、战略装车点和公路货运站集中发送。

铁路、公路、水运、航空、仓储等部门的运力如何合理布局、如何有效连接是物流产业发展的基础。推动落实"一带一路"战略可以有力地推动海港、空港、陆港、铁路基础设施等建设，促进多种运输方式的有效整合和衔接，加快构建现代交通体系。大力拓展陆桥运输市场，扩大服务范围，打造国际化的服务品牌。实现公路、铁路、水路、民航、邮政五大系统的深度融合和全面转型升级。

2. 中欧班列运力增强

随着"一带一路"战略构想的提出，使亚欧运输越来越热。铁路运输是"一带一路"的重要组成部分。我国开通到欧洲的货运班列很多，铁路统称为中欧班列。从东到南的班列有哈尔滨、沈阳、天津、北京、西安、汉口、苏州、义乌、重庆、成都，加上新开通的昆明、贵阳班列，都是可以通往欧洲的货运班列，里程都在1万公里以上。2013年运输80列，2014年运输308列，翻了将近3倍，2015年上半年运输244列，表现出持续增长的态势。"一带一路"在促进西部地区与欧洲的互通方面也起到很大的作用，经满洲里口岸出境的集装箱货运班列已达13条，加快了我国与欧洲的经济交流，内蒙古自治区要利用好自身的地域优势，发挥铁路运输成本低的特点，推进项目建设，了解相关国家规划、标准，并尽可能与之相衔接，加快中蒙俄运输通道的建设，推进"一带一路"物流整合。但是，目前中欧班列也存在着一些问题，费用方面还是有些高。因为企业将货物运输到欧洲，货物的成本肯定增加，这就需要政府的补贴，只有这样，企业才能更长久地持续与欧洲的互通。

四、内蒙古自治区交通运输物流发展存在的主要问题

内蒙古自治区交通物流业发展尽管取得了一定的成绩，但是内蒙古自治区物

流业发展整体水平较发达省份还有很大差距，存在的主要问题表现如下：

（一）综合交通网络建设滞后，物流通道制约明显

内蒙古自治区路网规模总量与国土面积相比明显不足，路网密度仅为全国平均水平的一半；铁路电气化率和复线率远低于全国平均水平；各种运输方式不衔接，集疏运系统不配套，综合运输体系尚未形成。

（二）物流园区建设中用地受限较为严重

目前内蒙古自治区物流业是以园区化发展为主要形式，物流园区、配送中心、仓储设施等物流基础设施占地面积大、资金投入多、投资回收期长，受建设用地高额的土地出让金等限制，再加之融资困难，给企业带来沉重的资金压力。

（三）运输物流企业规模小，服务质量和水平不高

物流业整体上还处于"小、散、弱"状态，第三方物流发展缓慢。尤其是公路企业经营规模较小，货运行业发展缓慢。目前，内蒙古自治区货运经营规模较小，呈"多、小、散、弱"状态，缺乏具有一定规模的公路货运企业。在专业运输企业中，大多数车辆都为个体挂靠，企业运输组织松散，加之又缺乏货运信息平台的支撑，因而带来货运发展迟缓、货运信息不畅通、运输效能低下、服务质量低劣等问题。粗放型、小作坊经营模式，导致货运组织化程度低，市场竞争力差，经济效益上不去，浪费资源、耗费能源。

（四）物流公共信息系统不健全

服务于内蒙古自治区的物流信息平台尚未完全建立，内蒙古自治区货物运输量分布不均衡、流向不对称的运输结构导致物流运行效益不高等问题不能得到很好解决。

（五）物流行业协调机制未形成合力

内蒙古自治区各部门抓物流工作缺乏整体协调机制，并且各盟市政府主管部门对于发展现代物流的共识还未统一，同时扶持引导物流行业发展的外部政策缺乏实际操作的抓手。

（六）资源不足，运距缩短，货物周转量增速一蹶不振

近年来，交通运输企业普遍面临需求下降的压力，尤其是主要以运送煤炭为主的铁路方面，由于国内外煤炭价格的倒挂现象频现，导致铁路大宗货物的运送量急剧下降，平均运距明显缩短，再加上零担快运运距大幅缩短导致货源流失，选择了其他运输方式，从而铁路运输货运量、货物周转量始终处于负增长颓势。

（七）运输方式发展不均衡，铁路货物运输占比持续下降

2015 年 1～9 月，公路货运量完成 10.8 亿吨，占内蒙古自治区交通运输总货运量完成的 68.4%。铁路货运量完成 5.0 亿吨，占内蒙古自治区交通运输总货运量完成的 31.6%。交通运输体系的不均衡，呈现出公路货运继续保持着内蒙古自治区综合运输体系的主体地位，承担着 65% 以上的货物运输任务。铁路运输占比持续下降，交通运输总体增长乏力、后劲不足等问题逐渐凸显。

五、内蒙古自治区交通运输物流行业发展对策

（一）制订综合运输物流体系建设规划

政府与相关部门首先要明确新形势下内蒙古自治区综合运输物流体系的顶层设计，实施内蒙古自治区统筹规划，各部门协调运作，有步骤、有计划地打造"一体化"、"现代化"、"综合化"的内蒙古自治区综合运输物流体系，实现运输网络、运输方式的有效衔接。

（二）加强基础设施建设，疏通物流通道

在综合运输物流体系总体规划目标下，内蒙古自治区应继续加强交通运输基础设施建设，提高内蒙古自治区路网规模，加强交通运输场站、园区建设，建设通畅的物流通道。

（三）提高铁路货运服务水平，协调运输体系发展

作为长距离、低成本的运输手段，铁路运输具有其他运输方式无法比拟的优势，因此应有效调动铁路货运部门的创新型服务意识，改善服务水平，提高货运服务的灵活性，吸引大宗、远距离货物运输业务，发挥铁路货运优势，协调运输体系发展。

（四）规范运输企业发展，提升运输行业整体水平

要提升运输业整体发展水平，必须加强运输企业的规范化发展。支持一批运输行业引领示范作用的龙头企业的发展，推进一批中小物流企业实现联盟、协作发展，从而实现资源的有效整合，提升物流企业的服务水平和竞争实力。建设一

批物流资源整合发展平台，提供物流行业创新发展、可持续发展的动力。

（五）推动信息平台建设，实现物流信息一体化

信息平台在运输业发展中的作用日益突出，因此要推动运输业发展，需加快内蒙古自治区物流信息化推广和应用，促进社会物流信息化水平提升，实现基础交换、标准引导、应用推进、区域共享，初步形成物流信息化领域行业内及行业间的广泛互联，构建物流信息一体化发展格局。

（六）改进观念意识，完善管理机制

首先强化对运输物流的观念意识，充分认识运输物流在社会经济发展中的重要作用。其次内蒙古自治区各部门应建立协调机制，在运输物流管理中统筹规划、科学管理，完善管理机制。最后各部门以及各盟市应积极推动并监督各项扶持行业发展的相关政策落地，促进行业健康发展。

第五章

内蒙古自治区仓储行业发展报告

　　仓储是现代物流必不可少的重要环节。高效合理的仓储可以帮助企业加快物资流动的速度，降低成本，保障生产顺利进行，并可以实现对资源的有效控制和管理。随着我国经济转型和产业结构调整进程的不断加快，物流及上下游相关联产业越发意识到仓储的重要性。

一、内蒙古自治区仓储行业发展概述

截止到目前，内蒙古自治区共有大中小型物流仓储企业 687 个，其中呼和浩特市 115 个、通辽市 124 个、赤峰市 105 个、包头市 62 个、锡林郭勒盟 58 个、鄂尔多斯市 43 个、呼伦贝尔市 43 个、阿拉善盟 39 个、巴彦淖尔市 37 个、乌兰察布市 29 个、乌海市 16 个以及兴安盟 16 个，分布已具备规模。

2015 年前三季度，内蒙古自治区装卸搬运和运输代理业受铁路和公路物流影响，收入下降。内蒙古自治区装卸搬运和运输代理业营业收入 5.4 亿元，同比下降 36.2%；营业利润 0.2 亿元，同比增亏 0.1 亿元。仓储业中粮食仓储所占比例较高，受国家宏观政策影响明显，收入和利润均下降较大。内蒙古自治区仓储业营业收入 39 亿元，同比下降 29.6%；营业利润亏损 5.9 亿元，同比增亏 0.7 亿元。

2015 年前三季度，内蒙古自治区规模以上服务业实现营业收入 719.5 亿元，同比下降 8.1%，低于 1~8 月增速 0.9 个百分点。其中 53.3% 的调查显示行业收入呈下降趋势，在内蒙古自治区营业收入中占比较大的几个行业中，铁路运输业、道路运输业、仓储业、专业技术服务业、卫生业营业收入与 2014 年同比增速分别下降 13.2%、17.1%、29.6%、11.6%、0.3%，如图 5-1 所示。

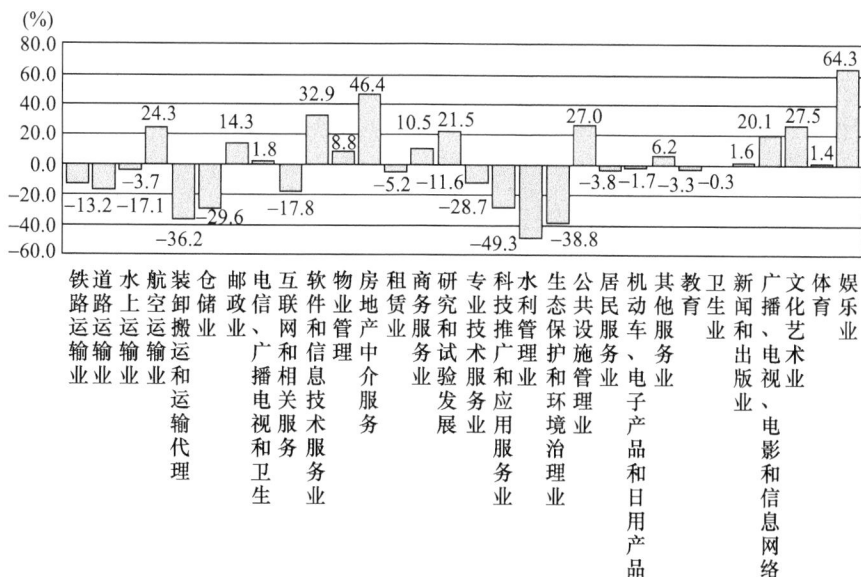

图 5-1　2015 年前三季度规模以上服务业营业收入与 2014 年同比增速对比情况

资料来源：内蒙古自治区统计局。

二、内蒙古自治区仓储行业发展特点及趋势

根据内蒙古自治区仓储行业的调查，仓储行业对于现代仓储的发展需要，在未来的进一步发展中，随着内蒙古自治区对仓储行业的重视程度越来越高，内蒙古自治区仓储行业的发展地位将得到很大的提升。促进仓储业健康发展，加快推进传统仓储向现代物流转型升级，建立健全仓储行业体系、降低仓储成本、提高仓储效率将成为内蒙古自治区仓储行业的整体发展特点及趋势。

（一）仓库设施的建设将朝向更加现代化、专业化和标准化的趋势发展

从仓库建设方面来看，仓库设施的建设将朝向更加现代化、专业化和标准化的趋势发展，仓库布局的建设将朝向立体化和网络化的发展目标前进，以节能环保为目的的"绿色仓库"以及应对突发情况的仓库高水平应急能力将成为重要的建设标准，冷库、危险品仓库等特殊仓库的建设进程将会加快，综合性物流园区的规范化建设也会极大地促进仓库建设的规范化。

（二）物流金融模式创新加速仓储业资金周转

从目前的情况来看，物流金融行业正面临着需求与风险并存的局面。一方面，供应链金融服务有强烈的需求，制造业、贸易流通业、基础设施等需要大量的资金支持才能恢复正常状态，尤其是中小企业，资金的需求量更大；另一方面，这些行业中的企业大多经历了大的风暴，启动速度缓慢，会造成银行贷款的呆滞，影响通货的流动性，依然存在风险。

在面临风险的同时，巨大商机也蕴含其中。仓储企业通过物流金融模式的创新，可以加快流通环节资金周转速度，使沉淀在仓储和其他物流环节的资金的时间价值得以释放和发挥。

（三）冷藏、冷库发展将加快

随着社会经济的发展和人民生活水平的提高，冷库物流逐步受到重视。内蒙古自治区冷库成为冷库物流中的佼佼者。随着冷库物流市场环境的改善以及冷库物流技术水平和组织水平的提高，冷库物流将朝着更加高效、更加可靠的方向发展，并呈现出以下三大发展趋势。

1. 冷库建设及冷藏车辆多元化发展

近年来，大众消费者对食品、药品消费安全的日益重视推动冷库物流进入发展快车道。冷库物流基础设施投资将继续加快。在冷库设施建设、冷库技术水平

提高和冷藏车辆多元化发展等方面呈现出稳步发展势头。

2. 冷库物流企业联盟的构建

从当前市场对冷库的需求导向来看，现有的冷库容量不足。各类冷藏库，不论规模大小或功能如何，以往均按土建工程的模式建造，到目前这种模式仍占主导地位，不适用现代冷链运作模式，必须进行冷库资源的整合改建与新冷库的建设。关于冷库未来的发展，可以参照和借鉴国外冷库的现有运作模式以及发展路径，所以冷库物流企业联盟将是行业发展的重要趋势。

3. 节能环保

随着消费者在果品、蔬菜等农副产品及药材、精细化工原料的贮藏和预冷方面的需求，如何节能而又高效满足这些需求成为了当前冷链发展的重要方向。而微型节能内蒙古恒温冷库正是针对目前农业生产的主要经营管理模式和农村家庭经济与技术水平开发的一种操作简单、性能可靠、效果良好的贮藏设施，在促进农产品冷链发展方面起着积极的作用。

内蒙古恒温冷库库温波动小，在果蔬前期预冷和降温阶段，设备日耗电量一般为 40~50 度，冷库库温稳定后日耗电量仅 7~8 度。另外，北方地区在冬季可采用自然冷源通风降温，月耗电量很低。这对于促进冷链发展以及节能减排具有重要现实意义。

信息化的本质就是借助技术设备和软件实现企业流程的重组和再造。企业业务流程的改造，是信息化的核心。因此，物流大数据信息服务平台开发必须要突出生产企业的地位，实现有效对接和业务流程的重组。借助与生产企业数据的交换，找出生产制造企业在采购、物料管理等诸多方面的业务需求，整合相关资源，复制业务模式，从而更好地盈利。

（四）大数据在物流仓储中的应用

高效而合理的仓储有助于企业节约成本，提升物资流动的速度，确保生产的顺利进行，并能够实现对资源的有效控制与管理。物流信息技术在仓储中主要应用于仓储出库数据实时搜索和输入、仓储入库数据实时搜索和输入、仓库数据处理、仓库数据存储等方面。大数据在物流仓储中的应用领域主要包括以下几个方面：

1. 管理仓储商品储位

大数据在仓储中的应用，能够加强物流仓储商品储位管理，能够有效提高仓储容量利用率和储存搬运分拣效率。尤其是对于商品量大、出货频率快的仓储中心而言，大数据显现出更强的优势。如果仓储商品储位安排不合理，将会导致仓储成本增加、利用率低下。通过大数据技术，整理、分析商品的每次出货时间、数量、送货地点、需求者及关联度等要素，运用关联规则，找出商品最佳存储位置，及时调整储存方式和手段。

2. 制定库存策略

库存具有两重性，即库存过多，可以随时供货，但仓储成本增加；库存过少，会减少仓储成本，但可能有时满足不了供应。科学、合理的库存策略，使存货数量保持在合理的限度之内，既可以满足用户期望，避免发生缺货，又能够防止因货物囤积而出现资金占用的情况，进而提升物流仓储管理的效率、节约仓储成本。大数据技术能够为制定库存策略提供必要的支持。通过对存储货物的序号数量、单价、数量比率及价值比率等数据，运用分类分析法，针对不同的库存货物，制定出差异化的管理措施，确定合理的库存策略。

（五）保税仓储带动产业转型升级和调整产业结构

2013 年 8 月，赤峰市红山物流园区拿到了由海关总署、财政部、国家税务总局、国家外汇管理局联合印发的关于设立赤峰保税物流中心的批复文件，赤峰市成为内蒙古自治区首家被批准设立保税物流中心的城市。2014 年 4 月，鄂尔多斯市设立综合保税区的申请已正式由内蒙古自治区政府上报国务院待批。综合保税区是"境内关外"的一种最高级形态，是我国在原有出口加工区、保税物流园区、保税区等特殊区域的基础上发展而来，设立在内陆地区的海关特殊监管区域。综合保税区是打造特色优势产业和战略性新兴产业集聚发展的重要平台，对促进地方开放型经济发展、调整产业结构和转变经济发展方式有重要作用。目前全国已设立综合保税区 41 家，鄂尔多斯市综合保税区若申报成功，将填补自治区的空白。呼和浩特市亟待谋划空港保税物流园区建设抢占保税物流发展先机，以此带动全市产业转型升级和产业结构调整。

（六）O2O 环境下的仓储体系整合

根据《物流业发展中长期规划》，内蒙古自治区政府要联合相关部门在实体网点及其销售规模的基础上拓展网上交易渠道，通过商品、价格、信息等各方面的整合打通线下线上的通道。围绕顾客体验整合仓储体系，根据线下线上的不同需求调整配送中心的布局、库存结构、货位管理方式与业务流程等，强化实体门店的仓配一体化功能。

（七）规划电商仓储配送中心

随着我国网络零售迅猛发展，电子商务物流瓶颈问题越来越突出。根据商务部主持起草的《电子商务物流发展规划》，未来几年，大型平台电商、各类品牌电商、新兴电商物流及传统仓储企业等各类企业主体，都将会加大规划建设电商仓配中心的力度，打造智慧的物流配送网络。

（八）基于云计算的仓储业语音识别技术

借鉴美国仓储业先进的移动及语音控制仓储的技术创新研究，结合中国物流仓储的发展情况，可以预测在不久的将来仓储技术势必迎来一场新的移动及语音控制仓储的物流技术革命。基于云计算的语音识别系统，由语音识别终端、决策器、通信网络、云计算端和本地语音识别器组成。利用该系统，仓储作业人员通过语音识别终端输入语音信息或下达作业指令，语音识别终端把采集到的语音片段进行模数转换后，传送到决策器进行决策，决策器就通过通信网络将语音数据上传至云计算端进行语音识别，反馈结果至语音识别终端，即可执行作业者的指令。随着物流信息技术的普及，语音识别技术将会成为未来仓储集配中心的又一新型技术。

三、仓储行业发展中存在的主要问题

（一）仓储行业经济效益偏低

近年来，内蒙古自治区仓储业的业务量增加速度较快，行业收入也有了很大的提升，许多仓储企业原来的规模不足以承担越来越多的业务，新型物流中心、物流园区建设增势明显。但是在仓储企业扩大规模的过程中，经营成本的提高令大多数企业感到经营压力增大。一方面，在企业扩建的过程中，仓库建造成本、人力成本和折旧成本均呈上升趋势，客户业务波动大、同业竞争加剧等问题则一直困扰着仓储行业；另一方面，城镇土地等级的提高抵消了土地使用税减半征收的优惠，增加了企业的税负。各种成本增加使得仓储行业在发展的同时，利润没有取得相应幅度的提升。内蒙古自治区仓储行业的发展同内蒙古自治区经济总体的发展相比，处于相对落后的状态。同其他物流相关行业相比，总体经营状况也很不理想，无论是从经营规模还是利润上来看，都处于最低。

（二）仓储行业设施现代化程度低

近年来，内蒙古自治区仓储行业在采用现代化设施方面有了较大的进步，但仍然不能满足现代物流的需求。仓储企业普遍对供应链的重要性认识不足，不能从整体上对本企业进行宏观上的统筹规划，对于一部分企业来说，资金周转困难、设施更新成本高也阻碍着企业设施现代化建设的步伐。大部分仓储企业仓库设施和设备陈旧落后，缺乏必要的现代物流技术设备，运作成本高，市场应变能力差，不能承担高端业务，传统的人工作业准确率不高，影响企业业务规模的拓展；少部分企业的新建仓库设施自动化程度高，但是由于不具备较为完整的仓储标准体系或物流标准体系，使得已有的先进设施不能充分发挥作用。

（三）仓储业信息系统应用程度低

仓库管理系统（WMS）的应用程度低，制约了内蒙古自治区仓储行业服务的提升。近年来，信息技术和网络化管理被广泛应用到各种领域，其高效、精准的作业水平提升了时代发展的步伐。但是在仓储行业中，许多企业仍以人工作业为主，作业效率相对低下，出错率较高。

一些企业处于计算机单机应用及单位内部应用阶段，这种低程度的信息化和网络化并不能为企业的管理水平带来优化，面对已经更新的现代化设施，却没有高效的信息管理系统进行控制和管理，也不能使现代化的设备发挥最大的效用。已经使用仓库管理系统的企业面临的普遍问题有系统的标准化和规范化不达标、与上下游企业系统不易对接以及系统的使用安全问题等。

（四）仓储用地成本高

土地使用税增幅过大直接影响了现代仓储企业自身仓储设备的新建工作。基于城市的规划问题，仓储企业位于城内的仓库要拆迁，并且很难再在城内获得新的用地来建造新仓库。于是多数企业选择入驻物流园区，仓储行业本身的经济效益不高，物流园区的用地价格比较高，这又给企业增加了成本。物流园区要么招商难，造成土地的闲置，要么面向非仓储行业招商，以致物流园区的建设不伦不类，真正的仓储企业却没有合适的土地建造存储装备，这样的情况不仅影响仓储行业的发展速度，也影响整个地区经济的规范发展。由于仓储企业土地使用的特殊性和仓储企业投资大但回报期长的特点，内蒙古自治区要针对仓储行业对土地进行特殊管理，否则会加剧用地成本高给仓储行业发展带来的阻碍。

（五）仓库布局不合理

随着仓储业的发展，仓储企业建立了更多的仓库来满足业务量的攀升，越来越多的非仓储企业纷纷建立自有仓库以满足自身发展的需要。但是由于缺乏统一的国家标准、专业性的规划设计和充足的资金，内蒙古自治区很多仓库区都存在布局设计不合理的问题。从个体角度来看，许多企业在原有仓库的基础上扩大仓库面积，导致仓库区仍以小仓库、平房旧仓库为主，占地面积大，存储效果差。

从内蒙古自治区仓库建设的总体来看，部分地区出现仓库使用的效率不高，空间出现很大剩余的问题，同时又有其他地区仓库面积不能满足存储的需要。仓库布局设计得不合理严重影响仓库的使用效率，制约仓储行业的发展。

（六）仓储行业专业人才缺乏

仓储行业的发展，需要各方面的专业型人才，包括专业技术人才、操作型人才和仓储管理人才。现代仓储自动化程度高，信息化和网络化的管理方式亟待发展应用，合格的仓储工作人员必须懂得仓储保管、运输配送的基本理论知识和实际操作能力，还要掌握一定的计算机操作技术。合格的仓储行业管理人才必须深入了解这一行业的宏观发展背景、了解行业发展情况和特点，针对仓储行业特有的情况对企业的建设和发展升级进行管理。但是内蒙古自治区目前这几方面的人才都很缺乏，企业员工老龄化、素质偏低、新型知识学习能力不够，管理者容易脱离实际情况和行业特点，都导致仓储行业的发展缺乏活跃的动力源。

四、内蒙古自治区仓储行业发展建议及对策

（一）完善行业监测与标准体系

无论对于哪个行业来说，政府的重视和政策的制定实施都是行业快速健康发展的甘露。要保证内蒙古自治区仓储行业快速发展和健康发展的协调进行，内蒙古自治区政府必须制定与实施有利于现代仓储业发展的土地征用、税收、交通管理等政策，制定仓库等级、仓储相关设备、仓储安全、仓储作业、仓储服务质量、仓储从业人员资质要求等方面的标准，为现代仓储业的发展提供条件与依据。

无论是内蒙古自治区政府还是仓储行业协会，都要对行业和企业发展的方向进行积极的引导，加快仓储行业走向成熟的步伐。我们要实施国有仓储企业的股份制改造，使老的国有企业用崭新的姿态继续成为现代仓储业的发展主体，同时大力支持多种投资主体在仓储行业的有序发展。规范物流园区的规划建设，推动仓储房地产业的规范发展；鼓励仓储企业向现代仓储中心、物流中心、配送中心、集散中心、分拨中心发展。将仓储企业组织起来，加强行业内部关于管理和作业方法的交流，加强企业间的相互合作，提升行业整体发展；帮助仓储企业获得仓储设备的租赁与分期付款的机会，降低行业发展压力。

（二）引导仓储企业推广应用新技术

引导仓储企业推广使用新技术，包括用于仓库作业的机械化、自动化技术和用于仓储信息管理的信息化技术。内蒙古自治区的仓储企业要根据自身的发展阶

段和特点，积极引进先进仓储设备，提高仓储作业效率，推广应用条形码、无线射频识别、货物快速分拣技术、自动化货物传送装置、高平台立体仓库等先进技术，同时也鼓励企业自行研究开发和设计自己的专业技术设备。对于原有的旧仓库，要对其有计划地、因地制宜地进行现代化改造，合理使用旧资源以节约成本。不但要使用计算机和网络化信息技术对企业仓储数据信息进行管理，还要利用网络建立信息平台，实现同外界的数据公用和信息沟通，加快自治区仓储业的社会化进程，促进各企业零库存的实现，降低社会成本，提高经济效益。

在实现仓储工作硬件水平提升的同时，还要重视仓储工作人员的培训工作。尤其是在仓储业业态分类逐渐细化、特殊仓库种类增加的现代化仓储工作中，要求管理者具有现代科学知识和管理技术、长远的目光、高度的责任心；知识化、技术化和专业化成为仓储作业员工的必备素养。企业应根据仓库类型和工作岗位制定和实施培训计划，加强对管理者和员工的教育培养，与时俱进地为管理者和员工提供最新的知识储备。

（三）实现仓库功能的多元化

仓库如果只是成为物品的存放地，就大大浪费了社会资源，只有承担起更多的职能，才能提高仓储业的经营效率和综合竞争力，仓库功能的多元化是现代仓储企业区别于传统仓储企业的本质特征。建立以商品储存为主，集商品分类、挑选、整理、加工、包装、代理销售等职能于一体，集商流、物流、信息流于一身，可以为货主提供库存控制服务的现代仓储企业，实现仓库功能的多元化，不但能够为企业自身创造更多的利润，还可以同货主建立更加稳定的战略伙伴关系，实现互利双赢。

为此，自治区要立足当前物流业发展方向，制定适应市场的变化，适应少批量、多品种、周转快的商品的新标准，同时应注意改进并引进先进的管理技术，特别是在管理上体现出更深层次的服务，减少人为性、随意性，为客户提供一个良好的仓储平台。

（四）加大特殊仓库的建设力度

随着物品特性对仓储环境要求以及货主对仓储质量要求的提高，单一的仓库类型已经不能满足现有的需求。因此政府要鼓励仓储企业建立冷库、危险品仓库等特殊仓库，或是整体向特殊仓库转型；鼓励企业对原有特殊仓库进行技术改造，利用先进技术加强特殊类型仓库的应用水平。特殊仓库的建设不但可以满足市场要求，还可以细化仓储业业态，降低仓储业企业在一般仓储功能中的竞争，平衡仓储业的发展。

（五）加快仓储的信息化和标准化建设，注重自动化、智能化建设

随着电子商务和现代物流的发展，对仓储标准化提出了许多新的要求。例如，商品的码放、托盘的使用、仓储的恒温性，以及仓储技术术语的应用、管理等。如何衔接好厂家与商家、商家与使用者上下游之间的连接，以快速、有效地实现这种连接，提供仓储更深层次的服务，应搭建好仓储这个信息平台，在标准化的基础上实现仓储信息化功能。

同时，传统仓储业向现代仓储物流业转换，应重点考虑如何提升仓库装卸及收、发、管的自动化和智能化，并把对这两项的提升作为基础工作来抓。近年来，自治区个别企业也开始引领仓储业向着自动化、智能化方向发展，如内蒙古电力集团、蒙牛乳业自动化立体仓库。

（六）制定人才战略，加快人才培养，实现制度创新

要实现传统仓储业向现代仓储物流业转换，有知识、懂管理、有操作能力的物流人才是必不可少的。到目前为止，内蒙古自治区从事物流工作的人员中，真正了解现代物流、有创新意识的人员并不多。因此，仓储物流企业必须制定出自己的人才引进战略，尽快引进和培养企业所需人才。对于普通员工，如卸货工、发货员、保管员、复核员等，应该由精通 GSP 管理标准的质量主管定期对其进行现场作业的抽查与培训。

（七）依靠政府、协会的作用，实现组织创新

物流市场的发展和规范离不开政府和协会组织，特别是在传统仓储业向现代仓储物流业转换的过程中，更离不开行业协会的指导，需要行业协会帮助企业与政府进行沟通。因此，政府、行业协会是促进传统储运业转向现代仓储物流业的必要条件。

第 六 章

内蒙古自治区快递业发展报告

　　根据国家统计局对国民经济行业分类（GB/T 4754 – 2011）的标准，快递服务（编码为6026020，指在承诺的时限内快速完成的寄递服务）隶属于G大类交通运输、仓储和邮政业，而在国家统计局现行的统计标准中，并没有明确提出"物流业"的概念和范畴。

　　国家标准《物流企业分类与评估指标（GB/T 19680 – 2005）》对物流企业的定义："至少从事运输（含运输代理、货物快递）或仓储一种经营业务，并能够按照客户物流需求对运输、储存、装卸、包装、流通加工、配送等基本功能进行组织和管理，具有与自身业务相适应的信息管理系统，实行独立核算、独立承担民事责任的经济组织，非法人物流经济组织可比照适用。"

　　快递企业属于物流企业的一个类别，快递行业的发展情况属于物流业发展情况的一项内容。本书对内蒙古自治区2014年快递业发展情况的分析从以下几个方面展开。

一、中国快递业发展概述

2014 年，中国经济步入新常态，经济从高速增长转为中高速增长，经济结构优化升级，从要素驱动、投资驱动转向创新驱动。经济增长速度告别过去 30 多年平均 10% 左右的高速增长，但呈现出就业持续增加、居民企业和财政收入稳增、服务业增势显著等态势。自"十二五"以来，中国快递业在邮政体制改革、电商蓬勃发展的环境下，进入了高速发展、迅速做大的阶段，快递业已经成为关系百姓民生、服务生产生活、优化结构调整、促进社会公平的重要力量。

（一）发展概况

1. 业务量和业务收入

2014 年，全国快递服务企业业务量累计完成 139.6 亿件，同比增长 51.9%；业务收入累计完成 2045 亿元，同比增长 41.9%。快递业务收入在邮政业中占比继续提升，快递业务收入占邮政行业总收入的比重为 63.9%，比 2013 年提高 7.3 个百分点。中国快递协会数据显示，截至 2014 年底，中国快递业连续 46 个月同比增速超过 50%。快递业务量和业务收入均创历史新高（见图 6-1），中国的快递业务量已成为世界第一，标志着中国快递经过多年的发展，进入了世界快递大国的行列，快递业正在从快速增量向转型升级发展。

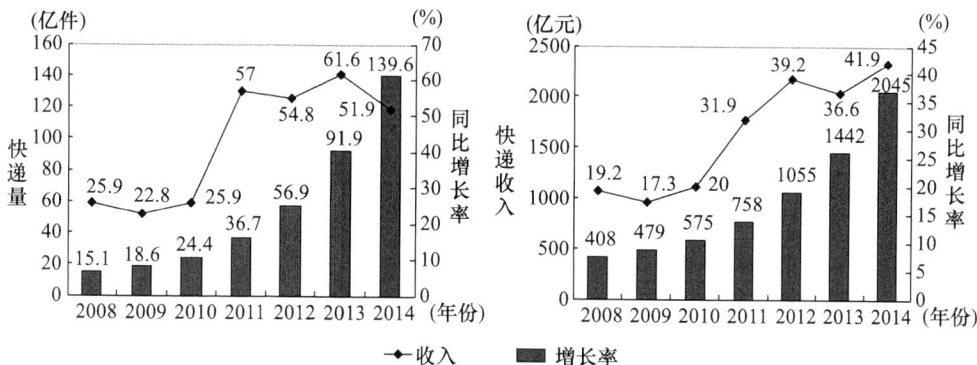

图 6-1　2008~2014 年快递业务发展情况

2. 业务结构

2014 年，全国快递服务企业中同城、异地、国际及港澳台快递业务量占全部比例分别为 25.4%、72.3% 和 2.3%，业务收入占全部比例分别为 13.0%、

55.3%和15.4%。与2013年相比，同城快递业务比例继续上升，增势强劲，全年同城快递业务量完成35.5亿件，同比增长55.1%；实现业务收入265.9亿元，同比增长59.8%。异地快递业务快速增长，全年异地快递业务量完成100.9亿件，同比增长52.0%；实现业务收入1130.6亿元，同比增长36.4%。国际及港澳台快递业务稳定增长，全年国际及港澳台快递业务量完成3.3亿件，同比增长24.7%；实现业务收入315.9亿元，同比增长16.7%。见图6-2和图6-3。

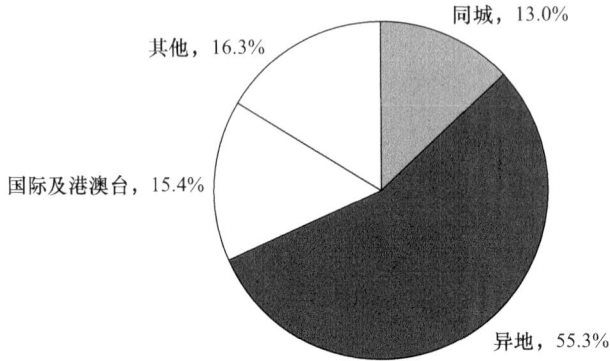

图6-2 2014年全国快递业务收入结构

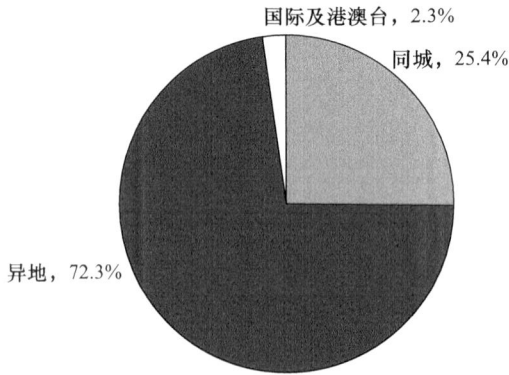

图6-3 2014年全国快递业务量结构

3. 区域市场结构

2014年，全国快递服务市场中，东、中、西部市场占比基本稳定，东、中、西部地区快递业务量比重分别为82.0%、10.6%和7.4%，快递业务收入比重分别为82.8%、9.4%和7.8%，东部地区业务量和业务收入占全国快递业务比重均在八成以上，东、中、西部三大区域发展仍然很不平衡，见图6-4和图6-5。

全年东部地区完成快递业务量114.5亿件，同比增长53.2%；实现业务收入1694.3亿元，同比增长41.3%。中部地区完成快递业务量14.8亿件，同比增长49.2%；实现业务收入191.6亿元，同比增长44.3%。西部地区完成快递业务量10.3亿件，同比增长42.4%；实现业务收入159.5亿元，同比增长45.3%。

快递业务量排名前五位的省份依次是广东、浙江、江苏、上海和北京，其快递业务量合计占全部快递业务量的比重达到69.4%。快递业务收入排名前五位的省份依次是广东、上海、浙江、江苏和北京，其快递业务收入合计占全部快递业务收入的比重达到70.7%。

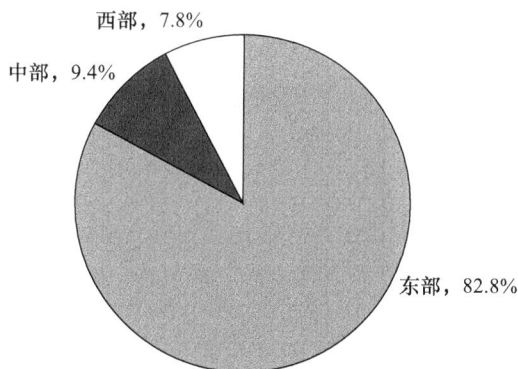

图 6-4　2014 年全国各地区快递业务收入结构

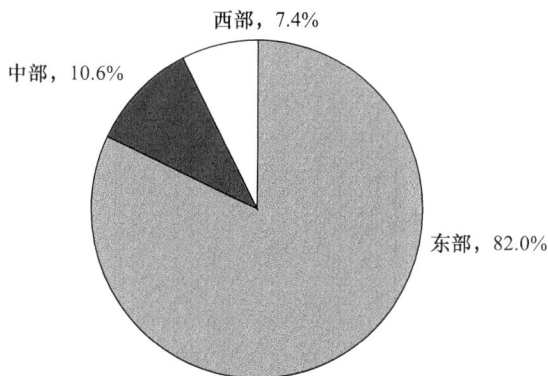

图 6-5　2014 年全国各地区快递业务量结构

4. 市场主体结构

2014 年，全年国有快递企业业务量完成18.7亿件，实现业务收入300亿元；民营快递企业业务量完成119.5亿件，实现业务收入1541亿元；外资快递企业业务量完成 1.4 亿件，实现业务收入 204.2 亿元。国有、民营和外资快递企业业务量市场份额分别为 13.4%、85.6% 和 1.0%，业务收入市场份额分别为 14.7%、75.3% 和 10.0%，与 2013 年相比，民营快递企业市场份额持续提升，民营快递企业持续快速发展。

5. 基础设施

2014 年，各大快递企业为适应快递业务的高速发展和多样需求，加大了对快递基础设施的建设投入，全国快递服务营业网点达 13.2 万处，比 2013 年末增长 12.1%，网点密度进一步提高。邮政和快递行业拥有国内快递专用货机 67 架，比 2013 年末增加 13 架，新增货机专用航线 40 条；拥有各类汽车 23 万辆，比 2013 年末增长 10.9%，其中快递服务汽车 17.8 万辆，比 2013 年末增长 13.2%。在铁路运送快件方面，新增沪深、京沪、京广等 3 对 6 列电商快递专列，覆盖全国 65 个城市。快递服务企业拥有计算机 35.7 万台，比 2013 年末增长 22.1%；手持终端 57.1 万台，比 2013 年末增长 28.7%。

全国邮政邮路总数 2.3 万条，比 2013 年末增加 707 条。邮路总长度（单程）630.6 万公里，比 2013 年末增加 40.8 万公里。全国邮政农村投递路线 9.1 万条，比 2013 年末减少 170 条；农村投递路线长度（单程）377.6 万公里，比 2013 年末增加 3.1 万公里。全国邮政城市投递路线 5.8 万条，比 2013 年末增加 3284 条；城市投递路线长度（单程）143.5 万公里，比 2013 年末增加 15.3 万公里。全国快递服务网路数 14 万条，比 2013 年末增长 33.4%；快递服务网路长度（单程）3071.8 万公里，比 2013 年末增长 35.2%。

（二）发展特点

在 2015 年中国快递论坛上，国家邮政局首次对外发布了中国快递发展指数。2014 年，中国快递发展指数达到 282.4，比 2013 年增长 70.8，近 4 年的年均增速达到 29.6%。总体来看，我国快递业保持了持续快速发展的良好态势，快递行业服务能力、服务水平稳步提高，普及范围进一步扩展，社会影响力全面提升。

2014 年，我国快递业继续高速增长，市场需求强劲，业务量和业务收入规模屡创新高，2014 年我国已成为全球第一快递大国。2014 年发展规模指数为 510.0，比 2013 年提高 168.3。2010～2014 年，发展规模指数年均增速 50.3%，是同期国内生产总值增速的 6 倍以上。

2014 年，我国快递业的发展呈现出以下几个特点：

1. 服务质量稳中向好

我国快递经历规模高速增长后，面临着从快递大国向快递强国的转变，在发展中提质增效是快递业的趋向，几年来快递服务质量不断改善。2014 年服务质量指数为 89.2，比 2013 年增长 1.5。2010～2014 年，我国快递在业务量高位增长的情况下服务质量指数相对稳定，在 88 上下波动。

2. 发展普及保持增长

随着快递服务网络的拓展和服务能力的增强，快递在服务社会经济和普惠民生方面的作用日益显现。2014 年发展普及指数为 205.4，比 2013 年增长 24。2010～2014 年，发展普及指数年均增速为 19.7%，尤其是近两年，网络普及明显加快。

3. 发展趋势趋于稳定

快递市场潜力巨大，发展空间广阔，快递业继续保持高速增长态势，但增长速度趋于稳定。2014 年发展趋势指数为 148.4，与 2013 年持平。2010～2014 年，发展趋势指数增速在经历两年快速提升后趋于平稳。

二、内蒙古自治区快递业发展的外部环境

（一）区域经济环境

2011 年以来，内蒙古自治区的经济增长速度回落至 15% 以下，经济增速逐年下降，进入稳定增长时期。2014 年，内蒙古自治区经济比 2013 年增长 7.8%，比全国平均增速高 0.4 个百分点；分产业来看，第一产业增长 3.1%，第二产业增长 9.1%，第三产业增长 6.7%，三次产业结构比例为 9.1∶51.9∶39.0，第三产业比重上升。全国经济步入低速增长、结构转型的新常态，内蒙古自治区经济继续保持稳定增长，整体经济呈稳中回升态势，结构调整出现积极变化。

2014 年，内蒙古自治区利用地缘优势，积极开拓与俄蒙的贸易交流，外贸实现了良好的增长势头，全区实现进出口总值 145.54 亿美元，比 2013 年增长 21.4%，比全国平均增速高 18 个百分点，创历史新高。2014 年，内蒙古自治区实现社会消费品零售总额 5619.94 亿元，比 2013 年增长 10.6%。其中，乡村市场消费增长 11%，快于城镇市场 0.4 个百分点。

2014 年，内蒙古自治区在保民生、促增收系列政策措施的作用下，内蒙古自治区居民收入继续增长，居民人均可支配收入 20559 元，比 2013 年增长 10%，居全国各省区市第 10 位。其中，内蒙古自治区城镇常住居民人均可支配收入达 28350 元，比 2013 年增长 9%，农村牧区常住居民人均可支配收入达 9976 元，比 2013 年增长 11%。农民、牧民收入的增加也催生了对快递的需求。

经济的稳定增长，产业结构的优化升级，国内贸易和对外经济的快速增长与居民收入的持续增加为内蒙古自治区快递业的发展奠定了良好的基础。

呼和浩特、包头、鄂尔多斯构成的"金三角"，经济总量占内蒙古自治区的一半以上，带动了内蒙古自治区经济的发展。2014年，"呼包鄂"地区以占内蒙古自治区13.2%的土地面积和31.4%的人口，提供了内蒙古自治区60.17%的地区生产总值、76.03%的第三产业增加值、55.56%的工业增加值、54.29%的社会消费品零售总额和32.47%的进出口总额。2014年，呼伦贝尔市、兴安盟、通辽市、赤峰市国土面积占内蒙古自治区47.33%，人口占46.72%，但是地区生产总值仅占31.78%，第三产业增加值仅占26.86%，工业增加值仅占31.32%，社会消费品零售总额仅占30.49%，进出口总额占34.84%。东部地区除了进出口总额略高于"金三角"地区外，其他经济指标均落后于该地区。因此，内蒙古自治区区域经济发展不平衡，东部地区与"金三角"地区的发展差距，也是影响快递业地区发展不平衡的关键因素。

（二）关联产业环境

制造业的发展是经济转型升级的重要发力点，也是快递业发展的重要需求。2014年内蒙古自治区工业增加值8004.4亿元，增长9.5%，实现稳中向好发展态势。全年规模以上工业增加值增长10%，高于全国平均水平；高新技术产业增加值增长14.2%，装备制造业增加值增长16.1%，战略性新兴产业增加值增长15.7%。制造业升级对快递业提出了更高要求，快递服务融入制造业供应链的程度越深，对制造业转型升级的服务支撑能力就越强，制造业的发展要求快递业整合功能和延伸服务，转型为综合快递运营商。

服务业在促进经济平稳较快增长、产业结构优化升级和扩大就业等方面发挥了积极作用。2014年，内蒙古自治区服务业增加值为6922.6亿元，增长6.7%，低于2013年增长率0.4个百分点，也低于全国服务业增加值增长率1.4个百分点，低于内蒙古自治区生产总值增长率1.1个百分点，更低于内蒙古自治区第二产业增长率2.4个百分点，发展速度放缓。2014年，内蒙古自治区服务业增加值占地区生产总值的比重为39%，比全国服务业增加值占GDP比重的48.2%低9.2个百分点，更低于内蒙古自治区第二产业占地区生产总值的比重12.9个百分点，从全国省级行政区划排名来看，居于全国中下游。内蒙古自治区服务业结构层次依然在较低处徘徊，服务业供求结构矛盾日益突出，服务业结构升级停滞。快递业是现代服务业的关键产业，也是近年来服务业发展的亮点，快递业在深化产业协同、推动生产和生活服务业发展中起到重要的作用。

物流业的发展已经成为衡量地区综合竞争力的重要标志。2014年，内蒙古自治区社会物流总额完成35974.47亿元，同比增长5.74%，同比增长低于全国2.16个百分点，表明物流需求回升缓慢；物流业增加值完成1218.05亿元，同比增长 10.35%，高于全国增速，占第三产业增加值比重的 17.59%，占 GDP 的 6.85%；社会物流总费用 2973.10 亿元，社会物流总费用与 GDP 的比率接近 17%，基本与全国持平。快递业是服务业的关键产业，是改变传统流通方式、刺激消费升级的现代产业，是物流领域的先导性产业。快递业的发展可以弥补传统物流业的空白，物流业的增长和升级对快递业产生了新的衍生需求。

交通运输体系的完善是快递业发展的基础。2014 年，内蒙古自治区铁路运营总里程达 1.1 万公里，是全国第一个铁路运营里程超过 1 万公里的省区；随着呼和浩特市、包头市和集宁三地之间的动车组开通，三地已形成 3 小时铁路交通圈；内蒙古自治区还将加快建设呼和浩特市至张家口市铁路客运专线、呼和浩特市至鄂尔多斯市快速铁路等项目。2014 年，内蒙古自治区公路总里程超过 16 万公里，其中等级公路 15 万多公里，高速公路 4000 多公里；2015 年前 6 个月，内蒙古自治区公路基础设施建设完成投资 302.1 亿元，全区公路项目开工建设高速公路 1743 公里，其他公路 9716 公里，总里程为 11459 公里；内蒙古自治区还将加快高速公路网和国省干线公路建设，推进旗县通一级公路和嘎查（村）通沥青水泥路建设。截至 2014 年，内蒙古自治区共有民航机场 18 个，还将加快呼和浩特白塔国际机场迁建工作，建成霍林郭勒、乌兰察布机场，完成包头、乌兰浩特、赤峰机场改扩建工程，争取建成一批通用机场。内蒙古自治区综合交通运输体系进一步完善，为快递服务依托综合交通运输平台扩大服务网络，提高服务效率提供了基础。

电子商务作为战略性新兴产业，是现代流通方式的重要组成部分，也是快递业发展的重要驱动力。近年来，内蒙古自治区电子商务总体呈现蓬勃发展态势，覆盖范围迅速扩大，专业化程度逐步提高，网络零售快速发展，同时也存在地区、城乡和企业间应用不平衡，电商企业规模小、竞争力弱等问题。2014 年 3 月，内蒙古自治区商务厅报请自治区人民政府批准，成立了内蒙古自治区电子商务规划工作领导小组，负责研究部署和推进内蒙古自治区电子商务规划及发展的各项工作。2014 年 7 月，现代物流与电子商务协同发展国际研讨会在呼和浩特市召开，旨在促进电子商务发展，抓住呼和浩特市打造电子商务示范城市的重要契机，更好地发挥现代物流与电子商务协同发展在经济转型升级中的作用。2014 年 7 月，淘宝网特色中国内蒙古馆开馆，平台入驻品牌商家 1200 多家，产品销往全国 100 多个城市，成为产品丰富、入驻商家多、覆盖面积广的内蒙古自治区绿色农畜产品电子商务平台。2014 年底，内蒙古自治区共建设跨境电子商务平台 8 个，集中在满洲里市和二连浩特市，主要面向俄罗斯和蒙古国两个国家。已上线正式运营的跨境电商平台有 1 个，即二连浩特市禹力对外经济贸易有限公司建设的对蒙电子商务平台"城市商店"。目前内蒙古自治区开展跨境电子商务业务的企业有 30 余家，主要集中在呼和浩特市、包头市和赤峰市，大多数企业借助阿里巴巴、中国诚商网、天猫国际等国内外贸电商平台开展 B2B 和 B2C 模式的跨境电子商务业务。

（三）政策法律环境

2014 年以来，我国出台了一系列与快递业发展相关的政策、法律，积极引导、促进、规范快递业的发展。内蒙古自治区也出台了相应的措施，落实国家的政策法规，对区内快递业的发展产生了深远影响。

2014 年，全国两会在政府工作报告中首次提出要推动快递行业的发展，标志着快递业在经济社会中的影响力日益提升，也为其今后的发展指明了方向。2014 年 11 月发布的《物流业发展中长期规划（2014~2020 年）》将快递纳入其中，并对快递业的产业功能，特别是在服务生产、服务民生方面的基础性作用作了准确定位。2014 年 9 月，国务院决定全面开放国内包裹快递市场，对符合许可条件的外资快递企业，按核定业务范围和经营地域发放经营许可。自此，我国快递业改革开放迈出重要一步，内外资快递企业将共同参与中国市场竞争，此举倒逼国内快递业进行转型升级。

2014 年，国家邮政局出台了《邮政业消费者申诉处理办法》、《经营快递业务的企业分支机构备案管理规定》、《快递业务经营许可注销管理规定》、《邮政行业安全信息报告和处理规定》、《寄递服务用户个人信息安全管理规定》、《无法投递又无法退回邮件管理办法》、《无法投递又无法退回快件管理规定》7 条规范性文件及《快递专用电动三轮车技术要求》、《邮政业标准体系》、《快递营业场所设计指南》3 条标准，标志着国家邮政局的监管向精细化管理转型，为适应快递业发展的新变化；保护消费者合法权益；保护合法快递企业的合法权益，起到了积极的促进作用。

自 2014 年 1 月起，邮政服务业被纳入营改增试点。新政策从税收角度对快递企业进行了行业划分，快递企业按从事的收派服务与交通运输服务的划分，适用不同的税率。2013 年底，内蒙古自治区国税局专门为此召开内蒙古自治区邮政快递业营改增税收业务讲座，内蒙古自治区 147 户邮政快递业企业参与了培训。"营改增"试点实施以来，有效减轻了快递企业的税负，基本实现了新旧税制平稳转换。

2014 年 1 月，国家邮政局启动"三向"工程，推动快递企业"向下"、"向西"、"向外"拓展。为贯彻落实国家邮政局、商务部《关于推进"快递向西向下"服务拓展工程的指导意见》，进一步健全城乡快递服务网络，加强内蒙古自治区快递、电商的协同发展，内蒙古自治区邮政管理局与商务厅联合印发《关于推进"快递下乡"服务拓展工程的指导意见》，明确了五项重点措施，切实加大快递"向西"、"向下"工程推进力度，包括加强快递基础设施建设、加强资源整合共享与合作开发、推进农牧产品快递服务、提升苏木乡镇和农村牧区快递服务水平和加强邮政管理部门与商务部门的沟通协作。2014年，内蒙古自治区邮政管理局加强邮政基础设施建设，重点推进空白乡镇邮政局所补建，把分片包干和补建工作作为重点工程，并且重点支持快递企业加快农村牧区网络布局，建设乡镇苏木快递综合服务站，充分利用村邮站、客运站和供销社等平台，促进快递服务向下延伸。部分盟市实现了乡镇快递服务全覆盖，让广大的农村牧区消费者享受与城市居民一样的"网购生活"，这种发展战略既服务了上下游企业，方便了广大老百姓，也改变了传统商业模式。

2014年1月，为了落实国家邮政局下发的《关于开展落实收寄验视制度专项整治活动的通知》，内蒙古自治区邮政管理局向全区12个盟市邮政管理局及邮政企业、主要快递企业下达紧急通知，对内蒙古自治区邮政企业和快递企业开展全面彻底的检查，要求各盟（市）邮政管理局加大执法检查力度，依法查处存在问题的企业，取得良好成效。鄂尔多斯、巴彦淖尔、包头等6个盟（市）局分别对当地违反法律法规的快递企业进行了立案调查，并开出行政处罚单，对内蒙古自治区快递行业起到了警示教育的作用，规范了快递市场秩序。

2014年2月，国家邮政局对快递业务经营许可等现有9项审批进行公示，并从3月起实施快递业务经营许可变更审核流程优化方案。同时，将经营快递业务的企业分支机构备案职能下放到省级以下邮政管理机构，并简化了备案流程。邮政管理部门加快简政放权，持续改革为快递业发展提供更多红利。内蒙古自治区邮政局全面树立许可流程，强化对审核时限的管控与跟踪管理，切实提高审批效率。

2014年12月，内蒙古自治区政府常务会议研究了《内蒙古自治区电子商务发展规划（2014～2020年)》、《内蒙古自治区加快电子商务发展若干政策规定》等改革事项。这些政策将有力推动快递与电商协同发展，促进内蒙古自治区快递基础设施建设和快递服务"向下"延伸，满足农村牧区对快递服务的需求，进一步加快内蒙古自治区快递业的发展。

三、内蒙古自治区快递业发展概述

近年来，快递业作为一种新兴产业，随着经济发展特别是电子商务和网上购物的发展，内蒙古自治区的快递业也呈现出迅猛发展态势。

（一）业务量和业务收入

1. 业务量和业务收入增长情况

2014年，内蒙古自治区快递服务企业业务量完成4363.63万件，同比增长

53.7%；快递业务收入完成 10.32 亿元，同比增长 60.24%。快递业务量和业务收入均创历史新高，快递业务进入快速增长阶段。2014 年，内蒙古自治区快递服务企业业务量增长速度略高于全国的增长速度，远高于西部地区增长速度；业务收入增长速度远超过全国的增长速度和西部地区增长速度，见图 6-6 和图 6-7。

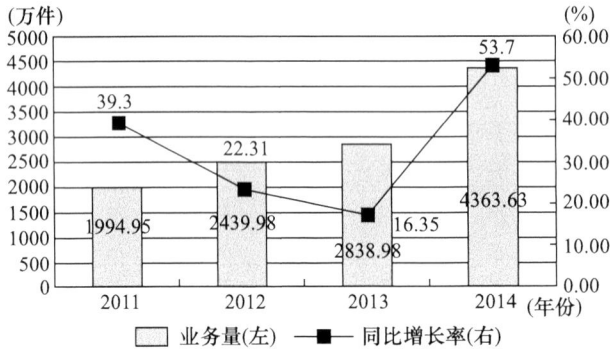

图 6-6   2011～2014 年快递业务量发展情况

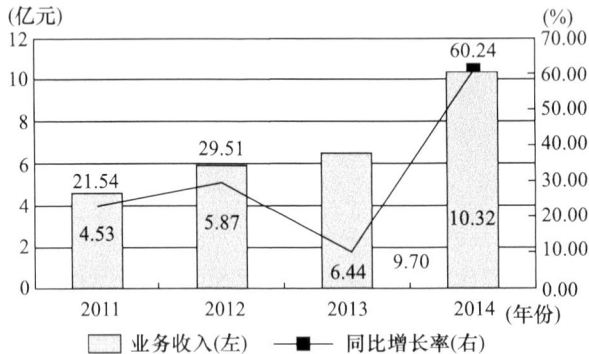

图 6-7   2011～2014 年快递业务收入发展情况

2. 业务量和业务收入全国占比情况

2014 年，内蒙古自治区的快递业务量占全国和我国西部地区比重分别为 0.31% 和 4.22%，快递业务收入占全国和我国西部地区比重分别为 0.5% 和 6.47%，快递业务量和快递业务收入占全国、我国西部地区的比重都较低，见表 6-1。

表6-1 2014年内蒙古自治区与全国、我国西部地区快递服务业务量和业务收入比较

	快递业务量累计（万件）	同比增长（%）	快递收入累计（万元）	同比增长（%）
全国	1395925.3	51.9	20453586.2	41.9
我国西部地区	103398.9	42.4	1594767.0	45.3
内蒙古自治区	4363.6	53.7	103218.8	60.2

2014年，快递业务收入占邮政行业总收入比重为40%，比2013年提高11.8个百分点，快递业务收入在邮政行业收入占比中继续提升，但远低于全国快递业务收入在邮政行业收入63.9%的水平。

（二）市场主体结构

1. 市场主体的基本情况

经济的快速发展和居民网上购物的增长，给快递行业的迅速发展提供了良好的市场环境。2000年以前，内蒙古自治区除邮政EMS外，只有民航快递、中铁快运、中外运、鼎力通等8家从事快递业务的企业。2000年以后，一些民营快递企业逐渐开始进入内蒙古自治区，如申通、中通、宅急送等，以世界四大快递巨头为代表的外资企业也通过代理商和收购民营企业设置分支机构等方式陆续进入内蒙古自治区。2003年以后，内蒙古自治区的快递企业进入了一个快速发展时期，截至2006年底，全区快递企业已经达到了85家（不含邮政企业）。2010年底，内蒙古自治区在邮政管理部门登记备案的快递企业已经达到103家。2014年底，内蒙古自治区在邮政管理部门登记备案的快递企业已经达到171家。目前，自治区快递业市场国有、民营、外资"三足鼎立"的多元化市场竞争格局已经确定，其中，民营企业占了4/5，增长最为迅速。

2. 各市场主体的业务情况

2014年，内蒙古自治区国有快递企业业务量完成1796.76万件，实现业务收入4.1亿元；民营快递企业业务量完成2564.83万件，实现业务收入6.15亿元；外资快递企业业务量完成2.04万件，实现业务收入0.07亿元。民营快递企业持续快速发展，快件业务量增幅分别领先国有企业和外资企业17个百分点和58个百分点，业务收入增幅分别领先国有企业和外资企业20个百分点和58个百分点；国有、民营、外资快递企业业务量市场份额分别为41.18%、58.78%和0.05%，业务收入市场份额分别为39.73%、59.59%和0.68%，与2013年相比，民营快递企业市场份额持续提升，外资企业业务量和业务收入占比仍然较低（见表6-2）。

表6-2 2014年内蒙古自治区快递业不同市场主体业务情况比较

指标 企业类型	业务量（万件）	占比（%）	业务收入（亿元）	占比（%）
国有	1796.76	41.18	4.1	39.73
民营	2564.83	58.78	6.15	59.59
外资	2.04	0.05	0.07	0.68
合计	4363.63	100.00	10.32	100.00

（三）业务结构

2014年，内蒙古自治区快递服务企业的同城快递业务量完成430.19万件，同比增长69.43%；实现业务收入0.56亿元，同比增长35.24%。异地快递业务量完成3921.75万件，同比增长52.27%；实现业务收入8.07亿元，同比增长46.7%。国际及港澳台快递业务量完成11.7万件，同比增长23.49%；实现业务收入0.21亿元，同比增长2.39%（见图6-8）。

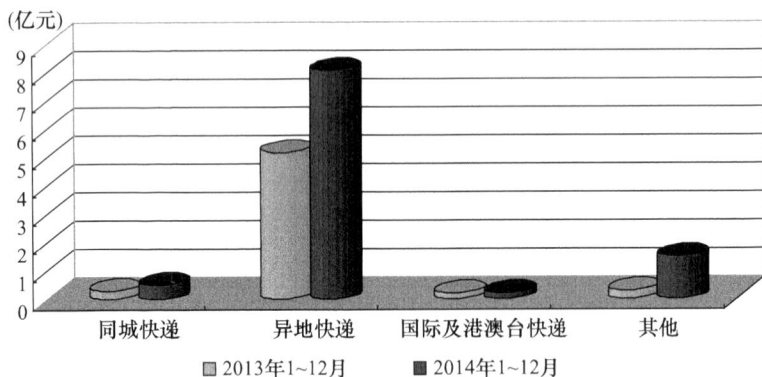

图6-8 2013年、2014年内蒙古自治区各类快递业务收入比较

2014年，内蒙古自治区快递服务企业同城、异地、国际及港澳台快递业务量占全部比例分别为9.86%、89.87%和0.27%，业务收入占全部比例分别为5.4%、78.15%和2.04%（见图6-9、图6-10）。内蒙古自治区快递企业的业务结构中主要以异地业务为主，其业务量和业务收入比重均高于全国水平，而同城和国际快件业务量和业务收入比例偏小，远低于全国水平，发展不平衡，尤其是国际快件的业务量占全部业务量的比重只有全国的1/10，收入占全部收入的比重不足全国的1/7，但与2013年相比，同城快递业务比例继续上升。

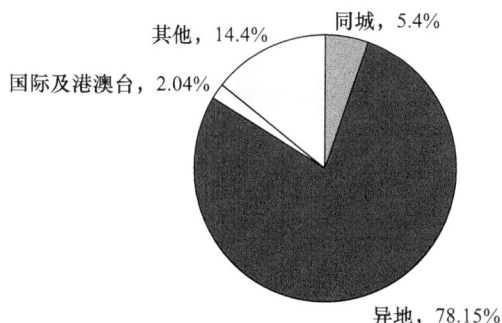

图 6 – 9　2014 年内蒙古自治区快递业务收入结构

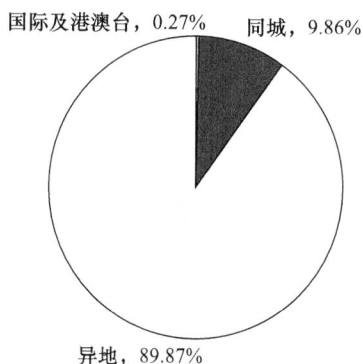

图 6 – 10　2014 年内蒙古自治区快递业务量结构

2014 年内蒙古自治区快递服务企业的同城快递业务增势强劲，异地快递业务增长迅速，国际及港澳台快递业务增长较稳定。随着内蒙古自治区经济、社会发展和生产生活需要，同城快递、异地快递和国际快递在内蒙古自治区都有发展，目前内蒙古自治区大多数快递企业均开办至少两种以上类型的业务，企业开始以网络覆盖为支撑，在不同业务领域满足消费者需求，快递行业总体能力和竞争力有所增强。

（四）地区市场结构

2014 年，内蒙古自治区快递业发展区域结构相对稳定，呼包鄂"金三角"地区快递业务量收占内蒙古自治区业务总量收的七成左右。表 6 – 3 是 2014 年内蒙古自治区各盟市快递业务量、业务收入增长情况以及内蒙古自治区占比情况。

表6－3 2014年内蒙古自治区各盟市快递业务量、业务收入增长及内蒙古自治区占比

地区	业务量（万件）	同比增长（%）	占比（%）	业务收入（万元）	同比增长（%）	占比（%）
内蒙古自治区	4363.6	53.7	100	103218.8	60.2	100
呼和浩特市	2393.34	100.29	54.85	53041.22	94.2	51.39
包头市	476.87	58.32	10.93	13771.64	87.09	13.34
赤峰市	349.24	－6.02	8	7408.54	－1.75	7.18
通辽市	273.33	29.33	6.26	5559.84	17.81	5.39
鄂尔多斯市	211.1	14.57	4.84	5391.71	25.47	5.22
巴彦淖尔市	157.54	30.34	3.61	4734.9	100.23	4.59
呼伦贝尔市	140.93	－18.44	3.23	3482.65	－23.44	3.37
乌兰察布市	112.66	76.62	2.58	2659.71	95.77	2.58
锡林郭勒盟	86.9	27.19	1.99	2507.94	72.52	2.43
乌海市	75.79	10.17	1.74	2306.13	44.98	2.23
兴安盟	62.26	－0.08	1.43	1617.07	17.8	1.57
阿拉善盟	23.67	26.27	0.54	737.46	48.45	0.71

以下为2014年内蒙古自治区各盟市快递业发展的基本情况。

1. 呼和浩特市快递业基本情况

2014年，呼和浩特市快递企业业务量完成2393.34万件，同比增长100.29%；快递业务收入完成5.3亿元，同比增长94.2%。同城快递业务量完成284.05万件，同比增长245.27%；实现业务收入0.31亿元，同比增长155.32%。异地快递业务量完成2100.09万件，同比增长89.88%；实现业务收入4.33亿元，同比增长81.62%。国际及港澳台快递业务量完成9.2万件，同比增长38.56%；实现业务收入0.14亿元，同比增长17.51%。同城、异地、国际及港澳台快递业务量占全部比例分别为11.87%、87.75%和0.38%，业务收入占全部比例分别为5.93%、81.72%和2.66%。与2013年相比，呼和浩特市快递业发展速度加快，同城快递业务占比小幅上升，业务量和收入均实现翻倍增长，异地快递业务增长迅速，国际及港澳台快递业务增长幅度较大。

呼和浩特市共有快递服务营业网点232处，平均每一营业网点服务覆盖面积为160.97平方米。全市共有快递服务汽车860辆，比2013年末增长6.7%。快递服务企业拥有计算机1042台，比2013年末减少25.25%；手持终端1790台，比2013年末增长3.77%。

2. 包头市快递业基本情况

2014 年，包头市快递企业业务量完成 476.87 万件，同比增长 58.32%；快递业务收入完成 1.38 亿元，同比增长 87.09%。同城快递业务量完成 23.86 万件，同比增长 23.86%；实现业务收入 0.05 亿元，同比增长 8.87%。异地快递业务量完成 451.72 万件，同比增长 61.13%；实现业务收入 0.98 亿元，同比增长 61.32%。国际及港澳台快递业务量完成 1.28 万件，同比增长 13.03%；实现业务收入 0.04 亿元。与 2013 年相比，包头市快递业务快速增长，同城快递业务持续增长，异地快递业务快速增长，国际及港澳台快递业务稳定发展。

包头市共有快递服务营业网点 202 处；全市共有快递服务汽车 328 辆，比 2013 年末增长 12.71%。快递服务企业拥有计算机 456 台，比 2013 年末增长 18.75%；手持终端 1.35 台，比 2013 年末增长 23.36%。全市快递服务网路数 137 条，快递服务网路长度（单程）26319 公里。

3. 乌海市快递业基本情况

2014 年，乌海市快递服务企业业务量完成 75.79 万件，同比增长 10.17%；快递业务收入完成 2306.13 万元，同比增长 44.98%。同城快递业务量完成 4.55 万件，同比下降 48.41%；实现业务收入 65.14 万元，同比下降 51.04%。异地快递业务量完成 71.18 万件，同比增长 18.79%；实现业务收入 1555.37 万元，同比增长 16.83%。国际及港澳台快递业务量完成 0.06 万件，同比增长 7.59%；实现业务收入 13.17 万元，同比下降 19.40%。同城、异地、国际及港澳台快递业务量占全部比例分别为 6.00%、93.92% 和 0.08%，业务收入占全部比例分别为 2.82%、67.45% 和 0.57%。2014 年，乌海市快递业务快速增长，同城快递业务大幅下降，异地快递业务匀速增长，国际及港澳台快递业务稳定增长。全年国有快递企业业务量完成 20.68 万件，实现业务收入 439.81 万元；民营快递企业业务量完成 55.11 万件，实现业务收入 1866.32 万元；国有、民营企业业务量市场份额分别为 27.3%、72.7%，业务收入市场份额分别为 19.1%、80.9%。与 2013 年相比，民营快递企业市场份额持续提升，民营快递企业持续快速发展。

乌海市共有快递服务营业网点 55 处，平均每一营业网点服务覆盖面积为 27.65 平方公里。全市共有快递服务汽车 56 辆，比 2013 年末增长 100%。快递服务企业拥有计算机 92 台，比 2013 年末增长 37.31%；手持终端 208 台，比 2013 年末增长 65.08%。全市有快递服务网路数 74 条，比 2013 年末增长 94.74%；快递服务网路长度（单程）4317 公里，比 2013 年末增长 63.31%。

4. 赤峰市快递业基本情况

2014 年，赤峰市快递服务企业业务量完成 349.24 万件，同比下降 6.02%；快递服务业务收入累计完成 0.74 亿元，同比下降 1.75%。同城业务量累计完成

38.44万件，同比下降29.89%；收入累计完成0.06亿元，同比下降22.76%。异地业务量累计完成310.57万件，同比下降1.81%；收入累计完成0.54亿元，同比下降13.66%。国际及港澳台业务量累计完成0.23万件，同比下降55.03%；收入累计完成0.01亿元，同比下降60.96%。其他业务收入累计完成0.13亿元，同比增长280.95%。快递业务占比基本稳定，但快递业务量与业务收入同比下降。

赤峰市共有快递服务营业网点295处，邮路网路数396条，邮路网路长度64309公里，快递服务从业人员1454人。

5. 通辽市快递业基本情况

2014年，通辽市快递服务企业业务量完成273.33万件，同比增长29.33%；快递业务收入完成0.56亿元，同比增长17.81%。同城快递业务量完成15.59万件，同比下降29.13%；实现业务收入251.48万元，同比下降41.08%。异地快递业务量完成257.48万件，同比增长36.15%；实现业务收入4522.66万元，同比增长16.89%。国际及港澳台快递业务量完成0.26万件，同比增长8.63%；实现业务收入47.64万元，同比下降26.11%。同城、异地、国际及港澳台快递业务量占全部比例分别为5.70%、94.20%和0.10%，业务收入占全部比例分别为4.52%、81.35%和0.86%。与2013年相比，同城快递业务比例继续下降。2014年，通辽市快递业务快速增长，同城快递业务大幅下降，异地快递业务快速增长，国际及港澳台快递业务稳定增长。

通辽市邮政行业拥有各类营业网点263处，设在农村的有112处，平均每一营业网点服务覆盖面积为225.71平方公里，服务人口为1.19万人。全市共有快递服务汽车142辆，比2013年末增长30.28%。快递服务企业拥有计算机356台，比2013年末增长41.47%；手持终端435台，比2013年末增长86.70%。全市快递服务网路数103条，比2013年末增长5.10%；快递服务网路长度（单程）35893公里，比2013年末增长78.16%。

6. 鄂尔多斯市快递业基本情况

2014年，鄂尔多斯市快递服务企业业务量完成211.10万件，同比增长14.57%；快递业务收入完成0.54亿元，同比增长25.47%。同城快递业务量19.93万件，同比增长14.65%；业务收入0.0265亿元，同比下降12.36%。国内异地快递业务量190.95万件，同比增长14.60%；业务收入0.4392亿元，同比增长15.30%。国际及港澳台快递业务量0.22万件，同比下降12.72%；业务收入0.0068亿元，同比增长6.15%。其他快递业务收入0.0665亿元，同比增长4026.22%。

鄂尔多斯市拥有快递服务营业网点210处，比2013年末增长40%。全市拥有快递服务汽车 214 辆，比 2013 年末增长 10.31%。快递服务企业拥有计算机 317 台，比 2013 年末增长 12.41%；手持终端 497 台，比 2013 年末增长 47.48%。

7. 巴彦淖尔市快递业基本情况

2014 年，巴彦淖尔市快递服务企业业务量完成 157.54 万件，同比增长 30.34%；快递业务收入完成 4734.9 万元，同比增长 100.23%。同城快递业务量完成 8.57 万件，同比下降 16.83%；实现业务收入 298.55 万元，同比增长 114.44%，原因是 EMS 当年同城出现大宗货物运送。异地快递业务量完成 148.85 万件，同比增长 34.73%；实现业务收入 467.44 万元，同比增长 12.96%。国际及港澳台快递业务量完成 0.12 万件，同比增加 33.58%；实现业务收入 28.07 万元，同比增长 2.56%。

巴彦淖尔市共有 14 家快递企业，97 处营业网点，快递从业人员 1016 人，快递专用车 84 辆，投递专用车 350 辆（非机动车）。全市共有邮路 45 条，邮路长度 3528 公里。

8. 呼伦贝尔市快递业基本情况

2014 年，呼伦贝尔市快递服务企业业务量完成 140.93 万件，同比下降 18.44%；快递业务收入完成 0.35 亿元，同比下降 23.44%。同城业务收入累计完成 0.012 亿元，同比下降 54.86%；异地业务收入累计完成 0.26 亿元，同比下降 31.75%；国际及港澳台业务收入累计完成 0.0036 亿元，同比下降 59.78%；其他业务收入累计完成 0.06 亿元，同比增长 124.14%。同城、异地、国际及港澳台快递业务量占全部比例分别为 6.89%、93.01% 和 0.10%，业务收入占全部比例分别为 3.43%、74.28% 和 1.03%。

呼伦贝尔市共有快递许可企业 26 家，分支机构 79 家。截至 2014 年底，快递许可证数量为 83 家，其中，2014 年新核发快递许可证 43 家。2014 年快递许可持证率 79.05%。民营快递从业人员 496 人，民营快递车辆 222 辆。

9. 乌兰察布市快递业基本情况

2014 年，乌兰察布市快递服务企业快递业务量完成 112.66 万件，同比增长 76.62%；实现快递业务收入 2659.71 万元，同比增长 95.77%。同城业务量完成 9.26 万件，同比增长 38.12%；实现业务收入 48.53 万元，同比下降 45.69%。异地业务量完成 103.36 万件，同比增长 81.23%；实现业务收入 1931.13 万元，同比增长 72.03%。国际及港澳台业务量完成 0.04 万件，同比下降 16.43%；实现业务收入 8.43 万元，同比下降 35.55%。实现其他业务收入累计 671.62 万元，同比增长 402.56%。全年同城业务量、异地业务量同比增长，国际及港澳台业务量同比下降；异地业务收入、其他业务收入同比增长，同城业务收入、国际及港澳台业务收入同比下降。

乌兰察布市共有快递服务营业网点120处，比2013年末增长64.38%。全市共有快递服务汽车53辆，比2013年末增长47.22%。快递服务企业拥有计算机147台，比2013年末增长31.25%；手持终端265台，比2013年末增长63.58%。全市快递服务网路数108条，比2013年末增长80%；快递服务网路长度（单程）21673公里，比2013年末增长229.93%。

10. 锡林郭勒盟快递业基本情况

2014年，锡林郭勒盟快递企业业务量完成86.90万件，同比增长27.19%；实现快递业务收入2507.94万元，同比增长72.52%。同城业务量完成6.60万件，同比下降13.61%；实现业务收入89.39万元，同比下降0.95%。异地业务量完成80.21万件，同比增长32.30%；实现业务收入1924.58万元，同比增长52.50%。国际及港澳台业务量完成0.09万件，同比增长59.23%；实现业务收入24.86万元，同比增长15.95%。全年同城业务量同比下降，业务收入同比下降；异地业务量、国际及港澳台业务量同比增长，异地业务、国际及港澳台业务收入同比增长。

锡林郭勒盟共有邮政邮件处理场所13处，服务网点106个；邮政车辆68台，其中带有邮政标志的车辆54台。全盟共有邮路94条，合计单程总长度6681公里。

11. 兴安盟快递业基本情况

2014年，兴安盟快递服务企业业务量完成62.26万件，同比下降0.08%；实现快递业务收入1617.07亿元，同比增长17.80%。同城快递业务量完成7.98万件，同比下降2.36%；实现业务收入127.32万元，同比下降12.29%。异地快递业务量完成54.23万件，同比增长0.29%；实现业务收入1055.99万元，同比下降4.37%。国际及港澳台快递业务量完成0.05万件，同比下降17.12%；实现业务收入14.1万元，同比下降24.07%。同城、异地、国际及港澳台快递业务量占全部比例分别为12.81%、87.10%和0.09%，业务收入占全部比例分别为7.87%、65.3%和0.87%。全年快递业务量小幅下降，业务收入上升，同城快递业务小幅下滑，异地快递业务小幅上升，国际及港澳台快递业务下滑明显。

兴安盟共有快递服务营业网点50处，快递企业汽车71辆。全盟快递服务从业人员372人，同比增长74.65%。快递服务企业拥有计算机121台，比2013年末增长24.74%；手持终端180台，比2013年末增长65.14%。

12. 阿拉善盟快递业基本情况

2014年，阿拉善盟快递服务企业业务量完成23.67万件，同比增长26.27%；快递业务收入完成737.46万元，同比增长48.45%。同城快递业务量完成1.66万件，同比增长18.09%；实现业务收入36.02万元，同比增长

8.89%。异地快递业务量完成 22 万件，同比增长 27.02%；实现业务收入 467.44 万元，同比增长 12.90%。国际及港澳台快递业务量完成 0.01 万件，同比下降 65.19%；实现业务收入 0.8 万元，同比下降 77.78%。

阿拉善盟共有 9 家快递企业，33 处营业网点，快递从业人员 181 人，快递专用车 43 辆，投递专用车 68 辆（非机动车）。

（五）基础设施与从业人员情况

2014 年，内蒙古自治区邮政行业拥有各类营业网点 2981 处，比 2013 年末增长 11.15%。其中，快递服务营业网点 2462 处，比 2013 年末增长 17.02%。内蒙古自治区已有 223 处乡镇设有快递服务网点，快递网点覆盖率为 34.8%，乡镇快递网点覆盖率同比增长 112.38%。邮政行业拥有各类汽车 3775 辆，比 2013 年末增长 13.33%，其中快递服务汽车 2269 辆，比 2013 年末增长 14.42%。快递服务企业拥有计算机 3422 台，比 2013 年末增长 6.64%；手持终端 5770 台，比 2013 年末增长 28.59%。

内蒙古自治区邮政邮路总数 749 条，比 2013 年末增长 7.15%；邮路总长度（单程）7.52 万公里，比 2013 年末增长 14.45%。内蒙古自治区邮政农村投递路线 1490 条，比 2013 年末增长 4.86%，农村投递路线长度（单程）11.52 万公里，比 2013 年末增长 5.41%；内蒙古自治区邮政城市投递路线 1451 条，比 2013 年末增长 9.51%，城市投递路线长度（单程）4.52 万公里，比 2013 年末增长 8.59%。内蒙古自治区快递服务网路总数 1575 条，比 2013 年末减少 0.19%；快递服务网路长度（单程）38.91 万公里，比 2013 年末减少 19.52%。

内蒙古自治区邮政行业平均每一营业网点服务覆盖面积为 396.84 平方公里，平均每一营业网点服务人口为 0.84 万人。邮政城区每日平均投递 2 次，农村每周平均投递 3 次。人均函件量为 1 件，年人均快递使用量为 1.74 件，年人均用邮支出 103.36 元，年人均快递支出 41.2 元。

2014 年以来，内蒙古自治区各盟市的快递企业新增分支机构 297 处，新设置快递网点的乡镇约 180 个，改扩建处理中心 30 余处，增加作业场地 3 万多平方米，新增快递配送车辆 150 台以上，增加了快递专用货机线路和合作航线，同时各家快递企业在信息化方面做了大量的工作，对查询系统、生产作业管理系统做了一系列扩容和升级改造。

2014 年，内蒙古自治区快递业总的从业人数约为 1.8 万人。在"双 11"期间，新增快递从业人员 3000 余人，根据近年来快递行业的发展规律，每年 11 月份业务量的均值基本会成为下一年度业务量的常态值，企业为应对"双 11"进行的能力储备有效转化为下一年的生产能力。

（六）发展趋势

1. 行业环境更加完善

以 2009 年修订后的《邮政法》颁布实施为起点，陆续出台的《快递市场管理办法》、《快递业务经营许可管理办法》和正在积极推进的《快递市场管理条例》立法工作，都对促进快递健康发展、壮大快递服务实体、维护消费者合法权益具有重大意义。国家在促进信息消费和电子商务、改进城市配送等多个领域正积极推进跨部委、跨产业的联动政策支持，必将有利于快递企业突破发展瓶颈、减轻运营负担、提升服务质量。

2015 年，国家邮政局提出了要建设诚信快递企业，建立企业诚信评价体系，推动信用等级评定工作。推动企业建立和完善对加盟企业、员工和消费者的诚信记录和评价。目前，占有一半快递业务量市场份额的"三通一达"四家快递企业，利用所设立的蜂网公共平台已经完成了《快递员失信管理办法》和《快递客户失信管理办法》，于 2015 年开始实施。它将对快递业全面推行诚信体系建设起到积极的推动作用。

但是，制约快递业发展的瓶颈依然明显。适合快递业"最后一公里"配送的交通工具车型标准尚未出台，快递车辆进入市区"行车难"和"停车难"的问题依然存在。目前，快递企业所使用车辆的合法性还没有在多数地方政府法规的层面上得到突破，各地政府采取"禁电禁摩"的政策对快递配送的制约越来越大；电商利用货源的优势打压快递价格从中赚取快递费差价的现象日趋普遍；"营改增"对快递业的影响依然存在。

2. 增长势头继续保持

预计近两三年，内蒙古自治区快递业务量的增幅仍然会保持在 40% 以上，快递业务收入的增长也会维持较高的速度。快递业务量和业务收入仍然会不断创历史新高，快递业务进入快速增长阶段。在快递业务结构中，内蒙古自治区快递服务企业同城、异地、国际及港澳台快递业务量占全部比例不会有太大的改变，业务收入也如此。内蒙古自治区快递企业的业务结构中主要以异地业务为主，而同城和国际快件业务量和业务收入比例偏小，尤其是国际快件的业务量占全部业务量的比重较低，收入占全部收入的比重也较低，这一局面短期内不会有太大改变，但同城快递业务比例会继续上升，国际及港澳台快递业务也会随着跨境电商等行业的发展而比例上升。快递服务企业的同城快递业务会继续强劲增长，异地快递业务会保持较高的增速，国际及港澳台快递业务增长会较为稳定。"网购"快递的占比进一步提升。

3. 快递和电子商务协同发展

一方面，传统快递与电商自营快递竞合发展。随着阿里巴巴、京东、苏宁等电商巨头开始自建快递公司，快递企业面临着来自电商的激烈竞争。电商企业利用大数据资源和自身业务优势自营快递，高度依赖电子商务件的民营快递企业有可能被迫将业务转向最末端的落地配送。为了应对这种变化，快递企业正逐步向电子商务进军，以拓展业务并提高流量。

另一方面，跨境电商快递等专业化的快递成为新的竞争焦点。快递专业化的特征是快递细分市场的专业化。快递业市场细分是快递业发展成熟的重要标志之一。它将按照商品的属性和特性、按照个性化需求不断细分。在这些细分快递市场将会涌现很多中小型快递企业和专业化的快递企业，这也是快递业务新的增长点。

4. 竞争进一步加剧

由于电商继续利用自身的货源优势打压快递价格，其商业模式已经由赚取商品差价转变为赚取快递费差价，其表现形式是件均收入还会继续下降，下降幅度为 0.5 ~ 1.5 元。同时，快递企业之间的同质化竞争将会加剧"价格战"的双重叠加效应，即多数快递企业呈现"微利化、无利化、亏损化"的趋势。快递行业竞争焦点从价格转向服务。企业会逐步建成并推出自己的标准化体系及配套，行业标准化体系也在逐步建立，低价不再是企业制胜的关键，服务以及客户体验将成为快递业口碑胜出的王牌。

5. 向下、向西、向外步伐加快

在国家扩大跨境电子商务试点的背景下，快递企业将有强大的动力开拓国际快递业务海外市场，国际快递服务的产品附加值更高、品牌效应更强。此外，随着农村和中西部地区互联网和电子商务的普及，向下、向西的寄递服务需求呈现井喷式的增长，陆续出台的改进城市配送、末端投递等政策也在很大程度上为企业加快农村和西部地区网络布局和基础设施建设提供保障。

四、内蒙古自治区快递业发展中存在的问题

（一）企业规模较小，抗风险能力低

2006 年至 2010 年底，内蒙古自治区的快递企业数量不断增加，内蒙古自治区在邮政管理部门登记备案的快递企业从 85 家（不含邮政企业）增长到 103 家，截至 2014 年底，内蒙古自治区在邮政管理部门登记备案的快递企业已经达到 171 家。目前，内蒙古自治区快递业市场国有、民营、外资的多元化市场竞争格局已经确定，民营企业数量最多，占了全部快递企业的 4/5。

行业规模是衡量一个行业发展水平的重要标志，快递业只有实现规模经济才能降低成本。在邮政体制改革以前，快递行业依据交通运输科目进行统计，邮政

体制改革后，国家邮政局正式将快递业纳入邮政业的统计范畴予以统计分析，为更好地把握快递业发展趋势提供了重要依据。从注册资本来看，内蒙古自治区大部分快递企业的注册资本偏低，在自治区内的快递企业中，内蒙古自治区邮政速递物流有限公司（EMS）注册资本为7800万元，注册资本超过500万元的快递企业3家（不含EMS），100万~499万元的14家，50万~99万元的153家（见表6-4）。企业规模偏小直接导致企业风险加大，消费者权益保障力度下降。

表6-4　2014年内蒙古自治区快递企业注册资本统计情况

注册资本（万元）	7800	600	500	300~499	200~299	100~199	50~99
数量（家）	1	1	2	3	6	5	153

（二）发展速度较快，但业务附加值低

2011年以来，内蒙古自治区的快递业发展速度较快，虽然受全球经济疲软的影响，但内蒙古自治区产业结构以制造业为主，尤其是加工出口贸易量较小，外需疲软对快递业的影响有限，2011~2014年内蒙古自治区快递业中的国际及港澳台快递业务量占全部业务量比例均不足1%，快递业继续稳步发展。2011年，内蒙古自治区快递业务收入增长速度在21%左右；2012年，随着经济的回升，快递业收入同比增长速度明显加快，达到29%左右；2013年快递业收入增速回落至9.7%；直到2014年，收入同比增长速度大幅度提升至60%左右。与同期全国的情况相比，内蒙古自治区快递业业务量和业务收入的增长情况均落后于全国水平，尤其是2013年最为低迷，2014年才超过全国增长水平，2014年高增长的重要原因之一是前几年的增速慢、基数小。在2011~2014年，内蒙古自治区快递业的发展实际上落后于全国的发展（见表6-5）。

表6-5　2011~2014年内蒙古自治区和全国的快递业务量、业务收入同比增长情况

指标	年份	2011	2012	2013	2014
业务量（%）	内蒙古自治区	39.30	22.31	16.35	53.70
	全国	57.00	54.80	61.60	51.90
业务收入（%）	内蒙古自治区	21.54	29.51	9.70	60.42
	全国	31.90	39.20	36.60	41.90

2011~2014年，内蒙古自治区国内生产总值占全国的比例分别为3.67%、3.17%、2.70%和2.26%，同期快递业的业务量和业务收入占全国的比例均不到

1%，远低于国内生产总值占全国比例，也体现了内蒙古自治区快递业的发展滞后于经济发展的客观事实；快递业务量从 2011 年占全国 0.54% 下降到 2014 年的 0.31%，快递业务收入从 2011 年的 0.6% 下降到 2014 年的 0.5%，均呈下降趋势，与国内生产总值占全国比例同时下降（见表 6 - 6）。

表 6 - 6 2011 ~ 2014 年内蒙古自治区快递业的业务量、业务收入和 GDP 占全国的比例

指标 \ 年份		2011	2012	2013	2014
业务量（万件）	内蒙古自治区	1994.95	2439.98	2838.98	4363.63
	全国	367311.1	568548.0	918674.9	1395925.3
	占比（%）	0.54	0.43	0.31	0.31
业务收入（亿元）	内蒙古自治区	4.53	5.87	6.44	10.32
	全国	758	1055	1442	2045
	占比（%）	0.60	0.56	0.45	0.50
GDP（亿元）	内蒙古自治区	17769.51	16916.5	15880.6	14359.9
	全国	484123.5	534123	588019	636139
	占比（%）	3.67	3.17	2.70	2.26

在快递企业的收益构成中，揽件和送件的收益是不一样的，揽件收益远大于送件，因为前者实质上有开发客户的效果，附加值高；后者更多是基本的递送服务，附加值低。内蒙古自治区包括呼和浩特市在内，快件外送需求远低于收件需求。呼和浩特市快递的揽件和送件比例大概是 1:10，快递公司每揽收 1 个快件的同时，就要送出 10 个快件，也导致了快递企业的利润微薄。例如，2014 年"双 11"期间，呼和浩特中通快递公司仅 11 月 14 日、15 日两天，快递企业收到外地发来的快件 5.3 万件，但期间揽收的快件却不足 1000 件。大量的电商在东部发达地区，尤其是东南沿海省市发货，发件被当地快递公司揽收，当地公司利润丰厚，而呼和浩特市中通快递公司则以相对更低的利润，承担着全网的配送任务。这种利润分成，导致内蒙古自治区和呼和浩特市本地快递企业的利润率要比东部地区低很多，进而影响到快递企业的基础设施建设投资。

尽管 2014 年是国内快递业增长最快的一年，但电商继续利用自身的货源优势打压快递价格，其商业模式已经由赚取商品差价转变为赚取快递费差价，其表现形式是件均收入还会下降，快递企业之间的同质化竞争加剧了"价格战"的双重叠加效应，即多数快递企业呈现"微利化、无利化、亏损化"的趋势。对比 2011 ~ 2014 年全国和内蒙古自治区快递业务收入和业务量的比重，即单件快

递的收入可以看出，内蒙古自治区快递业务单件收入在 22 元/件至 24 元/件之间，几年内没有明显变化；同期，全国快递业务的单件收入由 20 元/件左右下降至 15 元/件左右，呈明显下降的趋势（见表 6 - 7）。快递业务的单件收入并不代表内蒙古自治区的快递业务附加值高，反而说明单件业务的快递服务成本偏高，且没有下降的迹象，这与内蒙古自治区快递业整体业务量较低、不具备规模效应有很大关系。

表 6 - 7　2011 ～ 2014 年内蒙古自治区和全国快递件均收入

地区	年份 指标	2011	2012	2013	2014
内蒙古自治区	业务量（万件）	1994.95	2439.98	2838.98	4363.63
	业务收入（亿元）	4.53	5.87	6.44	10.32
	件均收入（元/件）	22.71	24.06	22.68	23.65
全国	业务量（万件）	367311.1	568548.0	918674.9	1395925.3
	业务收入（亿元）	758	1055	1442	2045
	件均收入（元/件）	20.64	18.56	15.70	14.65

（三）基础设施建设加强，但服务水平不高

2014 年，内蒙古自治区邮政行业拥有各类营业网点 2981 处，比 2013 年末增长 11.15%。其中，快递服务营业网点 2462 处，比 2013 年末增长 17.02%。内蒙古自治区邮路总数 749 条，比 2013 年末增长 7.15%；邮路总长度（单程）7.52 万公里，比 2013 年末增长 14.45%。内蒙古自治区邮政农村投递路线 1490 条，比 2013 年末增长 4.86%，农村投递路线长度（单程）11.52 万公里，比 2013 年末增长 5.41%；内蒙古自治区邮政城市投递路线 1451 条，比 2013 年末增长 9.51%，城市投递路线长度（单程）4.52 万公里，比 2013 年末增长 8.59%（见表 6 - 8）。内蒙古自治区快递服务网路总数 1575 条，比 2013 年末减少 0.19%；快递服务网路长度（单程）38.91 万公里，比 2013 年末减少 19.52%。2014 年以来，内蒙古自治区各盟市的快递企业新增分支机构 297 处，新布设乡镇约 180 个，改扩建处理中心 30 余处，增加作业场地 3 万多平方米。快递服务企业拥有计算机 3422 台，比 2013 年末增长 6.64%；手持终端 5770 台，比 2013 年末增长 28.59%。

2014 年以来，内蒙古自治区邮政管理局不断加强邮政基础设施建设，重点支持快递企业加快农村牧区网络布局，建设乡镇苏木快递综合服务站，充分利用

村邮站、客运站和供销社等平台，促进快递服务向下延伸，引导企业积极推进"快递下乡"，部分盟市实现了乡镇快递服务全覆盖，让广大的农村牧区消费者享受与城市居民一样的"网购生活"，这种发展战略既服务了上下游企业，方便了广大老百姓，也改变了传统商业模式。

表 6 - 8　2011 ~ 2014 年内蒙古自治区快递营业网点和投递路线情况

指标	2014 年	2013 年	2012 年	2011 年
邮政营业网点（处）	2981	2682	2204	1662
快递营业网点（处）	2462	2104	1596	1112
农村投递路线（公里）	115200	109302	109253	112903
城市投递路线（公里）	45200	41590	41462	36842

各家快递企业也通过各种方式来创新服务，不断提升自身价值，改变过去给人的坏印象，如服务参差不齐、快件延误破损乃至丢失，甚至发生"调包"、"未送达却已显示签收"等。同时，也不断引进各类科技手段来减少"快递纠纷"的发生。

快递行业作为服务性行业，其市场竞争的核心在于服务质量的竞争。目前内蒙古自治区快递企业大型外资、国有和民营企业的服务质量相对较高，而小型民营企业的服务质量相对较低，恶性的价格竞争可能带来服务的不规范和快件安全的无法保障。快递业整体服务水平和全国及东部发达地区相比仍然比较落后。

呼和浩特市的快递业务量和收入占了内蒙古自治区的一半以上，因此呼和浩特市的快递企业在内蒙古自治区具有代表性。邮政速递物流有限公司在内蒙古自治区内属于实力较强的公司，2014 年"双 11"期间，有媒体记者探访邮政速递物流有限公司呼和浩特邮件处理中心，发现在邮件的装卸、分拆、运输、标号、分发、扫描等整个作业流程中，除了从车辆卸货和小包裹分拣的时候使用了传送带，大部分业务操作基本上依靠人工完成，比如贴牌这个环节，就需要多名工作人员配合才能完成。快递企业机械化、信息化程度较低，大部分工作要靠人工作业来完成。每到快递旺季来临的时候，企业都会考虑从人员上进行补充，而相对较低的快递业务量和收入又导致企业盈利水平较低，企业难以实现大规模信息化、机械化。呼和浩特市很多快递公司都没有自己的营业网点和服务窗口，更没有独立的快件处理场地，也很少有大场地、流水线和扫描设备等物流设备和技术的使用。提升内蒙古自治区快递企业的配送质量，建立标准化处理中心非常重要。

（四）地区发展不均衡，市际差异明显

由于受到内蒙古自治区各地区经济发展水平和地域特点的影响，各盟市快递业的业务发展很不均衡，快递业务市际差异明显，基本形成了以呼和浩特市为中心、向外围辐射递减的态势。

2014 年，内蒙古自治区快递业务量排名前五位的盟市依次是呼和浩特市、包头市、赤峰市、通辽市和鄂尔多斯市，其快递业务量合计占内蒙古自治区快递业务量的比重达到84.88%。快递业务收入排名前五位的盟市依次是呼和浩特市、包头市、赤峰市、通辽市和鄂尔多斯市，其快递业务收入合计占内蒙古自治区快递业务收入比重的82.52%。

2014 年，各盟市快递业务量最高的是呼和浩特市，全年完成快递业务量2393.34 万件，占内蒙古自治区比重为54.85%；业务收入53041.22 万元，占内蒙古自治区比重为51.39%，快递业务量和收入均超过内蒙古自治区的一半。这种情况与呼和浩特市经济发展水平、经济结构、居民收入及消费能力有关。

从业务量增长速度上看，呼和浩特市、乌兰察布市、包头市的快递业务量同比增长较快，分别为100.29%、76.62%、58.32%，增速均超过了50%；呼伦贝尔市、赤峰市、兴安盟的快递业务量同比增长为负增长，分别为 – 18.44%、– 6.02%、– 0.08%；其他盟市业务量同比增长在 10% ~ 30%，增长较稳定（见图 6 – 11）。

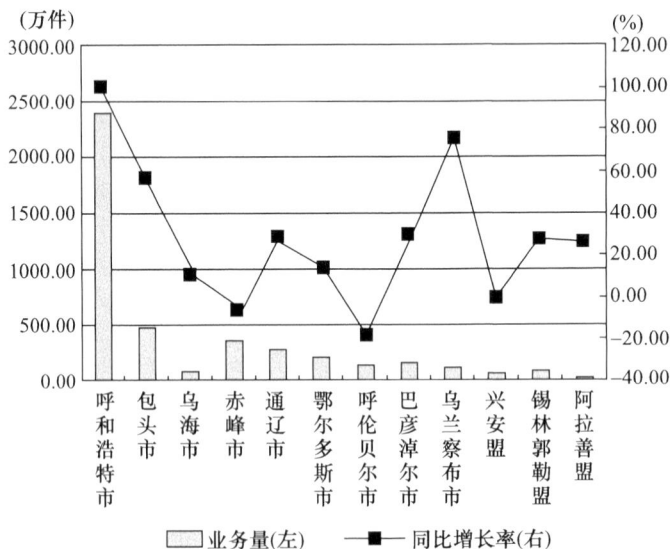

图 6 – 11　2014 年各盟市快递业务量情况

从业务收入增长速度上看，巴彦淖尔市、乌兰察布市、呼和浩特市、包头市、锡林郭勒盟的快递业务收入增长较快，分别为100.23%、95.77%、94.2%、87.09%、72.52%，增速均超过了50%，前三个城市增速均超过了90%，增长非常迅速；呼伦贝尔市、赤峰市的快递业务收入同比增长为负增长，分别为 −23.44%、−1.75%；其他盟市业务收入同比增长在 15%～50%，增长较稳定（见图 6−12）。

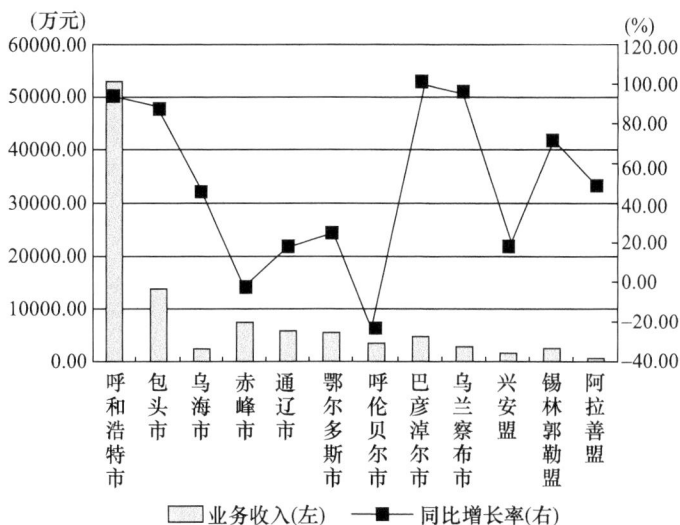

图 6−12　2014 年各盟市快递业务收入情况

　　综上所述，内蒙古自治区的快递业发展呈现出以下几个特点：第一，快递企业数量增加迅速，国内越来越多的大型快递企业纷纷进入内蒙古自治区，服务内蒙古自治区的中小民营快递企业数量也在增加，但快递企业的规模较小，抵御风险能力弱；第二，快递业发展速度较快，业务量和业务收入增加迅速，但在全国范围内所占比例很低，同时快递企业的业务规模较小，运营成本较高，业务结构中低附加值业务比例高，利润较低；第三，基础设施建设进一步加强，内蒙古自治区和各盟市均出台了一系列加强快递业基础设施建设和行业管理的措施，但快递业总体服务能力有待进一步提高；第四，地区发展不均衡，快递业务主要集中在"呼包鄂"地区，尤其是呼和浩特市，快递业发展的区域差异非常明显。

五、内蒙古自治区快递业发展的对策

（一）政府的政策建议

1. 加大政策扶持，优化发展环境

进一步完善内蒙古自治区快递行业的地区法规，建立规范的行业标准，加大行业监管力度。完善市场准入机制，提高行业的准入门槛，是规范快递行业市场的前提；政府或行业组织加大监管力度，能够为规范市场提供保证。另外，目前针对内蒙古自治区快递业的地区法规和行业标准尚未形成，因此建立针对内蒙古自治区快递业的地方法律法规和标准有利于引导内蒙古自治区快递业朝规范化、标准化方向发展。

2. 促进产业联动，强化行业监管

近几年，快递服务于生产和服务于民生的作用更加明显，快递服务与电子商务和制造业的融合更加紧密。要促进快递企业与制造业、电子商务企业合作发展，建设适应制造业和电子商务发展的快递配送体系，鼓励区内快递企业与国内大型制造企业建立长期稳定的合作关系，以促进快递企业加快向综合型快递物流运营商转型。2012年3月4日，国家邮政局和商务部联合发布了《关于促进快递服务与网络零售协同发展的指导意见》，这是对《快递服务"十二五"规则》中"产业联动"内容的进一步深化和细化，从政策层面给予引导和支持。内蒙古自治区也应该出台快递与制造业、电子商务联动发展的相关政策，落实国家《快递服务"十二五"规则》。

3. 加大扶持力度，区域平衡发展

加大对城市和欠发达地区农村的快递业扶持力度，促进内蒙古自治区快递区域发展平衡。内蒙古自治区的快递发展水平处于全国落后地位，而且区内区域发展不平衡。通过政策扶持等方式，促使快递企业在中小城市和发达地区农村建立快递服务网络，提升这些地区的快递服务水平，缩小与发达地区的快递服务水平差距，以达到内蒙古自治区快递业区域发展平衡。

（二）快递企业的对策

1. 加强能力建设，提升服务水平

内蒙古自治区的快递产业处于高速增长阶段，现有基础设施还不能完全满足经济、社会发展需要和客户的需求。在电子商务高速发展和提出"互联网＋"的背景下，现有基础设施的不足已经成为制约快递发展的重要因素，电子商务企业旺季促销活动产生的巨大需求成为快递企业服务能力面临的重大挑战。在加强内蒙古自治区城乡快递基础设施建设方面提出以下几点建议：一是加强快递企业营业网点、处理中心和集散中心等基础设施建设，增强快件处理与集散能力。二是发展多式联运，促进与公路、航空、铁路等各种运输方式的衔接和配套，提高干线运输力量和运输效率。三是从城市向乡镇，从快递业务量大的地区向其他地区，以及从内蒙古自治区向区外乃至国外拓展快递服务网络。

2. 规范企业经营，提高竞争能力

目前内蒙古自治区快递市场的竞争仍处于较低阶段，民营快递企业的管理仍不够完善，对于市场竞争的着眼点集中在价格方面。内蒙古自治区的快递企业应积极应对市场竞争，深化企业管理模式改革，将国外成熟的快递企业经营理念与本地市场结合优化业务流程，减少快件滞留时间，加强员工的业务培训，提升服务时效性，从而提高快递企业竞争力。加强成本控制，建立相对灵活的价格机制，以满足内蒙古自治区快递业务市场不断变化的各类需求。

继续以实行规范化服务为重点，提升快递服务水平和质量。一是根据商务快递与网购快递不同的服务需求细分市场，提供多层次、多样化和个性化的产品体系。二是大力拓展快递服务领域，大力发展实物流、资金流、信息流"三流合一"的融合型业务。三是统筹区域、城乡快递服务发展，缩小服务水平差距。四是加强企业内部管理，优化操作流程，降低快件延误率、损毁率和丢失率。

3. 加快科技应用，强化人才培养

内蒙古自治区快递业的发展水平总体不高而且极不平衡，不同地区、不同企业的差异相当大。多数中小快递企业还处在粗放经营的阶段，劳动密集型特征显著，科技应用能力不强，还没有形成自己的核心竞争能力。因此，快递企业要想持续发展，关键在于创新能力，必须加快科技应用，促进快递服务水平提高、质量提高、品牌力提升。对企业在揽收、分拣、运输和投递四个主要环节的技术应用应提出具体的任务要求，实现企业科技应用水平的提升。

快递产业是劳动密集型服务产业，人是快递市场最重要的生产要素。当前快递从业人员整体素质偏低，高技能人才匮乏，专业人才不足，人才培养、教育和储备机制不健全。2013 年，国家邮政局提出要"培育供给充分、层次丰富的劳动力市场，重点引进和培养高层次的管理型和技术型人才，大力开发劳动者职业技能，加速培养和造就行业发展急需的技能型人才"。因此，人才的培养将是"十三五"时期快递行业的重点任务之一，除了政府要加强引导、加大培训力度外，快递企业也要加快转变用人思路，要更加重视人力资源管理工作，包括不断加强培训等内部管理，为员工提供应有的福利待遇和为其合理规划职业发展目标等，确保拥有一支持续稳定的员工队伍。

第 七 章

内蒙古自治区物流园区发展报告

　　近年来，内蒙古自治区物流业取得了长足发展，物流业对地方经济的贡献度与日俱增，各盟市逐渐认识到物流业的重要性，围绕本地区产业优势及特色，大力发展现代物流业。物流园区是物流网络中的重要节点，直接决定物流业发展成败。物流园区作为物流企业的空间集聚地，能够提高物流业组织化程度，降低物流业运行成本。

　　本章通过对内蒙古自治区各盟市物流园区建设情况进行摸底，对物流园区建设情况及存在的问题进行归纳，进一步提出内蒙古自治区物流园区发展对策。

一、内蒙古自治区各盟市物流园区建设情况

（一）阿拉善盟

"十二五"以来，阿拉善盟物流业规模不断壮大，形成了一批物流企业和从业人员队伍，在阿拉善盟经济发展中的地位和作用日益凸显。2014年，阿拉善盟实现地区生产总值456.03亿元，同比增长8.6%。其中，第一产业增加值11.94亿元，同比增长4.6%；第二产业增加值365.49亿元，同比增长9.4%；第三产业增加值78.59亿元，同比增长5.0%。第一产业对经济增长的贡献率为1.12%，第二产业对经济增长的贡献率为90.02%，第三产业对经济增长的贡献率为8.86%。三次产业结构的比例由2013年的3∶81∶16调整为3∶80∶17。按常住人口计算，人均地区生产总值190250元，比2013年增长8.2%，按年平均汇率折算，达30971美元。

2014年农作物总播种面积45514公顷，比2013年增加13176公顷。其中，粮食作物播种面积19213公顷，与2013年持平。粮食总产量18万吨，下降3.2%；油料产量1.99万吨，增长2.3%；棉花产量1510吨，下降7.7%；蔬菜产量15793吨，增长10.5%。

2014年从规模以上工业主要产品产量来看，阿拉善盟原盐产量达192.60万吨，下降8.5%；铁矿石产量达195.31万吨，下降46.0%；聚氯乙烯产量达39.46万吨，下降1.3%；水泥产量达95.76万吨，下降13.7%。其他主要工业产品产量有增有降。

2014年社会消费品零售总额62.35亿元，比2013年增长11.0%。按所在地统计，城镇消费品零售额56.31亿元，增长11.28%；乡村消费品零售额6.04亿元，增长8.14%。2014年批发业商品销售额41.75亿元，零售业商品销售额82.70亿元，分别增长7.68%和13.00%；住宿业营业额4.06亿元，餐饮业营业额17.95亿元，分别增长13.30%和17.50%。

2014年对外贸易进出口总额2.67亿美元，比2013年下降24.1%。其中，进口额2.06亿美元，比2013年下降31.0%；出口额0.60亿美元，比2013年增长15.5%。策克口岸过货量809.82万吨，比2013年增长7.7%，其中进口原煤806.92万吨，比2013年增长10.8%。阿拉善盟直接利用外资0.52亿美元，比2013年增长402.8%。

2014年交通运输业、仓储及邮政业实现增加值12.15亿元，比2013年增长5.7%。盈利性公路客运量180万人，货运量2733万吨，分别比2013年下降

15.24%和16.80%；客运周转量36440万人公里，货物周转量988650万吨公里，分别下降10.41%和17.35%。2014年末铁路总里程达1348.4公里。公路总里程达8597公里。其中，等级公路8322公里，等外公路275公里。在等级公路中，高速公路114公里，一级公路322公里，二级公路398公里。年末阿拉善盟机动车保有量达7.81万辆，驾驶员拥有量达10.74万人。

重点领域物流发展加快。以煤炭、化工产品、矿产品等为重点的工业物流发展势头强劲；以策克口岸为依托，国际物流实现快速发展，基础设施、物流通道和货运场站设施逐步完善，2011年口岸货运量达到1033.7万吨，比2005年增长4.6倍；以实施"万村千乡市场工程"为抓手，农畜产品批发市场、仓储配送等基础设施建设得到加强，城乡商贸物流服务体系逐步完善，货物集散、配送能力不断增强。

物流网络基础得到加强。以覆盖城乡的通信网络设施和服务企业的信息平台建设实现新突破，为企业获取便捷、高效、稳定的信息服务创造了条件；以公路、铁路为主的物流交通设施建设取得新进展，"两横两纵"公路运输网络基本建成，两大重点铁路项目等物流通道建成通车，"两横四纵"铁路运输网络取得新进展，有力地支撑了物流业发展。截至2011年底，公路总里程达到8064公里，铁路营业里程达到1345公里。几大物流园区建设顺利推进，初步形成巴彦浩特、阿拉善经济开发区、策克口岸等区域性物流中心，集聚和辐射作用进一步增强。

物流企业不断发展壮大。坚持培育与引进相结合，本土物流企业成长迅速，一批外地物流企业相继落地。推动传统仓储运输企业向现代物流企业转型，物流企业从提供单一的运输、仓储服务向物流供应链一体化服务转变。整合物流资源，引导仓储运输企业走联合发展之路，形成一批物流配送企业。2011年，阿拉善盟注册资本百万元以上的物流企业达到55户，物流运输企业达到221户。

2012年，阿拉善盟物流业发展步伐加快，并完成制定《阿拉善盟物流业发展规划（2012~2020）》。为阿拉善盟物流业发展明确了思路，并提出了相关原则、目标，规划了专业化物流体系。

2012年，阿拉善盟共规划了9个物流园区，其中阿左旗4个，分别为巴彦浩特镇综合物流园区、吉兰泰—金三角综合物流园区、乌力吉口岸煤炭物流园区和敖伦布拉格煤炭物流园区；阿右旗1个，为扎木敖包物流园区；额济纳旗2个，为策克口岸物流园区和马莲井煤炭物流园区；阿拉善经济技术开发区1个，为阿拉善开发区国际物流园区；孪井滩示范区1个，为葡萄墩—腾格里综合物流园区。阿拉善盟重点物流园区分布情况及各园区基本情况见表7-1及图7-1。

表7－1 阿拉善盟重点物流园区具体情况

序号	园区名称	园区地址	功能定位	投资规模	占地规模	建设时间
1	巴彦浩特镇综合物流园区	阿左旗巴彦浩特镇	日用消费品配送区、农畜产品交易区、民族手工艺品加工区和农资配送	2.2亿元	10.87万平方米	2012年9月
2	阿拉善经济开发区国际物流园区	阿拉善经济技术开发区	工业物流，日用消费品、农产品等商贸物流		800公顷	
3	葡萄墩—腾格里综合物流园区	孪井滩示范区	煤炭、清洁能源、精细化工、商贸、农副产品和新型材料等物流		2000公顷	2013年
4	吉兰泰—金三角综合物流园区	阿左旗	煤炭、建材、化工和商贸物流	8亿元	6平方公里	
5	策克口岸综合物流园区	额济纳旗策克口岸	煤炭、金属矿产及口岸商贸物流			
6	乌力吉口岸煤炭物流园区	阿左旗	以煤炭运输、存储、洗选、混配、加工、交易、信息、金融等为主的煤炭物流		4.18平方公里	
7	敖伦布拉格矿产品物流园区	阿左旗	以煤炭运输、存储、洗选、混配、加工、交易、信息、金融等为主的煤炭物流			
8	扎木敖包煤炭物流园区	阿右旗	以煤炭运输、存储、洗选、混配、加工、交易、信息、金融等为主的煤炭物流			
9	马莲井煤炭物流园区	额济纳镇	以煤炭运输、存储、洗选、混配、加工、交易、信息、金融等为主的煤炭物流		30平方公里	

注：空格内容暂无法查到资料。

图 7 - 1　阿拉善盟物流园区分布示意图

截至 2012 年 10 月，阿拉善盟各旗区均在积极推进物流园区的详规编制工作，其中，额旗马莲井物流园区详规已于 2012 年 6 月底完成，其他物流园区的详规尚未编制完成，特别是巴彦浩特镇综合物流园区的详规编制工作还未启动。另外，2012 年 7 月 6 日，阿拉善盟委、行署下发了《关于推进葡萄墩工业园区与腾格里工业园区一体化发展意见》，导致葡萄墩—腾格里综合物流园区的详规编制工作暂停。2012 年 8 月，阿拉善盟举办招商引资项目推介会，上述物流园区项目也在推介范围内。

2012 年 8 月下旬，阿拉善盟曾对全盟物流业发展情况进行调研，根据发布的阿拉善盟物流园区建设情况调研报告，阿拉善盟物流业发展呈现出以下特点：

1. 领导高度重视

为了进一步做好物流业发展工作，切实加强对物流园区建设工作的领导，各旗（区）把物流园区建设工作列入重要议事日程，成立了以主要领导任组长、分管领导任副组长、有关部门为成员单位的物流工作领导小组，负责相关工作的协调服务与督促落实。同时，各旗（区）对物流园区建设的支持力度不断加大，在物流项目用地和审批等方面给予了大力支持。如阿拉善经济开发区在物流项目建设方面科学规划用地，预留了物流企业下一步发展的建设用地。

2. 基础设施建设得到加强

物流交通基础设施建设进展顺利，在铁路建设方面，临策线—吉兰泰、本井—巴彦浩特—中卫、红沙岗—苏宏图—乌力吉口岸、酒泉—额济纳旗、额济纳旗—哈密（内蒙古段）及乌海西—吉兰泰铁路改造等工程的审批、可研报告编制和前期相关工作正在加紧实施；在航空建设方面，2012年8月，三旗通勤机场项目已经开始动工建设，2013年通航使用；在公路建设方面，策克—达来呼布、哈图呼都格—苏海图一级公路，张家房—查哈尔滩高速公路和三旗通勤机场公路已开工建设，策克—天鹅湖公路2012年开工建设，对物流园区发展的支撑保障能力逐渐增强。与此同时，巴彦浩特综合物流园区、阿拉善经济开发区国际综合物流园区、策克口岸综合物流园区等物流园区和配送中心建设步伐加快，区域性物流中心初步形成，集聚、辐射作用逐步增强。

3. 科学规划先行

在阿拉善盟各级政府部门的重点推动下，物流园区规划滞后的局面正在发生转变，各大物流园区规划编制工作取得进展，对各物流园区发展现状、存在问题及加快园区发展的思路、目标、措施和主要办法等方面进行了科学研究。目前，盟发展改革委已经完成了全盟物流业发展规划初稿的科学编制工作，阿拉善经济开发区国际综合物流园区、策克口岸综合物流园区、吉兰泰—金三角综合物流园区、乌力吉口岸煤炭物流园区、敖伦布拉格矿产品物流园区、扎木敖包煤炭物流园区、马莲井煤炭物流园区规划初稿已编辑完成，巴彦浩特综合物流园区、葡萄墩—腾格里综合物流园区的详规编制工作正在加紧实施中。

4. 信息化公共服务平台起步

各物流园区都将服务功能的提升作为重点，加快建设物流信息化项目，正在逐步提升货物的科学调度及配送水平。如策克口岸综合物流园区内腾格里塔拉物流中心的建设，就是集物流信息平台、汽车维修、餐饮和住宿于一体的物流建设项目，主要为策克口岸来往货物的供货商和周边地区的需求者提供公共服务，从而提高物流整体运行效率。

（二）乌海市

2014年，乌海市实现地区生产总值600.18亿元，按可比价格计算，比2013年增长8.8%。其中，第一产业增加值4.74亿元，增长3.2%；第二产业增加值383.37亿元，增长9.4%；第三产业增加值212.07亿元，增长7.9%。按常住人口计算，市人均GDP达到108404元，比2013年增长8.3%，按年均汇率计算折合17647美元。

2014年，全年经济作物总播种面积2410公顷。粮食作物播种面积4650公顷，粮食总产量4.1万吨。完成工业增加值342.34亿元，比2013年增长9.6%。154户规模以上工业企业增加值增长10.9%。产品销售率为90.3%，比2013年降低 1.6 个百分点。从各行业来看，煤炭开采和洗选业比 2013 年增长 10.9%、炼焦业比 2013 年增长 5.0%、化学原料及化学制品业比 2013 年增长 26.7%、非金属矿物制品业比 2013 年下降 1.8%、黑色冶金业比 2013 年下降 10.4%、电力热力生产与供应业比 2013 年下降 2.0%。

2014 年，乌海市实现社会消费品零售总额 127.02 亿元，比 2013 年增长 11.7%，扣除物价上涨因素，实际增长 9.8%。全市批发零售业销售总额 189.56 亿元，比 2013 年增长 13.3%，扣除物价上涨因素，实际增长 11.4%。其中，批发业完成销售总额 81.45 亿元，比 2013 年增长 10.8%；零售业完成销售总额 108.12 亿元，比 2013 年增长 15.2%；扣除物价影响，分别实际增长 8.9% 和 13.3%。住宿业营业额 7.0 亿元，增长 10.0%；餐饮业营业额 15.75 亿元，增长 11.4%。

2014 年，乌海市进出口总额达 1849 万美元，比 2013 年增长 100.5%。其中，出口额 1800 万美元，比 2013 年增长 783.3%；进口额 49 万美元，比 2013 年下降 93.0%。

2014 年，各种运输方式完成货物运输总量 8109.17 万吨，比 2013 年增长 24.8%。其中，铁路货物运输 2358.17 万吨，增长 13.3%；公路货运量 5750.8 万吨，增长 30.2%；民航货邮吞吐量完成 0.20 万吨，增长 40.3%。

2014 年末，乌海市机动车保有量达到 14.09 万辆，比 2013 年增加 1.08 万辆，增长 8.3%。汽车保有量 13.29 万辆，比 2013 年增加 1.1 万辆，增长 9.0%。其中，载客汽车 10.55 万辆，比 2013 年增加 1.02 万辆，增长 10.7%。私人汽车保有量达到 11.85 万辆，比 2013 年增加 1.07 万辆，增长 9.9%。其中，私人小型载客汽车保有量 9.57 万辆，比 2013 年增加 1.02 万辆，增长 11.9%。

在《乌海市城市总体规划》中提出建设由物流基地、综合物流区和专业物流区组成的物流园区，辐射蒙宁交界区域。规划物流园区建设用地总面积为 2818 公顷。其中，乌达物流园区为综合性集散一级物流园区，服务乌海市及周边所有工业园区；海勃湾物流园区为生活性集散一级物流园区，主园设于海勃湾城区北部，服务乌海市与周边地区；千里山物流园区、公乌素物流园区为生产性中转二级物流园区，重点服务海勃湾区的工业园区；神华物流园区、田盖素物流园区为生产性集散二级物流园区，重点服务海南区的工业园区。

乌海市规划局结合乌海市城市规划，依托铁路、公路、工业园区，在乌海区域内共选址物流园区 17 个，其中海勃湾区 6 个、乌达区 4 个、海南区 7 个。

截至 2012 年 11 月，乌海市已建成乌海呼铁同洲物流园一期、西来峰铁神物流园、如意君正物流园、亚力达物流园、众利惠农物流园、源通煤炭化工物流园、煤焦化交易中心 7 个重点煤炭物流项目。乌海市重点物流园区分布情况及各园区基本情况见图 7-2 及表 7-2。现代物流业的快速发展不仅助力主导产业

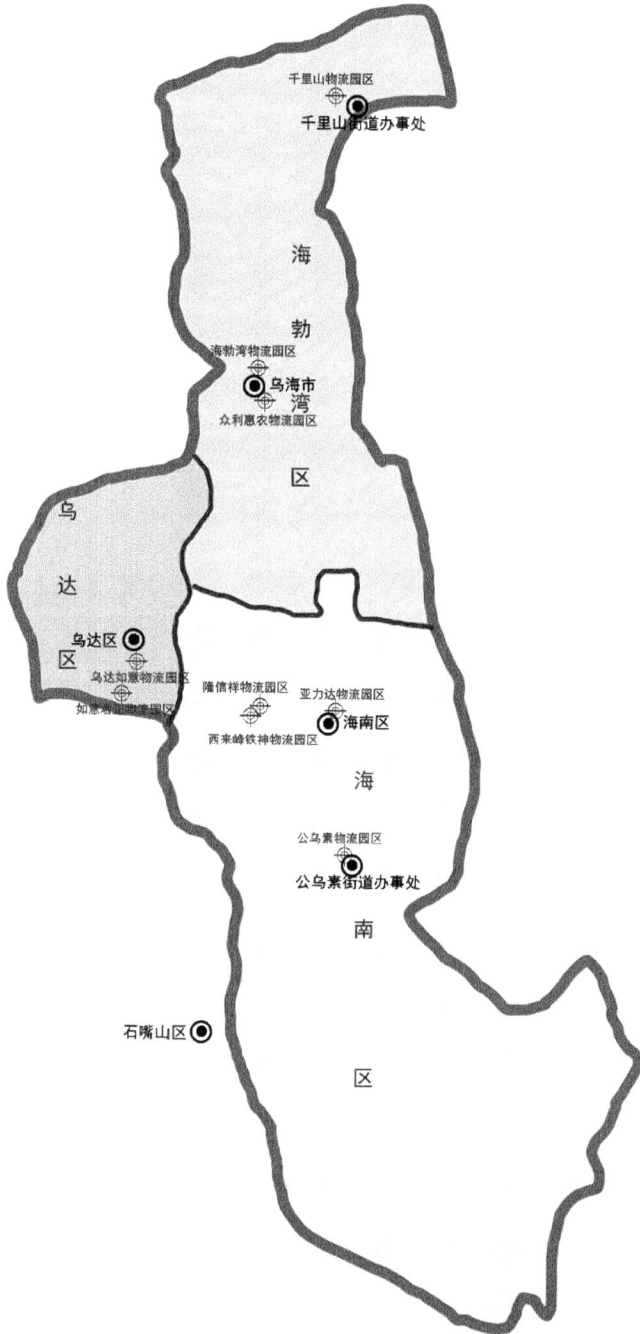

图 7-2 乌海市重点物流园区分布示意图

表7－2 乌海市重点物流园区具体情况

序号	园区名称	园区地址	功能定位	投资规模	占地规模
1	海勃湾物流园	海勃湾区	重化工业基地原材料、产成品集散地		5平方公里
2	乌达如意物流中心	乌达三道坎	工业产品、工业消费品、农副产品的运输、仓储、分拣、包装、配送、批发交易等服务功能		30万平方米
3	千里山物流园	海勃湾区	乌海、蒙西高新技术产品、农副产品、工业消费品集散的物流中心		30万平方米
4	公乌素物流园	海南区公乌素镇			
5	亚力达物流园	海南区拉僧仲	煤焦、建材、矿产资源为主的物流中心		12.5万平方米
6	西来峰铁神物流园	海南经济开发区	煤炭物流		25万平方米
7	如意君正物流园	乌达经济开发区	化工、煤炭、建材装车基地	1.89亿元	
8	隆信祥物流园	海南经济开发区	综合商贸物流		
9	众利惠农物流园	海勃湾	主物流园、焦化分物流园和水泥分物流园	6.19亿元	6.82万平方米

注：空格内容暂查不到资料。

"供—产—销"体系的畅通，同时也极大地改善了地区运输结构。2012 年 1～8月，乌海市铁路"白货"外运量达 706.6 万吨，其中焦炭外运量 371.7 万吨，同比增长 50%。乌达区通过招商引资，2012 年总投资 2 亿元的内蒙古展邦公路物流园项目名称获核准，规划设计工作已完成，正在进行征地拆迁和施工招标，基本具备开工条件；总投资 30 亿元的三道坎铁路物流园项目已与内蒙古太西集团初步达成合作意向，正在准备各项前期工作，铁路部分与呼铁局铁勘院达成合作意向，服务功能区和基础设施的设计工作与成都亿博达成合作意向，项目前期工作正在积极推进中；总投资 15 亿元的农副产品集散中心项目与宁夏众一物流有限公司和山东潍坊锦绣置业公司等多家企业积极对接，项目选址基本确定，正在做项目设计方案。

海南区现有物流项目 10 个，其中呼铁同洲物流园一期、亚力达公路物流园、市铁通石油仓储项目、铁神物流铁路专用线和市天和煤化有限责任公司物流项目已建成投入运营；乌海如意俊安物流园、广东塑料交易所西部交收仓、市隆信祥物流园项目正在建设中，项目全部建成并投入运营后，将形成 6000 万吨的年货运能力。

（三）巴彦淖尔市

2014 年，巴彦淖尔市实现地区生产总值 867.5 亿元，按可比价格计算，比 2013 年增长 7.8%。从产业来看，第一产业实现增加值 168.5 亿元，同比增长 4.6%；第二产业实现增加值 478.3 亿元，同比增长 9.5%；第三产业实现增加值 220.8 亿元，同比增长 5.8%。从各产业贡献率来看：第一产业对经济增长的贡献率为 10.3%，第二产业对经济增长的贡献率为 71.9%，第三产业对经济增长的贡献率为 17.8%。三次产业结构由 2013 年的 19.4∶56.2∶24.4 演进为 19.4∶55.1∶25.5，第三产业比重比 2013 年提升 1.1 个百分点。全年人均地区生产总值完成 5.2 万人民币，增长 7.7%，按年平均汇率折算达到 8449 美元。

2014 年农作物总播种面积 978.9 万亩，同比增长 2.8%。粮食播种面积 515.5 万亩，同比下降 0.2%。其中，小麦面积 114.3 万亩，比 2013 年减少 24.6 万亩，下降 17.7%；玉米面积 394.3 万亩，比 2013 年增加 24.9 万亩，增长 6.7%。经济作物播种面积 443.6 万亩，同比增长 5.5%。其中，花葵面积 328.3 万亩，比 2013 年增加 27.4 万亩，增长 9.1%；油葵面积 23.0 万亩，比 2013 年减少 2.5 万亩，下降 9.8%；番茄面积 13.2 万亩，比 2013 年增加 0.1 万亩，增长 1.0%。耕地内种草 19.8 万亩，同比增长 29.4%。

巴彦淖尔市粮食总产量 65.2 亿斤，同比增长 8.2%。其中，小麦产量 8.1 亿斤，同比下降 17.0%；玉米产量 56.8 亿斤，同比增长 13.1%；杂粮产量 0.4 亿斤，下降 2.7%。油料总产量 14.8 亿斤，同比增长 9.5%。其中，花葵产量 13.9

亿斤，比2013年增加1.2亿斤，增长9.4%；油葵产量0.8亿斤，比2013年增加0.02亿斤，增长2.0%。番茄产量14.5亿斤，比2013年增加2.6亿斤，增长22.3%。

2014年，巴彦淖尔市规模以上工业增加值比2013年增长10.7%。从所有制类型来看，国有企业增加值增长9.7%，集体企业增加值增长12.0%，股份制企业增加值增长10.8%，外商及港澳台投资企业增加值增长4.2%。从行业来看，炼焦业增加值增长72.3%；有色金属冶炼和压延加工业增加值增长17.2%；纺织业增加值增长16.4%；电力、热力生产和供应业增加值增长12.8%。从优势特色产业来看，农畜产品加工业增加值增长9.7%；矿产品采选及冶炼业增加值增长10.4%；化学工业增加值增长13.8%；电力工业增加值增长11.3%。优势特色产业增加值占规模以上工业增加值的比重达到94.7%。

2014年，巴彦淖尔市社会消费品零售总额212.1亿元，同比增长11.4%。从销售单位所在地来看，城镇实现社会消费品零售额186.6亿元，同比增长11.6%；乡村实现社会消费品零售额25.5亿元，同比增长9.4%。

2014年，巴彦淖尔市完成进出口总额28.3亿美元，同比增长98.7%，高于2013年同期增速86.5个百分点。其中，出口完成3.1亿美元，同比增长7.3%；进口完成25.2亿美元，同比增长1.2倍。全年利用外资10044万美元，同比增长21.4%。

截至2014年底，巴彦淖尔市公路总里程20744公里。其中，高速253公里，一级210公里，二级654公里，三级3486公里，四级11531公里，等外4610公里，公路密度32.3公里/百平方公里，居全区第三位。全年客运量实现1919万人，同比下降3.9%；旅客周转量1619百万人公里，同比下降8.1%。公路货运量实现8651万吨，同比增长36.7%；货物周转量17596百万吨公里，同比增长16.9%。

在巴彦淖尔市"十二五"规划中明确提出科学规划园区产业定位，合理布局，优化资源配置，推动优势特色产业集约、集中、集聚发展。在物流方面，甘其毛都口岸物流加工园区重点发展境外资源发展煤炭、铜深加工业务，蒙海物流加工园区重点发展新型煤化工业务。其中，甘其毛都口岸正在筹建中的重点物流园区主要有际誉仓储物流园区，占地面积100公顷，项目总投资近3.1亿元，设计年货物吞吐量3000万吨，主要提供包括海关监管服务的综合物流服务。亨通中蒙互市贸易服务园区，占地230亩，项目总投资为5504万元，提供集互市贸易、物流服务、运输服务于一体的综合物流服务。乌拉特中旗毅腾国际物流园区，占地1000亩，项目总投资为5.6亿元，主要从事煤炭物流。欣泰物流园区，总占地25万平方米，建筑面积6.5万平方米，总投资1亿元。

规划中提出按照专业化、规模化和集约化的要求，建成20个以上重点物流项目，积极构建工业、农牧业、城乡配送和国际四大物流体系。

　　在《巴彦淖尔市城市总体规划》中，在中心城区规划仓储用地315.48公顷，占城市建设用地的3.04%，人均3.94平方米。主要布置在朔方片区东部以及临河西北物流市场组团，形成4个物流园区：①保税物流与无水港区，以农畜产品仓储为主。②危险品及大宗商品仓储区，布置油库、粮库等。③朔方北物流园区，为农机市场、汽车市场、公路保税区等配套服务。④巴运物流园区，形成市域货物集散运输中心。

　　巴彦淖尔市重点物流园区分布情况及各物流园区基本情况见图7－3及表7－3。

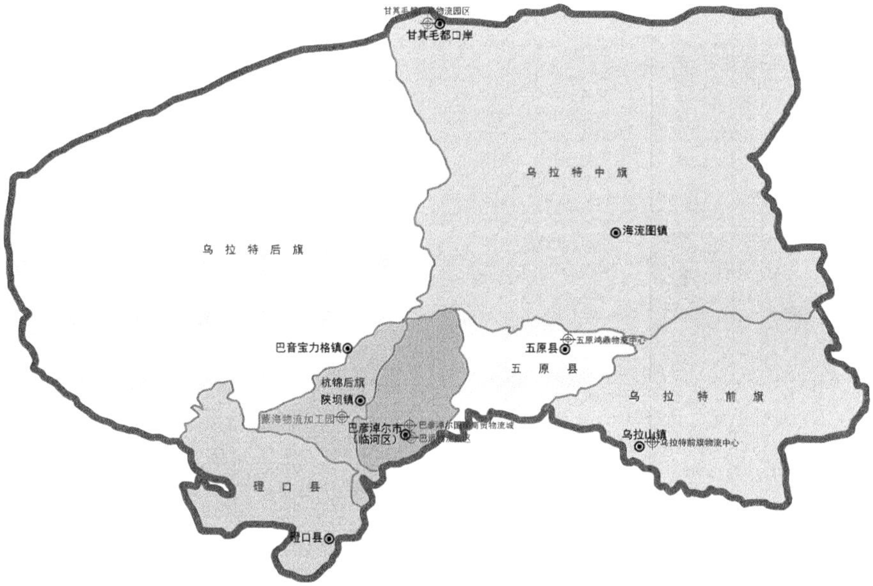

图7－3　巴彦淖尔市重点物流园区分布示意图

　　在《巴彦淖尔市商业网点发展规划》中提出依托地区商贸流通构建物流配送基地的思路，全市的物流产业规划项目分两个层级、四大项目来进行，第一个层级是规划新建巴彦淖尔市国际商贸物流城项目，第二个层级是改造提升巴运物流园区、五原鸿鼎物流中心和乌拉特前旗物流中心3个在建项目。其中，国际商贸物流城在临河东部工业路向北延伸段西侧，临狼路东侧，京藏高速临河段南侧，临河电厂北侧，规划建设一处产业门类齐全、起点高、辐射广、功能强的现代化国际物流城，占地5000亩、投资规模20亿元、年交易规模50亿元的物流产业群。

表 7 - 3　巴彦淖尔市重点物流园区具体情况

序号	园区名称	园区地址	功能定位	投资规模	占地规模	建设时间
1	际誉仓储物流园	甘其毛都	海关监管服务的综合物流服务	3.1 亿元	100 公顷	
2	卓通中蒙互市贸易服务园	甘其毛都	集互市贸易、物流服务、运输服务于一体的综合物流服务	0.5 亿元	230 亩	
3	乌拉特中旗毅腾国际物流园	甘其毛都	煤炭物流	5.6 亿元	1000 亩	
4	欣泰物流园	甘其毛都	货运、修理、餐饮、住宿等综合服务	1 亿元	25 万平方米	
5	蒙海物流加工园	杭锦后旗	煤炭等工业物流		20 平方公里	2007 年8 月
6	巴彦淖尔市国际商贸物流城	临河	综合物流、国际物流	20 亿元	5000 亩	
7	巴运物流园区	临河	汽车运输、汽车销售、汽车修理等汽车物流	1.2 亿元	469 亩	
8	五原鸿鼎物流中心	五原县	农产品物流	0.3 亿元		
9	乌拉特前旗物流中心	乌拉特前旗	仓储运输、加工包装、信息处理等综合物流	0.2 亿元	300 亩	

注：空格部分暂无法查到资料。

（甘其毛都口岸物流园为序号1-4）

巴运物流园区在临河至杭锦后旗的临陕路北侧，临河四季青瓜果蔬菜市场西侧。规划占地 469 亩，投资 1.2 亿元。建设汽车运输、汽车销售、汽车修理、货物仓储、冷藏保鲜、流通加工、国际货代、电子商务和物流配送综合性物流中心。

五原鸿鼎物流中心在五原县城南，110 国道北侧，鸿鼎农贸市场西侧，投资规模 3000 万元。建设瓜籽类产品的收购、仓储、筛选、分类、加工、销售，进行专业类的服务项目。

乌拉特前旗物流中心在西山咀镇东，高速公路西侧，新建占地 300 亩、投资 2000 万元。建设仓储运输、加工包装、冷藏保鲜、信息处理、现货贸易、期货贸易、物流配送、国际货代和电子商务等服务项目。

《巴彦淖尔市 2013 年度政府工作报告》中提出要完善交通物流体系。交通完成投资 35 亿元，建成青山至乌根高勒、五原至刘召、海流图至五原、临河绕城线一级公路，开工建设临哈高速、临河至甘其毛都口岸一级公路，加快锡乌铁路、五原黄河大桥建设，完成临陕、陕东线整修改造。抓好 B 型保税物流园区配套设施建设，实现公路港通关运营。推进口岸物流综合监管区、巴运物流临河货运东站、秋林物流园区及各园区铁路专用线建设。

（四）鄂尔多斯市

2014 年，鄂尔多斯市地区生产总值 4162.2 亿元，扣除价格因素，比 2013 年增长 8.0%。从产业来看，第一产业完成增加值 99.6 亿元，增长 4.1%，对经济增长的贡献率为 1.1%，拉动 GDP 增长 0.1 个百分点。第二产业完成增加值 2463.0 亿元，增长 9.9%，对经济增长的贡献率为 75.7%，拉动 GDP 增长 6.1 个百分点。第三产业完成增加值 1599.6 亿元，增长 5.1%。

2014 年，鄂尔多斯市农作物总播种面积 596.4 万亩。其中，粮食作物播种面积 365.4 万亩，油料播种面积 60.9 万亩，蔬菜播种面积 14.5 万亩。全年粮食总产量 149.6 万吨，同比下降 3.6%；油料产量 11.9 万吨，同比增长 35.6%；甜菜产量 9.8 万吨，同比增长 3.1%；蔬菜产量 42.3 万吨，同比增长 11.2%。

2014 年，鄂尔多斯市工业完成增加值 2200.5 亿元，增长 10.3%。规模以上工业企业 364 家，较 2013 年减少 15 家。总产值达到 4431.6 亿元，同比增长 8.0%；销售产值 4364.7 亿元，同比增长 7.9%；工业产品产销率达 98.5%。

2014 年，鄂尔多斯市实现社会消费品零售总额 610 亿元，同比增长 10.1%。其中，城镇实现消费品零售额 510.4 亿元，同比增长 10.8%；乡村实现消费品零售额 99.6 亿元，同比增长 6.2%。

2014 年，鄂尔多斯市完成进出口总额（不含煤炭）7.3 亿美元，同比下降 36.5%。其中，进口总额 2.5 亿美元，同比下降 68.8%；出口总额 4.8 亿美元，同比增长 37.3%。

2014 年，鄂尔多斯机场全年共营运航线 42 条，通航城市 41 个，且与香港地区直航。铁路通车里程达 1667 公里；鄂尔多斯市公路总里程 18820 公里，其中高速公路里程 720 公里，公路网密度为 21.6 公里/百平方公里。全年各种运输方式完成货运量 46597 万吨，比 2013 年下降 20.4%。其中，铁路完成货运量 29600 万吨，增长 12.0%；公路货运量 16996 万吨，增长 27.5%；民航货运量 0.7 万吨，下降 30.1%。全年各种运输方式完成客运量 1288 万人。其中，铁路完成客运量 75.1 万人，增长 58.0%；公路客运量 1062.8 万人，下降 18.6%；民航客运量 150.3 万人，下降 13.2%。全市机动车拥有量 54.5 万辆，同比增长 3.7%，其中新注册 3.6 万户。

在 2008 年《鄂尔多斯市现代物流业发展规划（2008~2010 年)》中，就已提出加快实施"723"物流工程。"723"物流工程指建设七大物流园区、两大物流产业体系和三大服务网络。其中，七大物流园区是在东胜区建设以商贸、纺织和建材产品为主的物流园区，在康巴什新区和阿勒腾席热镇之间建设以机械制造产品为主的物流园区，在树林召镇建设以氯碱化工和煤化工产品为主的物流园区，在大路新区建设以煤化工产品为主的物流园区，在乌审旗建设以天然气化工和煤化工产品为主的物流园区，在蒙西镇建设以建材、冶金和天然气化工产品为主的物流园区，在准格尔旗前房子建设以煤炭产品为主的物流园区。

2008 年，鄂尔多斯市人民政府关于加快现代物流业发展的意见出台，进一步明确物流业发展的任务。近年来，鄂尔多斯市推进新区建设与旧城改造，阿康一体化发展步伐加快，装备制造基地、空港物流园区等周边组团建设逐步展开，中心城区面积扩展到 162.6 平方公里。在此基础上，不断提升服务业发展层次。提出依托产业、区位和交通优势，发展跨地区煤炭、化工、建材等大宗产品物流，建设辐射晋陕宁蒙的区域性物流中心的口号。在 2013 年的政府工作计划中要求积极培育大型煤炭物流企业和园区，大力发展空港物流产业，加快空港综合保税区建设，推动神华西部物流基地项目年内开工建设。

在《鄂尔多斯市国民经济和社会发展第十二个五年规划纲要》中明确提出大力发展现代物流业。积极培育物流市场主体，推动本地物流企业整合资源、扩展功能和延伸服务。提出"十二五"期间，物流业增加值年均递增 25%，力争到 2015 年，占 GDP 的比重提高到 20%，煤炭物流园区（配送中心）年煤炭发运量达到 2 亿吨以上，营业额超过 5 亿元的物流企业达到 5 户以上的发展目标。

在物流园区建设方面，按照"一带两轴"的总体框架布局，依托包西铁路，打造阿康、大塔、札萨克、东胜四大中心物流园区，推进树林召、大路、沙圪堵、蒙西和乌审旗等专业物流基地建设。

《鄂尔多斯市城市总体规划（2011～2030）》中提出，在新庙、马栅、沙圪堵、大路、树林召、杭锦淖尔、蒙西、上海庙、浩勒报吉、乌审旗10处规划物流集运站；在棋盘井、东胜、阿康、札萨克、大塔和点岱沟规划6处物流中心。规划集运站与物流基地两级物流枢纽体系，三个层面物流通道。

鄂尔多斯市重点物流园区分布情况及各园区基本情况见图7-4及表7-4。

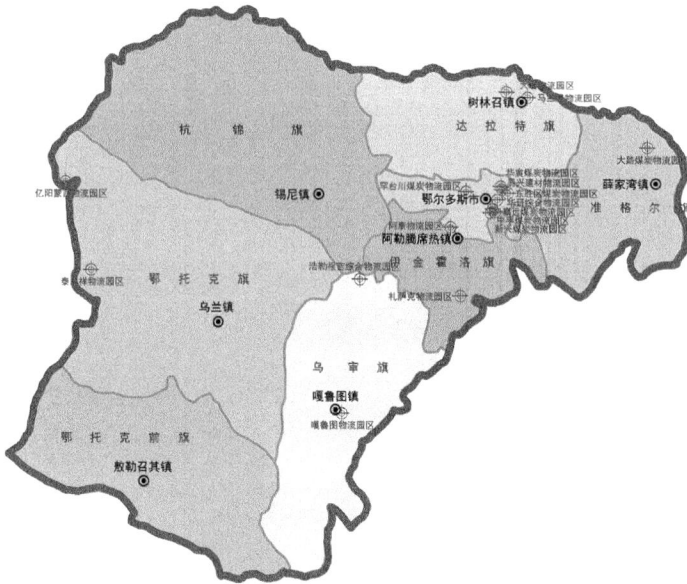

图7-4　鄂尔多斯市重点物流园区分布示意图

2010年，鄂尔多斯市发改委对全市物流园区建设情况进行摸底调查。截至2010年5月，全市在建物流园区3家，分别为鄂尔多斯市阿康物流园区、鄂尔多斯市札萨克物流园区和鄂尔多斯市大路煤炭物流园区。在此基础上，鄂尔多斯市发改委对物流园区建设提出了一系列政策意见。在此之后，鄂尔多斯市物流园区建设出现高潮。2012年，仅东胜区就投入39.5亿元建设4个集装站（罕台川集装站、敖包沟集装站、旧庙沟集装站、同欣元集装站）和5个物流园区（嘉远煤炭物流园区、罕台川煤炭物流园区、华宸煤炭物流园区、中孚煤炭物流园区、新兴煤炭物流园区）。

表7-4 鄂尔多斯市重点物流园区具体情况

序号	园区名称	园区地址	功能定位	投资规模	占地规模	建设时间
1	阿康物流园	阿金洛旗—康巴什	以汽车及其零配件、矿山机电为主的装备制造物流	35.25亿元	25平方公里	2009年10月
2	札萨克煤炭物流园	伊金霍洛旗新街煤田	煤炭物流	27亿元	3平方公里	
3	大路煤炭物流园	大路镇前房子村	煤炭物流	24.58亿元	206公顷	
4	华研综合物流园	东胜城区南部	商贸物流	50亿元	2100亩	2008年筹建
5	乌审旗嘎鲁图物流园	乌审旗在嘎鲁图镇	农畜产品、日用消费品和生产资料综合物流	40亿元	5.3平方公里	2012年
6	乌审旗浩勒报吉综合物流园区	乌审旗	煤炭、工业物流	35.6亿元	46平方公里	
7	树林召镇马兰滩物流园区	树林召镇马兰滩	化工物流	29亿元	10600亩	
8	大塔物流园区	树林召镇沙坝子村		10亿元		
9	易兴建材物流园	东胜区北出口	建材物流	35亿元		
10	东胜区煤炭物流园	散包沟煤炭配送中心 旧庙沟煤炭配送中心	煤炭物流	7亿元（一期） 4亿元	800亩（一期）	
11	罕台川煤炭物流园	东胜区罕台镇罕台村	煤炭物流	10亿元	2000亩	2012年
12	嘉远煤炭物流园	铜川镇杈机塔村	煤炭物流	4亿元	4700亩	2012年
13	华宸煤炭物流园		煤炭物流	3.5亿元	1000亩	
14	中孚煤炭物流园区	铜川镇旧庙沟	煤炭物流	6亿元	3000亩	2013年
15	新兴煤炭物流园	铜川镇铜川村 旧庙沟南部	煤炭物流	10亿元	2000亩	2012年筹建
16	亿阳蒙西物流园	蒙西镇工业园	货物运输仓储、物流信息交流、生产资料交易、远程货运、停车配送、汽车修配服务	5亿元		
17	鄂托克旗泰发祥物流园	棋盘井镇	仓储物流分拣、远程货运、包装配件、维修配件、铁路站台、钢材建材市场	0.98亿元（完成）	25万平方米	

注：空格部分暂无法查到资料。

（五）包头市

2014 年，包头市实现生产总值 3636.3 亿元，按可比价格计算，比 2013 年增长 8.5%。其中，第一产业增加值 100.7 亿元，增长 3.1%；第二产业增加值 1792.2 亿元，增长 9.9%；第三产业增加值 1743.4 亿元，增长 7.2%。三次产业增加值占全市生产总值的比重分别为 2.8%、49.3% 和 47.9%。全市人均生产总值达到 130676 元，增长 7.2%，按年平均汇率折算为 21273 美元。

2014 年，全年农作物播种面积 33.6 万公顷，比 2013 年增长 6.8%。其中，粮食作物播种面积 23 万公顷，增长 0.6%。全年粮食总产量 108.3 万吨，比 2013 年减少 3.1%。其中，小麦产量 6 万吨，减少 8.5%；玉米产量 85.6 万吨，减少 3.9%；马铃薯产量 15.5 万吨，增长 4.2%。全年油料产量 7.3 万吨，增长 39.6%；蔬菜产量 102.7 万吨，增长 3.2%。

2014 年，全年全部工业增加值 1579.8 亿元，比 2013 年增长 10.4%。规模以上工业企业实现增加值 1141.4 亿元，增长 11.1%，其中轻工业增长 4.9%，重工业增长 11.5%。

2014 年，社会消费品零售总额为 1184.7 亿元，比 2013 年增长 10.0%。按经营地统计，城镇消费品零售额 1163.8 亿元，增长 10.0%；乡村消费品零售额 20.9 亿元，增长 6.1%。

2014 年，外贸进出口总额为 18.1 亿美元，比 2013 年下降 14.2%。其中，出口总额 12.7 亿美元，增长 14.2%；进口总额 5.4 亿美元，下降 46.0%。全年利用外资额 11.2 亿美元，比 2013 年下降 20.1%。

公路货运量 28831.6 万吨，增长 25.7%；公路客运量 902.2 万人，下降 23.6%。民航客运吞吐量 183.0 万人次，比 2013 年增长 7.1%；民航货邮总量 10139 吨，增长 1.4%。

2014 年末，包头市民用汽车保有量达到 49.8 万辆（包括三轮汽车和低速货车），比 2013 年末增长 8.8%。私人汽车保有量 43.2 万辆，增长 10.8%；民用载客汽车保有量 42.3 万辆，增长 10.4%，其中私人载客汽车 39.2 万辆，增长 11.6%。

"十一五"期间，包头市全市物流业增加值实现较快增长。2010 年，包头市物流业实现增加值约 370 亿元，较 2009 年增长 18%，占包头市第三产业增加值约 34.8%，占包头市 GDP 的 15%，社会物流成本占 GDP 的比重下降至 16.0%。

2010 年底，包头市从事物流业的注册单位达到 602 家，比 2005 年增长了 332 家，年均增长幅度达到 23%。其中，具有经营规模的物流企业达到 300 家，年营业额在 5000 万元以上的物流企业达到 80 家。2010 年，包头市物流企业总营业额达到 1014 亿元，比 2005 年增长了 147.4%。物流业集中程度较低，规模以上企业较少。截至 2015 年 12 月底，包头市有 3A 级以上物流企业仅 7 家。

物流对象构成较为稳定，主要为原材料、农副产品及家电百货三大类，以"6-2-2"占比分布。其中，煤炭、钢铁、矿石和稀土占到 60%；粮食蔬菜等农副产品占到 20%；家电轻纺百货占到 20%。

在《包头市国民经济和社会发展第十二个五年规划纲要》中提出加快发展生产性服务业。现代物流要按照"服务带动、物流先行"的思路，形成"三基地、六园区、九中心"的物流业总体格局。促进资源整合，加快推进钢铁、煤炭、建材、重大装备（汽车）、液态化工等大型专业物流园区和物流基地建设。整合口岸资源，降低物流成本，完善满都拉口岸基础设施，加强公路基础设施建设和提升服务功能，打造集保税物流园区、进口加工区等多位一体的常年双边性开放口岸。建设机场口岸，增加民航包头机场国内航线密度，打造空港物流基地。提高物流业在周边市场占有率，建设区域性物流节点城市。

三基地：钢铁石化、装备机电和煤炭物流基地。

六园区：稀土产品、有色金属、原材料、农副产品、国际临港和满都拉口岸国际物流园区。

九中心：电子物流、冷链产品物流、建材交易、家用电器物流配送、粮油、肉羊、蔬菜、马铃薯和水果交易中心。

到 2015 年，包头市各物流基地和园区分别形成至少一家 3A 级物流企业为龙头的物流格局，物流基地规模要突破 200 亿元，园区规模要突破 80 亿元，交易中心要突破 10 亿元，总体规模要占到全市物流增加值的 80% 以上。

包头市重点物流园区分布情况及各园区基本情况见图 7-5 及表 7-5。

在《2013 年包头市政府工作报告》中进一步明确要求加快建设华电物流、华蒙钢铁物流、北方风驰物流港等项目，推动中远洋物流等项目尽快落地。

（六）呼和浩特市

2014 年，地区生产总值实现 2894.05 亿元，比 2013 年增长 8.0%。分产业来看，第一产业实现增加值 125.46 亿元，同比增长 3.1%；第二产业实现增加值 848.19 亿元，同比增长 8.2%；第三产业增加值实现 1920.40 亿元，同比增长 8.3%。

2014 年，呼和浩特市农作物播种面积 453.71 千公顷，比 2013 年增长 0.9%。其中，粮食播种面积 328.95 千公顷，比 2013 年增长 0.7%；全年粮食产量 132.2 万吨，比 2013 年下降 3.4%。粮食作物中，玉米播种面积 171.1 千公顷，比 2013 年增长 12.8%；产量 101.44 万吨，比 2013 年下降 0.5%。马铃薯播种面积 72.04 千公顷，比 2013 年下降 7.9%；产量 17.87 万吨，比 2013 年下降 7.4%。

图 7 – 5 包头市重点物流园区分布示意图

表 7 – 5　包头市重点物流园区具体情况

序号	园区名称	园区地址	功能定位	投资规模	占地规模	建设时间
1	包头钢铁石化物流基地	包头市	钢铁物流、成品油、甲醇、液体化工危险品物流		5000 亩	
2	包头装备机电物流基地	包头市	机电装备、零部件、仓储配送等装备机电物流		8000 亩	
3	包头煤炭物流基地	包头市	煤炭洗选、仓储、铁路装配载、运输等煤炭物流		20000 亩	
4	包头稀土产品物流园	包头稀土高新区	稀土产品生产、仓储、销售、运输等物流		3000 亩	
5	包头铝业综合物流园	包头东河区	有色金属产品和铝制品的综合物流服务		5500 亩	
6	包头原材料物流园	包头石拐新区	工业原材料及产品的综合物流服务	85.69 亿元	15 平方公里	
7	包头农副产品物流园（包头综合物流园）	包头九原区	农副产品冷链、同城配送、集中仓储服务		3000 亩	2009 年 8 月
8	包头国际临港物流园	包头东河区西北部	打造"两港一园"，无水港、航空港、保税等国际物流服务为主，以报关报检、保税等国际物流服务为主		2000 亩	
9	包头满都拉口岸国际物流园	满都拉口岸	蒙古矿石、煤炭等原材料的综合物流服务		11 平方公里	

注：空格部分暂无法查到资料。

油料播种面积 50.27 千公顷，比 2013 年下降 15.6%；产量 8.26 万吨，比 2013 年增长 7.1%。

2014 年，呼和浩特市规模以上工业增加值比 2013 年增长 10.0%，其中，国有企业增加值下降 8.8%，集体企业增加值下降 18.8%，股份合作企业增加值增长 27.8%，股份制企业增加值增长 8.0%，外商及港澳台投资企业增加值增长 6.8%。在规模以上工业企业中，轻工业增加值增长 14.4%；重工业增加值增长 3.5%。

从工业产品产量来看，饲料 77.41 万吨，增长 25.8%；卷烟 210.00 亿支，增长 3.7%；原油加工量 391.19 万吨，增长 0.8%；烧碱 22.99 万吨，增长 11.4%；水泥 845.37 万吨，增长 18.1%；单晶硅 7537.99 吨，增长 44.4%；多晶硅 4929.86 吨，增长 10.7%；原铝 22.66 万吨，增长 83.9%。

2014 年，呼和浩特市社会消费品零售总额完成 1256.08 亿元，比 2013 年增长 10.0%。从经营单位所在地来看，城镇实现社会消费品零售额 1151.0 亿元，占社会消费品零售总额的 91.6%，增长 9.4%；乡村消费品零售额 105.08 亿元，增长 16.6%。全年海关进出口总额达到 21.95 亿美元，比 2013 年增长 37.5%。其中，进口总额 9.53 亿美元，比 2013 年增长 10.3%；出口总额 12.42 亿美元，比 2013 年增长 69.5%。

2014 年，公路货运量 16326.2 万吨，比 2013 年增长 34.4%，公路货物周转量 282.24 亿吨公里，比 2013 年增长 15.6%；公路客运量 699 万人，比 2013 年下降 34.7%，公路客运周转量 15.11 亿人公里，比 2013 年下降 28.7%。

在《呼和浩特市国民经济和社会发展第十二个五年规划纲要》中提出大力发展现代物流。着重整合物流资源，提升物流效率，重点推进白塔国际物流、白庙子铁路货运等公共物流园区建设，加快发展煤炭物流集聚区，形成物流基地、物流中心和配送中心互为补充、协调发展的物流基础设施格局。

在《呼和浩特商业网点规划》中提出规划建设四个物流园区，形成以集航空、铁路、公路于一体的多式联运物流中心为代表的内蒙古中部地区物流中心城市的目标。四个园区分别是呼和浩特综合物流园区（选址在呼集老高速公路以南、京包铁路以北、三环路以内，中心城市东北角）、呼和浩特生产资料物流园区（选址于三环线与呼准公路交会处之外的中心城市西南角规划建设）、呼和浩特绿色农产品生产物流园区（选址于环城铁路、三环路外、呼清公路（G209）两侧，在符合无公害条件的区域）和城市物流配送园区（根据现有基础以及有效覆盖半径 10~20 公里分散选址）。

通过对规划中内容进行分析，大体可以判断，在《呼和浩特商业网点规划》中提出建设的物流园区应归为物流基地的范畴。

在《呼和浩特物流业发展规划（2006～2010）》中，针对物流园区建设，提出以下思路：呼和浩特市物流基地设施采取"物流园区—物流中心—物流配送网点"的三层网络结构模式。建设 2 个综合物流园区：白塔综合物流园区、金山综合物流园区；建设 6 个物流中心：美通无公害农产品物流中心、呼运物流中心（公路物流信息中心）、金桥化工物流中心、洪兴建材物流中心、武川农产品物流中心、内蒙古正奇粮食物流中心；建设大量各种物流配送网点。呼和浩特市重点物流园区分布情况及各物流园区基本情况见图 7 - 6 及表 7 - 6。

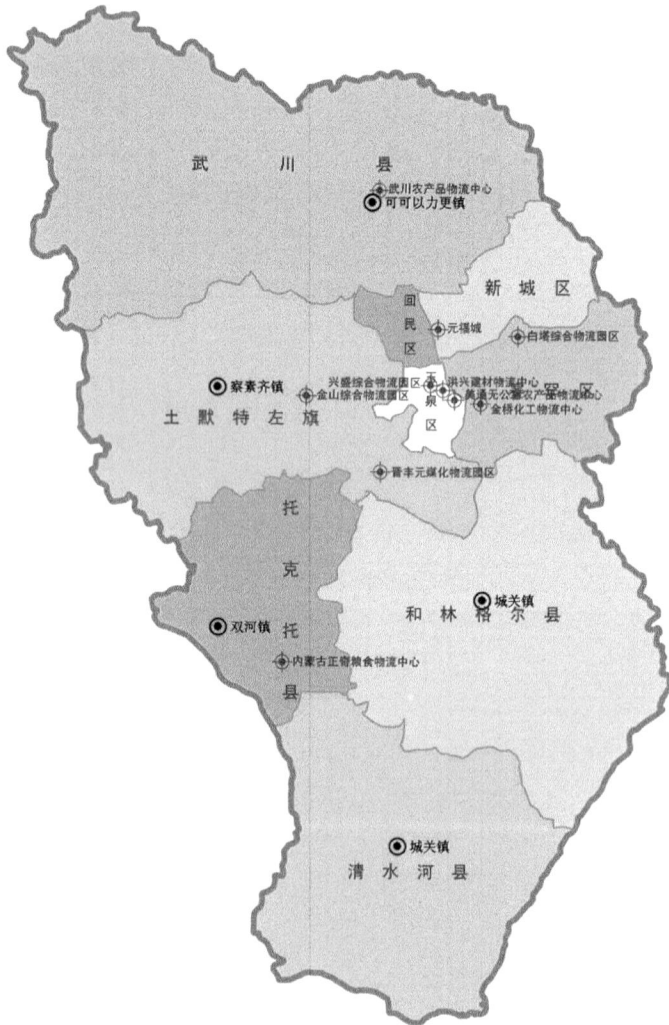

图 7 - 6 呼和浩特市重点物流园区分布示意图

表 7－6　呼和浩特市重点物流园区具体情况

序号	园区名称	园区地址	功能定位	投资规模	占地规模	建设时间
1	白塔综合物流园区	赛罕区巴彦镇	内陆口岸、货物集散、配送、仓储流通加工、商品检验、物流信息、综合服务		3 平方公里	
2	金山综合物流园区（铁通物流园）	金川开发区和金山开发区	物资集散、配送、仓储流通加工、商品保税、物流信息服务		3 平方公里	
3	美通无公害农产品物流中心	城南玉泉区锡林南路	农产品物流		35 万平方米	
4	呼运物流中心（元福城）	新城区府兴营北侧	商贸综合物流		10 万平方米	
5	金桥化工物流中心	金桥开发区格尔图村	化工产品等大宗物资综合物流		20 万平方米	
6	洪兴建材物流中心	呼和浩特市南二环路与昭君路路交叉口	木材、石材、家具、灯具和陶瓷等产品物流服务		27 万平方米	
7	内蒙古正奇粮食物流中心	托县燕山营乡	呼和浩特市玉米仓储物流基地		13 万平方米	
8	武川农产品物流中心	武川县城北	马铃薯等农产品的冬储、分拣、转运基地		6600 平方米	
9	兴盛综合物流园区	玉泉区	城市仓储配送、区域分拨、流通加工、展示交易、电子商务、电子信息平台、商务配套服务	80 亿元	12200 亩	2013 年
10	晋丰元煤化物流园区	土默特左旗沙尔营	煤炭铁路物流	15 亿元	4.3 平方公里	2010 年

注：空格部分暂无法查到资料。

（七）乌兰察布市

2014年，全年地区生产总值完成872.14亿元，按不变价计算，比2013年增长7.8%。其中，第一产业完成增加值135.28亿元，同比增长3.4%。第二产业完成增加值451.37亿元，同比增长10.1%。其中，全部工业完成增加值400.38亿元，同比增长10.02%；建筑业完成增加值50.99亿元，增长8.9%。第三产业完成增加值285.49亿元，同比增长5.6%。

2014年，乌兰察布市农作物种植面积达到64.5万公顷，增长0.1%。其中，粮食作物播种面积48.34万公顷，增长0.8%；经济作物播种面积16.6万公顷，增长13.1%。主要农作物产量稳定增长。全年粮食总产量达到102.5万吨，下降13.5%；小麦产量6.24万吨，下降28.4%；玉米产量30.62万吨，下降17.8%；薯类产量59.31万吨，下降10.3%；大豆产量1.74万吨，增长25.2%；蔬菜产量159.68万吨，下降4.5%。

2014年，乌兰察布市规模以上工业企业达到383家，规模以上工业增加值增长10.9%。从轻重工业来看，轻工业增长2.5%；重工业增长114.9%。从所有制经济类型来看，国有及国有控股经济增长5.87%；集体经济增长19.01%；股份制经济增长17.0%；外商及港澳台经济下降19.34%。从分行业来看，六大主导产业工业增加值增长14.8%。其中，电力工业增长2.4%；冶金工业增长29.3%；化工工业增长29.6%；建材工业下降3.8%；农畜产品加工增长3.7%；装备制造业增长39.8%。

2014年社会消费品零售额完成265.7亿元，增长11.0%。其中，城镇消费品零售额完成201.9亿元，增长10.1%；城区消费品零售额完成98.3亿元，增长12.3%。乡村消费品零售额完成63.8亿元，增长13.7%。

2014年海关进出口总额4700万美元，增长0.9%。其中，出口总额3300万美元，增长2.7%；进口总额1400万美元，下降3.1%。

2014年公路交通运输业完成公路客运量482.8万人，公路旅客周转量52090.4万人公里；公路货运量完成6200.5万吨，公路货物周转量为1172515.9万吨公里。

在《乌兰察布市国民经济和社会发展第十二个五年规划纲要》中提出，建设有效连接"呼包鄂"经济区、环渤海经济区、辐射三北地区及与蒙古国、俄罗斯、欧洲各国有机衔接的物流集散地，成为华北地区重要的区域性物流中心的目标。要求发挥中心城区优势，以信息化平台为基础培育集宁现代综合物流园区、丰镇特种钢铁物流园区、兴和煤炭物流园区、集宁能源矿产品国际物流园区等一批大型物流基地和园区。

"十二五"规划中要重点建设的物流园区

集宁现代物流园区   集宁能源矿产品国际物流园区
兴和庙梁煤炭物流园区   丰镇特种钢铁物流园区
察右后旗贲红煤炭物流园区   农产品转储运物流园区
化德、中旗、凉城、四子王旗、商都等旗县物流园区

在《乌兰察布市2013年度政府工作报告》中提出，实施物流产业发展规划，进一步明确重点物流园区和交易中心发展定位。在《乌兰察布市人民政府关于加快物流业发展的实施意见》中确立，到2020年全市物流区域发展格局要基本形成，力争培育5~8个具有国内、国际竞争力的大中型综合物流企业和物流园区，建设成为在全国具有一定影响力的区域性物流中心和物流节点城市的目标。

针对物流园区建设，在《乌兰察布市物流业"十二五"发展规划》中提出，依据乌兰察布市的资源、区位、交通等优势，重点建设四大物流园区。四大物流园区分别是集宁现代物流园区、察右后旗贲红煤炭物流服务园区、兴和庙梁煤炭物流园区以及察哈尔右翼前旗应急物流园区。乌兰察布市重点物流园区分布情况及各物流园区基本情况见图7-7及表7-7。

图7-7 乌兰察布市重点物流园区分布示意图

表7-7 乌兰察布市重点物流园区具体情况

序号	园区名称		园区地址	功能定位	投资规模	占地规模	建设时间
1	集宁现代物流园区	综合区	乌兰察布市集宁区和察右前旗的交界处	综合商贸物流	512亿元	15平方公里	2011年
2		能源矿产品区	集宁城区东北方向	煤炭、矿产石物流		108平方公里	
3		农畜产品区	集宁城区北侧	农畜产品交易、农产品物流		7平方公里	
4	察右后旗贲红煤炭物流园区		察哈尔右翼后旗贲红镇	煤炭物流	3亿元	3000亩	
5	兴和庙梁煤炭物流园区		乌兰察布市兴和县	煤炭物流	40亿元	14.5平方公里（一期）	2010年
6	察哈尔右翼前旗应急物流园区		察哈尔右翼前旗	成品油和粮食应急物流	1.5亿元		
7	兴和县恒兴达物流园区		兴和县	仓储、配送、货物集散、集装箱加工以及商品交易和展示于一体		440亩	

注：空格部分暂无法查到资料。

因此，形成了乌兰察布市以集宁现代物流园区为核心，贲红煤炭物流服务园区和兴和庙梁煤炭物流园区为两翼的物流业发展模式。

（八）锡林郭勒盟

2014年，锡林郭勒盟全年实现地区生产总值940.59亿元，比2013年增长8.1%。其中，第一产业增加值98.49亿元，增长4.6%；第二产业增加值605.20亿元，增长9.5%；第三产业增加值236.90亿元，增长5.7%。

2014年，锡林郭勒盟粮食作物种植面积15.62万公顷，比2013年增长0.8%。粮食总产量36.00万吨，下降1.8%；油料产量2.01万吨，增长3.7%；甜菜产量2.16万吨，增长3.6%；蔬菜瓜果产量102.97万吨，增长11.0%。

2014年，全部工业增加值538.08亿元，比2013年增长9.9%。其中，规模以上工业企业增加值增长10.7%，规模以下工业企业增加值增长6.7%。从规模以上工业产品产量来看，原煤产量1.15亿吨，比2013年增长7.8%；发电量384.93亿千瓦时，增长4.0%；原油135.93万吨，增长18.3%；铁矿石原矿544.60万吨，增长0.8%；锌锭11.04万吨，增长8.2%；黄金4787.4千克，增长3.1%；乳制品9.73万吨，增长0.2%；鲜、冷藏肉21.27万吨，增长28.3%；水泥710.33万吨，增长7.8%；花岗岩板材3577.71万平方米，增长12.2%；聚丙烯树脂9.21万吨，下降56.8%。

2014年，社会消费品零售总额204.89亿元，比2013年增长11.5%。按经营单位所在地分，城镇社会消费品零售额163.99亿元，增长12.0%；农村牧区消费品零售额40.90亿元，增长9.6%。按消费形态分，商品零售额181.56亿元，增长10.9%；餐饮收入额23.33亿元，增长15.8%。

2014年，外贸进出口总额15.96亿美元，比2013年下降12.3%。其中，出口总额6.98亿美元，下降17.6%；进口总额8.98亿美元，下降7.7%。口岸进出口货运量1477.13万吨，增长4.6%。出入境人员200.82万人次，下降5.5%。

2014年，锡林郭勒盟铁路建成里程2079公里，比2013年增长3.5%；铁路货运量9473万吨，增长1.2%，其中，地方铁路货运量1451万吨，下降16.2%；铁路客运量73.52万人，下降8.2%。锡林郭勒盟民航货邮吞吐量2520吨，增长21.5%；民航客运量50.92万人次，下降9.7%。锡林郭勒盟公路通车里程1.05万公里，增长11.2%；公路货物量2.61亿吨，增长4.3%；公路货物周转量554.32亿吨公里，增长4.6%；营业性公路客运量1373万人，增长2.2%；营业性公路客运周转量33.09亿人公里，增长2.7%。年末锡林郭勒盟个人机动车保有量19.62万辆，增长10.6%。其中，汽车17.36万辆，增长11.2%；摩托车2.16万辆，增长6.6%；挂车947辆，下降8.1%；其他类型车2辆，与2013年持平。

近年来，锡林郭勒盟物流业基础设施建设力度不断增强，一大批物流园区项目相继开工建设。

截至 2010 年 9 月底，锡林郭勒盟 10 个在建物流园区项目完成投资突破 6 亿元，达 6.08 亿元，创历史新高。其中锡市民禾、白音华能源化工两大物流园区完成投资超过 1 亿元，分别为 1.89 亿元、1.2 亿元；投资超过 3000 万元的项目 6 个，分别为锡市天亨、多伦联邦、多伦大运万通、西苏旗远通、太旗鑫远洋和蓝旗兴隆速快物流园区。

图 7 - 8　锡林郭勒盟重点物流园区分布示意图

截至 2011 年，锡林郭勒盟共有工商注册物流企业 183 户，注册资本超 1000 万元的企业 12 户，超 500 万元的物流企业 24 户，个体工商户 54 户；锡林郭勒盟已建、在建规模以上物流园区 24 个，已建成投入使用 8 个，锡林郭勒盟物流园区占地总面积 1650 万平方米，建设面积 115 万平方米；锡林郭勒盟物流从业人员 1.98 万人，其中盟内用工比例为 53%。

2011 年，锡林郭勒盟在建规模以上物流园区达 16 家，占地总面积 81531 亩，总投资 50.71 亿元。其中，锡林浩特市 4 家，多伦 3 家，东乌旗 2 家，二连浩特市 2 家，黄旗、西苏旗、阿旗各 1 家。2011 年 1～8 月，全盟累计完成物流园区投资 4.5 亿元。

表7-8　锡林郭勒盟重点物流园区具体情况

序号	园区名称	园区地址	投资方	功能定位	投资规模	占地规模
1	锡市民禾生产生活综合物流园	锡林浩特市	民禾物流有限责任公司	仓储及基础设施、交易中心、汽车销售维修功能区	6.8亿元	3000亩
2	锡市宇泰煤炭铁路物流园	锡林浩特市		煤炭物流	2.9亿元	600亩
3	锡市天宇物流园	锡林浩特市	天宇汽贸	以重型机械销售为主	4.6亿元	800亩
4	阿旗魏尼斯物流园	阿旗			0.45亿元	45亩
5	东乌旗满都拉进出口物流园	东乌旗	满都拉进出口商贸		1亿元	363亩
6	东乌旗煤赫音嘎乐商贸物流园	东乌旗	蒙赫音嘎乐商贸		0.9亿元	300亩
7	多伦联邦物流园	多伦县	宏业房地产	综合物流、仓储、转运、交易市场、集装箱转运、建材市场等	4.7亿元	47000亩
8	多伦安快物流园	多伦县	安快物流		1.7亿元	17000亩
9	多伦大运万通物流园（多伦县公铁物流园）	多伦县	大运万通	煤炭物流	1亿元	9800亩
10	二连市益得跨境煤炭物流园	二连市	益得国际物流	煤炭、矿石物流	1.8亿元	240亩
11	二连浩特昊盟果蔬粮油出口物流园	二连市			1.5亿元	75亩

续表

序号	园区名称	园区地址	投资方	功能定位	投资规模	占地规模
12	黄旗方圆物流中心	黄旗	方圆物流		0.28亿元	225亩
13	西苏旗远通物流园	西苏旗	远通物流		0.75亿元	174亩
14	西乌白音华物流园	西乌旗白音华			20亿元	1530亩
15	西乌众信商贸物流园	西乌旗	众信商贸		0.35亿元	2亩
16	安快物流集团北物流园	锡林浩特	安快物流	煤炭物流	2亿元	377亩
17	安快物流集团东物流园	锡林浩特	安快物流			
18	二连利众口岸公路港物流	二连浩特		口岸物流		
19	锡市翔飞物流园	锡林浩特				
20	白旗蒙盛物流园	白旗				
21	兴隆速快蔬菜物流园	蓝旗				
22	太旗鑫远洋物流园	太旗				
23	乌拉盖贺斯格乌拉物流园	乌拉盖				
24	西苏双赢物流园	西苏				

在《锡林郭勒盟国民经济和社会发展第十二个五年规划纲要》中提出大力发展现代物流业。以锡盟资源开发和新型工业化建设为契机,加快构筑"一心、三区、六点"物流空间布局,加快物流园区、物流节点建设。到 2015 年,培育年产值上亿元的物流企业 15 家以上,物流业增加值达到 110 亿元,年均增长保持在 30% 以上。

锡林郭勒盟"十二五"规划中提出要建设的重大物流园区

产业基地型物流园区: 重点推进锡林浩特煤炭物流园区、多伦煤炭煤化物流园区、白音华能源化工物流产业园区、乌拉盖能源化工物流园区、宝昌综合物流园区等物流集聚区建设。

鲜活农畜产品冷链物流园区: 重点建设锡林浩特市果蔬马铃薯贮藏加工园区项目、二连浩特市昊罡果蔬粮油出口物流园冷链物流项目等。

市场型物流中心: 重点建设安快物流集团物流园区、锡林浩特市民禾生产生活综合物流园区、锡林浩特市天亨机械物流园区、西苏旗远通物流中心、黄旗方圆物流中心等。

口岸物流园区: 重点建设二连利众口岸公路港物流、东乌旗珠恩嘎达布其口岸物流中心项目等。

除政府文件中提到的这 24 个物流园区外(这些物流园区分布情况及各园区基本情况见图 7-8 及表 7-8),还搜集到如表 7-9 所示的物流园区建设项目。

(九) 赤峰市

"十一五"期间,以"内蒙古红山物流园区"建设为标志,赤峰市现代物流产业迅速发展。赤峰市物流园区累计完成投资 71.2 亿元,入驻企业和商户 278 家,安排就业人员 1.2 万人。其中红山、松山、和美三大物流园区累计完成投资 63.4 亿元,入驻企业 270 家,实现销售收入 80 亿元。特别是红山物流园区建成区面积达到 7500 亩,已成为蒙东地区规模较大、水平较高、具有一定辐射作用的区域性物流园区。

在《赤峰市国民经济和社会发展第十二个五年规划纲要》中进一步明确赤峰市现代物流业的发展定位和思路。要求加快物流园区、物流节点建设,推动物流业与制造业联动发展。重点打造以红山、松山、喀旗和美物流园区为主的赤峰物流核心区。到"十二五"期末,赤峰市物流园区实现销售收入 350 亿元,就业 6 万人,将赤峰市打造成内蒙古自治区出区达海的物流枢纽城市和蒙冀辽接壤地区的物流中心。

表 7 - 9　锡林郭勒盟其他物流园区项目

序号	园区名称	园区地址	投资方	功能定位	投资规模	占地规模
1	二连市环宇国际出口物流园	二连市	环宇国际物流	综合商贸物流	5.8亿元	46.82万平方米
2	二连市汇通国际进口物流园	二连市	汇通国际物流	综合商贸物流	9.8亿元	47.29万平方米
3	二连市大新华多功能物流基地	二连市	大新华物流	综合商贸物流	10.81亿元	264万平方米
4	多伦煤炭煤化物流园区	多伦县				
5	宝昌综合物流园区	太仆寺旗				
6	大旗京北物流园	太仆寺旗				
7	锡林浩特运通煤炭物流园区	锡林浩特	运通煤炭储运	煤炭物流	1.32亿元	16万平方米
8	西乌旗东方物流园	西乌旗	吉祥置业	汽贸汽修建材市场、仓储、物流配送中心	5.04亿元	43.57万平方米
9	东旷煤炭物流园	西乌旗	东旷商贸	煤炭物流区、配套服务区、储煤堆场	3亿元	20万平方米

2014年，赤峰市实现地区生产总值1778.37亿元，按可比价格计算，比2013年增长7.9%。其中，第一产业增加值274.39亿元，增长4.1%；第二产业增加值892.01亿元，增长9.7%；第三产业增加值611.97亿元，增长6.3%。按常住人口计算，人均生产总值达到41309元，增长8%，按年均汇率计算折合为6725美元。

2014年，赤峰市粮食作物播种面积90.77万公顷，比2013年增长0.6%。粮食总产量510万吨，比2013年下降2.9%。其中，谷物487.85万吨，增长0.6%；豆类4.72万吨，下降41.5%；薯类（折粮）17.43万吨，下降46%。在经济作物中，油料产量15.62万吨，增长21.5%；甜菜75.8万吨，下降14.6%；蔬菜503.99万吨，增长12%；瓜类34.26万吨，下降2.4%。

2014年，全部工业完成增加值763.79亿元，比2013年增长10.2%。其中，规模以上工业（年主营业务收入2000万元及以上的法人工业企业）增加值增长10.7%。从主要工业产品产量来看，赤峰市原煤产量2669.25万吨，比2013年下降4.5%；发电量211.69亿千瓦时，增长18.3%，其中，风力发电47.47亿千瓦时，下降5%；铁矿石原矿量2862.01万吨，下降4.2%；十种有色金属53.48万吨，增长31.5%；钢材262.84万吨，增长16%，其中，线材149.66万吨，增长14.9%；水泥585.52万吨，下降1.8%。

2014年，社会消费品零售总额587.39亿元，比2013年增长11.6%。从城乡差别来看，城镇消费品零售总额481.46亿元，增长12%；乡村消费品零售总额105.93亿元，增长9.8%。

2014年，对外贸易企业进出口总额8.53亿美元，比2013年下降6.6%。其中，进口7.19亿美元，下降10%；出口1.34亿美元，增长17.4%。

2014年末，赤峰市公路里程达到24953.7公里，比2013年增长2.8%，其中等级公路率达到96.5%。全年公路货物量完成13117万吨，增长33.9%；货物周转量239.83亿吨公里，增长15.3%。公路客运量3872万人，下降14.1%；客运周转量27.62亿人公里，下降3.9%。

在《赤峰市2013年度政府工作报告》中提出，依托红山物流园区，建设总规划面积50平方公里的赤峰物流城，进一步丰富业态层次，构建现代物流体系。

赤峰地区物流园区建设也颇有成效，重点物流园区分布情况及各园区的基本情况如图7-9和表7-10所示。

下面介绍赤峰市两大重点物流园区建设发展情况。

1. 红山物流园区

红山物流园区是经自治区发改委批准立项的商贸类物流园区。园区规划面积10000亩，自2006年6月开始建设，建成区面积已达7500亩，初步形成了物流配送、物资仓储、汽车贸易、专业市场、旅游商贸、新兴业态六大业态功能区。共进驻各类企业 198 家，注册工商户 600 多家，总建筑面积达 200 多万平方米，已累计完成投资 95.19 亿元，累计实现交易额 350 亿元，税收近 10 亿元，安置就业 1.5 万人。

2011 年 6 月，红山物流园区晋升为自治区级现代化综合物流园区，并纳入了内蒙古自治区综合性物流园区发展规划，规划面积扩大至 2 万亩。在市规划局协助下，现已纳入城市总体规划面积约 15500 亩，其中，红山区面积约 10500 亩（赤通高速以南建成区面积约 7500 亩，赤通高速以北红山区规划面积约 3000 亩），松山区面积约 5000 亩。

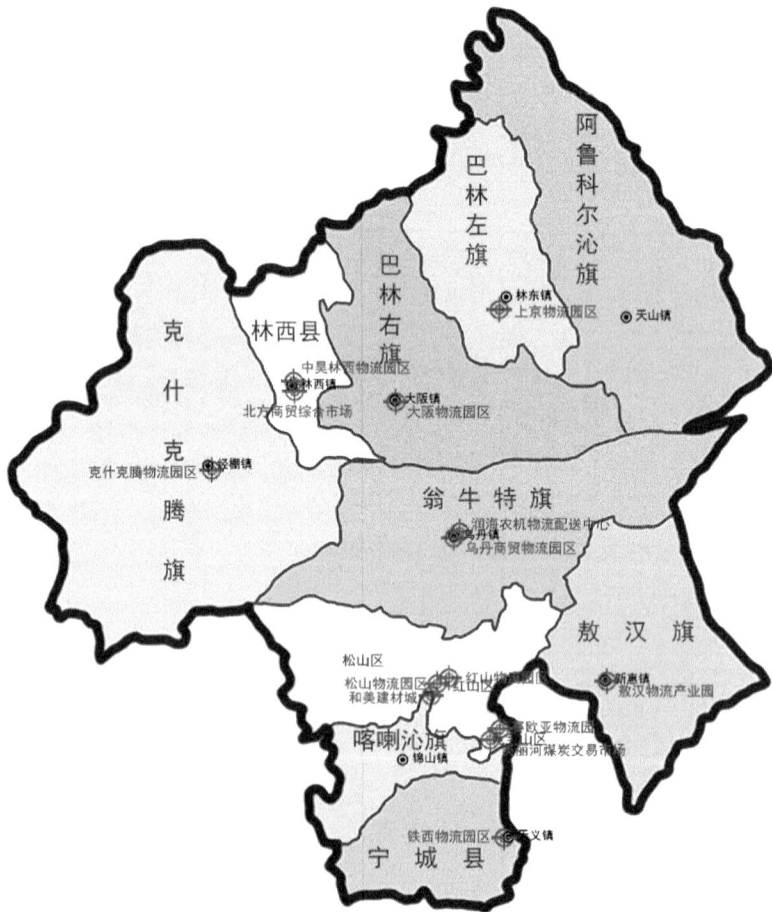

图 7-9　赤峰市重点物流园区分布示意图

表 7 – 10　赤峰市重点物流园区具体情况

序号	园区名称	园区地址	运营单位	功能定位	投资规模	占地规模	建设时间
1	内蒙古红山物流园区	红山区	红山物流园区管委会	商贸综合物流	100 亿元	10000 亩	2006 年
2	内蒙古松山物流园区	松山区	松山物流园区管委会	农用机械、农业生产资料、农畜产品、小商品、建筑工程及矿山机械综合物流	50 亿元	9000 亩	2007 年
3	和美建材城	喀喇沁旗	兴城投资	家居、建材商贸物流	8 亿元	574 亩	2009 年
4	克什克腾物流园区	克什克腾旗	兴城投资	商贸综合物流园	1.2 亿元	4000 亩	2009 年
5	巴林右旗大阪物流网	巴林右旗大阪	工业园区办公室	煤炭、粮油仓储、仓储和加工等专业物流	1.5 亿元	1000 亩	2009 年
6	乌丹商贸物流园	乌丹	全宁城市发展投资	商贸综合物流	7 亿元	950 亩	2010 年
7	宁城县铁西物流园	宁城县	宏瑞城市基础设施投资发展	物流配送、物资仓储、汽车销售维修、各专业市场业态功能区	4.5 亿元	658 亩	2008 年
8	内蒙古上京物流园	巴林左旗	上京物流园区	商贸综合物流	4 亿元	4597 亩	2007 年
9	敖汉物流产业园	敖汉旗	蒙昊物流	农资、自用品商贸物流	4.6 亿元	1000 亩	2011 年
10	赛蒙亚物流园	元宝山区平庄左旗	西拉沐沦投资	货运代理、物资配送、汽车配件销售与维修、装饰材料批发	0.8 亿元	150 亩	2010 年
11	美丽河煤炭交易市场	元宝山区	美丽河市场管理公司	煤炭物流	0.8 亿元	524 亩	2010 年
12	赤峰北方商贸综合市场（一期）	林西	林西县建林城市基础设施投资	综合服务区、汽车展示区、汽车配件和维修服务区	0.98 亿元	500 亩	2011 年
13	赤峰中昊林西物流园	林西	中昊运输	商贸综合物流	1.2 亿元	130 亩	2006 年
14	赤峰市润海农机物流配送中心	翁牛特旗乌丹镇	润海商贸	商铺经营	0.6 亿元	54.45 亩	2011 年

注：空格部分暂无法查到资料。

2. 松山物流园区

松山物流园区于 2007 年经自治区发展改革委批准，2008 年启动建设，总规划面积 9000 亩。主要布局农用机械、农业生产资料、农畜产品、小商品、建筑工程及矿山机械、五金机电、大型仓储和加工等专业功能区。

截至 2011 年底，松山物流园区已累计完成投资 10 亿元。完成土地征收 4687 亩，"五横三纵"道路总体格局已形成，水、电、暖、通信等配套设施基本齐全。园区一期占地面积 3516 亩，业态招商已满，蒙东农机市场、赤峰五金机电城、赤峰雨润农副产品物流配送交易中心、安徽商会农资市场、北辰商贸综合市场等项目相继入驻。园区共有各类企业和商户 462 家，实现交易额 21.5 亿元，实现税收 2100 万元，带动就业 3000 余人。

（十）通辽市

2014 年，全年完成地区生产总值（GDP）1886.80 亿元，按可比价格计算，比 2013 年增长 8.6%，增速高于内蒙古自治区 0.8 个百分点。其中，第一产业增加值完成 267.61 亿元，增长 4.3%；第二产业增加值完成 1065.47 亿元，增长 10.1%；第三产业增加值完成 553.72 亿元，增长 7.3%。

2014 年，粮食作物播种面积 93.48 万公顷，比 2013 年增加 0.47 万公顷，增长 0.5%，其中，谷物播种面积 89.56 万公顷，比 2013 年增加 1.85 万公顷，增长 2.1%。全年粮食产量 663.05 万吨，比 2013 年增产 0.05 万吨。其中，稻谷 13.40 万吨；小麦 1.72 万吨；玉米 624.79 万吨；谷子 2.97 万吨；高粱 12.74 万吨；荞麦 2.15 万吨；豆类 3.16 万吨；折粮薯类 1.43 万吨。

2014 年，全部工业增加值 985.15 亿元，比 2013 年增长 10.4%，增幅比 2013 年回落 0.4 个百分点。其中，规模以上工业企业增加值增长 10.9%，增幅比 2013 年回落 1.3 个百分点。

2014 年，实现社会消费品零售总额 435.44 亿元，比 2013 年增长 11.2%，增幅比 2013 年高出 0.2 个百分点。按销售单位所在地分：城镇实现消费品零售额 309.84 亿元，增长 10.7%；乡村实现消费品零售额 125.60 亿元，增长 12.3%。

2014 年，外贸进出口总额突破 4 亿美元大关，达到 43000 万美元，同比增长 106.0%，创历史新高。其中，出口 39200 万美元，同比增长 218.8%；进口 3800 万美元，同比下降 55.8%。

2014 年，全年交通运输、仓储和邮政业增加值 107.17 亿元，比 2013 年增长 8.1%。通辽市公路里程 18484 公里，其中，高速公路 430 公里。全年公路货运量 8984 万吨，比 2013 年增长 39.9%，公路货物周转量 155.05 亿吨公里，增长 21.0%；

全年公路客运量 1792 万人，同比下降 14.3%，公路旅客周转量 18.40 亿人公里，同比下降 7.0%。2014 年铁路货运发送量 5554 万吨，同比增长 12.4%；铁路客运发送量 651 万人，同比下降 17.8%。全年民航旅客运输总量 70.91 万人，旅客运输周转量 6.55 亿人公里；全年民航货物运输总量 0.31 万吨，货物运输周转量 300.89 万吨公里。

通辽市已被列为国务院批复的《东北地区振兴规划》中东北区域物流中心、国家发改委编制的《东北地区物流业发展规划》中一级物流节点城市和商务部确定的全国流通领域现代物流示范城市。

在《通辽市国民经济和社会发展第十二个五年规划纲要》中对上述定位进行了具体谋划，提出构筑"一核、双环、六线"物流空间布局。建设以"一个内陆港、两大通道、四大网络、五大物流园区、七大物流配送中心"为重点的物流发展体系。通辽市重点物流园区分布情况及各园区基本情况见图 7 – 10 及表 7 – 11。

"十二五"期间通辽重点建设的物流园区项目

一个内陆港：通辽内陆港。

五大园区：通辽市经济技术开发区综合物流园区、通辽金港物流园区、霍林郭勒市煤炭物流园区、科尔沁综合物流园区、科尔沁工业园区南区工业物流园区。

七大物流配送中心：日升日美日用消费品物流配送中心、科尔沁民族医药物流配送中心、通辽市三元冷鲜食品物流配送中心、通辽大华粮油物流配送中心、团结路贸易区综合物流配送中心、白音太来果蔬物流配送中心、农业生产资料物流配送中心。

近几年通辽市物流基础设施建设得到加强，物流市场环境不断改善，物流企业日益壮大，现代物流产业及区域物流中心建设初具规模。根据通辽商务局提供数据：2011 年，通辽市社会物流总额 4150 亿元，实现物流业增加值 165 亿元，占通辽市 GDP 和第三产业增加值比重分别达到 11.2% 和 40.4%；货运总量 2.3 亿吨，集装箱发运量 5 万标箱，商贸物流业固定资产投资 75 亿元，重点物流园区营业收入 250 亿元，各类专业批发市场交易额 388 亿元，商贸物流业从业人员近 20 万人，占通辽市第三产业从业人员的 47%。

2011 年通辽市注册物流企业发展到 300 多家，个体物流经营户发展到 1500 多个，拥有 3A 级以上物流企业 11 家，现代物流企业正在成为物流服务市场的主体。

图 7 - 10　通辽市重点物流园区分布示意图

通辽市物流基础设施构架现已基本成型。以主城区为核心、内外双环为依托，规划建设了一批不同功能的物流园区和配送中心，总建筑面积 169 万平方米。通辽内陆港已建成投入使用，实现了公路—铁路—港口多式联运，为全市现代物流业发展提供了重要载体。已开工建设的通辽保税物流中心（B 型）将与内陆港实现功能互补、联动发展。其中主城区的开发区综合物流园区、空港物流园区、科尔沁综合物流园区、木里图工业物流园区建设初具规模，旗县市区以融入东北经济一体化发展为切入点，总规划占地 30 多平方公里的 7 个特色物流园区建设有序推进。

在《通辽市 2013 年度政府工作报告》中要求继续做大做强商贸物流业。针对物流园区建设，主要推进以主城区"四园一港"为重点的 11 个物流园区和 60 个重

表7-11 通辽市重点物流园区具体情况

序号	园区名称	园区地址	功能定位	投资规模	占地规模	建设时间
1	通辽内陆港	通辽开发区	集装箱多式联运、报关报检	1.19亿元	350亩	2008年
2	通辽开发区综合物流园	通辽开发区	煤炭、钢材、木材等大宗物资集散中转		20235亩	
3	科尔沁区综合物流园区	通辽科尔沁区	商贸物流集散		15000亩	
4	通辽金港物流园	通辽科尔沁区	工程机械、农资农机物流，汽车及工程机械交易、维修基地		4500亩	
5	科尔沁工业园区南区工业物流园（木里图工业物流园区）	通辽科尔沁区	货场、仓储配送、车源中心		8000亩	
6	霍林河煤炭物流园区	霍林河市	煤炭物流	0.5亿元	2.8平方公里	
7	奈曼旗华明物流园	通辽奈曼	汽贸、五金综合商贸物流	6.2亿元	706亩	2007年
8	开鲁县综合物流园	通辽开鲁	综合商贸物流	1.6亿元	3000亩	2011年
9	科左中旗综合物流园	科左中旗	综合商贸物流		5.56平方公里	
10	扎鲁特旗比得物流园区	扎鲁特旗	煤炭堆场、洗煤		130亩	
11	东兴农机农资建材综合物流园区	扎鲁特旗	农资建材综合物流	1.5亿元	150亩	
12	库伦旗东煤鑫胸物流园区	库伦旗	以煤炭、建材仓储运输为主的物流	0.2亿元	3.5万平方米	
13	科左后旗龙达物流园区	科左后旗	综合商贸物流	0.15亿元	6.6万平方米	

注：空格部分暂无法查到资料。

点项目建设。提出全市货运总量增长20%，物流业增加值实现300亿元的目标。

通辽市重点物流园区概况：

1. 通辽经济技术开发区综合物流园区

位于304国道以东，通（通辽）霍（霍林郭勒）铁路以西，304国道以北，规划绕城公路以南。总规划占地面积为1349万平方米（20235亩）。打造蒙东地区煤炭、钢材、木材等大宗物资交易集散中转基地，蒙东地区国际物流枢纽。

主要功能区：煤炭市场、钢材市场、木材市场、汽贸市场、内陆港、保税物流中心、仓储配送区、综合服务区等。

发展思路：重点提升园区档次，完善园区功能。对于园区内档次较低的、业态较为落后的钢材市场、木材市场、煤炭市场等专业市场，通过搭建电子商务平台、延伸产业链条等手段完善功能、提升档次，增强园区的辐射能力及增值能力。对于不适合在现有位置发展的零担物流中心等物流功能区，应向外迁移。加大环境保护设施投资力度，露天型煤炭堆场要加大围网密度、增加喷淋装置，新建项目要发展筒仓和封闭式倒运设施，降低煤炭市场对周边环境的影响。进一步完善物流园区的功能，拓展内陆港功能，设立保税物流中心，为谋划综合保税区留足发展空间。

2. 科尔沁区综合物流园区

位于科尔沁区城区东出口，绕城高速东西两侧，G303国道南北两侧。规划总占地面积为1000万平方米（15000亩），其中启动区220万平方米（3300亩）。打造蒙东地区商贸集散中心、电子商务中心和国际采购中心。

主要功能区：日用品市场、果蔬市场、成品粮油市场、仓储配送区、零担物流区、综合服务区、国际采购区、物流加工区、文化职教区、产业孵化区等。

发展思路：借鉴"临沂模式"和"华南城模式"，重点发展日用消费品、果蔬、成品粮油的展示交易和医药物流。引导城区内的专业市场、物流设施向物流园区集聚，引进大型开发商参与物流园区的投资建设，吸引大型国际国内商贸流通企业在园区内建立国际采购中心。

3. 通辽金港物流园区

位于科尔沁区城区南出口，绕城高速与G111国道交叉口附近。规划总占地面积300万平方米（4500亩），核心区占地135万平方米（2025亩）。打造高端物流中心、农资农机物流中心、汽车及工程机械交易维修基地。

主要功能区：工程机械市场、农资农机市场、汽车维修中心、二手车市场、仓储配送区、零担物流园区、综合服务区等。

发展思路：发挥城南区位交通和临空优势，重点发展航空物流、邮政物流、电子商务物流、甩挂运输、城市配送等业务，积极发展工程机械及零配件、二手车、化肥等商品的交易和物流。以金港物流园区为核心，加快工程机械交易、大型车辆和二手车交易与维修、农资等专业市场的建设。

4. 木里图工业物流园区

位于科尔沁工业园区（南区）的北侧。规划总占地面积533万平方米（8000亩），核心区占地面积267万平方米（4000亩）。打造通辽市最大的工业物流园区和大宗物资集散中心。

主要功能区：散货堆场、综合服务区、仓储配送区、车源中心等。

发展思路：加快物流园区基础设施建设，重点推进国道304线上跨铁路工程项目建设，使物流园区早日投入运营，促进工业园区内企业物流效率的提升，为未来通沈工业走廊建设奠定基础。

5. 通辽内陆港

通辽内陆港位于通辽经济技术开发区内，西邻304国道，东接通霍铁路，现有两条1050米集装箱装卸线。占地面积23万平方米（350亩）。打造蒙东地区腹地枢纽港。

主要功能区：集装箱作业区、联检中心、仓储配送区等。

发展思路：提升内陆港功能，转变内陆港经营模式，解决通辽内陆港国际物流瓶颈。积极引进大连港、锦州港等港口在通辽内陆港设立基地，促使各港口在通辽市形成充分有序竞争，从而降低通辽市的铁海联运货物物流成本，打通多条公铁海联运的通道。

（十一）兴安盟

2014年，全年实现地区生产总值459.85亿元，按可比价格计算，比2013年增长8.5%。其中，第一产业增加值122.46亿元，增长5.7%；第二产业增加值177.90亿元，增长11.0%；第三产业增加值159.48亿元，增长7.6%。

2014年，粮食作物种植面积736.33千公顷，粮食总产量再创历史新高，达到410.00万吨，比2013年增加10.00万吨，增长2.5%。其中，玉米产量348.57万吨，增产15.42万吨，增长4.6%；大豆产量5.12万吨，增产0.37万吨，增长7.7%；薯类产量6.65万吨，减产0.74万吨，下降10.0%。

2014年，完成全部工业增加值142.58亿元，按可比价格计算，比2013年增长11.1%，拉动地区生产总值增长3.5个百分点，其中，规模以上工业企业完成增加值131.29亿元，增长11.6%。

2014年，社会消费品零售总额189.28亿元，比2013年增长12.0%。从城乡差别来看，城镇消费品零售额160.33亿元，增长13.0%；乡村消费品零售额28.95亿元，增长6.6%。从消费形态来看，餐饮收入18.07亿元，增长12.1%；

商品零售 171.21 亿元，增长 12.0%。

2014 年，外贸进出口总额 12965.63 万美元，比 2013 年增长 2336.2%。其中，进口总额 3669.83 万美元，增长 2443.0%；出口总额 9295.80 万美元，增长 2296.5%。

2014 年，交通运输、仓储及邮政业实现增加值 10.94 亿元，按可比价格计算，比 2013 年增长 5.2%。全年完成公路货运量 3471 万吨，比 2013 年增长 30.9%；完成货物周转量 625593 万吨公里，增长 13.4%。全年完成公路客运量 573 万人，比 2013 年下降 29.9%；完成公路旅客周转量 85993 万人公里，比 2013 年增长 6.6%。年末兴安盟公路通车里程 10703 公里，比 2013 年末增长 6.7%，其中，等级公路里程 10487 公里（由盟公路运管处和盟公路管理局提供）。年末兴安盟汽车保有量 16.15 万辆，比 2013 年末增长 9.2%，其中，个人汽车保有量 14.50 万辆，增长 12.0%，在个人汽车保有量中载客车保有量 11.89 万辆，增长 16.5%（由盟公安局交警支队提供）。

《兴安盟现代物流业发展规划（2008～2015 年）》中确立重点实施"144"工程，即建设大乌兰浩特物流枢纽城市和阿尔山、扎赉特旗、突泉县、科尔沁右翼中旗四大物流中心，构建农畜产品、煤炭、冶金建材和城乡配送四大专业物流体系。

在《兴安盟国民经济和社会发展第十二个五年规划纲要》中提出，以乌兰浩特和科尔沁镇为物流枢纽，加快园区基地建设，打造区域物流中心。依托乌阿铁路，以乌兰浩特、阿尔山为物流节点，重点发展生产服务型综合物流市场和煤炭、矿产品、粮食等专业市场。确立到 2015 年，兴安盟大宗物流量达到 1.4 亿吨以上的目标。兴安盟重点物流园区分布情况及各物流园区基本情况如图 7-11 及表 7-12 所示。

重点物流园区的基本情况如下：

1. 乌兰浩特物流园区

园区位于乌兰浩特市城区北部，东至乌察公路，南至省际大通道，西至归流河，北至省际大通道新线，规划总用地 5 平方公里。主要建设综合服务区、建材销售区、汽车贸易区、配套服务区、仓储配送区、农牧业生产资料区、农副产品批发区、粮油交易区、陆路口岸区、生活服务区、发展备用区及其他相关配套设施，主要中转商品种类有建材、汽车、农机、粮油、农副产品、农牧业生产资料等。园区于 2008 年启动建设，计划分三期共 8 年建设完成。园区建设单位为乌兰浩特市蒙都物流园区管理有限责任公司，属国有民营企业，采取政府提供优惠政策、企业投资方式进行园区的开发建设。目前，物流园区完成征地 1345 亩、拆迁 28 户，已开发面积达 2 平方公里，建筑面积达 15 万平方米；园区内"一纵

图7-11　兴安盟重点物流园区分布示意图

一横"2.5公里主干路及道路配套设施建设和2条支路共1公里的基础垫层等工程已完成；综合服务区、建材销售区、粮油交易区等基础设施已建设完毕，已有13家企业入驻，其中物流企业2家，商贸企业11家。2009年园区营业收入达5亿元，年上交税收1000万元。

2. 阿尔山口岸国际物流园区

项目建设地点位于阿尔山口岸区以东约3.5公里处，占地面积696.15平方公里。阿尔山国际物流园区交通及区位优势得天独厚。阿尔山—海拉尔一级路和"两伊"铁路与其擦边而过，已竣工运营，邻近的阿尔山机场已通航；在其东侧邻近不足20公里的阿尔山—扎兰屯公路是阿尔山的东出口，穿越物流园区的省

表 7 - 12　兴安盟重点物流园区具体情况

序号	园区名称	园区地址	功能定位	投资规模	占地规模
1	乌兰浩特物流园	乌兰浩特	综合商贸物流	50 亿元	5 平方公里
2	科右中旗中天商贸物流中心	科右中旗	综合商贸、集货物运输、货物配送、货物包装	0.5 亿元	0.04 平方公里
3	扎赉特旗龙源物流中心	扎赉特旗		0.71 亿元	0.45 平方公里
4	扎赉特旗保安沼粮食现代物流仓储区	扎赉特旗		50 亿元	1.06 平方公里
5	阿尔山口岸国际物流园区	阿尔山	口岸物流	3.04 亿元	696.15 平方公里
6	扎赉特旗现代物流集聚区	扎赉特旗	粮食储运、水泥、木材、其他农副产品配送	4.5 亿元	3.3 平方公里
7	科尔沁农用机械综合物流中心	科右前旗科尔沁镇	农机、工程机械等中转物流	0.5 亿元	0.17 平方公里
8	兴安盟工业（煤炭）物流园	科右前旗	建材、汽车、农机、粮油、农副产品、农牧业生产资料中转	15 亿元	3 平方公里

道 S203 线至口岸二级公路于 2010 年动工修建,阿尔山—锡盟呼尔勒铁路已列入内蒙古自治区铁路网规划,"两山"铁路正在积极推动之中。随着口岸的开通,一个立体式的、四通八达的交通网络必将形成。依托阿尔山和蒙古国东方省的资源优势,利用阿尔山—松贝尔口岸是中国东北经济区西出口、蒙方最近出海口、连接亚欧陆路最近通道及其特殊交通地位,可大力推进中蒙两国和其他第三国的贸易往来,发展口岸物流业、旅游业。

3. 扎赉特旗现代物流业集聚区

扎赉特旗现代物流业集聚区,以绰尔工业园为中心,集聚粮食储运、水泥、木材及其他农副产品配送、包装等物流企业,打造大型物流园区,建有物流服务中心、物流仓储中心、物流配送中心、物流商业中心等。整个物流集聚区占地面积 5000 亩。总投资 4.5 亿元,其中招商引资 3 亿元,政府投资 1.5 亿元。该项目 2012 年开始规划。项目建成后,将入驻企业 20 家、年交易粮食 20 万吨、食用油 5 万吨、水泥 200 万吨,年营业收入 20 亿元。该项目的建成,将增加就业机会 1200 个,从而减少待业人口,促进社会稳定,同时也将改善所辐射地区的经济结构,提高地区经济发展水平;能够合理利用自然资源,优化管理资源,对本地区的生态环境、生态平衡起到积极作用。

4. 科尔沁农用机械综合物流中心

项目总投资为 5000 万元,建设阶段为规划设计中,建设地点位于科右前旗科尔沁镇。项目的交通及区位优势:兴安盟盟委建设大乌兰浩特构思出台,使科尔沁镇直接融入了大乌兰浩特建设范围之内,城镇的距离逐步在缩短,科尔沁农用机械综合物流中心毗邻乌兰浩特市物流园区,作为大物流园区的补充可发挥专业物流优势。项目投资企业是兴安盟长江农牧业机械制造有限公司,企业性质为民营。项目计划占地面积 0.17 平方公里,占用土地性质为商业用地,入驻企业类型及数量为商贸企业 130 户。计划主要中转商品种类为农牧业机械、工程机械、大型车辆、配件等。

5. 兴安盟工业(煤炭)物流园区

建设地点位于科右前旗葛根庙镇白音乌苏嘎查以东矿泉水厂南侧乌兰浩特经济开发区内,计划总投资 15 亿元,规划占地面积 3 平方公里。主要中转商品种类是建材、汽车、农机、粮油、农副产品、农牧业生产资料等,计划吞吐能力 5000 万~6000 万吨/年。兴安盟工业(煤炭)物流园区交通及区位优势:毗邻东北、对接京津、连通俄蒙,处于霍林河、伊敏河两大煤炭基地之间和东北经济区、环渤海经济区辐射范围之内,具备承接东北地区和华北地区产业转移的区位条件。物流园区位于葛根庙镇北侧和呼和马场南侧区域内,地处吉林、内蒙古两省(区)结合部,位于内蒙古东部的重要工业基地,距离长春 327 公里,距离哈尔滨 338 公里，距离沈阳市 466 公里，处于东北三省省会的三角中心处，302 国道、乌白高速公路在区内穿过，是俄蒙连接京津、蒙东沟通东北区的必经之地，向南直通白城市、往北与乌兰浩特市连通，是公路、铁路的重要节点，区位交通优势明显。

（十二）呼伦贝尔市

2014 年，呼伦贝尔市生产总值（GDP）实现 1522.26 亿元，按可比价计算增长 8.4%，人均地区生产总值（GDP）60152 元，可比价增长 8.5%。其中，第一产业增加值 275.68 亿元，增长 5.5%；第二产业增加值 712.27 亿元，增长 10.3%，其中，工业增加值 615.32 亿元，增长 10.4%，建筑业增加值 102.71 亿元，增长 9.7%；第三产业增加值 534.31 亿元，增长 7.2%。

2014 年，呼伦贝尔市农林牧渔业增加值实现 279.3 亿元，同比增长 5.5%（可比价增速）。全市粮食作物播种面积 2013.9 万亩，增长 0.4%。全年粮食总产量 123.13 亿斤，比 2013 年增产 3.01 亿斤，增长 2.5%。在粮食作物中，小麦产量 23.5 亿斤，增长 14.8%；玉米产量 73.4 亿斤，增长 21.9%；大豆产量 13.75 亿斤，下降 40.0%；马铃薯产量 6.09 亿斤，下降 22.4%。粮食平均亩产 305.7 公斤，增长 2.1%。

2014 年，呼伦贝尔市全部工业增加值 615.32 亿元，增长 10.4%，规模以上工业企业增加值 520.99 亿元，增长 10.9%。

2014 年，呼伦贝尔市社会消费品零售总额完成 501.56 亿元（不含其他项），增长 11.5%。批发零售企业商品销售额 982.73 亿元，增长 14.5%。全市进出口总额完成 36.57 亿美元，增长 54.1%。其中，出口 16.62 亿美元，增长 285.6%；进口 19.95 亿美元，增长 2.7%。贸易逆差 3.33 亿美元。

2014 年，铁路、公路完成货运量 18059 万吨，增长 5.6%。其中，铁路 8290.46 万吨，下降 3.4%；公路 9769 万吨，增长 30.1%。民航货邮吞吐量 2.2 万吨，增长 18.8%。铁路、公路完成客运量 2566.45 万人。其中，铁路 853.75 万人，增长 2.2%；公路 1522.6 万人，下降 17.5%。民航 190.1 万人，增长 19.4%。铁路、公路完成货物周转量 497.3 亿吨公里。其中，铁路完成货物周转量 326.2 亿吨公里，下降 6.6%；公路完成货物周转量 171.1 亿吨公里，增长 12.3%。铁路、公路完成旅客周转量 47 亿人公里。其中，铁路完成旅客周转量 31.6 亿人公里，增长 5.1%；公路完成旅客周转量 15.4 亿人公里，下降 4.1%。

2014 年，呼伦贝尔市公路里程已达 22249 公里。其中，高速公路 370 公里，一级公路 543 公里，二级公路 1670 公里，三级公路 4887 公里，四级公路 13566 公里，等外公路 1213 公里。

　　2010 年呼伦贝尔市推出《呼伦贝尔市人民政府关于贯彻落实国家物流业调整和振兴规划的实施意见》，提出重点推动建设海拉尔、满洲里、扎兰屯、额尔古纳、新右旗等集仓储、货运、加工、商贸、货代、信息与金融服务于一体的综合性物流园区，海拉尔中俄蒙国际汽车产业园物流项目、扎兰屯大乾粮食物流中心、海拉尔国安物流中心、海拉尔牲畜交易物流中心、海拉尔蒙西建材物流中心以及海拉尔、陈旗、大雁煤炭物流中心、根河市林产品物流中心等专业物流园区建设。呼伦贝尔市重点物流园区分布情况及各园区基本情况如图 7 – 13 及表 7 – 13 所示。

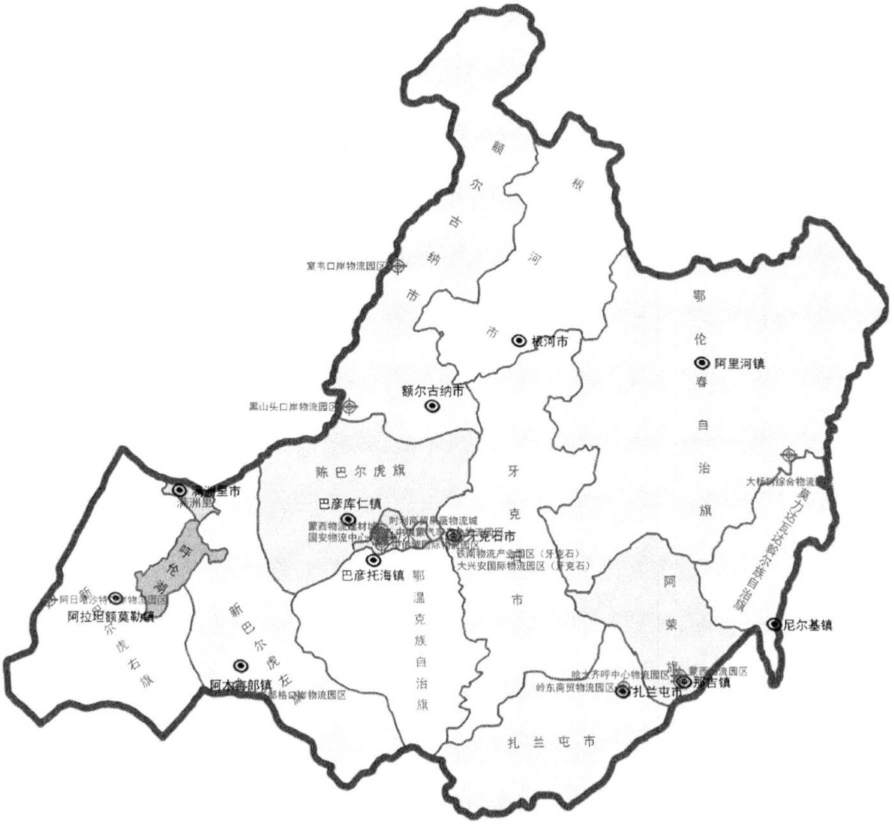

图 7 – 12　呼伦贝尔市重点物流园区分布示意图

表 7 - 13　呼伦贝尔市重点物流园区具体情况

序号	园区名称	园区地址	投资方	功能定位	投资规模	占地规模	建设时间
1	中俄蒙国际物流园区	海拉尔	新凯投资	商贸物流、城市生活物资配送、高新技术产品物流、轻工业和食品物流、空港物流、自由贸易区等产业	1.7亿元（一期）	22平方公里	2012年
2	中俄蒙汽车产业物流园	海拉尔区建设镇	时利物流	汽车交易、维修、展示、专业物流	11.38亿元	64万平方米	2010年
3	时利商贸果蔬物流城	海拉尔	时利物流	蔬菜水果等冷链物流	7亿元	10.4万平方米	
4	呼伦贝尔国安物流中心	海拉尔	国安物流	综合物流集散			2009年一期完成
5	蒙西物流建材城	海拉尔	蒙西建设	建材商贸展示、交易、专业物流服务	3.3亿元	16.83万平方米	
6	岭东商贸物流园	扎兰屯		农机农资、建材、汽贸综合商贸物流	4.73亿元（一期）	343.5公顷	
7	铁南物流产业园	牙克石		大型综合性物流产业集聚区	3亿元	473亩	
8	大兴安国际物流园	牙克石	金俊实业	综合商贸展示、专业交易市场、综合物流配套	160亿元	11平方公里	2013年
9	大杨树综合物流园	鄂伦春旗		综合商贸、仓储、铁路物流	3亿元	100万平方米	2015年建成
10	哈大齐呼中心物流园	阿荣旗		综合商贸、仓储物流	80亿元	10.65平方公里	
11	蒙西物流园区	阿荣旗		工业物流	0.99亿元	36.7万平方米	

在《呼伦贝尔市国民经济和社会发展第十二个五年规划纲要》中提出培育壮大物流业集聚区。打造服务全市、连通俄罗斯和蒙古国、对接东北的区域物流中心，建设若干围绕生产和生活服务的仓储物流园区（配送中心），建立现代物流服务体系，重点发展口岸国际物流带、滨洲干线物流带和岭东、岭西物流区。

"十二五"期间呼伦贝尔市重点建设的物流园区项目

黑山头口岸物流园区　　　　　　　　室韦口岸物流园区

额布都格口岸物流园区　　　　　　　阿日哈沙特口岸物流园区

海拉尔物流枢纽及相关物流园区　　　扎兰屯物流枢纽与物流园区

牙克石物流中心　　　　　　　　　　根河市物流中心

大杨树物流中心　　　　　　　　　　那吉屯物流中心

尼尔基物流中心　　　　　　　　　　莫尔道嘎物流园区

谢尔塔拉物流基地

《呼伦贝尔市 2013 年度政府工作报告》中确立大力发展物流业，依托海拉尔市、牙克石市、扎兰屯市等区域中心城市，建设重点物流地区和物流港，培育大型物流龙头企业。推进物流业资源整合，加快建设海拉尔中俄蒙国际物流园、扎兰屯岭东商贸物流园和阿荣旗中心物流园。

二、内蒙古自治区物流园区发展特点

（一）全区物流园区数量较多

下面根据各盟市物流园区建设规划方面的数据资料进行汇总。

表 7-14　各盟市主要经济指标及物流园区建设数量统计

盟市	地区生产总值（亿元）	社会消费品零售总额（亿元）	第三产业增加值（亿元）	物流园区数量	第三产业与物流园区数量比
阿拉善	393.63	392.63	59.27	9	6.59
乌海	481.58	86.12	125.27	9	13.92
巴彦淖尔	718.5	147.2	166	6	27.67
鄂尔多斯	3218.5	440	1201.7	17	70.69

盟市	地区生产总值（亿元）	社会消费品零售总额（亿元）	第三产业增加值（亿元）	物流园区数量	第三产业与物流园区数量比
包头	3005.4	847.5	1260	9	140.00
呼和浩特	2177.26	890.05	1277.83	10	127.78
乌兰察布	690.04	187	207.17	5	41.43
锡林郭勒	695.88	141.35	161	24	6.71
赤峰	1347.19	399.91	413.92	14	29.57
通辽	1448.82	290.03	353.47	13	27.19
兴安盟	313.58	130.07	100.40	8	12.55
呼伦贝尔	1145.31	349	420.76	11	38.25

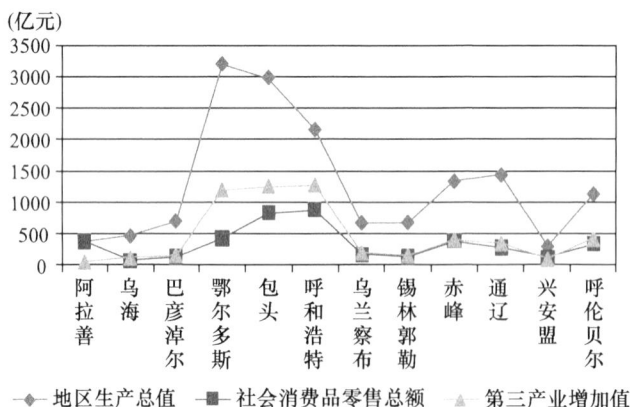

图 7-13   各盟市 2011 年经济数据对比

由表 7-14 及图 7-13 可知，各地经济发展差异明显。地区国民生产总值最高的是鄂尔多斯市，高达 3218.5 亿元，最低为兴安盟，仅有 313.58 亿元，相差 10.26 倍。第三产业增加值最高为呼和浩特市，达到 1277.83 亿元，最低的阿拉善盟仅为 59.27 亿元，相差 21.56 倍。上面的数据表明，地区经济结构存在明显差异。

物流园区建设方面存在较大差异，由于无法获得全部地区的交通运输及邮政方面的统计数据，我们用地方 2011 年的第三产业增加值同各盟市物流园区数量进行计算，差距悬殊。包头市和呼和浩特市位居前列，比值高达 140。而最低的阿拉善盟仅为 6.59，相差 21.24 倍，这说明物流园区效益差别明显。

通过数据的汇总，内蒙古自治区现共有物流园区 135 个（见图 7 - 14）。而在中国物流采购联合会和中国物流学会组织的全国 2012 年全国物流园区（基地）调查中，确定全国物流园区为 754 个，西北地区为 63 个。由于在物流园区界定上的差异，不能对园区数量直接进行比较，但也在一定程度上说明内蒙古自治区的物流园区建设速度远超全国水平。

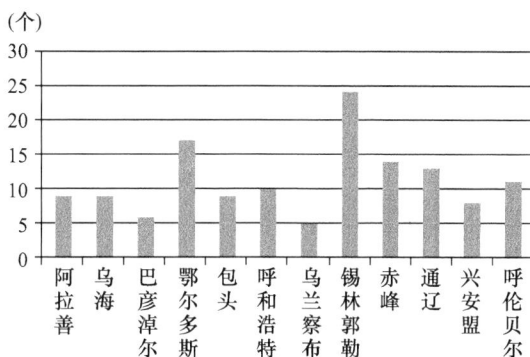

图 7 - 14 各盟市物流园区数量分布情况

（二）物流园区间规模差异较大

在汇总的 135 处物流园区中，由于部分园区数据缺乏，比较状况存在偏差，因此仅用于说明物流园区建设规模和投资规模方面存在的差异。

表 7 - 15 各盟市物流园区投资规模及占地规模情况分析表①

盟市	投资规模最大（亿元）	投资规模最小（亿元）	占地规模最大	占地规模最小
阿拉善盟	2.2		30 平方公里	10.87 万平方米
乌海市	6.19		5 平方公里	6.82 万平方米
巴彦淖尔市	20	0.2	20 平方公里	300 亩
鄂尔多斯市	50	0.98	46 平方公里	25 万平方米
包头市	85.69		15 平方公里	2000 亩
呼和浩特市	80		12200 亩	6600 平方米
乌兰察布市	512	1.5	130 平方公里	440 亩

① 空格部分因数据不完整无法比较。

续表

盟市	投资规模最大（亿元）	投资规模最小（亿元）	占地规模最大	占地规模最小
锡林郭勒盟	20	0.35	47000 亩	2 亩
赤峰市	100	0.6	10000 亩	54.45 亩
通辽市	6.2	0.15	150000 亩	3.5 万平方米
兴安盟	50	0.5	5 平方公里	0.04 平方公里
呼伦贝尔市	160	0.99	22 平方公里	10.4 万平方米

注：1 平方公里 = 100 公顷 = 1500 亩 = 100 万平方米。

由表 7-15 可知，物流园区建设规模差异巨大。从投资规模来看，其中乌兰察布市集宁现代物流园区投资规模高达 512 亿元，位列全区之首。而投资规模最小的仅有 0.2 亿元，相差 2560 倍。从占地规模来看，乌兰察布市集宁现代物流园区占地规模 130 平方公里，仍位居全区之首，而占地规模最小的仅有 2 亩，相差近 97500 倍。

建设过程中的盲目求大，为物流园区后续的闲置率高埋下了伏笔。实地走访多处物流园区，多较为冷清，与之形成反差的是大部分物流园区在扩建中。

（三）各地物流园区扶持政策差异较大

部分盟市在物流产业发展政策制定方面走在前列，部分盟市对地方物流业缺乏清晰的发展思路和准确的产业定位，表现较为被动。这将会造成地方物流产业发展比较混乱，物流园区建设方面布局缺乏合理性，导致地方物流产业在区域竞争中处于劣势。

在全区 12 盟市中对地方物流产业进行过"摸底"的盟市有 6 个，分别是阿拉善盟、鄂尔多斯市、锡林郭勒盟、赤峰市、通辽市、兴安盟。

已经出台地方物流产业规划的盟市有 4 个，分别是包头市、呼和浩特市、乌兰察布市、通辽市。

推出地方物流业发展意见的盟市有 7 个，分别是乌海市、鄂尔多斯市、包头市、呼和浩特市、乌兰察布市、通辽市、呼伦贝尔市。

当然，由于信息获取渠道有限，不一定真实反映各地政策发布的实际情况。但物流业进入门槛较低，从业者所处区域具有不特定性，如常规方法无法搜集到相关信息，获取物流从业者相关信息存在非常大的困难。另外，对于物流业的发展政策，在一定程度上需征集行业企业的意见，以确保政策的时效性和针对性，倘若信息渠道不畅，无法保证政策不偏离制定的初衷，至于政策的效果更是值得商榷。

（四）物流园区产业集聚效应初步显现

当前，物流业已经成为国民经济发展的重要组成部分。随着地方经济运行质量的不断提高，物流业增加值在第三产业中的比重不断增加。通过调查可以发现，部分盟市物流业发展已经走上正轨，物流园区在物流资源整合中的作用得到显现。如包头市关于物流基地建设，赤峰市红山物流园、松山物流园的建设等。其中，赤峰市红山物流园体现较为明显。红山物流园区是经自治区发改委批准立项的商贸类物流园区。园区规划面积10000亩。形成了物流配送、物资仓储、汽车贸易、专业市场、旅游商贸、新兴业态六大业态功能区。共进驻各类企业198家，注册工商户600多家，总建筑面积达200多万平方米，已累计完成投资95.19亿元，累计实现交易额350亿元，税收近10亿元，安置就业1.5万人。

但值得注意的是，部分盟市物流园区建设还停留在初级阶段。如部分煤炭物流园区为某些大型企业集团投资，占地规模庞大。建成后主要用于煤炭储存，洗煤加工等活动。另外，部分工商企业、物流企业投资建设物流园区仅为企业自用的仓储及办公场所，并不具有物流园区的功能。还有更为突出的情况是物流园区转变为地产开发项目，建设大量的商铺出售，房子卖完，开发商撤退，根本不负责园区的后续经营活动。这些物流园区根本不能发挥产业集聚的效能，更不能实现产业提质升级的目的，何谈提升地方物流业竞争能力。

（五）物流园区开发方式单一

根据全国物流园区调查报告中的划分，将物流园区建设模式分为政府规划、企业主导开发，政府规划、工业地产商主导开发和企业自主开发三种方式。从调查了解到的情况看，内蒙古地区重点物流园区建设基本上采用政府规划、工业地产商主导开发的模式，在物流园区的实际建设过程中，也存在几种方式综合使用的情况。

在物流园区的建设过程中，所需占用土地多已被用作其他用途。因此，建设物流园区大多涉及土地征用问题。地方政府的通行做法是通过规划，明确城市功能区发展定位，根据开发进程需要，对土地进行征收，后进行"七通一平"，完善区域环境建设。通过项目的方式进行招商引资，进行土地出让。企业取得土地使用权后，根据合同约定，进行项目建设。部分项目政府土地出让后已经完全退出，不参与企业具体经营过程。这也直接导致很多物流园区建设项目转变为房地产开发，直接影响了项目预期收益。

因此，许多物流园区都采用政府全程参与的方式，成立园区管理委员会。园区建设往往采用分期的原则，管理委员会根据政府的规划建设要求，在招商引资过程中，对企业选址进行控制。同时，跟踪项目的施工进度。在物流园区建设整个过程中都处于主导地位，负责园区实际经营绩效的提升。

部分地区还通过政府干预的手段，对辖区旧的交易市场、商贸流通经营场所进行强制搬迁，给物流园区开始运营阶段提供了重要支撑。从一定层面上也改善了商户经营条件，改善了城市社区环境，提升了城市整体形象。

（六）"园中园"的建设方式较为常见

物流园区建设过程中存在较为突出的"园中园"现象，给物流园区的宣传和招商带来一定的困扰，打乱物流园区的整体功能划分，为物流园区后续发展造成障碍。

如东河现代物流园规划了公积板煤炭物流园区、东兴综合物流园区、古城湾综合物流园区和包头国际陆港物流园区四个园区。

呼和浩特市白塔综合物流园区主要建设呼铁物流中心、航空货运物流中心、毫沁营货运站、白塔公路货运枢纽中心、呼铁欧亚国际物流基地五个项目。

呼和浩特市金山综合物流园区主要建设铁通物流园、内蒙古中储物流中心、金山开发区南区物流园、章盖营货运站和海西路货运站五个项目。

在《乌兰察布市物流业发展规划》中提出建设的集宁现代物流园区主要包括以下三个物流园：集宁区现代物流园综合区、集宁现代物流园能源矿产品区和集宁现代物流园农畜产品区。其中在能源矿产品区又包括集宁浩通煤炭物流园项目。

（七）物流园区内产业融合发展导向明显

物流产业具有明显的服务属性，因此发展物流必须依靠强大的制造业、商贸流通业的支撑。内蒙古自治区物流园区建设业呈现出明显的产业集聚现象，部分园区的选址位于工业园区内部或紧邻工业园区，依托其他产业为物流活动提供"物"的输入。

在建设的综合型物流园区项目中，明显可以看到产业融合的趋势。各盟市的大型综合物流园在建设过程中基本都规划有交易展示区、生活服务区、综合办公区。部分甚至建设有各类专业市场，具有城市功能的商业购物集散中心、社区居民生活区等，物流仅为园区产业中的一小部分。产业融合，产城结合的趋势越发明显。

（八）物流园区信息化建设水平差别较大

目前大型综合物流园区均较为重视信息化建设，信息化建设水平得到明显提高。如通辽物流园区"通辽物流信息网"连接全国 300 多个城市、覆盖全市 800 多家物流用户，实现了货物配载信息网络传输、资源共享。通辽一运、通辽（卫通）交通指挥中心 GPS 卫星定位系统覆盖全市 4000 多台客货运车辆，实现全程监控查询。通辽国家粮食交易中心是全区唯一国家粮食交易中心和特色农畜产品交易平台，会员超过 1.5 万户，经济效益和社会效益显著。

赤峰红山物流园在园区基础设施建设逐步完善的同时，管理和服务水平也在不断提升。园区管委会、政务服务大厅、信息中心使园区基本实现了"一站式办公"、"一体化管理"。与此同时，为满足现代物流业发展的需要，建设了物流信息中心，已完成蒙冀辽物流信息网、物流总机呼叫中心及其网站、GPS 卫星定位系统、短信平台、物流信息系统以及全面展示园区建设发展成果的园区三维地图系统及大屏幕展示系统，期货信息中心和大宗现货电子交易市场的建设，不断升级完善的各系统功能，为园区企业提供电子物流、电子商务、电子政务、现代金融等现代化信息服务。

但值得注意的是，大部分中小型物流园区对信息化建设的理解仅停留在安防安保方面，安装几处摄像探头、电子显示屏，引入金融服务单位在园区内开展金融服务。对信息化缺乏有效认识，更莫谈物流园区信息化建设思路。

三、内蒙古自治区物流园区发展趋势

从前面的分析中可以发现，内蒙古自治区大部分物流园区多"因煤而建，因煤而兴"，在本轮经济结构调整过程中，绝大部分经营煤炭业务的物流园区业务规模急剧下降，甚至有相当数量的物流园区已经处于关门停业状态，业绩呈现全面亏损，呈现出"因煤而衰"的情况。部分大型煤炭物流园区前期基础投资巨大，投资回收期长，物流园区运营方急需转型。部分综合物流园区也因功能单一、企业入驻率不高，且盈利模式较简单，业绩不够理想。

物流是贸易的基础支撑要素，物流基础设施建设及服务水平直接决定该战略的成败。伴随网络经济不断发展，在我国"一带一路"战略的大背景下，作为中蒙俄经济走廊建设的核心区，物流园区经营方必须尝试转型升级，由原来功能单一的物流园区向综合物流园区过渡。在日常业务经营中，必须开发新客户，以提高园区的入驻率，完善基础设施和信息化建设，提高服务能力和水平，增加物流园区的盈利点，以支撑物流园区的运营。

（一）物流园区平台智能化

物流园区吸引企业入驻的原动力在于服务。基于物流园区提供的服务，企业能够获得优于以前的利润，企业自然愿意入驻。相反，若没有业绩改善作为条件，甚至入园后还不如入园前，谁会为企业的亏损埋单？简单的行政干预不能够改善物流园区的运营水平，唯有提高服务才是物流园区真正的核心竞争力。

在互联网技术不断发展的大背景下，企业信息需求明显，大数据成为必然，物流园区平台智能化是当前关注的重点。物流园区需将建立功能较为完善的公共信息平台，向入驻企业提供全面、卓越的基础服务作为持续关注点，并通过运营数据信息化，建立数据挖掘系统，识别企业深层次需要，开发增值服务项目，实现物流园区业绩的良性循环。

（二）物流园区运营网络化

物流园区要想发挥作用，核心是使物流企业实现集聚效应。而各类企业集聚的前提是入驻园区后能够改善企业的经营状况，物流业务的典型特征是地域跨度大，企业业务运营缺乏支点。物流园区如果能够解决企业业务网络的支点问题，无疑会实现双赢。

物流园区运营网络化主要包括两个问题：一是物流园区实体网络化，具备条件的物流园区运营方以投资、加盟等方式构建物流园区实体网络，形成覆盖一定区域范围的运营网络。在选择网络节点过程中，物流园区定位及发展战略的选择非常关键，园区运营方应全面统筹，科学规划，不能盲目追求规模效应。二是物流园区的信息网络，网络信息平台的构建是在大数据时代的必然选择，而要获得大数据的关键是将日常的业务及资源数据化，只有依托网络信息平台才能够为入园企业提供更及时有效的服务，这些日常业务基础数据是进行大数据分析的前提。

（三）物流园区业务综合化

从我国物流园区的发展来看，经历了单纯仓储设施阶段、物流园区选址郊区化阶段、功能综合化和产城结合四个阶段。其中，单纯仓储设施阶段、物流园区选址多集中在城市商业设施周边，为城市商业经营者提供仓储设施，以仓租费作为盈利点。随着城市的不断扩建，土地价格不断上涨，城市商业设施周边的交通拥堵状况渐趋严重。单一的盈利模式、较大的物流吞吐量和城市管理的需要，使得物流园区在城市中心无法运行，不得不迁移至城市郊区，物流园区提供的服务与当初并没有差别，我们将该阶段称为物流园区选址郊区化。由于此类园区的门槛较低，市场竞争无序，一些园区经营者被迫进行综合化业务尝试，改变由简单的物流功能服务造成的客户来源单一，既提高了园区企业入驻率，也因为客户之间的业务彼此互补，提高了园区对企业的吸引力。经历了多年发展，目前物流园区与城市建设出现了产城结合的新趋势。一方面，物流过程的核心是实物流动，相关产业作为实物提供者，为物流提供原动力，导致物流园区在规划时不再是单纯的物流园，其他产业区域均有分布；另一方面，园区入驻企业涉及大量的劳动力需求，衍生出餐饮、购物、休闲需求，导致物流园区在规划时考虑了部分综合性商业功能，我们将此阶段称为产城结合阶段。

由于内蒙古自治区物流园区发展尚处于起步阶段，由市场驱动，大批低层次物流园区上马，竞争不断加剧，物流园区的发展不可避免要经历上述阶段。物流园区运营方要想在竞争中立足，就必须改变当前功能单一的局面，拓展业务领域和经营范围，实现功能综合化。

（四）物流园区服务专业化

物流园区发展既要实现功能综合化，也要实现服务专业化。物流业得以蓬勃发展的根本动因是物流业务外包，驱使企业进行业务外包的直接原因是能够降低企业经营成本。整个物流环节是由一系列的业务过程构成，物流企业面对服务价格和经营成本两个方向的挤压。服务的价格由市场决定，经营成本的核心是企业的生产效率，生产效率取决于专业化水平。想要实现物流盈利，企业就必须进行专业化改造。

物流园区经营同样如此，大量的低层次物流园区仅仅提供保安、保洁、工程等基本的物业服务，以此吸引企业入驻必然面对重重竞争压力。物流园区要想取得竞争优势，在常规服务方面要成本领先，然后思考提供哪些增值服务。

物流园区必须空间聚合、信息聚合。一方面，物流园区的核心作用是资源集聚，实现空间聚合，区域性物流园区需集聚地区龙头企业及其上下游企业和提供生产性服务的企业，使得企业实体在空间上集聚；另一方面，信息是商业的灵魂，通畅、完全的信息流动是企业高效运转的前提。作为物流园区，需为企业提供较好的公共信息服务支撑，实现信息聚合。

四、内蒙古自治区物流园区发展中存在的问题

（一）物流园区管理机构不够完整、机制不够顺畅、制度不够健全

目前，政府对物流业的管理归口单位并不统一。从实际情况来看，内蒙古自治区物流园区主要由发改委或商务局进行统筹，在招商引资过程中，还会有招商局参与。在园区实际运营过程中，涉及工商、税务、城建等多部门交叉管理。

在资料搜集整理过程中，涉及物流业统计数据、物流园区规划、仓储用地控

制等方面的文件就有数份之多。具体如下：《内蒙古自治区"十二五"物流业发展规划》；各盟市2014年国民经济与社会发展统计公报；各盟市国民经济与社会发展第十二个五年规划纲要；各盟市各年度政府工作报告；各盟市城市总体规划；各盟市商业网点规划；各盟市商品专业市场规划；各盟市加快流通产业发展的意见；各盟市关于进一步加快现代物流业发展的意见；各盟市关于物流业发展情况的调查报告；各盟市物流业发展规划。

当然，上述文件在部分地区表述上存在差异，但涉及内容相似。另外，未必所有盟市已经将上述文件全部出台。但从文件的性质中就不难看出，文件涉及的单位比较多。通过对相关文件的对比，发现部分盟市各种文件关于物流园区规划的提法不统一现象较为普遍。如何做好政府部门之间的协调工作，对建设物流园区显得尤为重要。

目前，各地对物流园区的管理尚未构建完整的组织机构，部分大型物流园区设有园区管委会，大多由相关部门工作人员兼任，导致物流园区管理机制和制度建设等方面相对滞后，相关工作的监督考核难度较大。同时，由于物流园区的运行涉及环节众多，部门繁多，协调工作难度大，存在业务流程冗长、办事拖沓等现象。

（二）物流园区的相关概念亟待明确，项目名称需规范

在实际调研过程中还存在一个突出问题，就是物流园区的界定。部分地方只要项目同物流有关，都称为物流园，规划得太多、太乱、太大。为实际掌握内蒙古自治区物流园区的数量造成了比较大的困难。

在调研中发现，部分企业或场所悬挂物流园区或物流基地的牌子，但其实质仅为一家从事普通仓储或配送业务的物流企业。如内蒙古北方风驰物流港有限责任公司在其企业所在地悬挂北方风驰物流港的标识，但基本上属于企业自用，并未对社会众多物流企业开放，不具备物流园区的属性要求。另外在各类物流园区的实际运作过程中，"园中园"的现象较为突出。如赤峰国际陆港同赤峰红山物流园就属于隶属关系，在空间上红山物流园包括赤峰国际陆港，而后者作为红山物流园的支撑项目存在。

如包头市东宝现代物流园由东宝仓储物流有限公司建设，项目建设总投资18271万元，园区占地总面积为15388平方米（239亩）。现公司办公地址位于东宝煤炭集团公司院内，园区项目所在地位于包头市昆都仑区110国道683公里的东宝煤炭集团公司往西100米处，系东宝集团斥巨资精心打造的又一力作。从项目的介绍来看，实际为企业自用的一个综合办公园区。

由于物流园区业态不易界定，标准落后于产业发展，导致统计口径不易把

握。政府出台的政策往往比较宏观，缺乏产业针对性，对政策落实的相关责任缺乏约束，导致促进物流业发展相关政策难以落实等现实问题。

有的物流园变成物流城，有的把批发市场也叫物流园，这同国家标准中关于物流园区的定义有较大差异。虽然《物流园区分类与基本要求》国家标准已颁布多年，但社会上仍缺乏对概念的准确理解和使用。到底什么样的物流服务业态可以算是物流园区？占地几十平方公里的园区究竟是不是物流园区？如何甄别物流园区和综合批发市场？这样一些基础性问题亟待澄清。

国家有关部门发布的调查数据显示，我国物流园区的企业和实体中非物流企业的数量比例超过50%，入驻最多的是商贸企业，而不是物流企业。这样的状况同国家标准中关于物流园区的界定有显著差异。

（三）园区建设整体布局不够科学，区域协调性差

物流园区产业多元、土地面积需求较大，多为地方政府重点工程。对地方经济发展意义重大，在物流园区的实际建设过程中得到地方政府的大力支持。在物流园区的建设中也存在盲目跟风、攀比的情况，动辄某地区占地面积最大、功能业态齐全、辐射范围广的概念层出不穷。

如《包头市物流产业"十二五"发展规划》中在东河区总共建设物流园两处，分别是包头铝业综合物流园（占地5500亩）和包头国际临港物流园（占地2000亩）。但在园区实际建设中，东河现代物流园区规划面积28平方公里。

物流园区建设多、大、全，忽略园区建设同区域经济之间的联系，为园区的后续发展埋下重要隐患，也为园区规模扩展提供了机会。轻视园区土地利用效率，过多要求占地规模，造成园区建设过程中存在大量的土地缺口。因此很多地方存在先建设后审批的情况，给地方经济协调发展造成障碍，也打乱了经济规划部署。

各地自顾自建设物流园区，缺乏区域的有效联动。在实际调研过程中，不少园区提出辐射周边几省区的目标，在实际上连辖区覆盖都成问题，部分地区专业类物流园建有多处。同时由于缺乏区域统筹，物流园区定位雷同、功能冲突，在招商引资过程中竞争激烈，造成大量的资源浪费。

忽视地方经济发展实际，在全区的物流园区建设热潮中不甘居于人后，各地大力上马物流园区项目，导致项目建设进度严重滞后。部分园区已经在政府文件中提及多年，但仅停留在规划筹建环节。部分地方借鉴成功地区经验，聘请专业机构为本地区进行物流园区建设规划。然而实际情况却不尽如人意，许多机构多以盈利为主，迎合政府需求，缺乏科学性，物流园区内容规划大同小异。

（四）物流园区土地使用政策急需规范

大部分物流园区的开发以"政府规划、工商地产企业主导"模式为主。政府规划主要有两种情况：一是先规划好园区（确定用地），然后把土地转给企业开发建设；二是政府在较成规模的物流企业聚集区规划物流园区，吸引更多的企业进园经营。通过实际调查发现，几乎所有城市在物流园区建设方面均存在土地指标不足的情况。建设规模远超土地的实际供应量，征地困难成为物流园区建设中的最大阻力。

必须注意的问题是与物流园区建设土地供应不足形成对比的是大部分物流园区几乎都涉及商业地产开发，通过建设商铺后出售、出租的形式获利，也成为企业投资建设物流园区的重要动力。还有部分园区拿到土地后，并不急于进行项目建设，坐等土地升值。

面对这样的情况，政府缺乏有效的管理手段和依据。地方政府仅通过在招商引资过程中加入合同补充条款加以限制，效果较差。因此，急需出台物流园区土地使用规范，对上述问题提出针对性解决办法。

（五）物流园区与电子商务协同度较低

目前，除赤峰红山物流园等少数物流园区将跨境电商、国际陆港作为主要功能外，大部分物流园区与电子商务之间没有交集。

电子商务在近年增速明显，对传统商业业态冲击较大，在"大众创业，万众创新"的背景下，更显现出空前的活力，跨境电商、飞地经济等新模式被不断创新。传统意义上，内蒙古自治区作为能源基地和绿色农畜产品生产基地，物流流出量远大于流入量，存在天然的不平衡，不利于物流降低成本。

在建设中蒙俄经济走廊过程中，内蒙古自治区具有得天独厚的区位优势。但要将内蒙古自治区打造成为中蒙俄经济走廊核心区仍然需要大量的模式、机制创新。近年，跨境电商国与国之间商贸流通显现出良好的发展势头。但跨境电商的落地需要良好的物流体系支撑，作为物流网络的重要节点，物流园区应在此发挥重要作用。

（六）物流园区主营业务企业比例偏低

发挥产业集群效应是物流园区建设的初衷，而集群效应的形成直接由入驻的物流企业数量和质量决定，内生性增长动力才是物流产业集聚发展的主要动力。通过有关组织发布的调查报告表明，入驻物流园区的企业和实体中非物流企业的数量所占比例超过50%，因而实际入驻园区最多的是商贸企业，而不是物流企业、货代公司、运输企业、快递公司等。

根据我国"十二五"规划中的界定将物流业定性为生产性服务业,制造业是物流业发展的主要支柱。物流园区如果不能与地方工业发展相配套,仍停留在货物集散、仓储、运输、办公等功能的简单运作方面,必将为地方物流业发展带来困难,从而造成地方经济竞争力不足。

对内蒙古自治区数百家物流园区而言,绝大部分经营状况一般,企业入驻不够积极。以呼和浩特市为例,在北线沿110国道,分布大小物流企业数百家,但却并不进入物流园区从事经营业务。物流园区的集聚效应无法实现。造成这种情况的原因有以下几点:

1. 物流园区规划层面的硬伤

部分园区在可行性研究方面分析不够全面,对园区的定位及项目效益预期过于理想。园区选址一般远离主城区,给员工上下班、企业开展业务造成很多不便,所谓区位交通优势得不到真正发挥。

2. 物流园区服务项目及水平对物流企业吸引力不足

园区要想真正发挥预期的社会效益,必须通过产业集聚实现。没有产业交融,物流业便成了无源之水,物流企业缺乏有效的业务规模支撑,不可能实现企业效益。物流园区企业以场地租赁、停车费、园区管理费、进场费等作为园区经营的主要收入。提供给入驻企业的服务项目及水平有限,不能为企业开展业务提供有效的支撑,入驻动力不足。

3. 物流企业入园的扶持性政策及力度有待完善

现部分园区为鼓励企业入驻,推出系列优惠政策,如入驻前几年减免租金等。然而在企业实际经营过程中遇到的问题是多方面的。虽然国家及内蒙古自治区出台了一系列的政策,但在政策执行过程中由于相关信息传递不畅,部分政策责任主体不明晰,无法落实。

(七) 物流园区信息化水平亟待提高

内蒙古自治区物流企业数量众多,规模普遍较小,物流设备陈旧,立体仓库、自动导向车系统等物流自动化设备较少应用。大部分物流企业重硬件、轻软件,物流企业信息化建设不容乐观。

各盟市均规划建设现代综合物流园,要想真正发挥物流园区的作用,必须打破企业经营边界,进行资源共享,才能使物流园区效益最大化。目前,大部分中小型物流园区对信息化建设的理解仅停留在安防安保方面,安装几处摄像探头、电子显示屏,引入金融服务单位在园区内开展金融服务就是他们印象中的信息化。这种信息闭塞,部门、系统间缺乏信息联动无疑严重阻碍了物流园区的效益形成，造成了大量设施重复建设，造成了严重的资源浪费。

（八）物流专业人才匮乏

内蒙古自治区现有物流园区的部分从业人员甚至部门、企业的领导所持物流观念滞后，缺乏对物流理念的正确认识，掌握先进管理技术和运作模式的物流人才更是奇缺，相关专业管理人才储备不足。

目前，内蒙古自治区各大高校几乎都设有物流管理专业。但通过教学实践过程中对学生就业意向的了解，大部分学生并不愿意下到旗县工作。由于物流园区大多位于城郊，基础设施较差；物流业的特殊属性，决定物流园区的实际工作环境和条件都同脏乱差分不开，更影响了学生就业的积极性。

五、内蒙古自治区物流园区发展对策

（一）加强政府协调职能，建立统一领导机制

由于物流园区建设涉及部门众多，环节复杂，建设周期长，政府必须加强协调职能，突破部门限制。制定项目实施预案，明确物流园区建设中遇到的各类问题应由谁牵头负责，明确其工作内容及有关义务，避免出现问题后有关部门相互推诿。建立项目问责机制，对运营明显存在失误的项目要追究有关部门责任。建议组建统一协调领导小组，减小项目推进阻力，使物流园区项目建设与城市总体规划、土地控制详细规划及其他专项规划相互协调，符合城市物流用地空间发展布局和统筹安排，完善城市区划功能设置。

同时，鼓励在政府引导下组建行业协会。推行"政府宏观管理＋行业自律"相结合的管理模式，提升物流业运作水平。由行业协会制定行业管理规范，实现行业自律。支持行业协会开展行业咨询、调研、培训工作，通过行业协会协助政府有关部门进行行业监督和服务，为政府提供促进行业发展的政策建议。

（二）构建科学规划体系，完善项目管理制度

现阶段，大部分园区已经重视物流园区规划，但较为突出的是规划单位的选择及规划水平还存在问题。由于缺乏科学的物流园区规划体系，各编制单位自由度较大，规划缺乏足够的科学性。当前急需制定科学的物流园区规划体系，完善有关单位的资质认证，从而确保物流园区规划的质量和水平。政府部门应加强对物流园区规划项目的建设审批和建设过程监管。

行业组织应积极探索建立物流园区规划的风险责任制度，物流园区规划的编

制单位需对项目委托方负责，承担由于规划不当引发的一定比例风险，从而杜绝弄虚作假、华而不实的现象发生。

（三）规范土地使用政策，完善项目监督体制

随着国家对土地政策的调整，物流园区建设得到了一定程度的遏制。但借搞"物流园"进行商业地产开发赚钱的商业模式并没有消失。主要原因如下：有些地方政府要招商引资搞政绩，需要项目；有些企业利用"概念"来获得巨大的实惠，例如优惠的土地价格、税费待遇等。

要想改变物流园区建设过程中的盲目扩展规模，必须出台相关规定规范物流园区土地使用。我国部分地区已经开始了类似尝试，如 2012 年武汉市出台了《物流业空间发展规划》、《物流园区（中心）项目用地管理办法》。

这就要求地方政府要严格土地审批管理，限制物流园区中的商业用地和地产项目开发，避免企业以物流园区建设之名行圈地之实。对于园区建设政府必须全程参与管理，严格管控物流园区的占地规模，针对物流园区闲置土地项目要有相关的管理措施和办法。

同时，完善项目监督机制，充分发挥社会舆论的监督职能，以确保项目用于规划用途，控制项目的实施进度。希望通过多层面、多角度的审视，使我们对物流园区的建设能够重新反思，从成功地区物流业发展的规律中找出物流园区建设的正确方向。

（四）创新物流园区建设经营模式，提高公共服务水平

物流园区建设中多采用政府主导、工商物流企业参与的方式，在项目运营后，普遍采用出租出售商铺的方式获利。对物流业而言，属于整体利润率比较低的行业。在一定意义上具有公益属性，导致许多物流园区在实际经营过程中困难重重。客观要求必须对建设经营模式进行创新。

从宏观上讲物流园区的主体应为物流企业，要想使物流企业在物流园区运行中居于主导地位，必然要求企业的规模、实力及对产业链环节有驾驭能力。目前，内蒙古自治区尚缺乏物流业的领军企业，企业参与制造业过程不足，区域影响力较弱。面对这种现状，一方面要求引入大型物流企业在部分地区设立经营网点，另一方面要加大对地方大型物流企业的扶持力度。

（五）制定完善物流园区项目评价机制，引导产业健康发展

针对物流园区建设和管理，内蒙古自治区尚处在初级阶段，需要不断探索。物流园区建设虽取得一定的成绩，数量众多，但缺乏成功的样板，缺少运作经

验，也缺乏完善、有效的操作手法可供借鉴。

针对物流园区建设普遍存在重规划、重建设、轻运营的问题。要想改变这种状况就必须根据地方实际情况，建立物流园区项目评价体系，对物流园区的规划、建设、运营管理各方面进行全面评价，针对资金使用状况进行审计，提高项目的信息透明度，鼓励社会舆论监督，并根据第三方评估中发现的突出问题有针对性地制定解决办法。

物流园区的运营管理方对物流园区未来发展方向要有清晰的思路，明确物流园区战略定位，充分发挥自身优势，整合各种社会资源，跳出单纯以企业入驻数量作为指标的怪圈，走质量发展之路。对地方政府而言不能一味追求物流园区的数量，从规划层面造成各园区的无序竞争，降低投资企业的盈利水平，从而影响其投资积极性。

（六）加快物流公共信息平台建设，促进物流资源整合

当前，物流业各种存量资源的利用率都不充分，各地仍纷纷上马物流园区项目。客观上由于各行政区划各自为政，缺乏有效协调。从物流业的实际运作来看，也缺乏有效手段将现有物流资源进行有效整合。

物流园区推进信息化建设可做以下两方面工作：一是园区智能化管理，如加强车辆进出、产品展示的摆放、仓库、出口、监管盲区等管理功能的建设。二是完善物流信息公共服务平台建设，提升园区服务水平。物流信息公共服务平台是指基于计算机通信网络技术，提供物流信息、技术、设备等资源共享服务的信息平台。建设物流信息公共服务平台是物流信息化的必由之路，是物流业发展的必然趋势。物流公共信息平台能够整合供应链各环节物流信息、物流监管、物流技术和设备等资源，具有面向社会用户提供信息服务、管理服务、技术服务和交易服务的特点。

目前，物流公共信息服务平台建设基本以车源和货源信息为主，其他增值服务较少。而从事此类平台开发建设的企业多为单纯的信息公司，对物流企业的运作缺乏足够认识，针对物流企业需求定制服务的能力不足。而物流企业又大多不具备信息技术方面的能力。这必然要求政府、行业组织介入具有公益属性的物流公共信息服务平台建设，探索适宜开发模式，完善服务功能，尽快实现区域综合性物流信息公共服务平台上线。

（七）拓展物流人才培养方式，提升物流园区竞争力

针对物流管理专业人才严重匮乏的情况，内蒙古自治区必须探索物流人才培养方式。针对大学生普遍不愿意到基层工作的现实，对现有人员的培训、进修就

变得更为迫切、可行。通过对物流园区内大型工商、物流企业员工的培训，提升企业人力资本实力，拓展经营思路。

通过院校合作、培训基地等多种物流人才培养途径，大力发展应用型物流专业教育。地方劳动及人力资源管理部门可根据实际情况，鼓励和引导本市的企业、行业组织及民办教育机构参与物流人才的培训和教育工作，制定有关扶持鼓励政策。对高层次人才的引进，可制定专项政策。作为物流专业教育主体的高等院校，也要加强专业实践环节教育，对学生就业观念进行引导。通过多种措施，实现内蒙古自治区物流业的人才大发展。

第 八 章

内蒙古自治区口岸物流发展报告

口岸是内蒙古自治区对外开放的重要组成部分，为自治区经济建设和繁荣边疆、稳定边疆，发展与俄蒙睦邻友好关系做出了突出贡献。尤其是《推动共建丝绸之路经济带和21世纪海上丝绸之路的愿景与行动》的提出，为内蒙古自治区口岸物流的发展带来了新的机遇与挑战。作为"一带一路"陆路通道中的重要节点，快速推进口岸物流的发展，充分发挥内蒙古自治区在共建"一带一路"愿景与行动，特别是在"中蒙俄经济走廊"建设中的功能与作用，是内蒙古自治区的重要使命。

一、内蒙古自治区口岸概况

内蒙古自治区位于中国北部，东西直线距离 2400 多公里，南北跨距 1700 多公里，总面积 118.3 万平方公里，约占全国总面积的 1/8。东起茫茫的兴安岭和广阔的呼伦贝尔大草原，西至阿拉善沙漠戈壁，中部为锡林郭勒草原和阴山山脉及丘陵地貌、鄂尔多斯和乌拉特高原及黄河河套平原。这里有茂密的森林、丰美的草场、肥沃的农田、广阔的水面、众多的野生动植物和丰富的地下宝藏，素有"东林西铁、南粮北牧、遍地矿藏"的美称。

内蒙古自治区与俄蒙毗邻，边境线长 4261 公里，占全国陆地边境线的 19.4%。在内蒙古自治区 16 个经国务院批准的对外开放口岸中，边境铁路口岸 2 个，边境公路口岸 11 个，国际航空口岸 3 个。与沿海港口对接实现"属地查验、直通放行"模式的陆港（无水港）有 5 个。已形成铁路、公路、航空等多种通关方式并存的口岸开放格局，跨入全国多口岸省区的行列。其中对俄罗斯开放的口岸有 4 个：满洲里铁路口岸、满洲里公路口岸、黑山头水运口岸、室韦水运口岸。对蒙古国开放的口岸有 9 个：二连浩特铁路口岸、二连浩特公路口岸、策克公路口岸、甘其毛都公路口岸、珠恩嘎达布其公路口岸、阿日哈沙特公路口岸、满都拉公路口岸、额布都格水运口岸、阿尔山公路口岸。分别承担着中俄陆路运输货物总量的 65% 和中蒙间货运总量的 95%，其中满洲里和二连浩特分别是我国对俄和对蒙最大口岸。有 3 个国际航空口岸：呼和浩特航空口岸、海拉尔航空口岸、满洲里航空口岸（见表 8-1、图 8-1）。

2006~2014 年内蒙古自治区口岸建设资金投入约 27.56 亿元。经过近几年的建设，内蒙古自治区口岸基础设施日臻完善，特别是现代化通关手段的运用，口岸通过能力明显提高，在全国边境陆路口岸中处于领先地位。口岸基础设施补助资金在加强和改善口岸及陆港基础设施建设方面发挥了积极的作用。[①]

表 8-1　内蒙古自治区对外开放口岸统计

开放国家	口岸类型	口岸名称	口岸位置	备注
俄罗斯	铁路口岸	满洲里铁路口岸	中俄边界 41 号界标，与俄后贝加尔斯克口岸对应	一类全年
	公路口岸	满洲里公路口岸	中俄边界 42 号界标，与俄后贝加尔斯克口岸对应	一类常年
	水运口岸	黑山头口岸	中俄界河额尔古纳河东岸，91/1 号界标附近	一类常年
		室韦口岸	呼伦贝尔市，中俄界河额尔古纳河中游东岸	一类常年

---

① 王同文. 内蒙古自治区口岸发展现状及思路 [J]. 北方经济，2015（5）.

开放国家	口岸类型	口岸名称	口岸位置	备注
蒙古国	铁路口岸	二连浩特铁路口岸	集二线终端，中蒙边界 815 号界标	一类常年
	公路口岸	二连浩特公路口岸	集二线终端，中蒙边界 815 号界标	一类全年
		策克口岸	阿拉善盟	一类常年
		甘其毛都口岸	巴彦淖尔市乌拉特中旗	一类常年
		珠恩嘎达布其口岸	锡林郭勒盟，东乌珠穆沁旗	一类常年
		阿日哈沙特口岸	呼伦贝尔市，中蒙边界 1495 号界标	一类常年
		满都拉口岸	包头市，中蒙边境 757 号界标	一类全年
		阿尔山口岸	兴安盟阿尔山市	二类季节
	水路口岸	额布都格口岸	呼伦贝尔市，中蒙边界 1423 号界标	二类季节
国际口岸	航空口岸	呼和浩特口岸	呼和浩特市	一类常年
		呼伦贝尔口岸	呼伦贝尔市 海拉尔区	一类常年
		满洲里航空口岸	满洲里市西郊	一类常年

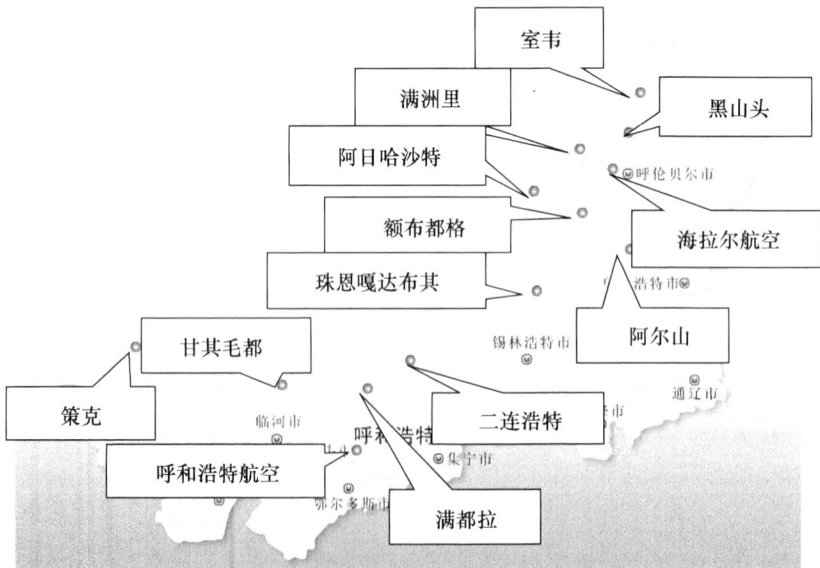

图 8-1　内蒙古自治区口岸分布示意图

二、内蒙古自治区口岸物流发展现状

改革开放以来，内蒙古自治区一直重视边境贸易的发展。随着"一带一路"战略的推进，内蒙古自治区在中蒙俄经济走廊构建中的地位日益突出，因此对外贸易已成为内蒙古自治区经济发展中的重点方向之一。2001 年以来，内蒙古自治区口岸货运量与贸易额逐年提高，详见表 8 - 2、图 8 - 2。"十五"时期，口岸进出境货运量累计 8807.71 万吨，其中，进境货运量累计 8095.65 万吨，出境货运量 712.35 万吨。"十一五"时期，口岸进出境货运量累计 18725 万吨，其中进境 15996 万吨，出境 1744.2 万吨。"十二五"前 4 年，全区口岸进出境货运量累计 26786.6 万吨，进出境交通工具 528.5 万列辆架次，已超过"十一五"时期总和。2014 年，全区口岸进出境货运量为 7085.7 万吨，同比增长 4.2%。其中，对俄口岸进出境货运量为 3038.7 万吨，同比增长 0.2%；对蒙口岸进出境货运量为 4047 万吨，同比增长 22.9%。进境交通工具为 67.8 万列辆架次，同比增长 6.6%。

2015 年 1~3 月，全区口岸进出境货运量为 1280.82 万吨，同比下降 1.0%。进出境交通工具为 25.25 万列辆架次，同比下降 0.6%。2015 年第一季度，蒙古国成为内蒙古自治区最大贸易伙伴国，贸易值达到 46 亿元；俄罗斯位居第二，贸易值为 38.6 亿元。二者之和占内蒙古自治区外贸总值的比例接近 50%。目前，中俄陆路货物运输量的 65%、中蒙陆路货物运输量的 95% 都经过内蒙古自治区口岸。

表 8 - 2　2001 ~ 2014 年内蒙古自治区口岸货运量与贸易额

年份	货运量（万吨）	进境（万吨）	出境（万吨）	贸易额（亿美元）
2001	1032.37	914.12	118.35	25.48
2002	1372	1275	97	30.05
2003	1523.34	1390.53	133	31.14
2004	2180	2017	163	40.49
2005	2700	2499	201	48.7
2006	3025	2792	233	59.47
2007	3320	2951	369	77.45
2008	3340	2731	423	89.33
2009	3736	3117.6	299.9	67.64
2010	5243.3	4404.4	419.3	87.19
2011	6172.8	4488.5	911.8	119.39
2012	6729.2	4808.0	1170.3	112.57
2013	6798.9	4621	1291.9	120
2014	7085.7	4793.0	1016.3	145.53

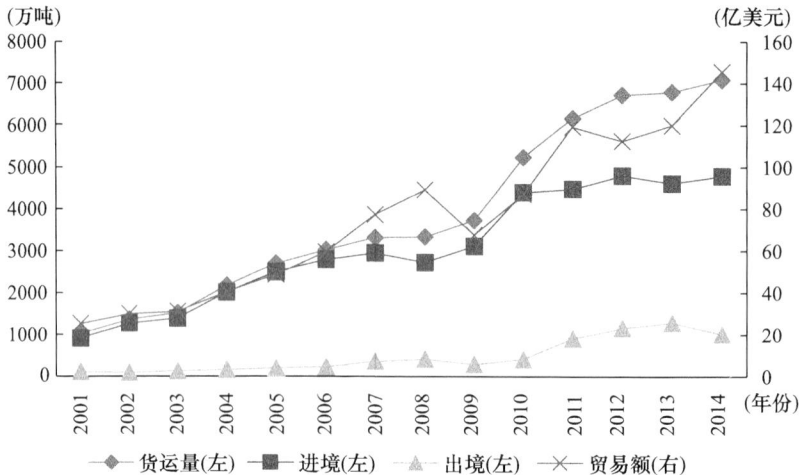

图 8-2　2001~2014 年内蒙古自治区口岸货运量及贸易额变化趋势

2015 年 1~10 月，内蒙古自治区口岸进出境货运量为 4798.31 万吨，同比下降 6.4%。进境货运量为 3088.74 万吨，同比下降 13.2%；出境货运量为 610.37 万吨，同比下降 7.3%；转口货运量为 1099.2 万吨，同比增长 20.9%。其中，对俄口岸进出境货运量为 2327.43 万吨，同比下降 1.5%。进境货运量 1029.32 万吨，同比下降 14.7%；出境货运量为 198.91 万吨，同比下降 19.3%。对蒙口岸进出境货运量为 2470.88 万吨，同比下降 10.6%。进境货运量为 2059.42 万吨，同比下降 12.4%；出境货运量为 411.46 万吨，同比下降 0.2%。

2015 年 1~10 月，内蒙古自治区口岸进出境交通工具为 102.88 万列辆架次，同比下降 7.1%。进境 51.39 万列辆架次，同比下降 6.9%；出境 51.24 万列辆架次，同比下降 7.3%；转口交通工具为 2529 列，同比增长 5.1%。其中，对俄口岸进出境交通工具为 20.6 万列辆架次，同比下降 21.4%。进境交通工具为 10.21 万列辆架次，同比下降 21.5%；出境交通工具为 10.14 万列辆架次，同比下降 22.0%。对蒙口岸进出境交通工具为 82.28 万列辆架次，同比下降 2.6%。进境交通工具为 41.18 万列辆架次，同比下降 2.4%；出境交通工具为 41.1 万列辆架次，同比下降 2.6%。

经过多年的精心培育，内蒙古自治区形成了年进出境货运量在 1000 万吨以上的满洲里、二连浩特、甘其毛都和策克四大口岸，满洲里、二连浩特两条欧亚大陆桥优势日益明显。其中满洲里口岸货运量 2014 年达 3010 万吨，二连浩特 2014 年进出口货运量为 1074.4 万吨。在全国边境陆路口岸中，进出境货运量满洲里在历史上一直排第一位，甘其毛都、二连浩特和策克分列第二位、第四位、第五位。其他口岸的进出境货运量虽然数量小，但均逐年大幅度增长。发挥与俄蒙的经济互补优势，通过口岸主要进口我国急需的煤炭、铁矿石、铜矿砂、木材等资源性产品，出口俄蒙市场短缺的建材、机电、轻工、日用品和果菜等商品。

（一）满洲里口岸物流发展现状

1. 满洲里口岸概况

满洲里是中国最大的边境陆路口岸。满洲里口岸是一个由铁路口岸、公路口岸、航空口岸组成的立体大口岸，是中国东线铁路新丝绸之路的关键节点，也是中国通往俄罗斯和欧洲各国的重要枢纽，承担着中俄贸易65%以上的陆路运输任务，口岸货运量居全国同类口岸之首。

近年来，该口岸开展的旨在"整合口岸资源，集中口岸力量，提高口岸通关效率，扩大对外开放"的大通关，通过开展口岸基础设施建设、优化口岸通关环境、扩大口岸跨区域合作、开展中俄毗邻口岸合作等工作，取得了显著成效，使口岸勃发了生机与活力。

2014年，满洲里口岸货运量3010万吨，较2013年略有增长；口岸进出境人员152万人次，同比增长3%。2015年上半年，口岸货运量和口岸进出境人员呈现总体下降、降幅逐月回升的趋势。1~6月，口岸货运量累计完成1412.1万吨，同比下降2.8%。其中，铁路进口647.3万吨，同比下降20.4%；铁路出口64万吨，同比下降19.3%；铁路转口653.8万吨，同比增长35.3%。公路口岸货运量完成47万吨，同比下降29.5%。口岸进出境人员50.1万人次，同比下降30.5%。口岸贸易额18.5亿美元，同比下降19.2%。上缴关税、代征税16.3亿元，同比增长12.4%。

在口岸大通关工作促动下，满洲里口岸通关环境明显改善，得到了俄方口岸以及中俄外经贸企业和进出境人员的认可和赞誉，赢得上级口岸部门的肯定。2013年满洲里口岸获得"全国运行管理先进口岸"的殊荣，进而显现了全国最大陆路口岸的风采，坚定了外经贸企业和货代公司在满洲里口岸经营发展的信心和决心，吸引了国内口岸前来洽谈合作，开通了8条亚欧班列、专列线路，增强了满洲里口岸的吸引力、辐射力和竞争力，在茫茫草原上架起新丝路。

2. 满洲里铁路口岸物流发展现状

满洲里铁路口岸于1901年开通，是我国规模最大、通过能力最高的铁路口岸，也是中俄贸易最大的通商口岸，承担了中俄贸易60%的货运量。据满洲里海关最新统计数据表明，截至2015年6月底，满洲里铁路口岸货运量高达687.35万吨，与2014年同期相比增长46.30%，创下历史同期最好水平。2015年1~11月，经满洲里口岸进出境班列合计487列，共41442个标准集装箱，其中，出境 364 列，31154 标箱，货值 109 亿元人民币；进境 123 列，10288 个标箱。主要商品为电脑、汽车及工业机械零配件等。

满洲里铁路口岸现有宽准轨到发编组线 51 条，其中宽轨 24 条，准轨 27 条；口岸站换装线、专用线等线路 90 余条；宽轨列车会让站一个。换装场地 20 余个，其中设施完善、功能齐全的大型或专业换装仓储基地 11 个。1999～2007 年，满洲里铁路口岸进行应急改造和扩容扩能改造工程，增加、改造了多条线路，新建了集装箱、原油等专业换装场，新建木材熏蒸场、落地及换装场、国内货场；改造准轨东场、宽轨到发场等。改造后的宽轨站存车能力为 2087 车；准轨站存车能力为 2347 车；换运能力达到 3000 万吨。2008 年开工建设的铁路口岸国际货场项目占地面积 15 平方公里，一期投资 33 亿元，主要包括铁路物流中心、煤炭散装货场、汽车专业货场和化学危险品等专业货场建设，全部建成投入使用后，铁路口岸年综合换装能力将增加到 7000 万吨。

在口岸大通关工作的引领下，满洲里铁路口岸的通过能力将由原来的 3000 万吨达到 7000 万吨。铁路口岸进口原木每批运单周转时间由先前的 19 小时缩短到现在的 5 小时，边检检查一列货车由先前的 40 分钟减少到现在的 8 分钟。公路口岸的通过能力已达到人员 1000 万人次、车辆 100 万辆次、货物 300 万吨。货车出入境通关时间均减少 60% 以上。

目前，经满洲里口岸出境的中欧（俄）国际集装箱货运班列已有 13 条，分别是"苏满欧"、"营满欧"、"津满欧"、"鄂满俄"、"湘满欧"、"昆满欧"、"哈满欧"、"渝满俄"、"沈满欧"、"长满欧"、"盘满欧"、"临满欧"、"赣满欧"。这 13 条中欧（俄）国际铁路运输班列为"丝绸之路"经济带东线通道建设提供了实体支撑。以满洲里口岸为枢纽的国际班列使满洲里口岸的枢纽地位日益凸显。

铁路口岸查验手段先进，通关作业信息化程度高。配有钴 60 火车自动检查系统，列车电子监控系统，放射性检测仪等现代化设备设施。建立了覆盖各监管场区的网络系统，实现了进出口货物远程监控和查验信息的同步传输。各货代、报关企业与海关、检验检疫局、铁路车站实现了微机联网。配备了多种性能先进的现代化换装设备，能够满足各种进出口货物的换装仓储需求。

铁路口岸软环境优良，能提供高效优质的服务。2002 年启用了新的联检大楼，进一步改进完善了"一条龙"办公程序。在此基础上，口岸各部门积极改进作业流程，创新管理办法，采取"径放"、集中报关、预报关、联合查验、一机双屏、出入境列车电子监控等措施，通关效率和服务质量显著提高。

满洲里铁路口岸进口货物主要品类有木材、原油、化工、纸类、化肥、铁矿砂、合成橡胶等。出口货物以轻工产品、机电产品、矿产品、石油焦、食品、建材等为主。

3. 满洲里公路口岸物流发展现状

满洲里公路口岸于 1998 年投入使用，是我国规模较大的边境公路口岸，口岸封闭区面积 117 万平方米。2004 年以来，满洲里市政府对公路口岸进行了大规模的改扩建，口岸功能日趋完善。2008～2009 年新建了总建筑面积 42000 平方米的公路口岸旅检通关大楼，对公路口岸货车待检停车场进行了改造扩建，改善了口岸通关环境，使公路口岸年通过能力达到人员 1000 万人次、货物 300 万吨和车辆 100 万辆次。

2006 年 1 月 1 日，满洲里公路口岸正式实行 24 小时通关制度，成为全国唯一实行该制度的公路口岸。公路口岸进口货物以废钢和木材为主，占进口总量的90% 以上；出口货物主要是蔬菜、水果，占出口总量的 85% 以上。其次为机电产品。

为进一步完善延伸满洲里国际公路口岸功能，为外贸企业开拓俄罗斯市场搭建平台，满洲里市口岸委于 2014 年启动了公路口岸国际物流综合体和厂商跨国贸易通道项目。位于满洲里公路口岸东侧、301 国道以北区域，占地 870 亩、总投资约为 10.2 亿元的满洲里公路口岸森富国际物流贸易综合体项目一期工程已于 2014 年 10 月末完工并投入运营。现已投入近 2.65 亿元建成冷链库房、通用仓储库房、车库和公寓等（其中包括 80000 平方米海关国检监管区），预计二期、三期将分别于 2016 年和 2017 年完工，将完成加油站、客户服务中心、商业行政服务中心、物流专用设施设备维养中心、商品住宅、展品展示厅、商务办公、酒店及生活配套设施等。项目整体建成后年仓储通过能力 400 万吨，进出境车辆100 万辆次，产值 100 亿元。

4. 满洲里航空口岸物流发展现状

推进国际航空口岸建设，实施了航空口岸扩建工程，使西郊机场的设计标准达到 4D 级。2009 年 5 月航空口岸正式对外开放，目前已经开通了满洲里至俄罗斯和蒙古国 7 条国际航班，每周进出港国际航班 22 架次，2014 年进出港旅客 5万人次。

满洲里航空口岸属于国家一类开放口岸，自 2010 年满洲里被国家确定为重点开发开放试验区以来，航空口岸进出港航线不断丰富、进出境人员持续增长。3 月 17 日，满洲里西郊机场航空口岸签证工作正式启动，标志着满洲里口岸成为内蒙古自治区首家公路、铁路、航空三个入境通道都可以办理落地签证的国家口岸枢纽。

满洲里西郊国际机场已先后开通直达俄罗斯赤塔、伊尔库茨克、乌兰乌德、克拉斯诺亚尔斯克及直达蒙古国乌兰巴托、乔巴山等地的国际定期航线及通往新加坡、韩国仁川等国家和地区的商务或公务包机航线。2014年全年完成旅客吞吐量40.6万人次，同比增长34%，高于民航平均增速。满洲里西郊机场已经成为内蒙古自治区开展经济文化交流的重要窗口。

5. 满洲里口岸进出口货物情况

长期以来，满洲里口岸进口商品始终以能源、资源型商品为主，商品结构较为单一，缺乏机电产品和高新技术产品支撑，进口商品结构略有失衡。随着区域通关改革的深入开展，2013年起，机电产品已跃居口岸进口首位，2014年口岸机电产品进口102.07亿元，占口岸进口总值的34.5%，分别较2013年和2010年提升17.32个百分点和32.21个百分点。其中，以区域通关模式进口机电产品96.18亿元，占机电产品进口总值的94.23%，占区域通关进口总值的93.78%。同期，口岸高新技术产品进口12.79亿元，其中，以区域通关模式进口5.43亿元，占高新技术产品进口总值的42.46%。

区域通关快速推进以来，口岸机电产品和高级新技术产品出口占比快速提升，口岸逐渐由传统劳动密集型产品和农产品出口口岸转变为机电产品出口重点口岸。2014年口岸机电产品出口122.16亿元，占口岸出口总值的54.07%，虽较2013年下降1.05个百分点，但较2010年提升18.23个百分点，其中以区域通关模式出口机电产品89.58亿元，占机电产品出口总值的73.33%，占区域通关出口总值的68.77%。同期，口岸高新技术产品出口21.79亿元，占口岸出口总值的9.65%，分别较2013年和2010年提升3.6个百分点和2.61个百分点，其中，以区域通关模式出口20.36亿元，占高新技术产品出口总值的93.44%，占区域通关出口总值的15.63%。

6. 满洲里保税区

2015年3月23日，国务院正式批准设立满洲里综合保税区，这是我国第46个国家级综合保税区，也是内蒙古自治区首家综合保税区。这是内蒙古自治区积极融入国家"一带一路"战略的一大利好消息，同时也意味着满洲里口岸功能、进出口加工业、对外贸易将全面升级，由此进入具有口岸服务功能的"港口时代"。

根据国务院批复，满洲里综合保税区总投资4.5亿元，规划面积1.44平方公里，地处满洲里市公路口岸、铁路口岸和航空口岸三大口岸的中心交会处。项目建成后，满洲里综合保税区将成为目前除上海自贸区以外国内开放层次最高、优惠政策最多、功能最齐全、手续最简化的特殊监管区；将以现代物流、保税仓储、国际贸易和保税加工四大产业为重点，逐渐发展成为内蒙古自治区乃至全国重要的生产服务基地、国际物流集散地、大宗商品交易地、制造业加工出口基地和国际展览展示中心，成为服务全国、面向俄蒙、辐射东北亚的重要载体和平台。满洲里"综保区"的设立对于我国"一带一路"战略具有重要意义，同时，"综保区"的设立必将带动中俄蒙"经济走廊"的建设，深化对俄蒙的交流与合作。

目前综合保税区已实现"七通一平"，用地范围符合国家规定。海关特殊监管区（综合保税区）业务用房、园区涵洞工程、主卡口通道项目等六大专业基础设施建设已全面铺开。符合入区条件项目已有 10 项，包括保税物流类项目 2 项，保税加工类项目 8 项。项目总投资 3.04 亿美元。

（二）二连浩特口岸物流发展现状

1. 二连浩特口岸概况

二连浩特口岸位于内蒙古自治区二连浩特市，同有蒙古国的"深圳"之称的扎门乌德隔界相望。二连浩特口岸是我国对蒙古国最大的铁路、公路口岸，也是我国推行向北开放战略的重要支点。2014 年，二连浩特口岸进出口货运量达到 1355.9 万吨，同比增长 3.85%，其中铁路口岸完成近 1000 万吨，公路口岸完成 350 万吨；进出口贸易额 38 亿美元，增长 1.4%；出入境人员 192 万人次，减少 5.3%；进出口海关税收 24 亿元，进出境交通工具货车 8496 列次，机动车辆 43.5 万辆次，飞机 56 架次。通过集二线、京包线，二连浩特口岸与呼包鄂经济圈、环渤海经济圈、天津港相连，是我国对蒙俄贸易和交往的重要据点。

2. 二连浩特铁路口岸物流发展现状

二连浩特铁路口岸位于集二线终端，连通京包、京山线，与蒙古国、俄罗斯及东西欧各国铁路形成亚欧铁路大陆桥。以北京为起点，经二连浩特到莫斯科，比经满洲里口岸的滨洲线到莫斯科近 1000 余公里。二连浩特铁路口岸是随着 1956 年北京—乌兰巴托—莫斯科国际联运列车的开通而设立，也是我国与蒙古国接壤的唯一铁路口岸。目前，铁路口岸货物吞吐能力达到 1500 万吨以上，承担着对蒙贸易 60% 的运输任务，成为连接欧亚的大动脉。近几年，在各级部门的共同努力下，铁路口岸基础设施日趋完善，仓储、转运、换装等服务功能逐渐完备，先后完成了铁路站场的改扩建工程、铁路换轮库、H986 货运列车查验系统、二连浩特至扎门乌德铁路宽轨联络二线，使铁路口岸年过货能力达到 1200 万吨，换装能力达到 2000 万吨。目前二连浩特车站，宽轨场与准轨场为纵向式分布，各系统车场为横列式分布。宽轨、准轨联锁设备均采用 6502 型集中联锁设备。现有宽轨、准轨线路 169 条（宽轨 74 条、准轨 78 条、中间站 17 条）、道岔 243 组（手动 42 组、电动 201 组）。有宽准轨、轮场区 3 座信号楼、6 个行车室；客运站台 3 座，客车换轮库 1 座，国际客运联检楼、国内候车室各 1 座。货物交接换装（装卸）作业区有国内货场，人力换装区，机械换装区，外围作业区，新、旧货场换轮库各 1 座，液体化工换装站 1 座，机械区配备门式起重机 22 台，货物仓库 4 座，货物站台 6 座，具有仓储、转运、换装等多种功能。"集二线"扩能改造正在稳步推进，建成后铁路口岸的过货能力将达到 3000 万吨以上。

近几年，经过多方联系沟通，二连浩特口岸与郑州、成都、重庆等地区的内陆港口取得联系，并于 2013 年成功开通了郑州、成都、重庆至欧洲的中欧国际货运专列，大大提高了口岸的知名度。

2014 年，内蒙古自治区二连浩特铁路口岸进出口货运累计完成 898.6 万吨，同比增长 21.3 万吨，增幅 2.4%。其中，进口运量完成 770.2 万吨，同比增长 27.5 万吨，增幅 3.7%。增量增幅均创历史新高。2015 年 1~8 月，二连浩特铁路口岸过货量达 530 万吨。

二连浩特陆路口岸是中蒙俄经贸物流的重要国际通道，依托北疆"一带一路"发展格局，2014 年 6 月被国家批准为国家重点开发开放实验区。口岸铁路部门积极加强与蒙古国乌兰巴托铁路及相关企业沟通协商，严格盯控矿石、矿粉装车作业的过程，采取有力措施减少矿粉、矿石含水量，消灭俄罗斯进口板材装载加固、车体技术不良等装运过程中存在的问题，并积极协调蒙方铁路和"一关两检"等相关部门，优化夜间办理运输申报、重车到达解体、进口货物落地等通关报关程序，提高通关运输效率，全年仅铁矿石进口 475.92 万吨，创历史新高。同时，中方铁路部门积极开办中蒙跨国零散货物快运业务，二连浩特到蒙古国首都乌兰巴托的货物运输时间从过去的两周压缩到 5 天，打通了中蒙间物流、经贸交流的又一条"丝绸之路"。

3. 二连浩特公路口岸物流发展现状

二连浩特公路口岸于 1992 年开通，是在中蒙两国铁路员工通勤通道的基础上改建的，当时只有一条客货混用通道，基础设施、查验条件非常简陋。2000 年 6 月，投资 6166 万元新建公路口岸联检楼，设计总占地面积 34.3 万平方米，最大通关能力为货运 100 万吨、客运 200 万人次。2011 年 6 月，投资 1.28 亿元，新建了二连浩特公路口岸货运新通道，总占地面积为 25 万平方米，最大年过货能力可达 500 万吨以上，实现客货分流、通关与查验分流。2012 年，投资 7000 余万元对公路口岸旅检通道进行改扩建，改扩建面积达 1 万平方米，年通关能力由 200 万人次提高到 400 万人次以上。

公路口岸货检通道在 2011 年 6 月 16 日正式运营，总投资 1.3 亿元。工程包括以下两个：一是报关楼。建筑面积 6129 平方米，框架结构六层，总投资约 2832 万元。二是通道工程：①验货通道道路工程，全线由直线段与曲线段构成，全长 3825.665 米。北疆街以南段宽度为 24 米，沥青混凝土路面；北疆街以北段宽度为 10.5 米×2，中间隔离带 2 米，水泥混凝土路面，双向四车道，卡口部分为四进四出。②北疆街道路工程，全线由直线段构成，全长 350 米，北疆街道路宽度为 18 米，沥青混凝土路面。③卡口办公用房，建筑面积为 2522 平方米，砖混结构，二层。④公路口岸货运通道风雨篷，建筑面积为 1575 平方米，合计总长度为 4175.665 米，总投资约 8941 万元。

2014 年，公路口岸进口货物 4.8 万吨、出口货物 225.2 万吨，分别减少 14%、9.7%。2015 年 1～6 月，公路口岸进境运输 1.98 万吨，同比下降 64.44%；公路口岸出境运输 113.62 万吨，同比增长 1.13%。

4. 二连浩特市公路口岸边民互市贸易区

二连浩特市边民互市贸易区项目位于旅检通道西侧、外运公司以南，占地面积 10 万平方米，建筑面积 8.5 万平方米，总投资 3.5 亿元人民币。该项目分三期建设，一期工程预计投资 1.2 亿元人民币。在 2015 年 8 月 20 日开幕的 2015 年中国二连浩特中蒙俄经贸合作洽谈会上，中蒙二连浩特边民互市贸易区正式对外招商，标志着中蒙最大的陆路口岸在"一带一路"建设中，向完善口岸功能、繁荣边境贸易的目标迈进一步。该项目主要规划五大功能区：边民互市贸易区、物流配送区、电子商务服务平台、跨境综合商务服务系统、中蒙口岸购物旅游服务区，形成以传统边民互市贸易、电子商务、进出口贸易、旅游购物、物流配送为主体的现代化边民互市贸易综合体。项目建成后采取政府、联检部门、企业共同管理，企业自主经营的运营模式。

5. 二连浩特口岸物流园区发展现状

作为一座以口岸立市的城市，与口岸相关的物流业是二连浩特的优势特色产业，作为我国向北开放的桥头堡，大量的人、财、物集聚使得二连浩特口岸物流园区建设发展迅速。目前，在二连浩特从事物流服务的各类货运、仓储、代理企业达 90 多家，已建有各类大小物流园区达 12 个之多，面积达 254 万平方米。

（1）公路口岸物流园区。

公路方面，目前建有环宇公路出口物流园、昊罡果蔬粮油进出口园区、汇通公路进口物流园等八个物流园区，主要提供运输、仓储、装卸搬运、包装、信息服务等业务服务功能。其中较为突出的有环宇公路出口物流园区、昊罡果蔬粮油出口园区、汇通公路进口物流园以及一个危险品出口物流园区。

环宇公路出口物流园地处二连口岸出境通道黄金地段，占地 55 万平方米，总投资 6 亿元，包括新公路口岸海关监管场所、出口监管仓库、检验检疫集中查验场所、大型集装箱堆场、集中仓储区、大型出口货物展销厅、综合办公大楼、大型宾馆等综合服务设施。该园区是二连浩特公路口岸目前最大的物流园区，也是服务功能最全的一个园区。除了基础的运输、仓储、装卸搬运、报关报检等服务外，该园区还提供仓储融资、商品展示等增值服务，在中蒙俄三国具有较大影响力的"二洽会"每年即在此举办。货物在进入园区后，在园区内即可完成报关报检等一系列流程，园区还拥有独立的出境通道，在完成了报关查验等一系列流程后即可直接出口过境。目前从二连公路口岸出口的主要大宗商品，如水泥、机电、建材等均通过这里出境。

昊罡果蔬粮油进出口园区位于科尔沁路以北、伊林大道以西，占地50000平方米，是二连浩特最大的一家果蔬出口企业。主要业务包括瓜果蔬菜、粮油商品的出口销售，果蔬的仓储、包装以及果蔬价格信息的发布等。拥有恒温仓储库14栋，容量超过40000吨。年出口量达16万吨，几乎占据了整个蒙古国的果蔬市场以及大部分的俄罗斯东部伊尔库茨克等城市的果蔬供给，但尚未开展莫斯科、圣彼得堡等俄西部城市的业务。目前该园区海关、检验检疫均入驻园内办公。来自全国各地以及菲律宾、美国等国的水果均通过这里，经检验检疫之后出口到蒙古国及俄罗斯。

汇通进口物流园位于创业路以西，占地120万平方米，总投资超过9.86亿元，园区内有海关商检查验区、物流服务区、物流加工区、矿产品仓储区等。主要提供装卸、仓储等服务。目前，经过二连公路口岸进境的大部分货物在此换装转运。

（2）铁路口岸物流园区。目前建有浩通铁路物流园、818货运现场、如意国际铁路物流园、二连浩特市铁路进出口海关监管仓库等多个物流园区。其中浩通铁路物流园设施最为齐全完善。浩通铁路物流园位于二满线东，总投资2.76亿元，建有年消化700万吨煤炭及矿石储运周转的散堆场以及海关监管保税堆场。

6. 二连浩特口岸主要进出口货物及流向

（1）进口货物。①铁矿石，进口运量约为500万吨，主要销往宣钢、唐钢、包头；②木材，进口运量为100万吨，主要销往内蒙古自治区周边地区、山西运城、河北、天津市、陕西省、宁夏回族自治区；③铜矿粉，进口运量为56万吨，主要销往甘肃金川、金昌、赤峰金箭金丰、辽宁葫芦岛；④基础油，进口运量50万吨，主要销往北京黄村、山东洛口、江苏无锡南、山东史口；⑤锌精矿，进口运量为15万吨，主要销往赤峰林东、湖南株洲。

（2）出口货物主要有建材、水泥、化工、机电产品，日用品等，年出口量约500万吨。

（三）甘其毛都口岸

甘其毛都口岸位于中蒙边境线703号界标附近，与蒙古国南戈壁省汉博格德县嘎顺苏海图口岸相对应，辐射蒙古国七省二市，距南戈壁省达兰扎德盖德市290公里，距蒙古国首都乌兰巴托市直线距离610公里，是距离乌兰巴托市最近的双边性常年开放的中国口岸，也是内蒙古自治区过货量最大的公路口岸和内蒙古自治区西部重要的对蒙开放贸易通道。1989 年 12 月 20 日，甘其毛都口岸被自治区人民政府批准为对蒙边境贸易临时过货点；1992 年正式辟为国家一类季节性双边口岸；2004 年实现煤炭进口在非开放期间临时开放；2004 年 5 月 28 日，蒙古国原煤正式通关；2004 年 7 月 5 日，甘其毛都口岸议定由双边季节性开放提升为双边常年开放口岸；2007 年 9 月 12 日，国务院批复甘其毛都口岸为中蒙双边常年开放的边境公路口岸；2008 年 10 月 17 日，口岸通过自治区常年开放预验收；2009 年 6 月 3 日，通过国家常年开放正式验收，于 2009 年 9 月实现正式常年开放。

甘其毛都口岸毗邻蒙古国最南集部资源富饶的南戈壁省，堪称中国脊背上的"聚宝盆"。全省总人口 4.69 万人，总面积 16.5 万平方公里，60% 以上的地下都有丰富的资源，有煤、镁、铜、铅、锌、铁、芒硝、水晶、萤石等，其中煤和铜储量最丰富，且易开采。已探明煤炭储量为 530 亿吨，其中距中国甘其毛都口岸 190 公里的塔本陶勒盖煤矿储量 64 亿吨，其中主焦煤 18 亿吨，动力煤 46 亿吨，该煤低灰、低硫、高热值，是世界稀缺煤种，属优质冶金炼焦用煤。距甘其毛都口岸 70 公里的奥云陶勒盖铜矿已探明铜金属量 2540 万吨，黄金 1028 吨，银 5144 吨，铁矿石 27 亿吨，钼 81600 吨，储量居世界第三、亚洲最大。由于蒙古国不具备加工矿产品的水、电等生产要素，甘其毛都口岸成为国内外开发利用蒙古国资源的最佳出口通道和中国"脊背"上的国际边贸重要口岸。

甘其毛都口岸自实现双边常年开放以来，中蒙边境贸易大幅增长，日均过货量突破 6 万吨。海关监管场所企业 4 家，现有过煤企业 28 家。过煤车辆由 2004 年的 20 辆发展到近 6500 辆，煤炭进口量已突破 2600 万吨，跃居内蒙古自治区公路口岸进出口贸易量之首，成为内蒙古自治区过货量最大的公路口岸和仅次于满洲里的综合口岸。

为加快利用蒙古国煤炭资源，甘其毛都口岸通关时间延长，查验设施和检测手段得到进一步改进，过煤通道由 2011 年 2 条增加到 5 条（三出二进），使煤炭运输进出车辆的通关能力由 2009 年日均 400 辆增加到 2012 年日均 1200 多辆。2011 年过煤量突破 1100 万吨。自 2012 年起，物流园区实现过境车辆全封闭运行，口岸的通关能力和物流体系已初具规模。

随着口岸对外贸易的迅速发展，中蒙双方的经济交流与合作进一步扩大，甘其毛都口岸的基础设施进一步完善，逐渐成为自治区乃至全国重要的人流、物流、信息流的集散地。开放期间，口岸基础设施建设累计投入资金近 12.77 亿元，先后建成海关、国检大楼、口岸联检楼、海关监管场所、欣泰物流园区、际誉物流园区、宏蓬商贸城、报关报检大楼，并建成了集中供水、供电、供热工程等；实现了规划区内 2.2 平方公里的道路、供水、供电、通信、电子报关"五通"。2011 年甘其毛都口岸在建的项目共有 28 个，总投资共计 14.5 亿元，总规模共计 87 万平方米。其中，续建的项目共有 17 个，有报关报检大楼、互市贸易区、汽配物流区、商贸住宅、通道扩建等，总投资共计 9.5 亿元，总规模共计 51 万平方米。新建的项目共有 11 个，有口岸医院、金泰酒店、商住综合楼、国贸大厦等，总投资共计 5 亿元，总规模共计 36 万平方米。在交通方面建成了总长 1800 米、宽 30 米的口岸疏港通道，完成了由口岸到蒙古国塔本陶勒盖煤矿区 230 公里的无卸载运煤道路，已建成连接京藏高速公路的一级疏港外运公路。连接中蒙甘其毛都口岸的神华甘泉（甘其毛都—包头万水泉）铁路，全长 354 公里，投资 41 亿元，铁道铺设已全部完工，其他基础设施正在建设。一个向北辐射俄罗斯、蒙古国，南连包头市、呼和浩特市到黄骅港，贯通南北的国际能源通道正在形成。甘其毛都口岸已成为蒙古国南戈壁省能源资源输出最近的出海通道、中蒙俄的经济大动脉。

（四）策克口岸

策克口岸位于内蒙古自治区额济纳旗境内，是根据中蒙两国政府协定，经内蒙古自治区人民政府批准于 1992 年开通的双边性季节开放口岸。2005 年 6 月 29 日，国务院（国函〔2005〕57 号）批准策克口岸为中蒙双边性常年开放陆路边境口岸，分设公路通道和铁路煤炭运输专用线通道，并批准策克口岸设立海关、边检、检验检疫等查验机构。

策克口岸与蒙古国南戈壁省西伯库伦口岸对应。对外辐射蒙古国南戈壁、巴彦洪戈尔、戈壁阿尔泰、前杭盖、后杭盖五个畜产品、矿产资源较为富集的省区，是阿拉善盟对外开放的唯一国际通道，也是国内陕、甘、宁、青四省区和内蒙古自治区共同利用的陆路口岸。

2009 年 1 月 12 日，策克口岸正式常年对外开放。嘉峪关至策克口岸运煤专用铁路已于 2006 年投入试运行；策克至乌斯太庆华运煤专用公路全线通车；总投资 53.34 亿元的临策铁路已于 2006 年 10 月 28 日完成开工奠基仪式，2009 年 12 月竣工投入使用。策克口岸的对外开放带动了边境贸易、第三产业的繁荣与发展，尤其是内蒙古自治区庆华集团与蒙古国"蒙古之金"集团合作，共同开发蒙古国那林苏海特煤田，为内蒙古自治区实施"走出去"发展战略树立了成功典范。目前，酒钢集团公司、太西煤集团、北京永晖集团、华越公司等大型企业在蒙古国实施的合资合作开发项目进展顺利。随着以上项目的相继实施，必将为策克口岸经济发展注入新的活力，也促使策克口岸走向"大口岸"、"大通道"、"大发展"之路。

资料显示，策克口岸开关 23 年来，从临时过货到季节性口岸再到国家一类常年开放口岸，已累计过货近 6000 万吨，贸易额近 28 亿美元，出入境人员 250 多万人次。

策克口岸已成为全国第五大、内蒙古自治区第四大陆路口岸，也是内蒙古自治区过货量最大的公路运输口岸，是中蒙两国最为重要的贸易通道之一，也是阿拉善盟向北开放的桥头堡。

目前策克口岸的大通道有策克口岸—达来呼布一级公路、嘉（峪关）策（克）铁路、临（白）策（克）铁路，这些大通道为策克口岸发展提供了充足的运力保障。

受限于蒙古国的交通基础设施条件，策克口岸向外辐射能力局限在 100 公里左右。为了进一步推进策克口岸的发展，以"一带一路"建设为契机，策克积极推进中蒙两国互联互通基础设施建设。

目前，已完成策克口岸至西伯库伦口岸商旅通道、货运通道硬化项目，规划了策克口岸至蒙古国南戈壁省、策克口岸至蒙古国巴彦洪戈尔省公路项目，并已与蒙古国巴彦洪戈尔省、南戈壁省政府签订了项目合作建设框架协议，建成后将形成从乌兰巴托至南戈壁省至策克口岸、乌兰巴托至巴彦洪戈尔省至策克口岸的交通运输网络。

同时，策克口岸至乌兰巴托铁路正在策划中，该铁路将连通正在修建中的我国额哈铁路，接入亚欧大陆桥；策克口岸至那林苏海特铁路已完成勘察设计，该铁路建成后不仅可简化和缩短通关时间，还可大大降低因倒装而产生的装卸费用。

在内联内通方面，京新高速公路阿拉善段正在建设当中，2017 年 6 月通车后，将进一步提升策克口岸对西北地区的辐射能力。

策克口岸将积极参与长江经济带建设，实施东西双向开放战略，积极构建铁路运输通道。据悉，该通道东南线可达上海，西南线可至川渝。届时，策克口岸进口的蒙煤，可通过这条"阿拉善至长江经济带煤炭运输通道"进入长江经济带，形成新的腹地支撑。

多年来，策克口岸"资源性通道"的地位和作用十分突出。蒙古国南戈壁省、巴彦洪戈尔省具有丰富的煤炭和以铜、铁、金、银为主的金属矿产资源。早些年，一些中国企业就进入南戈壁省等地，与当地企业合作进行矿产资源开发，再运到国内进行深加工。

策克口岸经济开发区将借助"一带一路"战略，充分利用国际国内两个市场、两种资源，依托现有的较完备的基础设施、最重要的境内外资源、能源大通道的优势，培育矿产资源深加工产业，打造国际能源、资源大物流通道，使策克口岸成为欧亚大陆桥上的能源、资源深加工基地和最重要的能源、资源输入节点。

统计数据显示，2014年策克口岸进出口货物810万吨（其中，进口原煤807万吨），进出口贸易额15.2亿元人民币，出入境人员23.9万人次，出入境车辆18.89万辆次。驻区企业累计销售煤炭662万吨，实现公路汽运销售375万吨、铁路外运销售287万吨。海关完成代征增值税、关税2.4亿元，口岸地区产生国地税收入6000万元，口岸物业费收入完成2800万元。

截至2015年9月12日，策克口岸进口原煤594.49万吨，同比增长35.69%。2015年1~8月驻区企业累计销售煤炭475.05万吨，其中公路汽运销售228.41万吨、铁路外运销售246.64万吨。

中蒙策克（中方）—西伯库伦（蒙方）口岸自开关以来，由于蒙古国经济较薄弱，境内没有一条正规公路，受此影响与蒙古国的贸易往来仅限于100公里半径范围以内，导致蒙古国其他地方和更多的矿产资源和商品不能到达策克口岸。

借中国"一带一路"战略的实施，中蒙双方已经规划了策克至南戈壁省、策克至巴彦洪戈尔省公路项目，并签订了项目合作建设框架协议。目前，该项目规划设计正在进行中。其中，策克至南戈壁省公路项目总投资约4亿元，全长380公里；策克至巴彦洪戈尔省公路项目总投资约4.5亿元，全长约400公里。

这两条公路建成后将形成从乌兰巴托至南戈壁省至策克、乌兰巴托至巴彦洪戈尔省至策克的交通运输网络，为进一步推进双方经贸合作发展创造更便利的条件。上述项目为中国对蒙古国的援助项目，目前蒙古国南省、巴省已将这两条公路项目报蒙古国相关部门审核。

（五）其他口岸物流发展现状

相比于以上口岸，其他口岸过货量相对偏低，发展规模相对偏小。

1. 珠恩嘎达布其口岸物流发展概况

珠恩嘎达布其口岸是以原油进口为主，原煤进口、建材、机电产品出口为辅的国际性常年开放边境公路口岸，与蒙古国苏赫巴托省毕其格图口岸对应，于1992年开放为季节性口岸，2006年8月成为国际性常年开放口岸，珠恩嘎达布其地处满洲里和二连浩特中间地段，口岸辐射范围包括蒙古国的苏赫巴托、东方和肯特三省，三省富含有色金属、煤炭和石油等资源；国内辐射范围包括内蒙古自治区中东部地区、华北和东北腹地，是连接东西、纵贯南北的重要口岸。珠恩嘎达布其口岸2014年进出口货运量首次突破百万吨，达110.22万吨，同比增长37.41%；进出口总值达到6.17亿美元，同比增长23.01%，均创历史最高水平。

2. 阿日哈沙特口岸物流发展概况

阿日哈沙特口岸于1992年成为季节性开放口岸，2010年成为常年开放口岸，经过18年的发展，口岸环境得到优化，口岸功能日益完善，进出口货运量逐年攀升，在中蒙俄三角经济区的地位日益突出。

3. 黑山头口岸物流发展概况

黑山头口岸位于中俄边界额尔古纳河东岸，现有码头平台 800 平方多米，引路 800 多米，口岸货场 125000 平方米。

4. 室韦口岸物流发展概况

室韦口岸位于中俄界河额尔古纳河中游东岸，室韦口岸相对应的奥洛契口岸，辐射赤塔洲东北部九个区市，自室韦—奥洛契额尔古纳河界河桥投入使用，口岸通过能力明显提高，过货量达到 60 万吨/年，客运量 20 万人次/年，交通工具进出境 10 万辆次/年。

5. 满都拉口岸物流发展概况

满都拉口岸毗邻蒙古国东戈壁省，距蒙古国首都乌兰巴托约 700 公里，是目前中蒙两国间开放的距离最近的口岸，经中蒙双方协定，已于 2015 年 11 月 28 日举行扩大开放启动仪式，正式对公众实施常年开放。口岸常年开放后，必将成为国家"一带一路"战略规划中对接中蒙俄的重要组成部分。满都拉口岸海关保税库投资项目总投资 1.5 亿元，总用地面积为 500 亩，项目建设内容主要包括 5 万平方米的封闭建筑仓储、24.9 万平方米的露天仓储、800 个货运停车位以及符合监管要求的卡口设备等其他配套设备。目前，正在办理前期手续。

6. 额布都格、阿尔山口岸物流发展概况

额布都格、阿尔山口岸是季节性开放口岸。这些口岸受限于贸易量和自身的经济条件，只是在固定时间实现通关，针对一些特殊企业实现固定时间集中通关。其中阿尔山公路口岸根据自身的特殊优势，发展生态旅游，境内拥有温泉、冰雪、森林、草原、火山遗迹等独特的自然资源，目前阿尔山正向中蒙边境第一大生态旅游口岸迈进。

三、内蒙古自治区口岸物流发展问题

（一）口岸物流发展规划滞后

在"中蒙俄经济走廊"建设背景下，内蒙古自治区借助独特的区位优势，不断加快推进面向北方，服务内地，口岸经济不断向纵深推进，口岸物流发展已成为中蒙俄经贸合作发展的重要保障。尽管内蒙古自治区已明确了口岸经济发展的战略方向，即依托口岸推进中蒙俄经贸合作，西部以策克、甘其毛都口岸为重点，打造对蒙能源、资源战略通道；中部以二连浩特口岸为重点，打造对蒙经济合作主示范区；东北以满洲里口岸为重点，打造对俄经济合作主示范区，但至今尚未适时制定出台适应"中蒙俄经济走廊"建设的新形势、适应口岸经济发展新战略的口岸物流发展整体规划和物流基础设施布局规划。因此，对于口岸物流基础设施建设、相关政策法规、信息平台等物流体系的构建尚未形成统一指导。因此，在口岸物流建设与发展过程中，缺乏科学、有效的统筹规划，已滞后于中蒙俄经贸发展步伐。

（二）基础设施建设有待完善

互联互通是中蒙俄经济走廊建设的优先领域，目前内蒙古自治区正在积极推进与俄蒙基础设施的互联互通，加快高速公路、干线路网和口岸公路建设，优化构建互联互通的交通运输网。内蒙古自治区口岸已基本形成了公路、铁路与航空三位一体的立体口岸与现代化物流体系，但是总体而言，口岸的通道、联检、货场、仓储、物流以及各类进出口加工、综合服务园区基础设施建设，特别是新建口岸的配套设施建设还有待于加强；口岸综合配套设施差，换装能力不足；运输装备和信息系统的技术水平偏低，各运输方式之间、不同区域运输系统之间不能有效衔接；内蒙古自治区国际、省际间的交通运网密度低，口岸运力趋于饱和，拥堵情况时有发生；口岸现代化、信息化建设还需不断加强，各运输方式之间、不同区域运输系统之间不能有效衔接，无法满足快速上涨的口岸物流需求；各种综合性货运枢纽、物流基地、物流中心建设发展较为滞后。

（三）口岸产业集聚度偏低

口岸城市是进出口贸易的枢纽，应该带动区域经济的整体发展，形成产业集聚效应，当前，产业集聚发展已成为一个重要趋势。产业集聚的好处是获得规模效益，降低企业成本，提高企业创新能力。对于同类企业来说，集聚发展可以促进企业间的技术交流与传播，使一家企业的创新迅速外溢到其他企业，同时，出于生存竞争需要，企业会更加注重创新。对于上下游关联企业来说，产业链中任何一家企业的技术突破，都会给整个产业链带来利益，因此，产业链相关企业都非常注重技术的创新与应用。此外，企业集聚还能强化分工协作，提高生产效率，延伸产业链条。总之，产业集聚能够有效地促进技术升级，进而带动产业升级，推动产业结构调整。在形成产业链的过程中，口岸城市会得到综合发展，而目前内蒙古自治区大多数口岸主要以过境贸易为主，缺乏完整的产业集群或产业链的支撑，产业集聚度偏低，口岸物流仍处于传统物流阶段向为工业服务阶段的过渡时期，在进出口贸易中除满洲里口岸外其他口岸仍然主要承担中转站的任务，没有真正发挥口岸城市的作用。

（四）国际物流服务功能不健全，国际联运不发达

虽然内蒙古自治区口岸一直致力于服务质量的提升，但口岸物流企业数量少、规模小，服务意识、服务质量也不尽如人意仍是口岸的整体表现。首先，服务方式和手段比较原始和单一。目前多数从事物流服务的企业只能简单地提供运输和仓储服务，而在流通加工、物流信息服务、库存管理、物流成本控制等物流增值服务方面，尤其在物流方案设计及全程物流服务等更高层次的物流服务方面还没有全面展开。其次，物流企业组织规模较小，缺乏必要的竞争实力。最后，物流企业没有根据自身的专业优势选择适合自己的物流功能，分工相对混乱，没有从口岸物流的整体出发，协调各物流企业的资源，形成完备的物流服务功能。此外，口岸各运输方式之间缺乏协调性，尚未建立起国际联运。

（五）信息化程度不足，制约物流效率提升

目前，内蒙古自治区口岸缺乏有效的物流信息平台和健全的物流经营网络。物流信息化要求物流企业运用现代信息技术对物流过程中产生的全部或部分信息进行采集、分类、传递、汇总、识别、跟踪、查询等，以实现对货物流动过程的控制，从而降低成本、提高效益的管理活动。物流信息化是现代物流的灵魂，是现代物流发展的必然要求和基石。目前根据口岸应用信息化系统的程度不同，可把进程分为四个层次，即单点应用、流程优化、综合管理和公共平台。据不完全统计数据表明，目前，全国仅有少数规模较大的物流企业的信息化已经达到第二层次，占中国物流企业总数的18%左右。达到第三层次的物流企业则更少，仅占物流企业总数的5%左右。内蒙古自治区拥有信息化平台的口岸仅满洲里一家。企业之间、企业与俄罗斯、蒙古国的信息平台也尚未建立，对各国商务预警不到位，物流服务的综合经济效益得不到发挥，物流成本难以降低，在国际市场份额中难以占据一席之地。

（六）口岸物流专业人才缺乏

内蒙古自治区口岸物流需要的是了解中蒙俄国际贸易规则、熟悉国际贸易具体业务且掌握俄罗斯、蒙古国等国语言、能够提供专业的口岸物流服务的专业人员。但目前来看，内蒙古自治区各口岸从事物流活动的专业技术人员很少，尤其是专门化口岸物流方面的高级人才极度匮乏，一方面源于社会化的物流尤其是口岸物流教育仍相对有限，物流人才的培养严重滞后于口岸物流的发展；另一方面企业对物流从业人员的培训投入不够，没有形成物流人才培养与储备循环。

（七）沿线各国政策制度存在差异、缺乏协调

俄罗斯等欧洲国家物流通道发展政策不尽一致，相互协调困难。各国之间负责运营的公司资本没有一体化，存在利益分配、风险承担、责任落实、费率标准等问题，各国之间、部门之间和企业之间的利益关系难以协调。各国物流通道在基础设施、信息系统等软硬件方面的结构性矛盾，直接导致通道无法高效衔接。另外，各国物流通道运营系统技术标准存在差异，增加了场线衔接中转环节，导致通道运行时间过长、运输成本较高。

四、内蒙古自治区口岸物流发展对策

（一）尽快制定口岸物流发展整体规划，与中蒙俄经济走廊建设对接

为保障内蒙古自治区口岸物流的快速发展，尽快满足中蒙俄经贸发展需要，内蒙古自治区需根据中蒙俄经济走廊构建的需要，结合内蒙古自治区口岸经济的总体布局，尽快制定口岸物流发展整体战略规划。包括口岸物流发展分工、基础设施的整体布局设计、相关法律政策的制定和完善以及信息体系对接等全方位的物流体系的构建战略。

（二）明确口岸分工，构建口岸物流服务体系

按照各个口岸的产业分布和发展特点，合理划分口岸定位与功能，形成空间布局合理、功能分工明确、能够顺畅协调与协作的口岸集群，并以此为依托构建多层次的口岸物流服务体系。

1. 构建以满洲里、二连浩特口岸为中心的区域综合型口岸物流服务体系

依托国家与区域综合运输网络，积极扩展口岸向纵深腹地的物流服务辐射，积极加快满洲里、二连浩特口岸物流园区、中转站、货场等建设，将口岸物流服务直接切入产业聚集区内企业的原料供应、产品生产、运输、销售等环节，提供产业聚集区原材料、半成品、配套件等的进出口供应物流服务；产业聚集区域内部的物流组织、运作服务；产成品或半成品面向终端市场与客户的运输与配送物流服务。

2. 构建以甘其毛都、策克、额布都格、珠恩嘎达布其口岸为主的基于主导产业链的口岸物流服务体系

依托口岸产业加工工业园区，围绕策克、甘其毛都口岸以煤炭、铜矿运输为主的产业链，额布都格、珠恩嘎达布其口岸以原油运输为主的产业链，提供与之配套和满足产业链条发展要求的进口原材料供应链、加工链、销售运输链服务，

促进口岸供应链物流活动一体化发展。

3. 积极开拓航空口岸物流服务体系

拓展呼和浩特白塔国际机场、海拉尔国际机场、满洲里国际机场国际货运业务，推动包头、鄂尔多斯机场升级为国际机场，加快呼和浩特国际空港物流园、阿康国际空港物流园等项目建设，发展国际空港物流。

（三）完善口岸基础设施建设，推进基础设施互联互通

1. 加快重点口岸公路建设

重点口岸公路建设包括与俄蒙相邻地区连接和重点区域的跨境公路、口岸至腹地的公路运输通道以及口岸之间公路通道、口岸通道高等级公路建设，扩大公路网络覆盖面，提高公路通达的深度和等级。

2. 优化机场和航空网络布局

构建以满洲里和二连浩特口岸支线机场为核心，沿边旗县通勤通用机场为支撑，连接俄罗斯、蒙古国与周边腹地的航空网络体系。

3. 完善口岸铁路网络

加快建设连接主要口岸、主要城镇和主要产业基地的铁路通道，加快建设、满洲里、二连浩特等口岸地区至国内中心城市经济腹地的铁路运输通道，以及通往俄罗斯和蒙古国口岸跨境和重点区域的苏蒙欧国际货运班列、呼和浩特经二连浩特至法兰克福国际货运班列，进一步扩大铁路网覆盖面，提高口岸铁路运输能力。

（四）提高口岸管理水平，规范市场秩序

1. 提升管理水平

在加强交通运输行业管理部门进出口监管、提高口岸各项管理职能的同时，强化职能部门的服务意识，尽量简化手续，提高效率，最大限度地方便企业，尽量缩短货物口岸滞留时间。同时，积极加强与有关部门的沟通协调，为交通运输管理机构进入口岸执法创造条件。

2. 规范货运市场秩序

以满洲里口岸和二连浩特口岸为重点，加强市场监管和调控，对已取得经营资格的出入境汽车运输企业进行定期审验；所有已取得经营资格的出入境汽车运输的车辆必须按规定喷印和悬挂出入境汽车运输标志；及时向有关口岸的海关部门通报具备出入境汽车运输经营资格企业及车辆情况。

（五）加强国际物流企业管理

1. 培育口岸物流企业

鼓励大型现代化专业物流企业参与口岸物流经营，积极引进国内外第三方物

流企业在口岸城镇设立分支机构和地区总部，开展国际运输、物流信息、物流金融和全球供应链管理等综合性、高附加值业务，形成以第三方物流服务为核心的口岸物流综合服务系统。

2. 建立国际物流企业行为规范

在口岸物流业务中，国际物流企业与俄蒙等国家企业交往，不但提供物流服务，同时也承担着重要的社会责任。要塑造中国企业的良好形象，就需要建立物流企业行为规范。口岸国际物流企业服务对象一般是俄罗斯、蒙古国等异国企业，物流企业本身除了完成国外客户经贸物流服务外，还要严格遵循企业经营行为规范，维护内蒙古自治区乃至中国企业的形象。因为物流企业一旦在合作中出现失信行为或其他不恰当的言行举止，会破坏中国企业的整体形象，会影响国际间的经贸合作。因此，一定要加强对中方物流企业诚信的教育，建立物流行为规范以及言行举止的规范。

（六）推进口岸物流信息化建设，提升物流效率

内蒙古自治区应尽快推进交通电子口岸建设进程，力争到2020年搭建起完善的交通电子口岸框架，在各口岸基本搭建起电子化办公平台，为下一步实现全面电子化通关提供条件；建立和完善行政管理信息系统、电子公路口岸系统、源头治超与安全监管平台、办公自动化系统等来提升管理水平，提高办事效率；建立集物流信息发布、在线交易、数据交换、智能配送、地理信息系统和全球定位系统跟踪反馈、智能分析等功能于一体的、辐射区内外物流节点城市的口岸物流公共信息交换平台；扶持物流企业尽快建立口岸物流信息网络。为口岸物流效率提升奠定基础。

（七）推动口岸联动发展，加快国际联运体系构建

第一，依托空运口岸，大力发展航空物流，开展保税仓储、物流中转、国际采购、展览展示等临空现代服务业。引进有运营资格的企业或大型快件公司，开通快件、邮件业务，扶持跨境国际快递业务。引进大型电商公司，依托航空高效的运输方式，促进内蒙古自治区电子商务发展。引进航空公司和大型物流企业，发展国际航班货运业务，辐射全区和周边省区的空运、货运、国际货运代理服务。

第二，依托内陆港，发展货物集散、中转、分拨、配送、国际集装箱多式联运、保税物流，打造连通境内外的国际物流重要节点、多式联运现代物流中心和进出口商品集散地。

第三，发挥内蒙古自治区向北开放重要桥头堡和丝绸之路经济带重要枢纽作用，加强口岸区域物流合作，推动内蒙古自治区陆运口岸、空运口岸、内陆港之间以及与沿海和内地省区口岸之间的联动发展，构建设施先进、网络完善、支撑有力、运行高效的货运集疏体系，形成国际物流、航空物流、保税物流、特色产品物流、城市商贸物流等各类物流业态门类齐全、一体联动发展的多式联运格局。

（八）积极培养、引进口岸物流专门人才

鼓励开展企业口岸物流人才培训。发挥高等院校作用，发挥行业协会和骨干企业作用，加强与国内外培训机构的合作，开展口岸物流人才的培训工作。提高在职培训的针对性，企业高管和高级工程技术人员培训以"走出去"为主，重点学习新理念、新知识和新商业模式；企业一般员工培训重点是提高岗位技能，新入职员工培训重点是提高岗位适应能力。

积极引进口岸物流人才。鼓励企业以智力资本入股或参与分红等方式，面向国内外引进高级技术职称或博士学位的高层次物流人才，尤其是物流管理和物流工程技术方面的复合型人才、熟悉国际物流业务运作的高级人才和业务操作人才，支付一次性住房补贴、安家费、科研启动经费等费用。

（九）建立国际合作与沟通协商机制，推进跨境合作

继续推进与俄罗斯、蒙古国的双边合作机制，加强与俄罗斯和蒙古国地方口岸管理部门的沟通和联系，建立形成定期会晤、信息通报及联合稽查制度，解决双方口岸基础设施建设和通关中存在的主要问题，重点是敦促对方加快口岸基础设施建设，提高口岸过货能力，优化通关环境。

探索设立跨国合作区或集散中心，协商解决货物通关、贸易安全、运输价格以及运输技术等方面的问题。采取"一同参与、共同建设"运作模式，加强跨区域合作。建立跨区域协作机制，发起成立"国际陆路联运大联盟"，统一品牌、统一对外、统一组织、统一宣传，共同打造经内蒙古自治区口岸通往欧洲的班列。

第 三 篇

专题研究报告

第九章

内蒙古自治区物流企业发展报告

　　区域物流产业的发展受到物流企业的发展、区位地理条件、物流基础设施、物流知识、市场需求、政策体制因素六要素的影响。作为物流产业的"细胞",物流企业对区域物流产业具有决定性的影响。同时,物流企业作为物流市场的供应主体,它的发育水平在一定程度上决定着物流市场的发育水平。因此,有必要对内蒙古自治区物流企业发展状况做深入的调查和分析。

　　内蒙古自治区物流企业可大致划分为以下几种:①铁路、公路、民航、邮政部门利用既有的运输资源优势,开办创设的以大宗物资、快件运输为主的物流企业;②国内一些大型物流公司以及区内一些传统运输、仓储公司改制设立的物流企业;③以商业连锁配送为主的物流配送企业。在内蒙古自治区境内,物流市场主体快速成长。培育了安快、中昊、巴运、通运、内蒙古物资储运等一批本土物流企业,引进了中远、敦豪、宅急送、中外运等一批国内外知名物流企业,初步形成了多种经济成分和各种服务模式的第三方物流市场主体。

一、内蒙古自治区物流企业基本状况

在经济效益方面，物流企业经营效益偏低。2014年，从内蒙古自治区发改委、统计局指定重点物流样本企业统计数据来看，内蒙古自治区物流服务价格低位震荡，物流企业经营效益偏低，企业经营压力较大，其营业成本的增幅要大于营业收入的增幅。2014年第四季度，内蒙古自治区物流行业从业人员、劳动报酬比前三季度略有下降。从收入构成来看，物流收入结构有所优化，一体化、信息化成为企业收入的新亮点。运输收入占物流总收入的50.5%，一体化物流业务收入占到物流总收入的31.3%，信息化收入占到物流总收入的0.17%。2015年1~6月，物流企业利润持续下降。从内蒙古自治区重点统计样本企业的汇总结果来看，受季节性及整休市场环境等因素的影响，物流企业经营效益偏低，企业经营压力较大。物流企业利润额同比下降12.63%，物流业务成本同比下降15.29%。物流价格持续低迷，走势整体偏弱。从物流景气指数来看，2015年上半年内蒙古自治区物流服务价格均位于50%荣枯线以下，物流服务价格整体水平较低。

在数量以及规模方面。在数量增长方面，截至2006年底，内蒙古自治区注册并已开业的物流企业997户；截至2010年底，内蒙古自治区注册登记的1913户物流企业。4年间增加916户，年均增长率为17.7%。按此平均增长率推算，截至2014年底，内蒙古自治区注册登记的物流企业达到3670户。在规模上，在内蒙古自治区注册登记的1913户物流企业中（截至2010年底），注册资本1000万元以上的物流企业达到210户，所占比率为11%；3A级以上的物流企业达到18户，所占比率为1%。可见，内蒙古自治区物流企业规模较小，以中小型为主。

由于现代物流业成为独立的行业较晚，从国家到地方，物流行业相关数据的收集、整理和发布有待于进一步完善。从现有相关部门发布的统计数据来看，深入全面了解内蒙古自治区物流企业总体情况还存在一定难度。此外，内蒙古自治区物流企业规模小，以中小物流企业为主。基于此，内蒙古财经大学物流管理系在内蒙古自治区中小企业发展研究基地课题资助下，于2014年7~8月对内蒙古自治区中小物流企业进行走访和问卷调查，从各个方面进行详细调研，以期对内蒙古自治区物流企业总体的一些发展特征进行把握。

本调查旨在了解内蒙古自治区物流企业的实际发展情况。课题研究组为内蒙古自治区中小物流企业专门设计了调查问卷，以便深入了解物流企业发展状况。

问卷从物流企业基本经营情况、物流企业人力资源状况、物流企业经营环境、物流企业基础设施情况和物流企业的前景预测五个维度来对内蒙古自治区中小物流企业情况进行调查研究。

借内蒙古自治区物流协会主办内蒙古自治区物流论坛的机会，向参会物流企业发放问卷47份，收回35份，经过梳理有效问卷达到30份，符合统计学样本容量的基本要求。通过分析调查问卷，得出结果如下：

（一）企业基本经营情况

在企业的基本经营情况方面，我们主要了解企业所在区域、所有制的性质、企业开展的业务类型、业务辐射的范围、企业业务网点选址考虑的因素、物流企业服务的客户情况、同客户的合作形式等。具体情况如下：

1. 调研企业分布地理区域情况

在被调研企业中，呼和浩特市有9家企业参与调研，占有效样本数量比为30%；包头市和通辽市各有4家企业参与，占有效样本数量比为13.33%；鄂尔多斯市和乌海市各有3家企业参与，占有效样本数量比为10%；赤峰市和乌兰察布市各有2家企业参与，占有效样本数量比为6.67%；阿拉善盟有1家企业参与，占有效样本数量比为3.33%。见表9-1。

表9-1　被调研企业所在地域统计

指标 ＼ 地区	呼和浩特市	包头市	鄂尔多斯市	乌海市	阿拉善盟	乌兰察布市	通辽市	赤峰市
数量	9	4	3	3	1	2	4	2
占有效样本比重（%）	30.00	13.33	10.00	10.00	3.33	6.67	13.33	6.67

2. 调研企业所有制性质

在被调研企业中，私营企业18家，占有效样本数量比为60%；股份公司10家，占有效样本数量比为33.33%；国有企业和中外合资/合作企业1家，占有效样本数量比为3.33%。在被调研企业中，没有出现外商独资企业。见表9-2。

表9-2　被调研企业所有制性质统计

指标 ＼ 类型	国有企业	股份公司	外商独资企业	中外合资/合作企业	私营企业
数量	1	10	0	1	18
占有效样本比重（%）	3.33	33.33	0.00	3.33	60.00

3. 内蒙古自治区物流企业主要从事的业务

从图 9 - 1 可以看出，内蒙古自治区物流企业从事的主要业务仍然较为初级，主要集中在运输与装卸、仓储和配送这三块物流基础业务方面。其中在被调研企业中选择运输与装卸业务的企业比例为 100%，选择配送业务的企业比例为 76.67%，选择仓储业务的企业比例为 63.33%。被调研的物流企业都把运输和装卸作为自己的主要业务之一。

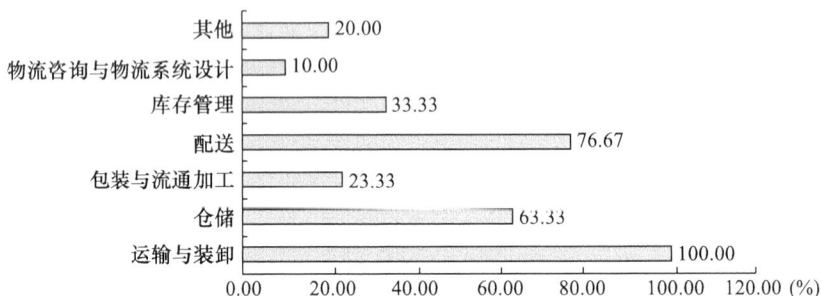

图 9 - 1   内蒙古自治区中小物流企业主要从事的业务

开展相关物流咨询与物流系统设计业务的物流企业在被调研有效样本数量中占比仅为 10%，相对较低。因此从数据可以看出内蒙古自治区物流水平发展阶段还处在初级阶段，内蒙古自治区中小物流企业从事高附加值式的新兴物流业务的还比较少，在调研中，仅有一家企业提及物流园区投资建设及运营。因此，对内蒙古自治区大部分物流企业而言，提升自身服务及管理能力，在做好物流基本业务（运输、仓储）的基础上，要不断向高附加值的业务领域拓展。

4. 内蒙古自治区物流企业的业务辐射范围

如图 9 - 2 所示，内蒙古自治区物流企业的业务范围集中在内蒙古自治区及周边省区，这一比例达到 60%，同时在被调研有效样本企业中有 33.3% 的物流企业已经把业务范围扩展到全国，表明内蒙古自治区在经济快速发展的过程中，同外部的联系不断加强，企业间业务往来更趋频繁。在此过程中，也锤炼了物流企业不断走向成熟。另外还有部分物流企业依托区位、资源等优势条件，积极开展同国际贸易有关的跨境物流业务，主要是跨国运输服务。

5. 内蒙古自治区物流企业网点选址的主要影响因素

我们利用加权求和的方法对调研数据进行汇总，得到图 9 - 3、表 9 - 3。

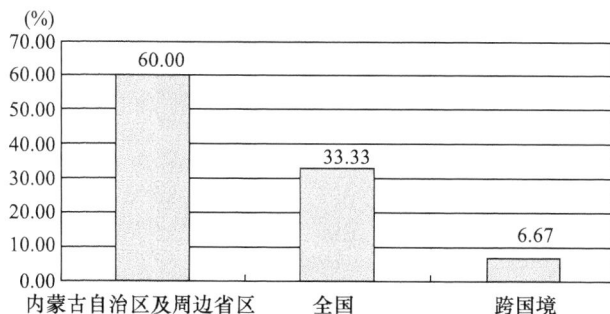

图9-2　内蒙古自治区物流企业的业务辐射范围

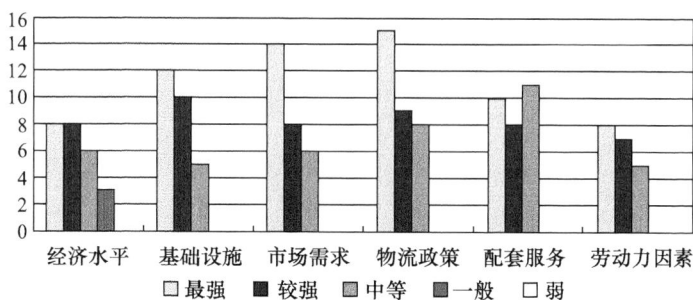

图9-3　影响企业业务网点选址的主要影响因素

表9-3　影响企业业务网点选址各因素综合评分表

影响因素	最强 （5分）	较强 （4分）	中等 （3分）	一般 （2分）	弱 （1分）	总分	排序
经济水平	8	8	6	3	0	96	4
基础设施	12	10	5	0	0	115	3
市场需求	14	8	6	0	0	120	2
物流政策	15	9	8	0	0	135	1
配套服务	10	8	11	0	0	115	3
劳动力因素	8	7	5	0	0	83	5

　　从表9-3汇总情况看，在诸多影响因素中，内蒙古自治区物流企业的经营管理者较为关注的因素依次为物流政策、市场需求、配套服务和基础设施这四方面。而经济水平及劳动力因素重要程度相对较弱。这也从另一个方面说明，很多

物流园区在选址时出于低价及交通等多方面考虑，大多选择城郊土地广袤的区域。决定企业进行业务拓展的首要因素是市场需求、配套服务和基础设施，也说明大部分企业在业务网点选址问题上是理性的，首要考虑的是企业自身开展业务的需要及便利性，而非区域经济水平等间接因素。

同时，我们也要注意到选择物流政策的比重也比较高。当前，在促进物流业发展的各类政策中，主要有企业税费减免、优惠及土地出让金等，从调研情况看，这对物流企业的影响也比较大，是影响物流企业发展的重要因素。

另外，经济水平和当地劳动力因素在选择中也占有一定比例，对中小物流企业发展影响同样不可忽视。

6. 内蒙古自治区物流企业主要客户群

从图9-4可以看出，在被调研企业中，选择私营企业的比例高达76.67%，其次是国有企业、事业单位和中外合资/合作企业。这同市场主体占比情况基本一致，当前私营经济在整个经济板块中较为活跃，业务量及业务规模较小，在选择合作企业时较为随意，多为交易型关系，稳定性较差。这也说明大部分物流企业的服务能力及管理水平还有非常大的提升空间。

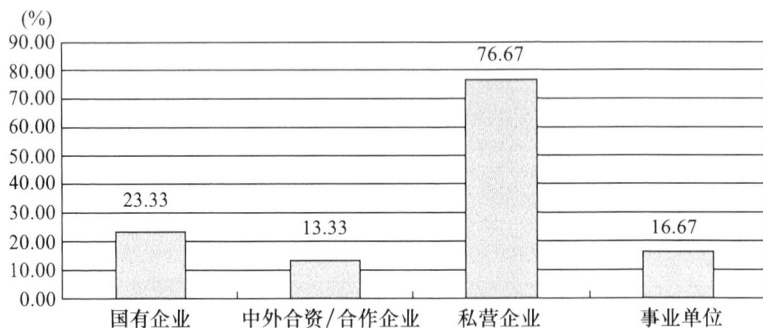

图9-4　内蒙古自治区中小物流企业客户类型

国有企业及中外合资/合作企业也占据了一定的比例。大型工业企业由于物流业务量较大，更愿意同物流合作企业建立较为长期稳定的合作关系，以降低经营成本及运作风险，在选择物流合作企业过程中是非常慎重的。这说明部分规模较大的物流企业在服务能力方面取得长足进展。

7. 内蒙古自治区物流企业主要客户群的产业属性划分

从图9-5可以看出，从内蒙古自治区物流企业客户群的产业属性划分来看，内蒙古自治区物流企业的客户群主要集中在煤炭、农副土特产、食品、纺织服装、汽车及配件等领域。这一调研结果和内蒙古自治区的优势产业基本吻合，物流业是服务产业发展的，是产业发展的推动力，产业发展和物流发展具有相辅相成的关系。

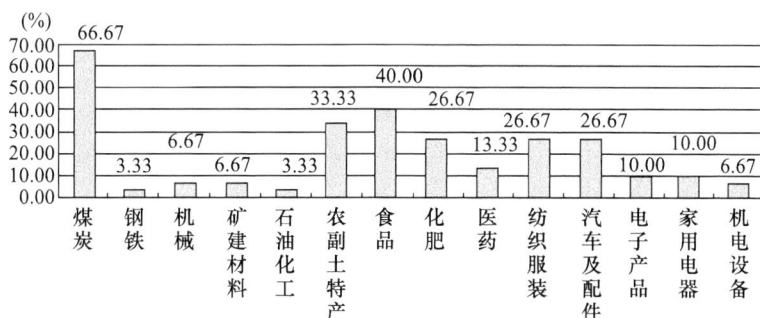

图9－5 企业主要客户所属行业

　　煤炭行业占比最高，同内蒙古自治区的资源分布状况有关。在内蒙古自治区行政区划范围内，从东到西分布有各种煤炭产区，而大部分煤炭需要外运，对运输需求巨大。

　　除煤炭较为突出外，其他农副土特产、食品等城镇居民消费类行业则是内蒙古自治区中小物流企业的主要客户。而对于钢铁、机械及矿建材料等领域，部分属于特种行业，对物流服务的资质及装备要求较高，物流企业涉足较少。

　　8. 内蒙古自治区物流企业与主要客户的合作形式

　　从图9－6可以看出，内蒙古自治区物流企业目前与主要客户的合作形式都采用了签订合同的方式，说明企业间合作较为规范，明确用法律合同的形式约束双方的行为，符合市场经济法治化的特征。

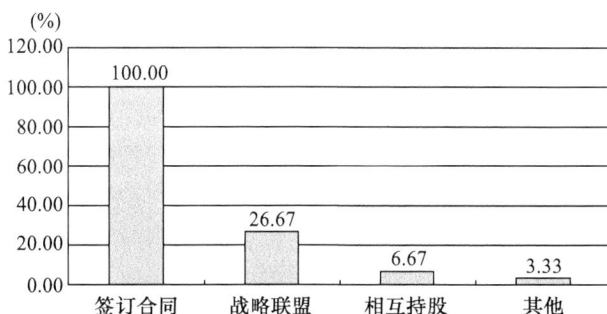

图9－6 中小物流企业同主要客户合作的形式

从图9-6也能看出，部分物流企业与其客户都组建了战略联盟，这是一个积极信号。未来企业的竞争将向供应链转移，强化企业间合作关系是大势所趋。通过组建战略联盟，建立较为长期稳固的合作关系，有利于各自降低市场经营风险，实现互利双赢。

另外，也有少数物流企业和其服务客户进行了其他尝试，采取相互持股等形式进行合作，本身就是物流企业经营视角和管理思路的变化，值得继续关注。

9. 内蒙古自治区物流企业与主要客户签署合同的期限情况

从图9-7可以看出，临时合同签订率为100%，这同物流业运作实际有关，在具体物流业务运作过程中，虽企业间签订长期合同，但对于每次具体业务同具体业务承运人之间还要签订临时合同，对当次业务责任、权利及出现事故后的赔偿及免责情况进行阐述。

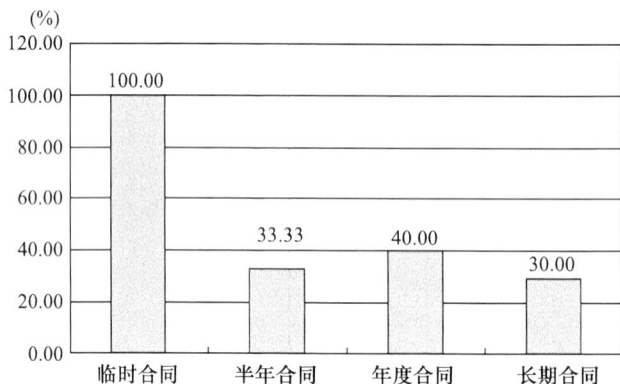

图9-7　中小物流企业与主要客户签署合同期限情况

具体到企业间的合作关系，内蒙古自治区物流企业与主要客户的合作合同大部分是年度合同。签订年度合同的优势是比较灵活，企业根据上一年度合作状况决定下一年度是否继续合作，而物流企业也有较大的自主性。

同时半年合同及长期合同（一年以上的）在调查中也占有一定比例，半年合同多具有试探性合作的意味，而长期合作说明企业间合作关系较为稳固。

（二）企业人力资源状况

通过对物流企业人力资源状况进行调查，可以反映出物流企业自身的管理水平、市场竞争能力以及企业发展潜力。在问卷设计方面，主要通过企业员工数量、管理者所占比重、吸引人才的主要因素、最缺乏的物流人才种类及本企业人员培训方式等问题进行调查。

1. 企业在岗员工总人数

如图9－8所示，被调查企业50人以下的有7家，占总量的23.33%；50～300人的有22家，占总量的73.33%；300人以上的有1家，占总量的3.33%。

(家)

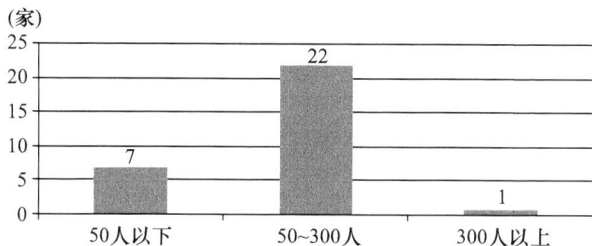

图9－8　被调查企业员工数量情况

按照本书前面的界定，由于被调研企业大部分以运输、仓储服务为主，我们都按照运输及仓储类企业对其划型。将50人以下划为微型企业，50～300人的划为小型企业，300人以上的划为中型企业。这一家300人以上的企业，在业务中同时涉及商贸、销售领域，不仅仅包括物流服务，单纯物流业务人数应不足300人。因此，所收集的调查样本全部为小微物流企业。

同时在问卷中涉及中层以上管理人员占比，大部分企业给出的范围是20%～40%，还有部分企业没有给出答案。这中间应包括理解上的偏差，即什么样的层次算中层以上。因此，这也是问卷在设计过程中考虑不周的地方。

2. 吸引中层以上管理人员的主要因素

物流企业能否吸引优秀人才进入企业工作受多方面因素影响，根据有关研究，我们选择了企业规模与形象、收入及福利水平、收入分配与职务晋升的公平性、职业发展机会与空间、工作的物质环境与条件、人际关系与组织氛围、领导者素质与诚信等因素进行考察。调研情况如图9－9所示。

结合调研数据，如表9－4所示，我们对其进行加权平均求和，最终得到各项因素的平均得分。在物流企业的经营管理人员看来，收入分配与职务晋升的公平性、收入及福利水平、职业发展机会与空间在引进人才方面至关重要。由于物流行业属于劳动密集型，工作环境一般较差，因此工作待遇等成了人们考虑的首选因素。

(分)

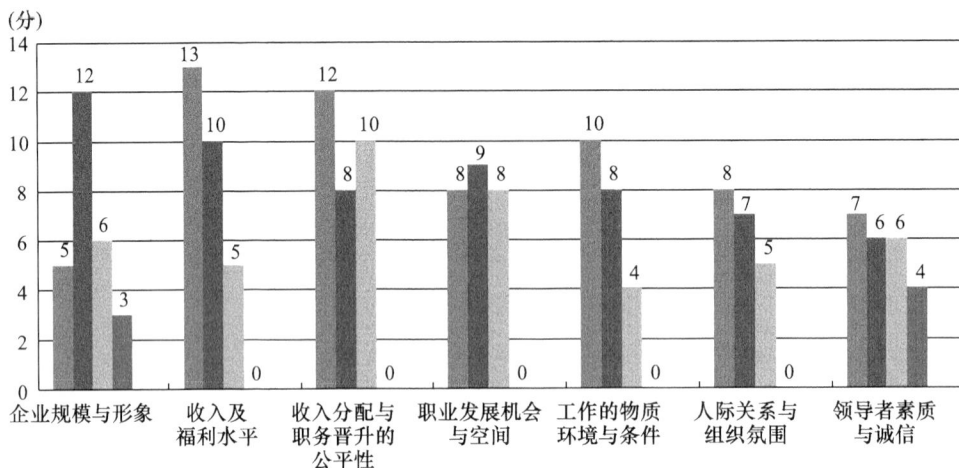

图9－9　物流企业吸引中层以上管理人员的主要影响因素

表9－4　中小物流企业吸引中层以上管理人员各因素综合评分情况

评分类型 吸引因素	最强 （5分）	较强 （4分）	中等 （3分）	一般 （2分）	弱 （1分）	总分	排序
企业规模与形象	5	12	6	3	0	97	4
收入及福利水平	13	10	5	0	0	120	2
收入分配与职务晋升的公平性	12	8	10	0	0	122	1
职业发展机会空间	8	9	8	0	0	100	3
工作的物质环境与条件	10	8	4	0	0	94	5
人际关系与组织氛围	8	7	5	0	0	83	7
领导者素质与诚信	7	6	6	4	0	85	6

3. 物流企业中层以上管理人员的薪酬水平

本次调研，我们主要对物流企业中层以上管理人员的平均薪酬（年收入）、基层员工的平均薪酬（年收入）进行调查分析，以此来了解物流企业员工的收入情况。

其中，物流企业中层以上管理人员平均薪酬水平如图9－10所示。

从图9－10可以看出，物流企业中层以上管理人员薪酬以62000～80000元的比例最高，其次分别是40000～50000元、50000～62000元、100000元以上以及80000～100000元。折算为月薪大体为3000～10000元，同其他行业相比略显偏低。

在调研过程中，部分企业回答选择了两项，我们将其统计为有效问卷，这应该是说明企业中层及高层之间存在薪酬级差，回答得较具体。

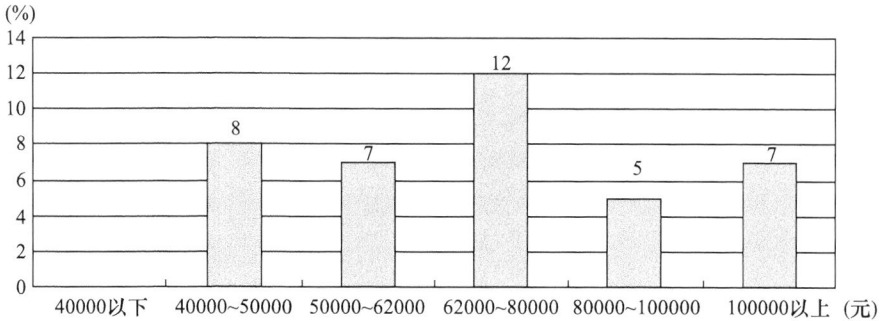

图9－10　中小物流企业中层以上管理人员平均薪酬水平

4. 物流企业基层员工的薪酬水平

基层员工平均薪酬水平如图9－11所示。

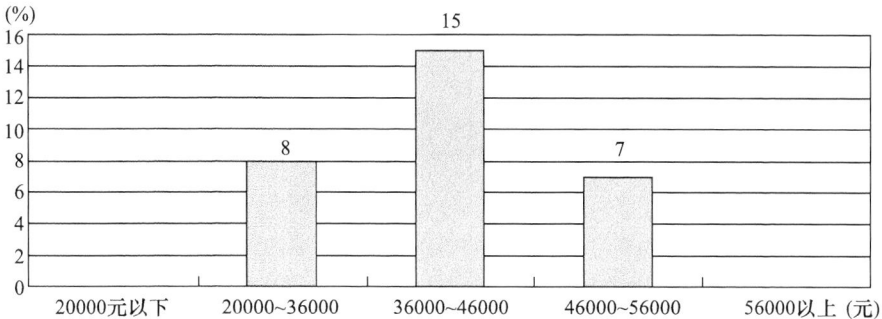

图9－11　中小物流企业基层员工平均薪酬水平

从图9－11可以看出，内蒙古自治区物流业基层员工的年收入水平集中在20000～56000元，折算为月薪为1600～4700元。应该说这个工资水平并不高。对物流企业基层员工而言，基本没有休息日，且由工作性质决定工作的随机性较强，客户来了订单任务，就需要处理，现场作业人员需要随时准备加班。因此，相对于这样的工作条件而言，薪酬水平偏低，这也是造成物流企业基层员工流动性较大及难以吸引高素质员工入职的原因。

5. 物流企业当前最紧缺的物流人才

从图9－12可以看出，综合性物流管理人才及运输管理人才是当前中小物流企业最紧缺的，选择比例高达50%以上，其次是客户服务管理、物流信息管理、库存管理、仓储操作等方面人才。而选择国际物流业务管理方面人才的比例相对较低，这同内蒙古自治区物流业的实际相符。由于内蒙古自治区外贸业务规模相对较小，市场需求有限，除个别地区的物流企业外，大部分物流企业不涉及国际物流业务。

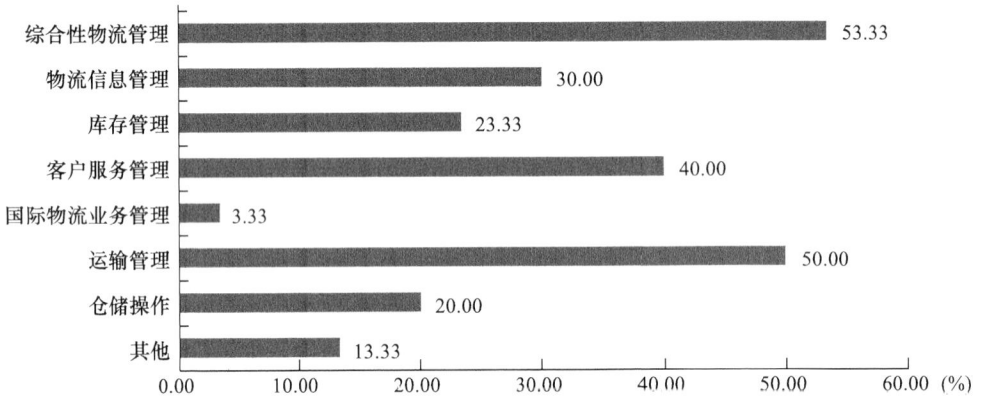

图9-12　中小物流企业最紧缺的物流人才（多选）

6. 物流企业人才培训方式

表9-5　中小物流企业人才培训统计

类别	数量	比例（%）
鼓励和资助员工进行专业深造	—	—
企业内部定期组织培训	12	40
委托高校组织培训班	—	—
组织参加社会机构认证培训与考试	4	13.33
其他	9	30

从表9-5可以看出，当前内蒙古自治区物流企业对人员培训重视程度还略显不足，在开展人员培训的企业中，以企业内部定期组织培训及其他为主，据了解，其他则一般为企业中高级以上管理人员参观考察学习及参加部分行业交流会等形式。个别企业为参加行业组织的企业评级、调整企业人力资源结构会组织参加社会机构认证培训与考试，但比例仍然较低。

（三）企业的经营环境

在本次调研中，我们在企业的经营环境中设计以下问题：物流企业希望当地政府强化哪些方面的职能、我国物流标准化工作哪些方面亟待改进、物流企业在发展中遇到了哪些问题、制约物流企业发展的外部因素有哪些、同行企业间是否合作等，以此来考察物流企业经营环境状况，查找制约企业发展的瓶颈问题。

1. 当地政府需强化哪些方面职能

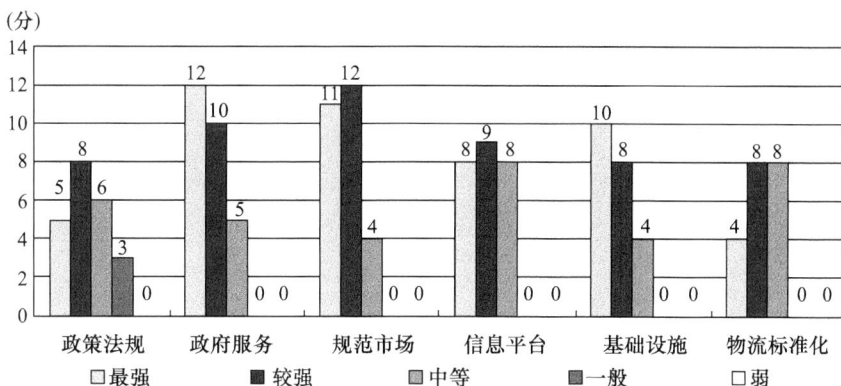

图 9 – 13　物流企业认为政府需要强化的职能重要程度

表 9 – 6　物流企业认为政府需要强化的职能重要程度的评分

评分类型 职能	最强 （5分）	较强 （4分）	中等 （3分）	一般 （2分）	弱 （1分）	综合评分	排序
政策法规	5	8	6	3	0	81	4
政府服务	12	10	5	0	0	115	1
规范市场	11	12	4	0	0	115	1
信息平台	8	9	8	0	0	100	2
基础设施	10	8	4	0	0	94	3
物流标准化	4	8	8	0	0	76	5

　　结合调研数据，我们对其进行加权平均求和，最终得到各项因素的平均得分（见图 9 – 13 及表 9 – 6）。在物流企业的经营管理人员看来，提高政府服务效率和规范市场是当前政府首先需要解决的问题，其次是物流公共信息平台建设、加强物流基础设施建设、完善政策法规体系建设。最后是推进物流标准化建设，选择的比例相对较低，说明当前企业对物流标准化的重要性认识不足，也从另一个方面反映出当前物流企业从事的业务比较传统，距离行业整合、供应链协同的现代物流服务要求还有一定的距离。

　　上述数据也说明，物流企业对政府在企业发展中的作用是比较重视的，政府通过出台各种政策、利用行政管理手段，营造良好的企业经营环境，对物流企业发展至关重要。

2. 我国物流标准化工作哪些方面亟待改进

从图 9 - 14 可以看出，在物流企业的经营管理人员看来，当前在数据采集标准化、编码标准化、物流信息交换标准化、设施与技术装备标准化方面亟须改进。其中数据采集标准化选择比率达到 73.33%，编码标准化选择比率达到 60%，物流信息交换标准化和设施与技术装备标准化选择比率达到 53.33%，说明当前此类问题在企业运作中已经造成比较大的困扰，严重影响了企业的作业效率以及业务开展。

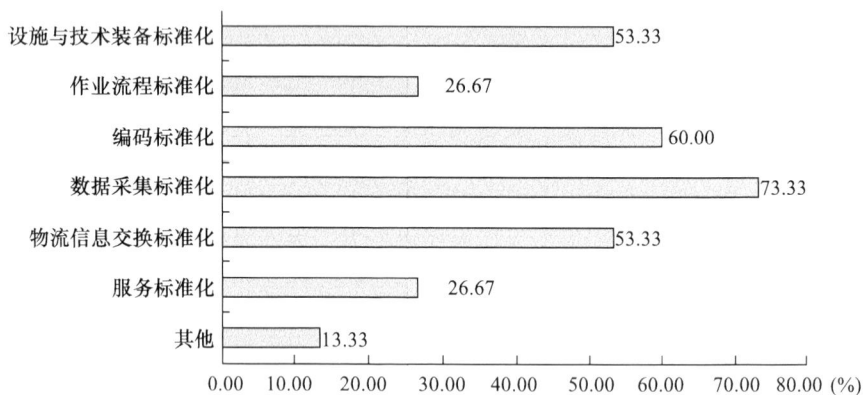

图 9 - 14　中小物流企业认为标准化工作亟须改进方面

3. 物流企业发展中存在的主要问题

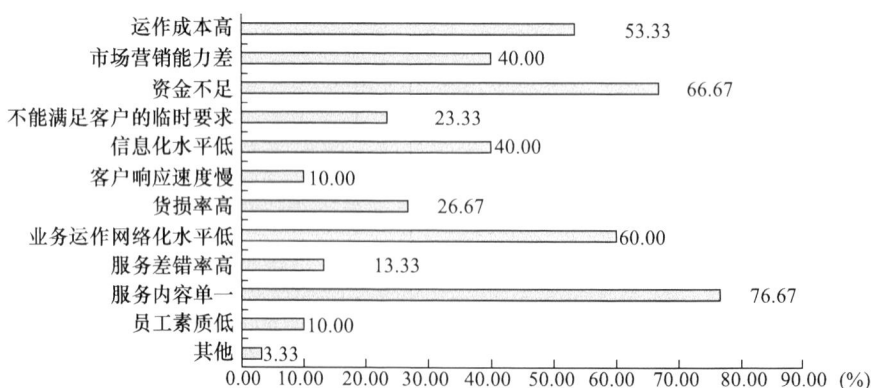

图 9 - 15　中小物流企业发展中存在的主要问题

从图 9 - 15 可以看出，在物流企业的经营管理人员看来，当前物流企业普遍遇到的是服务内容单一、资金不足、业务运作网络化水平低、运作成本高的问题。选择比率分别达到 76.67%、66.67%、60%、53.33%，超过半数。其次市场营销能力差、信息化水平低选择比率也比较高，说明大部分企业管理者对企业自身有比较清醒的认识，比较准确了解企业的短板所在。

在客户响应速度慢、货损率高方面选择比率较低。据了解这种情况同内蒙古自治区物流企业所承担的物流对象有比较大的关系，煤炭、农副产品等低附加值产品占物流公司业务量比重较高，这类货物对运输时限、安全性等方面要求较低。因此这些问题尚未给企业带来太大的困扰。

在员工素质低方面选择比率仅为 10%，说明当前企业经营管理者对企业的员工结构及能力是比较满意的。这一方面由于内蒙古自治区物流企业从事的物流业务比较传统，缺乏技术含量；另一方面由于工作环境及待遇的因素，导致高学历、高层次员工流动性较大，企业在选择人才时较看重员工的基本素质。

4. 制约物流企业发展的外部因素有哪些

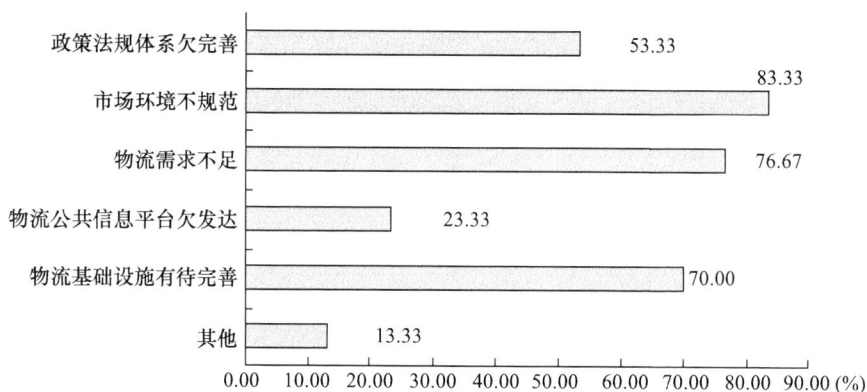

图 9 - 16　中小物流企业认为当前制约企业发展的主要因素

通过调查，从图 9 - 16 可以看出，在物流企业的经营管理人员看来，首先，市场坏境不规范是物流企业发展中遇到的最大问题，选择比率高达 83.33%。当前物流市场进入门槛较低，物流企业间低价无序竞争现象比较严重，这也是造成市场不规范的主要因素。

其次，物流需求不足，选择比率为 76.67%，说明当前物流市场资源利用率有比较大的提升空间，存在部分企业"吃不饱"的现象；物流基础设施有待完善，选择比率为 70%；政策法规体系欠完善，选择比率为 53.33%。这些数据都表明，物流企业对当前外部的软件环境和硬件环境都有比较大的心理落差。

相对而言，物流公共信息平台建设选择比率较低，说明当前市场上现有的信息服务基本能够满足企业自身业务需求。也从另一个方面反映了当前物流企业所从事的业务比较传统，大部分仍停留在配货、车源、货源的信息需求方面。也提示内蒙古自治区物流企业要想在现代物流市场上做大做强，在企业信息化建设方面任重而道远。

5. 企业与同行业企业间是否存在合作关系

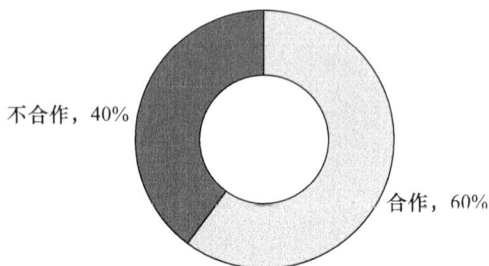

不合作，40%

合作，60%

图 9 - 17　中小物流企业间同行合作的状况

通过调查，从图 9 - 17 可以看出，当前物流行业物流企业之间存在合作的占比 60%，说明大部分物流企业在物流服务过程中不能独立满足客户企业要求，通过同行业企业间的彼此合作，互利共赢，这有利于物流企业降低经营风险。

对企业合作问题回答的情况较不理想，因此后面的问题不做统计说明。

（四）企业的基础设施情况

这部分调查的目的是通过对物流企业自身拥有的资源及利用率情况的调查与分析，了解内蒙古自治区物流企业的规模、信息化水平与服务能力。问卷围绕物流企业拥有车辆情况、车辆利用率、仓库的建设和使用情况、企业的信息系统使用情况、是否与客户企业共享企业数据、当前企业利用了哪些物流信息技术、推广 RFID 技术存在哪些主要困难等问题进行。

由于问卷中对物流企业车辆及仓库建设使用状况问得比较细，提问方式也比较笼统，大部分被调查企业回答情况不尽理想，因此前三个问题未予统计。

1. 物流企业物流信息系统使用情况

通过物流信息化情况的调查和分析，可以了解内蒙古自治区物流企业现代信息技术的运用能力及企业信息化水平，通过与客户是否进行业务信息共享，了解物流企业的服务能力及水平。

从图 9 - 18 可以看出，目前内蒙古自治区物流企业信息系统模块主要体现在财务管理、运输管理、配送管理方面。从整体的选择状况来看，内蒙古自治区物流企业使用物流信息系统的比率还有待提升，说明大部分物流企业作业方式仍停留在手工操作阶段，在物流信息化的道路上还有很远的路要走。

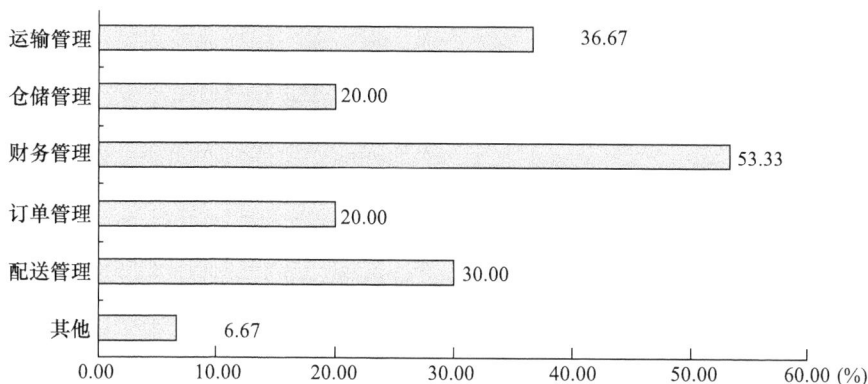

图 9 - 18　中小物流企业物流信息系统包括的模块情况

2. 企业客户能否访问本企业的网络数据

从图 9 - 19 可以看出，内蒙古自治区物流企业开始重视与客户进行信息共享，但大部分尚不能通过互联网等电子手段进行业务往来，这一方面同被调查企业的服务客户、物流对象的属性等因素有关，另一方面也说明内蒙古自治区中小物流企业信息化水平还有待提升。

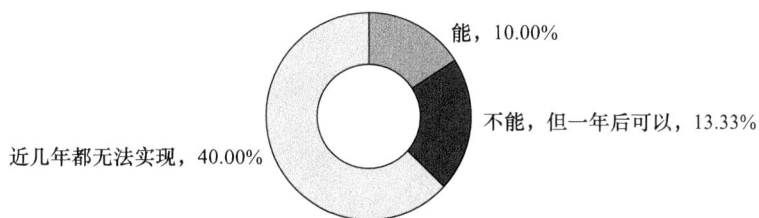

图 9 - 19　中小物流企业客户是否可以访问本企业网络数据

3. 物流企业采用了哪些物流信息技术

内蒙古自治区中小物流企业使用现代物流信息技术的情况如图 9 - 20 所示。

从图 9 - 20 可以看出，内蒙古自治区物流企业使用 GPS 与 GIS 的比率最高，条形码技术次之，其他技术选择的比率都比较小，还有部分企业未予回答。

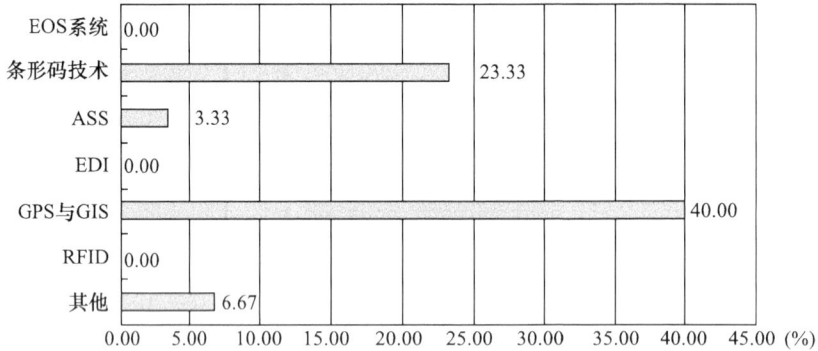

图9-20　内蒙古自治区中小物流企业使用现代物流信息技术的情况

从整体上看，内蒙古自治区物流企业现代物流信息技术的运用状况不尽理想，同发达地区相比，有较大差距。一方面，同内蒙古自治区物流企业自身的业务需求有关；另一方面，也说明企业对信息化建设给予的重视不够。据了解，在物流信息化建设方面，通辽地区的通辽东方利群药品有限公司就走在了前列。其通过引入自动立体库，通过仓储管理系统实现药品库存的实时管理，并利用EOS系统，同连锁药店及客户联网，实时接收订单，分批处理，库房内安装电子标签辅助拣货系统，极大地提高了药品流通管理的效率。

4. 物流企业认为推广RFID技术的主要困难

从调查情况来看，企业使用RFID的比例较低，大部分对该问题并未给予回答，所以本题不做统计分析。

（五）企业的前景预测

1. 外资物流企业进军中国物流市场带来的主要冲击

从调查情况来看，内蒙古自治区中小物流企业大部分对外资物流企业进军中国物流市场带来的主要冲击未予回答，具体情况如图9-21所示。

选择比率较高的是本土企业成收购对象、市场竞争手段发生变化及市场竞争格局发生变化等，本土企业成收购对象最高，选择比率为20%。

通过数据也说明，对外资物流企业进入中国市场，对内蒙古自治区物流企业影响不大。外资物流企业进军中国，大部分品牌知名度较高，客户定位也比较准确，同三、四线城市的区域物流服务并不发生交叉。以内蒙古自治区物流企业开展服务为例，不会有知名外资物流企业进入内蒙古自治区市场争夺煤炭运输市场的业务量。因此，企业对外资进军中国市场的体会并不明显。

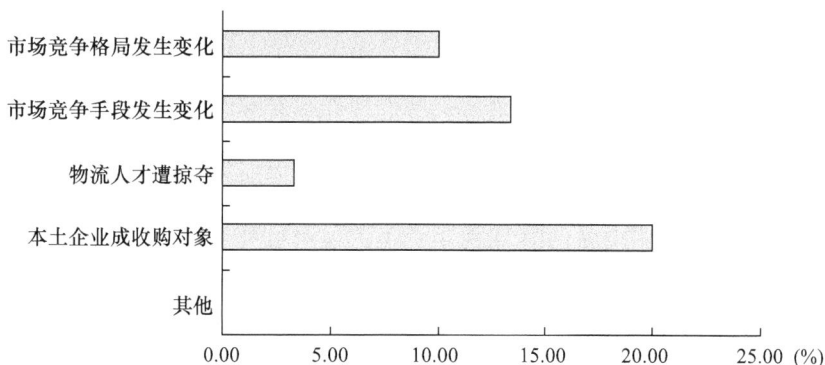

图9-21　外资物流企业进入对本土物流企业的冲击情况

2. 物流企业未来需加强的工作

从调查情况来看，从图9-22可以看出，内蒙古自治区物流企业未来在降低运作成本、增加服务项目、提高信息化水平、优化业务运作网络方面表现出较浓厚的兴趣。但在降低货损率、提高客户响应速度、降低服务差错率、提高员工素质等方面选择率较低。一方面说明内蒙古自治区中小物流企业由于区位资源特色等因素决定的所从事的物流业务比较粗放，另一方面也说明内蒙古自治区中小物流企业提供的物流服务比较传统。

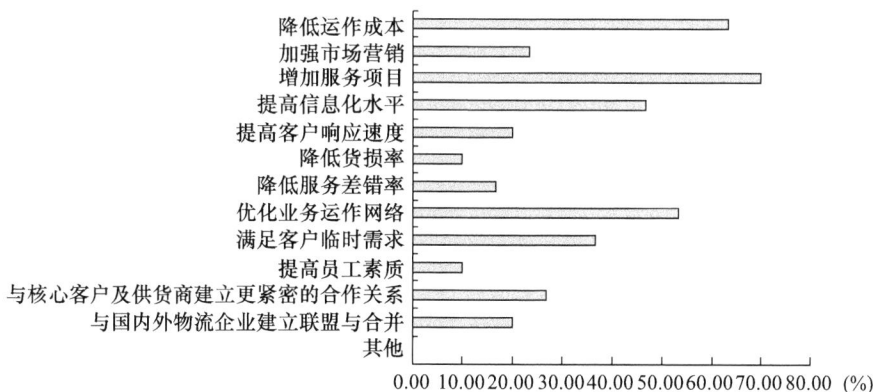

图9-22　中小物流企业未来需加强的工作情况

在现代物流企业和现代物流服务中扮演重要角色的因素企业并不重视。现阶段，内蒙古自治区物流企业对这些因素的认识水平还有差距，企业经营理念需要更新。

3. 物流企业将开展增值服务的类型

从图9-23可以看出，内蒙古自治区物流企业增值服务项目主要集中在物流系统设计与优化、咨询及信息服务、物流一体化服务等方面。增值服务是现代物流企业获取差别优势的主要方向，也是现代物流企业的核心竞争力所在。当然，此类问题中选项对中小物流企业经营管理者而言，其认知程度及层次如何尚不得而知。因此，本题只作为企业未来发展意向的一种试探。

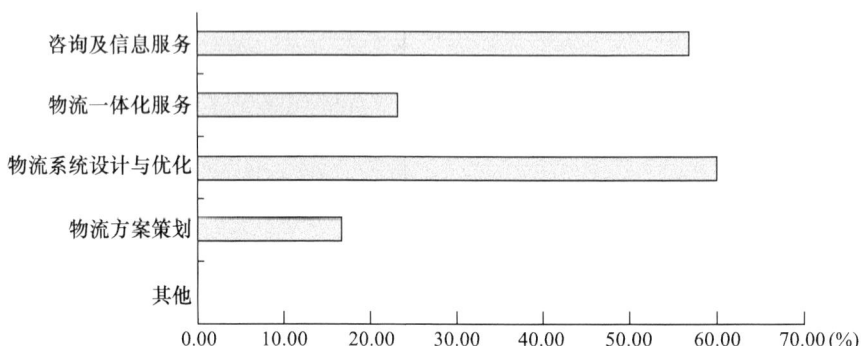

图9-23 中小物流企业未来将开展的增值服务项目

4. 物流企业未来的投资方向

从图9-24中可以看出，内蒙古自治区物流企业未来投资主要集中在运输车辆、扩张业务网络、仓储设施、物流信息技术等方面。最高的为运输车辆，选择比率为73.33%，扩张业务网络选择比率为56.67%，仓储设施选择比率为53.33%，这些数据表明内蒙古自治区物流企业未来大部分想在企业规模、资源能力方面进行扩张。

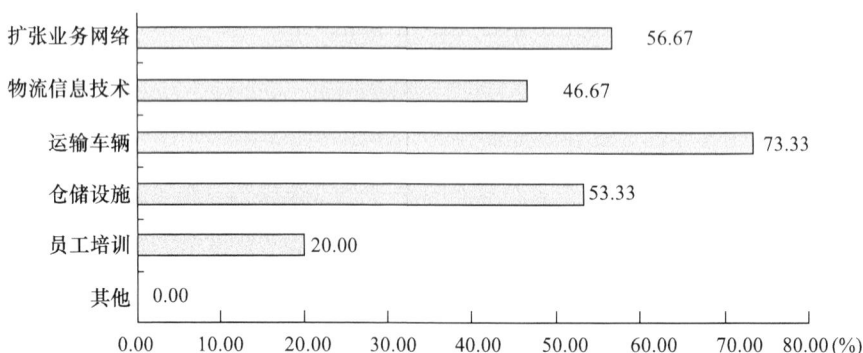

图9-24 物流企业未来投资方向

在物流信息技术方面，选择比率 46.67%，表明部分企业已经看到了物流信息技术的重要性，在这方面表现出明显的意愿。

但对于员工培训，大部分物流企业并没有提到日程上，只有 20% 左右的比率，这说明：一方面，当前内蒙古自治区物流企业对企业自身的人力资源结构及人员素质是比较满意的；另一方面，说明企业管理者对未来尚缺乏明确的发展思路，对具体的业务拓展没有较为具体的计划，对人才需求的认识较为模糊。

5. 对企业同客户已结成的战略合作关系前景如何看待

通过调查，部分企业回答了该问题。由于在前面提及物流企业同客户企业的合作形式，部分企业回答了签订合同，并未回答其他选项，而在本题中，又选择扩大战略合作管理的数量和范围，前后发生矛盾。因此本题在此也不做统计分析。

这也表明在问卷设计过程中，考虑不周，部分问题在设计时前后衔接不够，也有部分问题在表述中比较啰唆，给参与调研的人员带来了一定的困扰，这都是未来工作需要改进的地方。

二、内蒙古自治区物流企业发展中存在的问题

通过调研和访谈，对内蒙古自治区物流企业的基本状况有了较为全面的了解，下面就内蒙古自治区物流企业发展中存在的问题总结如下：

（一）物流企业融资困难

通过对内蒙古自治区多家物流企业高层管理者进行访谈，他们均把融资困难作为企业发展最重要的障碍。当前，内蒙古自治区大多数物流企业属于中小规模，主要融资方式包括银行贷款、信托、企业债券、私募中小企业融资、委托贷款、上市等几种途径。但从现实情况来看，从上述任何一种融资方式，内蒙古自治区物流企业均很难实现融资。以上述几种融资方式为例进行分析。就银行贷款而言，内蒙古自治区物流企业通常不具有适用于贷款抵押的资产，大多数物流企业租用其他企业的仓库或者自有仓库建在租用的土地之上，导致没有可以用于抵押的房产证。此外，物流企业自身的车辆通常也不多，也很难获得其他企业的担保，难以满足银行贷款的要求；就信托融资而言，该种融资方式的要求比银行贷款更高，信托公司往往只选择基础设施建设等收益稳定的项目，内蒙古自治区物流企业几乎不可能通过发行信托而实现融资；就企业债券和上市而言，由于资本市场的严格限制，物流企业很难从资本市场筹集资金。

（二）物流企业服务能力较低

内蒙古自治区中小物流企业以私营企业为主，主要从事运输、仓储、配送、装卸等基本的物流服务活动。企业的业务范围以周边县市为主，部分规模稍大企业业务网络辐射范围较大，但仍以周边相邻省市为主。也有部分中小物流企业结合地缘、资源环境优势开展国际物流业务。

在中小物流企业进行业务网点扩展时，需要考虑的因素众多，较为突出的因素有当地物流发展政策、物流市场需求状况、基础设施建设情况以及所在区域的配套物流服务能力。

在服务客户企业的所有制性质方面，以私营企业为主，国有企业、中外合资/合作企业也有一定占比；在合作客户的范围方面，行业涉及面广，但煤炭占比最高，其次是同城镇居民日常生活相关的产业；在合作方式上，以合同和短期合约为主，签订长期合作契约的比例较低。说明中小物流企业同客户企业间关系尚不稳固，合作层次较低。

上述情况表明，内蒙古自治区中小物流企业要走向现代物流市场更远，就必须转变发展方式，不断提高自身的服务能力。

（三）物流企业人力资源质量偏弱

内蒙古自治区物流企业人数多以50～300人为主，50人以下的企业也有一定占比，整体规模上相对偏小。根据我们制定的划型标准，前者属于小型物流企业，后者属于微型物流企业。

在物流企业引进人才过程中，比较注重收入分配及职务晋升公平性、收入及福利水平、职业发展机会与空间等三方面因素，同其他因素相比，考虑的倾向性较为明显。

物流企业中高层以上管理者平均月薪3000～10000元，基层员工平均月薪1500～3500元。整体薪酬水平与劳动强度、劳动环境等因素相比偏低，这也是物流业对高素质人才缺乏吸引力的主要因素。

在当前物流企业最紧缺的人才中，综合性物流管理人才与运输管理人才比率最高，这同内蒙古自治区大部分中小物流企业从事道路运输等初级物流服务的业务实际相符。

在物流企业人才培训方式方面，表现还不尽如人意，大部分企业对此尚未给予足够重视，开展比例偏低。形式上也比较传统，这直接导致培训效果不理想，企业领导对培训产生更深疑虑的恶性循环。当前的人力资源状况表明内蒙古自治区中小物流企业在这方面仍有大幅提升空间。

（四）物流企业经营环境较差

内蒙古自治区物流企业普遍希望政府在提高政府服务效率、规范市场管理、完善公共信息平台、加强基础设施建设等方面有所作为，这也说明当前的区域经营环境与企业需求之间尚存在一定差距。

在内蒙古自治区企业当前的发展中，存在比较突出的问题是服务内容单一、资金不足、企业运作网络化水平低、运作成本高等。这些问题已经成为制约物流企业自身发展转型的短板。在外部环境中，市场环境不规范、物流需求不足、基础设施建设有待完善成为限制物流企业发展的主要威胁。

在内蒙古自治区物流企业间已经存在较为广泛的合作关系，这也说明内蒙古自治区大部分物流企业尚无法单独为客户企业提供较为全面的初级服务，验证了企业规模偏小，服务能力不高的现实。这种状况无疑会使物流供给市场低层次的价格竞争越来越激烈，市场亟须整合重组。

内忧外患的情况表明，内蒙古自治区物流业整体经营环境亟须改善。

（五）企业信息化水平偏低

内蒙古自治区中小物流企业在中小物流企业信息化建设方面，已经有所探索，但信息化应用的层次及水平还比较低，对现代信息技术的应用还比较保守。相对物流发达地区而言，内蒙古自治区物流企业在物流信息化方面的差距更大。

三、内蒙古自治区物流企业应实施的应对策略

（一）建立物流企业融资支持体系，选择适合的融资策略

解决物流企业融资困难是一个系统工程，既需要国家和金融机构的支持以及政策环境的改善，也需要物流企业根据自身实际状况制定合理的融资策略。

在外部支持环境方面：第一，建立适合于内蒙古自治区物流企业的担保体系。要根据内蒙古自治区物流企业实际，在加强担保管理、控制担保风险的基础上，采取多种担保模式：对负债率较低、内部管理严格的物流企业，可适当放宽抵押担保的要求；随着《物权法》的正式通过，要在物流行业扩大动产抵押担保的范围；建立国家级的专项政策性担保机构，实现专业化管理，统一对物流企业银行信贷提供第三方担保。第二，拓宽融资渠道。相关金融、企业参与共同组建"物流银行"，筹集民间或行业资金，服务于发展较好的物流企业，或者用于调节物流企业周转资金余缺，开拓内蒙古自治区物流企业融资新渠道。调高银行

对中小企业的贷款利率来增加银行信贷的积极性和减少银行的风险度，鼓励银行展开对中小企业的信贷业务。第三，设立物流企业互联网金融平台。近些年来内蒙古自治区物流企业发展非常迅速，但是传统的增长方式难以为继，行业需要转型升级，一定要利用好互联网金融能提供的资源和优势。物流企业互联网金融平台由金融企业作为主体，物流协会加以监督。2014 年 7 月，福建和诚智达汽车管理服务有限公司建立的"互联网金融平台——运盈 e 贷"在厦门成立，是全国首家专为中小型物流企业而建立的融资服务平台。该平台建立以来取得了良好效果。内蒙古自治区也应借鉴该种模式，为物流企业融资开拓新渠道。

在物流企业自身融资策略上，从物流企业实际出发，可以选择使用如下融资策略：第一，私募中小企业融资。对大多数中小物流企业而言，私募中小企业融资是较好的融资方式。私募中小企业融资是指企业通过自身或聘请专门的投资银行或投资中介机构寻找投资者，设计好投资者回报或退出机制，投资者以股权投资或投资银行设计的其他方式投资给中小物流企业。第二，随行付保理。在整顿金融秩序、防范金融风险的基本出发点下，中国人民银行应该对各种民间非正规金融更多地采用规范措施。合伙投资、互助基金、民间（商业）信用等各种民间非正规融资同样是解决内蒙古自治区现有中小物流企业融资的一个重要策略。

（二）开展增值服务，加强客户关系管理

内蒙古自治区物流企业要在传统物流服务基础上开展适合客户需求的增值物流服务。例如物流信息系统的解决方案、物流配送优化方案、供应链管理解决方案及综合物流解决方案，并且一定要结合自身实际选择适合企业发展的增值服务模式。根据物流的多样化发展，物流企业的增值服务定位是非常重要的。企业需要认真分析行业发展趋势对物流服务的要求，结合自身能力和发展目标，选择合适的目标市场，走个性化道路。物流企业还要对品牌定位、资源等因素进行整体剖析，分析物流企业能够提供的物流增值服务的类型、范围以及规模。总的来说，就是要求企业必须考虑自身的品牌属性，找到自身服务的主要优势，从而筛选出与企业自身特色相匹配的物流行业的细分市场。

此外，内蒙古自治区物流企业要实施和加强客户关系管理，以提高客户的满意度和忠诚度。内蒙古自治区中小物流企业通常采用与客户"一单一结"的交易服务方式，彼此之间属于短期的买卖合作关系，而现代物流企业的发展模式和方向是物流企业与客户之间建立长期合作关系，需要与客户签订一定期限的服务合同。中小物流企业寻求的是与客户长期合作，注重客户关系的建立与维护，不断深化与客户的合作，赢得客户信任。物流服务商努力与客户共同创造价值，最

终赢得客户信任，双方建立起长期战略合作伙伴关系。

（三）注重在职培训，拓展人才引进方式

市场对服务的需求是瞬息万变的，若想提高产品和服务的质量，必须建立科学完善的物流服务体系，达到高标准的物流服务，而这些都离不开高素质的物流从业人员。这需要物流企业提供相应的培训才可以做到。

内蒙古自治区物流企业都要针对各类员工制定相应的培训计划，培训计划要立足于企业实际，充分考察员工的业务水平、企业提供的培训条件和资源以及企业的发展战略。培训内容可以从工作态度、工作的一般性能力和具体的技能三方面展开。对于在职员工，要提高企业在职员工的专业素质，很多物流从业人员没有经过专业的学习，工作中大多凭借自身积累的经验，如果能给予专业的指导和培训，在员工素质能力提高的同时企业的服务也会上一个台阶。

在人才引进方式上，近些年，很多高校相继开设了物流方面的专业，可以从各校毕业的学生中吸收专业人才。虽然刚毕业的学生缺乏实践工作经验，但是他们具备很强的学习能力和接受新鲜事物的能力，会给企业注入源源不断的活力。

（四）加大投入，制定各类优惠政策，优化物流外部经营环境

内蒙古自治区政府要多渠道增加对物流业的投入。各类金融机构要探索和开发收费权、股权质押、仓单质押、存货监管融资等符合物流企业经营特点的金融产品，中小企业担保机构要积极为符合条件的物流企业提供融资担保服务，促进金融机构加大对物流企业的信贷支持力度。此外，还要加大对物流业政策支持力度。在税收政策方面，物流园区和物流企业的土地使用税参照工业企业土地使用税征收及补贴办法实施，缴纳土地使用税确有困难的，可按规定程序审核后适当减免土地使用税；在土地政策方面，对列入自治区物流业发展规划的物流园区和物流配送中心项目，要优先保证建设用地；在其他政策方面，物流企业用电、用水价格，按普通工业用电、用水价格执行。严禁乱收费、乱罚款。简化通关手续，推行物流企业与口岸通关监管部门信息联网，鼓励海关、检验检疫、货运代理、报关报检、场站服务等部门实行"一站式"服务。

（五）优化物流系统，形成物流战略联盟

要想高效率完成物流各项功能，必须要依靠信息技术来支撑，物流企业要及时设定相关的信息化发展战略，统筹信息化实施工作，要强化企业自身的信息化发展。首先，内蒙古自治区中小物流企业要转变过去的传统理念，采用先进的技

术，加快自身信息化利用水平；积极搭建一个基于用户需求，结合市场为导向的信息平台，充分利用现有信息装备，不断完善自我信息化水平，还要逐步完善行业资源、信息的整合，在物品运送、存储、装卸等方面充分展开数据挖掘，还要及时实现各个环节的资源共享，充分发挥物流行业的整体优势。其次，要完善物流服务的网络化平台搭建，要建立覆盖企业内部的网络化平台，确保信息资源的安全。

此外，一个中小型的物流企业无论在资金、技术、规模、能力等方面均是有限的，不可能具备物流环节中所必须具备的各项设施和软件。而解决这些问题的有效途径就是形成信息战略联盟。通过联盟形式整合各个企业在资金、技术、管理、资源等方面的优势，强强联合，优势互补，满足市场多样化的需求，实现双赢或者多赢。同时，打造精品服务，提高服务质量，合理利用有效资源，有效控制库存空间，真正实现物流优化。

第 十 章

内蒙古自治区物流业与制造业协调发展状况

  制造业与物流业协调发展是我国物流业调整和振兴计划中的重要工程。内蒙古自治区制造业发展良好，涌现出诸多国内外知名度较高的大型生产制造型企业，有力地推动着内蒙古自治区的经济发展。为进一步促进制造业对内蒙古自治区经济发展的贡献，需要有强大的物流做支撑，需要发展与之相匹配的现代物流业。因此，有必要对内蒙古自治区物流业与制造业协调发展情况进行调查，为政府制定政策提供相应依据。

一、内蒙古自治区制造业物流服务需求情况

为了解制造业同物流业的协调发展情况，借《内蒙古自治区中小物流企业与大企业协调配套发展状况调查研究》项目研究的机会，选取内蒙古自治区部分优势行业的典型企业作为样本，具体包括包钢集团、北方重工、蒙牛集团、鄂尔多斯集团四家大型企业集团。通过对其物流需求情况进行深入分析，发现北方重工、包钢集团在部分领域的物流运作经历了由自营向市场化的转变，由自有车队改组成立二级公司，同时在改组过程中，充分考虑市场因素，积极利用社会外部资源；蒙牛集团、鄂尔多斯集团则在比较早的时候就开展与第三方物流合作的尝试。

（一）制造业大型企业已认识到物流服务社会化的优势

通过调研，上述四家大型企业同第三方物流均联系密切，通过引入第三方物流，实现降低经营风险，减少运作成本，提高服务水平的经营目标。在部分关键物流环节，企业往往采用自建物流系统。如蒙牛集团的区域配送中心，包钢集团的包钢机械化、包钢鹿畅达，北重集团的北方风驰物流港等。

蒙牛集团的区域配送中心虽采用自建，但在运输方面，广泛采取与第三方物流企业合作的方式。包钢集团的原材料运输及下游产品销售更是完全依靠第三方物流完成。包钢机械化负责厂内物流，鹿畅达负责钢材产品销售，主要运营钢材市场。北重集团的北方风驰物流港虽在资本构成上，由北重持股51%，但就其业务形式而言，则已完全成为真正意义上的第三方物流服务企业。

（二）制造业大型企业对物流运作的服务能力要求较高

内蒙古自治区大型企业产品销售往往遍及全国，部分甚至有较大的出口需求，因此对物流服务企业的能力要求颇高。通过调研了解到，上述四家企业虽广泛使用第三方物流企业，但对物流企业的服务水平及服务过程的控制能力要求颇高。如内蒙古自治区中邮同鄂尔多斯集团试合作数月后，才签订了正式合作协议。虽然物流企业规模与服务能力之间没有直接对应关系，但是也在相当程度上表明企业资产状况、资源拥有情况、管理组织水平。部分企业由于物流对象的属性及特点，往往需要专业储运设施、设备，这种现实需求是大部分中小物流企业无法满足的。

（三）制造业大型企业选择物流供应商较为理性

通过蒙牛集团选择物流服务供应商的考察因素，我们可以发现企业在选择第

三方物流供应商的过程中，思路清晰，原则明确。既有硬实力的要求，也有软环境的充分考量。关键取决于物流企业是否能够满足企业自身需求，对大型企业自身的业务发展要有贡献。内蒙古自治区物流企业要想在大型企业物流市场中分一杯羹，必须从自身能力建设做起，不得马虎。

二、内蒙古自治区物流业与制造业协调发展情况

（一）内蒙古自治区物流企业与大企业之间缺乏有效协调

一方面，虽然内蒙古自治区物流企业近年在数量和规模上都有了较大变化，但绝大多数中小物流企业运作模式、业务范围、管理水平方面距离大型企业的物流要求尚有不足。虽有同大企业合作的案例，但往往并非大企业的核心物流供应商。一般仅在其物流服务网络具有相对优势的区域为大型企业提供补充性物流服务。

另一方面，内蒙古自治区大型企业物流运作基本完成市场化转型。由于历史等诸多因素的影响，在"大而全"经营思想的主导下，许多大型企业都组建有自己的储运公司（或车队）。在当前的经济背景下，大型企业物流运作不断发展，其充分意识到第三方物流服务的优势，对自有储运公司（或车队）进行重组，实现市场化转型。

此外，由于物流服务市场供给充分，各层次物流企业之间竞争激烈。部分企业虽没有自己的二级物流公司，但选择物流服务供应商也较为理想，综合考虑各种因素，签订协议后，对物流企业的考核也比较严格，对物流服务供应商实施动态管理。

上述因素都导致内蒙古自治区物流企业同大企业之间缺乏有效协调。

（二）内蒙古自治区物流企业多、小、散

在"物流热"推动下，内蒙古自治区物流企业如雨后春笋般不断涌现，数量上有了突破性发展，全区共有各类物流企业近1700家。整体来看，这些物流企业以私营企业为主，经营方式灵活多样，敢于创新，积极进取，能够深入了解客户需求，但同时也存在着规模较小、业务模式简单、服务项目单一等顽症。而且大部分私营物流企业多属家族式管理，在先天上存在管理不规范、机制不健全、资金短缺、信息化程度低和难以吸引高素质人才等问题。

同时由于市场竞争激烈，低价无序竞争现象明显，部分企业为了拿到订单，往往恶意压价，从而导致拿到订单的业务无法正常开展、服务质量无法保证、物

流行业的各种投诉及诉讼不断。当前，行业公共信息服务主要以配车、配货等初级形式存在，衍生出一大批物流信息部（配货站）。由于行业公共信息平台建设滞后，企业间信息无法共享，导致物流企业难以抱团，无法对行业现有资源实施有效整合，这种状况将在相当长的一段时间内存在。

（三）制造业大型企业物流市场化运作趋势明显

包钢集团、北方重工等大型企业初期虽建有自己的储运公司（或车队），但均已完成市场化改造，组建自负盈亏的经营实体，除承担自身的物流任务以外，也承揽各类社会物流服务。不可否认，这种状况会给其他中小物流企业承揽大企业物流业务造成一定的障碍。

鄂尔多斯集团、蒙牛集团等由于自身商品、消费市场区域特点等因素较早开展第三方物流服务的运作，积累了丰富的市场经验，在选择物流服务供应商时制度完善、过程科学。

从整体上看，内蒙古自治区大型企业现阶段已经充分意识到第三方物流服务的优势。在自有资源的市场化改造或第三方物流企业合作方面均已做出尝试。但由于大企业自身对物流服务供应商的要求较高，虽有外包物流服务的需求，但作为内蒙古自治区中小物流企业由于自身资源、能力限制尚无法切入。

三、内蒙古自治区物流业与制造业之间缺乏协调的原因

（一）物流企业方面

1. 物流企业服务层次较低，尚未实现与制造业的协同发展

我国大部分物流企业正处于探索阶段，受资源规模、经验等方面的制约，大部分物流企业还停留在提供简单运输和仓储服务的阶段，然而制造企业真正需要的是信息服务、增值服务、策划服务等层次较高、创新能力较强的综合性物流服务。

2. 物流企业利润率低，影响发展的积极性

据统计，美国以运输为主的物流企业年平均资产回报率达 8.3%，以仓储为主的物流企业达 7.1%，以综合服务为主的物流企业高达 14.8%。而我国大部分物流企业受通货膨胀、工资上涨、油价飙升等因素影响，资产回报率还不到 1%，如此低廉的资产回报率，严重影响了物流企业嵌入制造企业联动发展的积极性。

3. 与国外企业差距大

国内领先的物流企业与跨国企业相比，无论是规模、品牌、市场份额、盈利

能力，还是物流服务能力、供应链管理能力等，均存在较大差距。大多数物流企业基础设施配套性和兼容性差，信息化水平低，多数是单纯的货运代理、运输或仓储企业，大部分物流企业还停留在提供简单运输和仓储服务的阶段，然而制造企业更多的需要是信息服务、增值服务、物流管理服务等高层次、较强创新能力的综合性物流服务。除此之外，面向广大制造企业的专业化物流企业，也存在着小、散、乱的情况。总体来看，物流业发展滞后于制造业的发展，不能为制造业发展和产业结构升级提供优势的服务和强劲支持。

（二）制造业大企业方面

通过调研，我们可以发现大型企业具备一定业务外包的比例。但其外包的物流业务仍以基础业务为主。如中转运输、市内配送、仓储保管等，而针对具有较大外包潜在效益的原材料供应、成品分销管理、流通加工、物资库存控制等方面外包的比例很小。造成这种状况的原因主要有以下几个：

1. 认识不足、对物流企业的能力质疑

通常来讲，企业对第三方物流公司能力的认识程度普遍偏低。第三方物流行业整体相对年轻。近年虽有大幅发展，但企业整体竞争力偏弱，尤其内蒙古自治区的中小物流企业，和我国发达地区相比尚有较大差距。

物流行业内部分领先物流企业也不过十年左右的历史，积累的业务经验、自身的管理水平、提供服务的范围均有较大欠缺。当前在供应链管理的背景下，绝大部分物流公司由于缺乏对该领域的研究，不能提供针对特定企业的有效解决方案。市场上鱼龙混杂、服务水平参差不齐，企业选择难度较大、成本较高。

另外，部分大型企业在管理上也还未认识到供应链管理的重要性，外包的意识和动力不足。

2. 企业自营物流退出成本较高

我们调研的两家大型制造企业都属于国有企业，受传统计划经济影响，经营方式"大而全"，物流业务外包比重较小。制造企业一般都有自己的物流基础设施和运营队伍，即便企业有意进行物流改革，其改革过程中必然涉及资产重组、人员安置、利益分配、税收等问题，制造企业的物流要素缺乏顺畅的退出机制，这也阻碍两业联动的发展。此外，由于受信用监督机制不健全、管理水平有限等因素影响，现阶段大部分制造企业无法对物流外包产生的风险进行有效控制。比如，物流企业受利益驱使，可能没有从制造企业最大利益出发，从而加大了物流外包的风险。

3. 制造企业缺乏物流整体规划

制造企业在总体布局时没有考虑或没有能力考虑物流整体规划问题，导致物

流效率低下。调查资料显示，制造企业从原材料到成品的转换过程中，95%为原料的停滞或等待时间，剩余的5%中有70%为工装及其前后时间，真正创造产品价值的时间仅占整个周期的1.5%。

4. 管理的惰性导致抵制变化

许多公司，尤其是那些目前财务状况还令人满意的公司，不愿意通过物流外包的方式来改变现有的业务模式。此外，寻求外包物流的公司有时还会遇到来自企业内部某些部门的抵制，因为他们目前从事的工作很可能会被第三方物流所取代。尤其是一些国有企业，物流外包将意味着解雇大批员工，这对企业的领导人来说意味着一个非常大的风险。

5. 害怕其客户资料泄露

企业引入第三方物流来经营其内部物流，其基本的运营情报不可避免地要向第三方物流企业公开，在日益激烈的市场竞争之下，核心竞争力成为企业生存与发展的重要保障，而核心运营要素的泄露成为企业实施第三方物流外包的又一心腹之患。

6. 担忧自身的业务流程失控

企业在将物流业务外包后，其生产运营便在一定程度上依赖于第三方物流企业的绩效，随着第三方物流介入程度的深入，其物流运营能力越强，对企业形成的潜在威胁越大，企业面临一个更大的难题是某些控制权将逐渐削弱，企业对于第三方物流介入和介入程度的这种业务流程失控之忧成为限制第三方物流服务商与企业建立客户关系以及进行深入合作的瓶颈。

通过对以上几家企业的调研发现，内蒙古自治区多数大企业采取自营物流或正在转型，中小物流企业规模与大企业不协调，制造业与物流业的联动发展还在起步阶段。

四、加强物流业与制造业协调发展的建议

（一）物流企业须转变发展理念，提升物流竞争能力

物流企业必须树立基于供应链的现代物流理念，提高物流服务能力，强化物流增值服务水平。物流企业应深入了解制造企业供应链产销模式和物流模式，从采购、运输、仓储、配送等环节向供应链管理的各个环节渗透，为制造企业优化物流管理提供方案设计、组织运筹及实际操作等综合服务，以更好地满足制造企业的物流需求。引导物流企业进行服务创新和技术创新，提升物流功能和服务能力，针对制造企业的不同层次物流需求，有针对性地解决供需协同发展问题，从

整体上提高制造业和物流业的竞争力。

（二）制造企业加快物流业务外包，优化物流管理

物流业务外包是制造业与物流业联动发展的一种重要形式。制造企业要改变"大而全、小而全"的经营方式，剥离一些非核心的物流业务，加快物流业务外包。制造企业通过把原来自营的物流业务外包给专业化的第三方物流企业，有利于发展自己的核心业务。制造企业可以与管理型的第三方物流公司实施战略联盟，建立长期合作关系。制造企业优化物流管理包括许多方面，其中最主要的是转变观念，树立与物流业"互利共赢"的观念，以及基于供应链视角进行业务流程改造，实现物流整合与一体化。

（三）政府尽快制定相关政策，引导物流业与制造业协调发展

内蒙古自治区政府应建立物流业与制造业协调发展的推动机制，出台具体政策，在土地税收、资金等方面支持现代物流业发展。首先，应通过采取减免税收、政府奖励、投资优惠等措施建立良好的物流业发展环境，引进更多、更具有竞争力的物流企业，促进物流企业的投资建设，规范物流服务市场，提高自治区物流企业服务供应能力。其次，必须大力整合中小型物流企业，加强物流基础设施建设，大力引入先进的物流技术，构建先进的物流管理体系，例如大量采用准时生产制、电子数据交换、配送需求计划等先进物流技术，提高工作效率和物流服务质量。从而鼓励制造业主辅分离，变物流自营为联合经营或物流外包，扩大物流的社会化需求，为制造业与物流业联动发展提供保障。

第十一章

内蒙古自治区物流信息化发展报告

　　随着我国经济信息化建设取得的巨大发展以及物流国际化的发展，物流信息化显得越来越重要。实施物流信息化管理，不仅可有效管理物流企业内部资源，而且还可实现企业间数据信息的统一共享，进而帮助物流企业迅速、有效、科学地决策，提升物流企业的竞争力。

一、物流信息化概述

物流信息化是指企业运用现代物流信息技术对物流过程中产生的部分或全部信息进行采集、分类、传递、汇总、识别、跟踪、查询等一系列处理活动，以实现对货物流程的控制，以降低成本、提高效益为目的的管理活动。[①] 物流信息化是现代物流业发展的必然要求，也是提高物流传递效率和质量的必备条件。物流信息化的发展将全面带动物流产业的升级，推动资源型城市的可持续发展。据新华网呼和浩特报道，目前内蒙古自治区约有40万物流从业人员。物流成本高、效率低、结算困难是当前物流行业发展的主要瓶颈。业内人士表示，实施物流信息化可解决困扰内蒙古自治区因地广人稀、企业分散、城市间隔大等造成的物流成本居高不下、物流企业发展缓慢的难题，同时也是提升物流服务水平与能力、推进内蒙古自治区物流信息化发展、整合区域物流资源的有效手段。

（一）物流企业实施信息化管理的意义

1. 可提高物流企业服务水平

传统物流企业由于信息滞后，不能及时回应客户的反馈和建议，因而失去客源，造成企业的利益损失。实施信息化管理的物流企业，一方面可以对物流活动开展电子化的处理，在第一时间掌握客户多样化的需求；另一方面处理订单所需要时间比传统企业要短，能够对客户的反馈意见迅速作出响应，进而提高发货与配送的准确率。

2. 可提高企业竞争力

物流信息化管理贯穿于整个企业的物流活动之中。在物流企业商品的实体配销中，不但具有处理订单、流通加工、仓储管理、分拣配送等功能，而且还存在开辟销售渠道、促进产品设计及品牌开发等功能。这些功能的实现均离不开信息系统的建立与有效管理。实施信息化管理不仅可以有效管理物流企业内部资源，还可以实现不同部门和企业之间信息数据的统一共享，进而利用这些有用信息帮助企业进行迅速、有效、科学的决策，提升物流企业的竞争力。

3. 可显著降低物流企业成本

所有物流企业都渴望对自身的资源进行最大程度的整合优化，以较低的成本获得较高的利润。物流信息化能够在物流企业各个环节中充分利用相应的信息技术，对各环节物流活动开展动态分析，进而实现对物资采购、仓储、分拣配送、

[①]　刘继萍. 中国物流信息化研究现状及其发展趋势分析［J］. 物流技术，2015，34（1）：270－271.

销售等环节效率的提升。借助于信息系统，企业可以完成一系列活动，如报关、订单处理、库存管理、采购管理、销售预测等。这种信息化的管理方式是企业决策更合理、更优化、更科学的有效武器。

4. 可促使物流流程重组

物流信息化的直接结果是信息流动加快、信息流动及时准确，而信息的迅速流动直接关系到物流工作流程的平衡。例如，对一个供应厂商来说，要想实现快速交付，可能采取两种方法：一是在当地的销售办事处积累一周的订单，然后将这些订单邮寄到地区办事处，在批量的基础上处理订单，将订单分配给配送仓库，通过航空进行装运；二是通过来自顾客的电子数据交换（EDI），随时可以得到提单，然后通过速度较慢的水上运输。两种方法相比，第二种方法可能实现在总成本较低下更快的全面交付。由此可见，物流信息化的关键目标是要平衡物流系统的各个组成部分，这也促使企业必须对物流流程进行重组。

对物流流程的重组并不是对现有物流系统的全盘否定，而是对现有物流系统的进一步升华，使物流更加合理化和高效化，使物流时间、空间范围更加拓展。在进行物流流程重组时应着重把握两个方面：一是加强物流信息化建设，使整个物流系统更加完善；二是改造现有物流系统中不合理、不流畅的部分。

（二）物流信息化发展所涉及的内容

1. 物流基础环境建设

首先，在现有基础设施的基础上，应完善物流基础设施功能，优化综合运输网络布局，加强水路、公路与铁路以及民航之间的规划衔接，强化干线公路与城市道路的建设衔接，加快自治区各货运站场建设、改造与升级，引导传统货运站场向物流园区（中心）转型。

在综合考虑内蒙古自治区经济结构、产业布局与交通条件区位特点等因素的推动下，内蒙古自治区着力打造西部、东部和口岸三大物流区域，并以呼和浩特市、包头市、通辽市等地为重点，加快物流节点城市物流基地、物流园区建设，围绕煤炭、装备制造、建材、绒毛等大宗商品编制多体系的现代物流网。由通辽市圆通物流有限公司投资30亿元建设的内蒙古自治区东部煤炭交易中心，目前正在加紧施工中。该项目计划新建12条铁路专线，依托通辽市的地理区域优势实现内蒙古自治区西煤东运的煤炭输出新格局。

其次，在"一带一路"的陆路通道中，内蒙古自治区作为通道中的重要节点，应着力构建畅达、快捷的"丝绸之路经济带"中蒙俄物流通道，加快推进物流节点设施建设，着力打造呼和浩特国际物流中心，推进呼包鄂干线公路物流中心、航空港物流园区及"无水港"、"内陆港"建设，优化并加强集疏运体系建设。

目前我国共有三条中欧班列物流大通道，分别是经由阿拉山口、二连浩特和满洲里口岸出境，其中经内蒙古自治区口岸进出境的通道有 2 个。据满洲里海关统计，2013 年至 2015 年第一季度，经二连浩特口岸出境的中欧班列 15 列，商品总重 1.23 万吨；2015 年前 5 个月，经满洲里口岸出境的中欧班列 122 列、10520 个标准集装箱、货物价值 30.26 亿元人民币。近年来，满洲里作为中欧班列重要的物流通道节点城市，其口岸国际物流通道虽已初具规模，但集聚辐射效应尚未完全发挥，尤其与西部其他内陆省份的物流通道缺乏有效衔接，尚未形成规模化、一体化的物流网络。

最后，要重视综合性物流园区的规划和建设，尽量改造利用现有港站枢纽，增加物流服务功能、减少新建港口。

2015 年 10 月 9 日，呼和浩特沙良铁路现代综合物流园区一号库区完成货架安装和调试，可以投入使用。10 月 10 日，调度中心基本完成信息系统的安装调试。10 月 12 日，内蒙古利客连锁便利店、诸葛汽配商贸城、内蒙古蒙牛乳业股份有限公司等入驻企业陆续组织上货。整个物流园区的管理全部将是信息化、智能化的。园区调度指挥中心对各类物流资源、设施、信息进行科学调度、合理匹配，实现园区各类资源的协调、高效、合理运作。

园区在充分借鉴"传化公路港、成都青白江"等国内大型现代物流园的规划理念的基础上，形成了符合"社情、路情、局情"的"四港一中心"（铁路港、仓储港、公路港、信息港、生活服务中心）功能规划布局。物流园区可实现"运输、仓储、装卸、包装、流通加工、配送、信息管理、一关两检"等功能的物流供应链管理。园区建成后将成为辐射西北地区的内陆港口和物资中转、仓储、运输中心，也将推动呼和浩特市经济的快速发展。

2. 物流公共信息平台建设

（1）交通运输物流公共信息平台建设。根据《内蒙古自治区 2007～2010 年现代物流业发展规划》，要加快推进交通运输物流公共信息平台建设，依托平台开展物流园区信息联网工程建设，引导和推进自治区内现有物流公共信息平台的改造升级，推动与国内外知名企业的战略合作。在《内蒙古自治区道路运输业"十一五"发展规划纲要》中明确提出"以国家公路运输枢纽为依托，以货运信息网络化为纽带，健全站场网络系统，构筑物流服务平台。重点建设物流服务中心、集装箱货运站和物流信息系统，促进道路货物运输向现代物流方向发展"。

因此，内蒙古自治区交通厅为适应现代物流发展的趋势和要求，根据现代物流及电子商务发展的需要，提出建设内蒙古自治区物流公共信息平台。该平台服务于物流园区、货运场站、制造企业、物流企业等，支持物流行业、交通运输管理部门和工商部门、税务部门等对物流行业的统筹、监管；通过信息手段整合供应链系统，全面提升内蒙古自治区物流信息化水平，推动内蒙古自治区物流业快速发展，支撑和引领内蒙古自治区经济社会可持续发展。

目前，有关部门正着力建设"内蒙古自治区交通物流公共信息系统"，充分运用现代化的通信技术、计算机技术和网络技术（如条形码识别系统、EDI 技术、地理信息系统、全球卫星定位系统、图像识别系统和无线射频识别技术等）对传统的货运模式进行改革。整合目前较为紊乱和低效的货运市场，发展新型电子商务模式，有效地对车源、货源进行重组，充分利用运输工具的定额能力，减少空载率和空载时间，提高实载率，降低物流企业的销售成本，提高企业自身的效率和管理水平。

公共信息平台标准体系表是为实现平台基础数据交换和公共信息服务功能，各部门应统一遵循的技术标准和工程技术规范的集合。图 11 – 1 为交通运输物流公共信息平台标准体系表逻辑框架图。该标准体系表对整个平台的建设、开发、运行和维护起到重要的指导和规范作用。

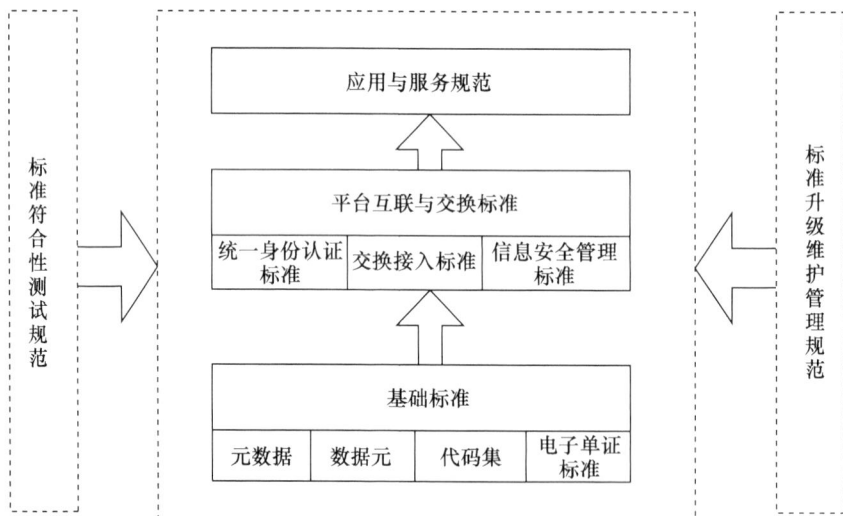

图 11 – 1　交通运输物流公共信息平台标准体系表逻辑框架图

平台标准体系表由以下几个部分组成：

1）基础标准。基础标准是平台互联与交换标准、应用与服务规范的基础，主要包括元数据、数据元、代码集和电子单证标准。

2）平台互联与交换标准。平台互联与交换标准是数据交换和应用平台各项服务的前提条件，为各盟市的区域交换节点、外部应用系统以及平台用户接入平台提供统一的接口技术规范，主要包括统一身份认证标准、交换接入标准和信息安全管理标准。

3）应用与服务规范。应用与服务规范是区域交换节点与平台互联、外部应用系统以及平台用户在接入平台后使用各项功能、调用各类服务功能必须遵循的标准规范。

4）标准升级维护管理规范。标准升级维护管理规范是平台标准的制定、修订和维护管理的流程和规则。规范平台用户、外部应用系统和区域交换节点等各方标准制修订需求管理，不断升级、维护与完善平台标准。

5）标准符合性测试规范。标准符合性测试规范是测试区域交换节点、各类应用系统和软件是否符合平台互联和接入标准的技术规程。一般可以根据该规范开发相应的测试工具，开展标准符合性测试工作，帮助测试对象查找标准应用问题并加以改善，以利于顺利互联和接入。

（2）推进行业信息系统建设。鼓励企业加快推进信息化建设，尤其鼓励龙头骨干企业通过市场化方式，加强物流信息交互和共享，共同搭建面向中小企业的物流信息服务平台。

内蒙古自治区移动公司依托中国移动基础设施网络和先进技术，开发建设物流公共信息平台。该平台的实施可为社会提供优质、便捷的一体化物流服务；为其监管物流市场和决策提供信息或数据支持；为政府管理部门提供发布相关政策、法规、办事流程等渠道；为有物流需求的企业和个人提供获取物流信息服务的渠道；为物流企业提供货源信息，协助其扩大市场；为平台运营机构提供技术支撑和增值服务的平台。

在信息化建设的热潮下，内蒙古自治区气象局也实施多举措加强气象信息基础能力建设，具体体现在两方面。一方面，完善"内蒙古自治区气象信息网络总体设计与实施方案"，升级内蒙古自治区气象宽带网络，加快综合气象信息共享系统业务化进程，建立自治区级集数据收集与分发、质量控制与产品生成、存储管理、共享服务、业务运行监控于一体的气象信息业务，有力支撑预报、服务业务的发展。另一方面，开展自治区级信息资源集约化建设，完成各单位业务系统向虚拟化资源池的迁移部署，制定内蒙古自治区气象信息网络安全系统建设规划，加强信息网络安全管理。

内蒙古自治区物流公共信息平台的建设和实施，可整合内蒙古自治区物流信息资源，通过物流电子政务、物流电子商务系统建设为内蒙古自治区物流业提供信息支撑，实现信息共享，提升内蒙古自治区物流业现代化水平，促进内蒙古自治区物流服务水平的全面提升。

平台建设将发挥物流业对其他产业的先导作用，促进物流业与其他产业融合、联动发展，提高内蒙古自治区经济运行的质量和效益，推动产业结构调整，实现产业升级。实现供应链的优化，全面提升内蒙古自治区乃至全区物流服务水平。

3. 企业内部信息系统建设

企业内部信息化建设主要是通过 IT 技术的部署来提高企业的生产效率，降低运营风险和成本，从而提高企业获利和持续经营的能力。企业信息系统建设是现代企业发展战略的重要组成部分，也是现代企业的核心竞争力之一。

企业内部信息化建设主要包含两方面内容，即硬件和软件。企业的信息化平台建设是基于这两方面资源的整合以及有效的管理机制。

硬件环境建设是基础，是信息化建设的开始。根据企业需求，硬件环境建设需要在前期进行大量的投入。它一般包括电脑、网络、存储、打印等许多设备的链接建设以及内部局域网的建设，为以后软件建设提供了基础和保障。

软件方面的建设主要是企业网站的建设。随着信息技术的飞速发展，企业网站需要全面改版，在后台数据库的支持下建立动态网站系统，提供灵活的站内内容搜索机制和流畅的信息发布通道。此外，定期更新网站内容，并在 Google、Baidu 等搜索引擎和商业平台上做宣传推广，提高企业知名度，让客户能够快速了解企业、联系企业，为拓展市场、挖掘潜在客户提供强有力的网络资源和途径。

另外，在建设基础设施的同时，企业需要配套安装大型的专业服务器，专门用于项目的运作与数据备份，并安装网络防火墙与杀毒软件，为信息化建设提供良好的软件、硬件运行环境，极大地提高系统与项目运行的安全性与可靠性。

图 11 - 2 为企业信息化建设方案的一般流程。①进行需求整理，在此基础上进行可行性评估，风险评估是可行性评估关注的要点；②制定项目计划书，同时做相关的市场调研，然后反馈、改进项目计划书；③形成一个较全面的蓝图设计书，此时项目才可以开始启动；④系统架构，开发实施，测试上线。前一部分是公司内部要完成的，到了后一部分就由公司内部相关的应用部门、IT 部门和外部合作方共同来完成。

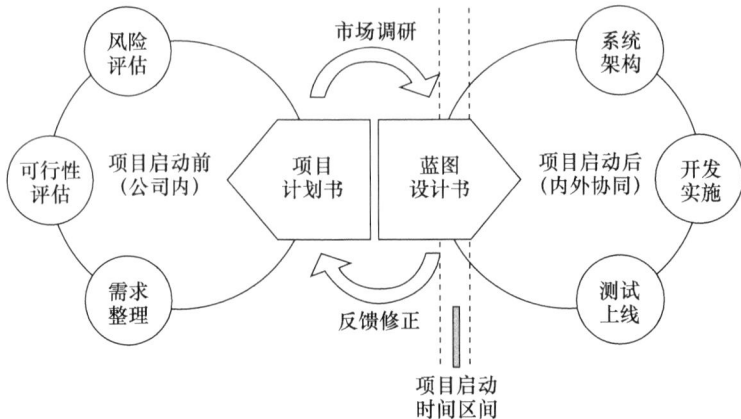

图 11 - 2 企业信息化建设方案

二、物流信息化发展特点及趋势

信息化不仅是现代物流行业发展最重要的一个趋势，而且也已贯穿物流的整个过程。信息化在未来也势必引领物流行业朝着更加科技化、智能化、专业化的方向发展。

2014 年 6 月 11 日，国务院常务会议讨论通过的《物流业发展中长期规划》提出，到 2020 年基本建立现代物流服务体系，提升物流业标准化、信息化、智能化、集约化水平，提高经济整体运行效率和效益。特别是提出了"标准化、信息化、智能化、集约化"的"四化"要求，这进一步明确了物流业的发展方向和目标，将极大地促进物流信息化的快速发展。

（一）云服务将会在物流行业广泛应用

根据云计算服务性质的不同，可以将云计算区分为公有云、私有云。公有云具备更好的灵活性和可扩展性，而私有云更加安全且便于控制[①]。

就目前发展来看，企业为了节约成本，公有云在中小物流企业的应用将会越来越广，而私有云在大中型物流企业的应用会比较多，而更多的时候公有云、私有云会同时存在[②]。物流企业需要对自己的相关业务进行详细的分析，选择符合自身需要的云服务方式。

基于北斗技术的电商快递运输过程透明管理云服务平台是专门针对电商快递企业的物流运输环节而搭建的物流信息化管理系统[③]，该系统通过应用现代物流管理理念，为传统物流行业提供全新的物流管理理念和操作方法。系统通过现代信息技术手段，把物流运输过程中的"人、车、货"信息展现在互联网上，做到运输过程信息"实时、在线、透明、可控"，真正做到优化物流运输过程，提高物流运输效率的目的。

（二）大数据技术将会提升物流信息化的发展水平

IDC 发布的《中国大数据技术与服务市场 2012～2016 年预测与分析》显示，大数据的市场规模将于 2016 年增长到 6.17 亿美元。2013 年 2 月 5 日，国务院出台了《推进物联网有序健康发展的指导意见》，从政策层面正式把大数据纳入到物联网产业领域。管理及应用好大数据技术是政府部门和企业都要学习的新技能。

---

①②③ 崔忠付. 我国物流信息化的发展现状及趋势［J］. 物流技术（装备版），2014（12）：10 - 13.

对于大多数物流企业来说，经过多年的发展，多数企业都积累了海量的财务数据和物流业务数据资源，同时还有上游供应商和下游分销商等企业的共享数据。整合这些海量的数据并进行深入的数据挖掘，为企业经营决策提供支持，并与供应链上下游企业共享数据从而实现相互协同，是提升物流信息化发展水平的必经之路。

（三）物流业将全面走向智慧物流时代

随着互联网技术、物联网技术、数据挖掘技术以及云计算技术在物流行业的应用越来越深入，物流业将全面走向智慧物流时代。这里提到的智慧物流包含三项关键技术，即信息采集技术的突破是实现智慧的前提，移动通讯技术是实现智慧的关键，数据加工是实现智慧的基础。智慧物流可以让机器智能化，让人的工作科学化，让物流高效化。

中国物联网校企联盟认为，智慧物流是利用集成智能化技术，使物流系统能模仿人的智能，具有思维、感知、学习、推理判断和自行解决物流中某些问题的能力。在流通过程中获取信息从而分析信息做出决策，使商品从源头开始被实施跟踪与管理，实现信息流快于实物流。可通过 RFID、传感器、移动通讯技术等让配送货物自动化、信息化和网络化。

智慧物流在物流信息化中的作用体现在以下几点：

1. 降低物流成本，提高企业利润

智慧物流可以大大降低物流业、制造业等各行业的成本，提高企业的利润。生产商、批发商、零售商三方通过智慧物流相互协作，信息共享，物流企业才能更节省成本。智慧物流的关键技术包含物体标识及标识追踪、无线定位等新型信息技术。该技术能够有效实现物流的智能调度管理、整合物流核心业务流程，加强物流管理的合理化，降低物流消耗，从而降低物流成本、减少流通费用、增加利润。

2. 智慧物流是物流业的信息技术支撑

智慧物流的建设将加速当地物流产业的发展。它集仓储、运输、配送、信息服务等多功能于一体，打破行业之间的限制，协调各部门利益，实现集约化高效经营模式，优化社会物流资源配置。同时，智慧物流还可以将一些分散在各处的物流资源进行集中处理，发挥整体优势和规模优势，实现传统物流企业的现代化和专业化。

3. 为企业生产、采购和销售系统的智能融合奠定基础

随着 RFID 技术与传感器网络的普及、物联网技术的兴起，智慧物流将为企业的物流系统、生产系统、采购系统与销售系统的智能融合奠定基础，并且网络

的融合也会产生智慧生产与智慧供应链的融合。物流企业打破原有工序、流程界限，完全智慧地融入企业经营之中。

4. 使消费者节约成本，轻松、放心购物

智慧物流平台通过提供货物源头的自助查询和跟踪等多种服务，尤其是对食品类货物的源头查询，能够让消费者放心购物。此外，在增加消费者购买信心的同时促进消费，最终带动整体市场向良性方向发展。

5. 可提高政府部门工作效率

智慧物流可全方位、全程监管食品的生产、运输、销售等环节。这可以使监管更彻底、更透明。通过计算机网络的应用，政府部门的工作效率也将大大提高，有助于精简政府机构，从而削减政府开支。

6. 提升综合竞争力

智慧物流集多种服务功能于一体，强调信息流与物流快速、高效、通畅地运转，从而降低企业和社会成本，整合社会物流资源。

（四）供应链方向延伸是物流公共信息平台的发展方向

易网通开放式供应链物流信息平台是面向物流服务构架的供应链物流信息平台，其包括两方面，一方面是供应链物流服务，即从供应链物流纵向一体化的角度，实现货物生产、流通、销售关联环节的物流信息及应用整合；另一方面是面向服务构架的开放式接入集成平台应用，通过提供业务和技术上的支持，实现整合区域性供应链物流资源，提升区域物流产业信息化应用层次。

（五）第四方物流电子商务平台应运而生

移动互联网时代的到来，为传统零售商带来了前所未有的冲击，由此电商成为当前企业发展的趋势。随着电商的飞速发展，传统的物流已经不能满足当前市场需求，必须构建一个可以整合全社会物流资源的公共信息平台，为电商企业提供更快捷、专业化的服务。第四方物流信息平台由此而产生。该平台的良好运行需要内在条件和外部环境[1]。

1. 数据标准化是实现第四方物流信息平台的关键

物流数据的标准化不仅包括物流采购、仓储、运输、流通加工、配送等物流活动的信息标准，还包括为物流过程中提供各种标准化的数据。由于当前企业为了提高自身核心竞争力而保护其核心资源优势，各自为营、信息孤岛等一系列碎片化数据分散在每个企业内部信息系统中，无法发挥其应有的价值。而实现第四

---

① 严维红. 基于电子商务环境下第四方物流管理平台研究 ［J］. 物流科技，2014，37（10）：123 － 124.

方物流信息平台的关键就是要将碎片化的数据集中存放，大大降低数据的冗余度和不一致。实现这一任务的前提是需要具有标准化的数据。

2. 信息技术的使用是实现物流信息平台的技术条件

现代物流信息技术已经成为物流企业在当今生存和发展的基本工具。第四方物流信息平台是一个交易平台，也是一个服务平台。在这个平台上，电商可以发布物流需求信息，物流企业也可以发布物流资源信息。为了能实现实时监控、数据查询等一系列功能，物流企业必须要使用自动识别技术、GPS 技术、GIS 技术、GSM 移动数据通信网络以及 EDI 技术等。

3. 新型物流人才的培养是实现信息平台的基础

目前我国物流人才相对匮乏，第四方物流新型人才就更少之又少。各高等院校开设的物流管理和物流工程专业大多是粗放型的，在精细化、专业化、实践性方面没有予以足够的重视。因此，培养一批适应现代物流产业发展的新型物流人才，是实现第四方物流管理平台的基础和人员保障[1]。

电子商务物流信息平台就是在互联网上建起来的一个公共第四方物流信息管理平台，它融合了计算机技术、网络技术、数字移动通信技术等多种先进的技术[2]。在公共信息平台上，各物流服务方可以充分利用自己的权限，进入网络平台对物流资源进行监控、调度等多项操作。物流需求方可以登录平台发布相关需求信息，搜索匹配服务方，完成合作伙伴的选择。整个物流服务过程对于企业或用户来说都是透明化的。

电子商务物流信息平台构建是为了加强企业与客户信息有效流动，物流资源的充分共享，整合分散的物流资源，提升物流服务水平，有力推动电子商务的发展。

第四方电子商务物流信息平台主要有以下几个功能[3]：

（1）用户登录，信息发布。信息平台用户需要注册，通过第三方认证。用户分为物流需求者、物流服务商、第三方合作企业、政府部门等。物流需求者通过交互界面，发布物流需求信息。根据需求信息，在平台上搜索与之匹配的物流服务商。

（2）信息分析处理，选择物流服务商。通过物流信息技术或互联网将分散的信息、资源、人、企业活动有机连接起来，利用第四方物流信息平台的知识、案例、数据归纳整合，选择出最优的物流服务商。

（3）物流指令的下达。向选择的物流服务商下达物流作业指令。该指令可以是运输、存储、配送、流通加工等物流指令。

---

①②③　严维红. 基于电子商务环境下第四方物流管理平台研究 [J]. 物流科技，2014，37（10）：123 - 124.

（4）物流作业活动的执行。具体的物流作业活动由物流服务商（第三方物流企业）来完成。

（5）客户信息交互。客户信息交互主要包含两方面内容。一方面，客户可以通过该模块实时掌握物品的状态；另一方面，服务结束后用户可以在该模块进行评价，将评价信息及时反馈给物流服务商，不断提升物流服务商的服务质量。

三、内蒙古自治区物流信息化发展中存在的问题

近年来，内蒙古自治区物流业得到了快速的发展，物流信息化建设步伐加快，物流信息技术得到了普遍应用。移动监控平台、物流信息管理软件已经逐渐被重视和应用，物流业实现信息化正在逐渐步入正轨。但与我国东部沿海地区相比，内蒙古自治区信息化发展水平还处于起步阶段，物流信息化建设相对滞后。

（一）物流信息化建设还不完善

内蒙古自治区物流信息化还处于起步阶段，物流信息网络建设还不完善，多数传统物流企业的管理手段主要依靠纯手工作业方式。货主、车主、货运信息三者之间很少采用网络进行传递，没有形成信息网络共享。但是，物流信息技术已经受到大多数企业和管理部门的高度重视，部分企业已经开发了自己的物流信息管理系统。

2014年2月正式启动的内蒙古自治区移动仓储物流管理系统是其供应链管理系统的一期工程，将实现区内仓储物流管理（入库管理、出库管理、库内管理）、运输配送管理、配送订单管理、承运商管理、配送监控、运费结算、运输考核管理等8个功能模块，共涉及20个业务流程。同时，打通供应链系统与ERP、OA、合同、全面预算、集团供应链等7个外围系统60个接口服务，对上可满足与集团供应链系统对接的需求，对下可实现全程可视化的要求。值得一提的是，该系统实现与财务ERP系统的数据同步，有效支撑了ERP采购订单接收以及后续库存操作的全业务流程，在避免了业务重复操作的同时进一步提高了工作效率。目前，系统整体运行较平稳。后续项目组将继续进行上市公司市场物资、备品备件、杂品及铁通类铁通物资的业务功能开发、测试和上线工作，未来将实现全业务仓储物流支撑。

（二）物流公共信息平台建设缺乏大范围推广和应用

内蒙古自治区个别地市已建立了物流公共信息平台，但还没有大范围推广和应用。内蒙古自治区没有统一的物流信息平台，服务模式、数据格式、操作规范

等都没有统一，这为内蒙古自治区物流信息平台的构建带来一定的困难。同时，内蒙古自治区也没有建立统一的 GPS 监控系统平台，由于技术水平及成本原因，大部分货运车辆并没有安装 GPS 车辆监控设备。因此，目前全区范围还无法实现货运车辆的跟踪和监控，物流装备与信息技术在物流管理行业也尚未起步。

经过管理部门的不断努力，2012 年 8 月，由通辽市人民政府、中国移动通信集团内蒙古自治区有限公司共同举办的内蒙古自治区物流公共信息平台启动仪式在通辽市举行。该平台可服务于物流园区、货运场站、物流企业、制造企业、商贸企业等，支持物流行业、主管部门、交通运输管理等部门对物流行业的统筹、监管；通过信息手段整合供应链系统，全面提升内蒙古自治区物流信息化水平，推动内蒙古自治区物流业快速发展，支撑和引领内蒙古自治区经济社会可持续发展。2015 年 10 月 19 日，由内蒙古自治区人民政府主办、内蒙古自治区发展与改革委员会、内蒙古自治区物流协会、内蒙古自治区云平台物流科技有限公司承办的内蒙古自治区物流云平台上线启动仪式在呼和浩特举行。该平台成为国内首家省级"互联网＋高效物流"的物流云平台。该平台可通过手机 APP、微信和电脑官网等进入系统，向内蒙古自治区物流企业及物流从业人员提供信息服务保障，下一步还将为内蒙古自治区范围内的灾情、救援、突发情况等提供应急物流服务。目前，管理部门正在构思如何进行全省物流公共信息平台的构建。

（三）现代化物流装备使用率、普及率较低

现代化物流装备开始投入使用，但使用率、普及率都较低。近年来，内蒙古自治区各种现代化物流装备、物流信息设备（GPS、车辆行驶记录仪）等相继投入使用，叉车、GPS 等设备使用量明显增多。但是，先进设备的使用率、普及率较低。

2013 年 10 月，内蒙古自治区对 26 辆跨境运输车首次安装了"GPS 定位封锁"，此次"GPS 定位监控系统"的实施将对防止跨境运输车辆脱离监管路线、夹藏走私等行为发挥极大的作用。"跨境运输车辆 GPS 定位监控系统"的实施依赖于海关关员为每一辆跨境运输车安装并锁死"GPS 定位封锁"，由系统应用车载 GPS 的定位功能记录并模拟车辆运行轨迹。

另外，条形码及射频技术普及率一直以来都比较低。这种技术在我国企业中的应用起步并不算晚，但是《中国企业供应链管理调查报告》指出，在我国的企业中，有 3/4 的企业的货运单元以及储运单元缺乏条形码标识。这种条形码的低普及率状况对计算机物流的运作产生了很大的负面影响，进而严重阻碍了仓库管理朝着自动化方向转变。此外，条形码及射频的低普及率也不利于物流流程中信息的采集和反馈，这使得物流企业不能及时有效地与工商、税务、企业实现信息共享，进而限制了物流作业流程的自动化。

随着现代物流装备的投入使用和信息化技术的提高，叉车、标准化托盘、立体自动化仓库、电子标签拣选等现代物流系统和技术装备也逐步推广和应用，物流作业标准化、自动化、信息化、机械化、集装化水平不断提高。无线射频识别（RFID）、全球定位系统（GPS）、地理信息系统（GIS）等先进技术的应用，帮助企业逐步建立并完善了物流过程跟踪和追溯体系，进一步提高了物流发展流程化、信息化和安全化水平。

（四）物流信息网络功能严重不足

物流信息技术已经越来越受到企事业和管理部门的重视。管理部门正在构思内蒙古自治区物流公共信息平台的搭建，部分企业已经开发了适合本企业的物流信息系统，个别地市也已经建立了物流公共信息平台。

截止到2015年，内蒙古自治区物流信息网点共有687个，其中呼和浩特市115个、通辽市124个、赤峰市105个、包头市62个、锡林郭勒盟58个、鄂尔多斯市43个、呼伦贝尔市43个、阿拉善盟39个、巴彦淖尔市37个、乌兰察布29个、乌海市16个以及兴安盟16个，分布已具备规模，如图11-3所示。但这些信息网点与外部信息系统互联性差，相对独立，信息网络功能严重不足，亟须加快内蒙古自治区公共信息平台的建设步伐。

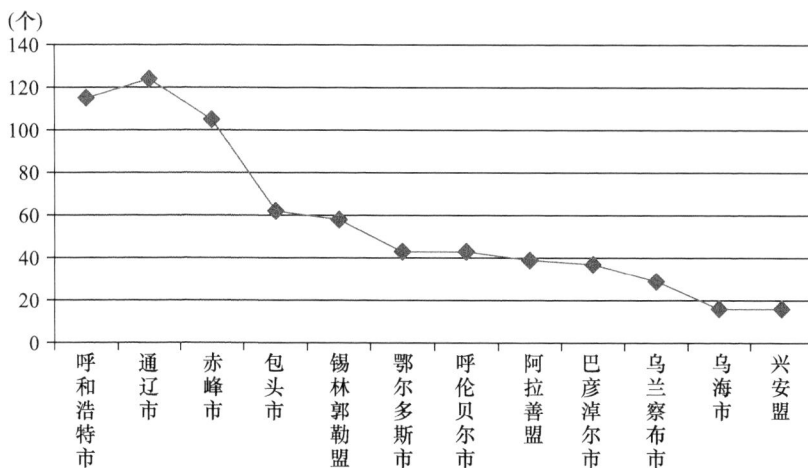

图11-3　内蒙古自治区各盟市物流信息网点分布数

（五）物流企业决策者缺乏正确的信息化意识

企业信息化工程是"一把手"工程，决策者对信息化的认知程度直接决定了企业信息化的实施效率和效果。但是，据研究报道，部分大型物流企业和许多中小物流企业的"一把手"还没有对企业信息化形成一个比较系统的认识，甚至有些中小企业领导还片面地把企业信息化等同于购买和使用一套管理软件。从内蒙古自治区物流信息网点分布情况可以看出，虽然信息网点较多并已具备规模，但由于缺乏正确的信息化意识而形成一个个信息"孤岛"。若想解决这个难题，对业务流程与管理体制开展革新才是企业信息化的真正实质。

（六）物流信息化人才缺口较大

要顺利实施信息化管理，物流企业离不开人才。但是，许多物流企业缺少物流信息化人才，特别是缺少既懂管理又有技术的高端复合型人才。对于物流企业而言，这种人才缺乏的一个重要体现就是当前获得自主知识产权并应用于物流方面的信息系统人才比较少。从研发能力上来说，物流信息系统缺乏较为统一的标准，很难互通，信息共享困难。

四、内蒙古自治区物流信息化发展对策

内蒙古自治区公共物流信息平台以及内蒙古自治区物流云平台的建设将成为范围覆盖全区物流业的物流信息中心。这是一项推动内蒙古自治区物流业走向信息化和标准化的浩大工程。它的建成并成功试运行可以为内蒙古自治区"十三五"期间整合物流资源，提高整个行业的信息化水平和运作效率、提升政府职能部门监管能力、提升服务水平，同时为未来与其他省份搭建省际物流公共信息平台打下坚实的基础。

（一）充分发挥政府职能部门的组织和引导作用

现阶段，内蒙古自治区物流业发展正处于由传统物流向现代物流的转型期。由于信息化对现代物流的发展起着基础性的支撑作用，以及物流信息化在建设过程中投资大、涉及部门多等特点，政府在规划、协调、资金、政策等方面应发挥宏观管理优势。因此，职能部门需要做好以下几项工作：

1. 强化组织领导的支持作用

政府部门要高度重视物流信息化建设，尽快成立由政府相关部门组成的物流信息化建设领导机构，负责物流信息化建设的指导和管理，以及活动的具体实施。在物流信息化建设机构的领导下，以产学研合作的方式成立负责物流信息化技术论证与研究的物流信息化促进中心，负责拟定开展物流信息化的建设方案，制定开展物流信息化的管理制度和实施办法等。

2. 制订物流信息化发展规划

随着信息网络技术的发展，在经济发展的推动下，根据国家、自治区现代物流业发展规划，以现代物流的整体需求和内蒙古自治区经济发展方向为主线，借鉴国内外物流信息化建设的经验，制订内蒙古自治区物流信息化发展规划纲要，确立物流信息化建设目标和实施方案。

3. 加大财政对物流信息化的支持

政府相关部门要在用地、资金以及物流管理信息化、运输工具智能化等信息系统建设方面给予大力支持，特别是在公共物流信息平台建设、信息网络建设、信息系统开发等方面给予相应研发基金或引导资金。

4. 制定相关鼓励政策

按照《国务院关于鼓励和引导民间投资健康发展的若干意见》（国发〔2010〕13号）的文件精神，政府要鼓励民间资本参与物流信息化建设。在信息化发展的政策制定上，应积极创新制定能够激发民间资本投资于物流业及其信息化领域的相关产业政策。

（二）加强物流信息化基础性项目建设

物流信息化工作是一项系统工程。在政府部门支持和引导下，加快以呼和浩特市为中心的现代物流业发展，加强信息化基础设施建设，提升信息化基础设施的服务能力和应用水平。

1. 加快物流信息化基础设施建设

加快基础设施建设，要优先发展现代物流中心、物流公共信息平台、现代物流技术等制约物流信息化发展的瓶颈环节。这些项目的建成和运行将有效带动整个信息化进程，推动内蒙古自治区现代物流业健康发展。在政府的大力支持下，内蒙古自治区已率先建成了物流公共信息平台——内蒙古自治区"互联网＋高效物流"云平台。该平台将实现区域间、区域内物流园区、配送中心、物流中心、物流企业等之间的横向整合，做到区域物流资源信息共享，提升物流全过程的整体运作水平。同时，现代物流信息技术的应用可以提高运输、仓储、装卸、流通加工、配送等环节的效率。此外，对中小物流系统的信息化建设而言，通用商业软件包或建立应用服务商（ASP）等模式可以提高物流企业信息化水平。

2. 加快物流标准化建设

标准化是信息化的基础，因此要尽快解决涉及各部门、各行业的资料编码标准、数据传输标准、信息系统标准、信息条形码标准、票据标准、运输器具标准等问题。对于某些资料编码符合国家标准的，要严格执行国家标准；对于目前尚未有国家或部颁标准的，要制定自治区行业标准或者地方标准。政府要鼓励有能力的企业积极参与国家标准的制定，从而构筑畅通的物流、资金流、信息流和商流流通渠道。

此外，以国家级软件园为依托，引导软件商加大对物流信息化的科研和投入力度，推出成本低、适用性强、标准化、模块化的物流管理软件平台，实现物流业与信息产业的共同发展。

（三）培育健全的物流市场体系

内蒙古自治区物流业"十二五"规划指出，按照"服务带动、物流先行"的发展思路，构建现代物流体系，建设区域性物流节点城市。目前，包头钢铁有限公司（包钢）、内蒙古第一机械集团公司（一机）、北方北重汽轮电机有限责任公司（北重）等国有大型企业的信息化建设主要集中在设计与制造等方面，与企业物流相关的公共型、基础型信息数据库开发工作比较薄弱，电子商务发展较缓慢。此外，一些中小型企业的信息化也仍停留在生产管理的较低层次，还无法适应现代物流的发展要求。因此，要积极培育市场，鼓励生产企业和商贸企业按照分工协作的原则，外包物流功能，整合物流资源，进一步促进企业内部物流社会化。

在培育现代物流市场体系的过程中，要不断提高物流领域的信息化技术与管理水平，推广使用 ERP 等管理软件，为供应链中各环节的供应商、物流商和销售商提供集成的物流信息服务。

（四）调动企业加强信息化建设的积极性

企业信息化建设既是企业自身提升其核心竞争力的必备基础，也是国家信息化推进的重要内容。2011 年 4 月，国家五部委联合下发的《关于加快推进信息化与工业化深度融合的若干意见》指出："着力推动制造业信息技术的集成应用，着力用信息技术促进生产性服务业发展，着力提高信息产业支撑融合发展的能力"。因此，政府要进一步加大力度促进企业信息化意识的提高，鼓励和帮助企业积极参加物流信息化建设。

针对大型制造企业和物流企业，要鼓励其建设物流信息化。通过建立和完善企业信息化建设的评估机制，加强对企业信息化的支持。通过发挥现有各类财政资金、设立物流信息化专项资金，加大对企业经营管理创新的引导和扶植，支持企业管理信息化建设。建立呼和浩特市、包头市等盟市的信息技术应用项目融资担保机构，鼓励金融业对信息化技术升级项目给予支持，帮助企业通过资本市场筹集信息化建设资金。

针对中小型物流企业，要不断促使企业提高信息化意识，推进物流信息化建设步伐。首先，要制定针对中小企业物流信息化社会服务体系的优惠政策，进一步落实鼓励企业创新发展的各项政策。其次，要培养一批中小企业物流信息化应用示范企业，发挥示范带动作用。最后，开展中小物流企业信息调查工作，建立健全中小企业信息化绩效评价机制。

（五）加快物流信息化人才的培养与引进

1. 引进物流信息化高端人才

"十一五"期间，包头市相继制定出台了专业技术人才引进、培养及对高层次人才岗位津贴、子女入学、配偶等一系列政策措施，有效地提升了包头市自主创新能力。由于高端人才掌握了物流全程策划、物流信息管理和全程组织等的优化技术，因此，对内蒙古自治区的信息化建设会有很大的引导和促进作用。另外，对于高端人才的引进，也要借鉴发达省份的引智举措，效果会更好。

2. 加强企业在职人员的职业培训

鼓励教育科研单位、大专院校对物流企业在职人员采取长期培养与短期培训相结合、正规教育和在职培训相结合的培养方针，扩大高素质物流信息化人才的供给，加速自治区现代物流信息化的发展。引导大专院校等研究机构通过专题报告会、参观交流等方式，深入物流企业，帮助企业建立物流信息化体系，解决物流企业对信息化人才的需求。

3. 加快人才培养步伐

目前，自治区有内蒙古自治区工业大学、内蒙古自治区财经大学等高等院校开设了物流管理本科专业，加上开设物流管理专科专业的院校，物流学历教育在内蒙古自治区已逐步开展起来。此外，可通过市场化的运行机制，积极与大专院校联合，定向培养物流人才。

（六）加强物流信息化战略

物流信息化建设并不单是由企业来推进，国家和各级政府更是推动物流信息化发展的重要力量。因此，围绕自治区"十二五"规划提出的现代物流发展战略，物流企业应在发展环境、行业规范和企业应用等层面进行深入研究和探讨，促进现代物流产业发展。

1. 加强物流信息化发展战略

物流信息化战略应围绕全区现代物流业发展规划所设定的目标，借鉴国际和国内先进地区的信息化建设发展思路，结合自治区物流产业发展的实际情况，提出物流信息化总体战略目标和构想，制定实施规划和实施方案，引导内蒙古自治区各盟市物流信息化建设高标准、系统化、协调化发展。另外，建议由政府相关部门、科研院所和物流企业共同参与物流信息化战略的制定，以保证物流信息化战略规划具有现实指导意义和可操作性。

2. 加强物流信息化基础理论

物流信息化不只是一个纯技术性的问题，还涉及社会与企业转变管理理念和管理方法等问题。在基础性研究工作中，要着眼于物流业发展全局，将政府、行业、企业关心的理论热点和技术难点问题，通过理论研究加以解决，并及时将研究成果转化为物流生产力。总之，加强物流信息化的基础性工作，可以大大加快整个建设进程。

第十二章

内蒙古自治区物流标准化发展报告

　　进入 21 世纪，我国物流业发展迅猛，无论是发展规模还是发展质量都取得巨大成就。但由于我国物流标准化管理体制比较落后，工作推广不足，缺乏统一规范的物流标准化体系，导致物流成本过高，效率低下，物流信息滞后，企业普遍缺乏物流过程中的基本规范，非标准化装备、非标准化设施和非标准化行为相当的普遍。而这一问题已经成为制约我国物流发展和影响物流效率提高的重要因素。因此，要充分发挥政府部门的组织协调作用，引导企业积极参与物流标准化的制定与执行，加速物流标准化的建设。

一、标准化概述

标准化是一项制定条款活动，《GB/T20000.1-2002 标准化工作指南》对标准（Standardization）的定义：为了在一定范围内获得最佳秩序，对现实问题或潜在问题制定共同使用和重复使用条款的活动。所指定的条款应具备的特点是共同使用和重复使用；条款的内容是现实问题或潜在问题；制定条款的目的是在一定范围内获得最佳秩序。这些条款将构成规范性文件，也就是标准化的结果是形成条款，一组相关的条款就形成规范性文件。如果这些规范性文件符合制定标准的程序，经过公认机构发布，就成为标准。所以标准是标准化活动的结果之一。

《中华人民共和国标准化法》将我国标准分为国家标准、行业标准、地方标准、企业标准四级。

按照标准化对象，通常把标准分为技术标准、管理标准和工作标准三大类。

技术标准是指对标准化领域中需要协调、统一的技术事项所制定的标准。技术标准包括基础技术标准、产品标准、工艺标准、检测试验方法标准及安全标准、卫生标准、环保标准等。

管理标准是指对标准化领域中需要协调、统一的管理事项所制定的标准。管理标准包括管理基础标准、技术管理标准、经济管理标准、行政管理标准、生产经营管理标准等。

工作标准是指对工作的责任、权利、范围、质量要求、程序、效果、检查方法、考核办法所制定的标准。工作标准一般包括部门工作标准和岗位（个人）工作标准。

中国国家标准按标准性质，可以分为强制性标准和推荐性标准两类。保障人体健康，人身、财产安全的标准和法律、行政法规规定强制执行的标准是强制性标准，其他标准是推荐性标准。

二、内蒙古自治区标准化工作进展

内蒙古自治区人民政府发布的《内蒙古自治区推进标准化工作三年行动计划（2014~2016 年)》启动实施以来，内蒙古自治区标准化工作，迈入了一个全新的推进标准化战略促进经济社会发展的"质量时代"。

内蒙古自治区标准化院先后研制了《商品条码·畜肉追溯编码与条码标识》、《和谐劳动关系单位评价规范》、《政务服务管理规范》、《住宅物业管理服务规范》、《液化石油气钢瓶防倒气装置》、《食品安全追溯体系设计与实施通用规范》等多项地方标准，并积极为呼和浩特市儿童福利院、达茂旗政府、自治区发改委等多家单位提供标准化技术支持。2011~2013年已完成终审上报国家标准委备案的地方标准达108项，在研地方标准129项。

2012年6月1日，由内蒙古自治区标准化院研制的《蒙古族服饰》地方标准正式发布，该系列标准共包括29个部分。作为全国首个民族服饰地方标准，国家文化部和自治区等相关领域组成的《蒙古族服饰》地方标准评审专家组给予了高度评价：《蒙古族服饰》地方标准，为规范蒙古族传统服饰的制作和使用提供了科学权威的依据，为民族优秀传统服饰文化的保存、保护、传承、教学、科研及创新发展开辟了新途径，建立了新平台。

2012年7月，借鉴《蒙古族服饰》地方标准研制的方法，启动了"三少"民族服饰标准研究工作。经过多方努力，2013年7月25日，《达斡尔民族服饰》、《鄂伦春民族服饰》、《鄂温克民族服饰》地方标准发布。"三少"民族服饰标准的制定，不仅体现了国家对达斡尔民族、鄂温克民族、鄂伦春民族历史传承民俗文化形态的尊重，而且为达斡尔民族、鄂温克民族、鄂伦春民族文化认同、提升"三少"民族文化自信与自强、促进民族"文化"与"产业"融合奠定了良好的基础。

餐饮标准化助推餐饮服务业健康发展。2012年，内蒙古自治区标准化院开始研制《蒙餐》地方标准，至今已经发布实施62项，正在研制内蒙古自治区地方菜标准。《蒙餐》地方标准发布实施，受到了餐饮界的广泛关注和欢迎，各大饭店纷纷采用，此项标准也被列入内蒙古自治区高校烹饪教学依据，并作为2013年由内蒙古自治区总工会、内蒙古自治区人力资源和社会保障厅联合举办的"中国梦·劳动美"全区第五届烹饪技能大赛暨第二届蒙餐烹饪技术比赛的蒙餐制作评判依据在实践中得以运用。

北重集团自北方风驰物流港建设以来就积极谋划物流标准化建设工作，并被内蒙古自治区质监局确立为装备机电物流服务标准化建设试点单位，目前，建立了"服务通用基础标准、服务保障标准、服务提供标准"三大体系、20个子体系，制定修订了165项企业规范。其中，物流园区规范、仓储服务规范、大件公路运输服务规范、铁路专用线运输服务规范、物流企业财务核算规范、物流企业信息服务规范、物流企业客户服务规范、物流企业质量安全环境服务获批为内蒙古自治区装备机电物流服务标准。

内蒙古自治区畜产品安全追溯地方标准于2015年9月1日正式实施。这是全国首个畜产品安全追溯地方标准。标准包括《基于物联网的畜产品追溯应用平台总体结构》、《基于物联网的畜产品追溯服务流程》、《基于物联网的畜产品追溯数据格式》、《基于物联网的畜产品追溯读写技术要求》、《基于物联网的畜产品追溯标签技术要求》5 项内容。内蒙古自治区畜产品安全追溯地方标准的制定，为自治区畜产品安全监管、打造自治区草原绿色畜产品领先品牌提供技术支撑。进一步规范自治区畜产品追溯管理过程，全程监控牲畜养殖及肉制品生产全过程，并为肉制品的追溯建立准确可靠的信息，实现对牲畜肉制品生产、加工、运输、销售全过程的信息化管理；实现畜牧业的科学化、制度化，提高畜牧管理水平，进一步促进了我国畜牧业的发展。

内蒙古自治区质量技术监督局发文下达 2015 年第二批内蒙古自治区地方标准制修订项目计划，由鄂尔多斯市质监局、煤炭局推荐的《鄂尔多斯商品煤》地方标准列入该计划。这是全区首个以创建品牌立项的地方标准。鄂尔多斯矿产资源极其丰富，尤以煤炭资源闻名于世，已探明煤炭储量约占全国的 1/6。市质监局、煤炭局按照"提高产品质量，优化产品结构，应对市场变化"的总体要求，结合鄂尔多斯市煤的成煤时代不同、煤矿分布点多面广、原煤质量差异较大、伴生资源分布不均等特点以及生产、洗选加工、储运、销售等各环节的实际情况，通过煤质普查建立鄂尔多斯市煤质资源数据库，制定全市统一的煤炭品种分类标准，从而形成鄂尔多斯市统一的煤炭质量和品牌体系，指导全市煤炭生产加工和销售。该标准成功列入自治区地方标准的制订计划标志着鄂尔多斯煤市在销售、管理等方面更趋向统一、科学、合理、公平，为鄂尔多斯市制定煤炭质量品牌管理的长远规划奠定了坚实的基础。

2015 年 5 月 25 日，呼和浩特铁路局被中国物流与采购联合会评为 5A 级综合服务性物流企业。截至目前，全区共有 A 级物流企业 41 家，在全国 31 个省市自治区中排名居中。

三、物流标准化

物流标准化是标准化工作在物流领域的体现，是指以物流作为一个大系统，制定并实施系统内部设施、机械装备、专用工具等的技术标准，制定并实施包装、装卸、运输、配送等各类作业标准、管理标准及作为现代物流突出特征的物流信息标准，并形成全国及和国际接轨的标准体系，推动物流业的发展。

对于物流标准化，一个广为学者接受的定义：在物流系统里，制定和实施技术标准（专用工具、机械设备和其他设施的技术标准）、作业标准（包装、装卸、运输、配送等作业标准）、管理标准以及信息标准四方面，以及形成和全国甚至和国际接轨的标准体系。这些标准化工作可以分为软件和硬件两方面，软件方面主要指物流信息标准化，包括信息系统的代码、文件格式接口、作业规范、操作流程和管理标准等；而硬件则包括设施工具的规格、材料及配套标准，具体有物流仓库、货架、堆场、机械、工具、包装物等的规格、材质和操作标准，以及信息软件系统的硬件配置标准等。

（一）物流标准化的特点

1. 物流系统标准化涉及面比一般标准化系统更加广泛

物流系统标准化包括机电、建筑、工具、工作方法等许多种类，这些虽然处于一个大系统中，但缺乏共性，从而造成标准种类繁多，标准内容复杂，也给标准的统一及配合性带来很大困难。

2. 物流标准化系统是属于二次系统，或称后标准化系统

这是由于物流管理思想诞生较晚，组成物流大系统的各个分系统，过去在没有归入物流系统之前，早已分别实现了本系统的标准化，并且经多年的应用，不断发展和巩固，很难改变。所以，通常在各个分系统标准化基础上建立物流标准化系统，有一个适应及协调的过程，而不可能全部创新。

3. 物流标准化更要求体现科学性、民主性和经济性（称为标准的"三性"）

科学性的要求，是要体现现代科技成果，并与物流的现代化（包括现代技术管理）相适应。民主性是指标准的制订采用协商一致的办法，广泛考虑各种现实条件，广泛听取意见，使标准更具权威，减少阻力，易于贯彻执行。经济性是标准化主要目的之一，也是标准生命力如何的决定因素，物流过程不像深加工那样会引起产品的大幅度增值，但是，物流过程又必须大量投入消耗，如不注意标准的经济性，片面强调反映现代科技水平，片面顺从物流习惯及现状，引起物流成本的增加，会使标准失去生命力。

4. 物流标准化有非常强的国际性

由于我国的经济改革开放政策，对外贸易和国际交流有了大幅度上升，而所有的国际贸易又最终靠国际物流来完成。所以，我们要重视本国物流与国际物流的衔接，否则将会加大国际交往的技术难度，并增加因标准化系统不统一所造成的效益损失，使外贸成本增加。

（二）我国物流标准化的现状及发展趋势

1. 现状

我国物流业蓬勃发展，物流产业基础市场不断发育，物流标准化工作也已陆续展开，并取得了一系列成绩。物流标准化工作在对组织管理的制定、标准的制定和企业的推广应用方面都得到了很大的发展。

（1）建立了一批物流标识标准体系，并有部分重要的物流标准已经投入实施，如《中国物流标准化体系规范》、《物流企业分类与评估标准》等。投入实

施的国家标准有《物流术语》、《商品条码》、《物流单元格条码》等。这些标准的建立和实施对于我国物流标准化的发展起着重要的作用。有利于加强我国物流业发展中基础理念的规范、加快物流行业的发展进程，并有利于我国物流与国际物流的顺利接轨。

（2）建立了与物流有关的标准化组织和机构。比如，近年才成立的中国物品编码中心、全国物流信息技术委员会和全国物流标准化技术委员会，还有由国家质量监督检验检疫总局成立的全国供应链过程管理与控制标准化技术委员会。

（3）在物流标准化研究和标准制定方面取得了显著成绩。国家对物流标准化工作十分重视，并且投入了大量的物力、人力、财力。在科研上，物流标准化项目"物流配送系统标准体系及关键标准"和"我国电子商务与现代物流标准体系及关键标准的研究与制定"在多方人员的共同努力下已经略有成效。

物流标准化工作的开展，为我国物流产业今后的发展奠定了一定的技术基础，但是，物流标准化距离我国现代物流业的发展需求还相差很大。

2. 发展趋势

（1）建立我国的物流标准体系，标准是物流信息化的基础。物流标准体系对物流业已有的国内外的标准状况进行调查，掌握最全面的资料，再对收集到的资料进行分析和分类，而且还要针对物流业本身的特点，从标准的作用入手，指出发展现代物流需要标准化的方方面面，提出究竟哪些环节、哪些标准宜制定成国家标准，哪些宜制定成行业标准，哪些宜制定成企业标准，属于企业自身的管理行为，并给出物流相关行业的行业标准明细，同时也要探讨相关行业标准的协调和配合性问题。

（2）新兴的信息技术标准化工作将成为重中之重。物流信息采集技术是实现物流自动化的关键，物流管理过程中应用到的自动识别技术主要有条形码技术和射频识别技术（RFID）。射频识别技术由于射频标签的成本较高，影响了在我国的应用。当前，一种新的产品电子代码（EPC）技术通过互联网搭建了一个全球的、开放的供应链网络系统，对实物供应链全过程实时跟踪和管理，提高供应链的透明度，降低供应链成本，提高供应链效率、效益和安全保密性。EPC 技术是一个非常先进的、综合性的、复杂的、全球性的、庞大的系统工程，它的应用可以引起物流过程的革命。

（3）全球电子商务主数据标准化成为物流信息标准化的重点。电子商务与现代物流又是紧密联系的，针对当前严重影响现代物流建立与发展的物流数据一致性问题，急需展开这方面的标准化工作。物流数据一致性标准的主要内容：全球统一的物流信息分类与编码体系；物流信息标识技术标准；物流业务模型优化标准；物流信息交换标准；现代物流信息维护与管理体系。

（4）物流基础标准、作业标准以及其他管理与服务标准也急需制定。首先是物流基础标准急需制定，具体指计量单位标准和模数尺寸标准。我国尚未形成国家的统一标准。

（5）实时化。物流实时化是社会对物流业提出的理想需求，即要求物流企业做到在恰当的时间、以便捷的方式、以合理的价格将商品送到适当的地方。这种实时化要靠现代化的技术手段来实现。电子商务是一种基于互联网、以交易双方为主体、以银行电子支持和结算为手段、以客户数据为依托的全新的商务模式。以电子商务技术为基础的物流管理，将生产、流通和消费需求通过实时信息有机地结合在一起，从而实现物流各环节乃至整个物流系统的最优化。

（6）环保化。任何事务的发展都不能以破坏环境为代价，这是一个基本规则。在进行物流活动过程中不可避免地对人类赖以生存的环境造成危害，因此在发展物流业的同时必须要有超前意识，倡导绿色物流。绿色物流从生态环境的角度对物流体系进行构建，形成了环境共生型的物流管理系统。这种物流管理系统建立在维护生态环境和可持续发展的基础上，采取与环境和谐相处的态度和全新理念，去设计和建立一个良性循环的物流系统。

四、内蒙古自治区物流标准化发展中存在的问题

近年来，内蒙古自治区物流标准化工作得了长足发展，已制定或正在制定许多地区物流标准。但是，整体来看仍然存在标准体系不健全、标准水平低、数量少的问题，标准化工作滞后于产业发展需求。内蒙古自治区要实现标准化驱动产业化升级，其着力点就在于全面组织实施《内蒙古自治区推进标准化工作三年行动计划（2014～2016年)》。

（一）物流标准化管理滞后，企业物流标准化意识不强

物流标准化相关的管理部门，主要包括国家统一的标准化管理组织、机构，另外，还包括交通、信息等相关行业。在标准化工作中，各相关部门之间没有建立协调机制，部门间未曾交流、探讨，导致物流标准化建设工作整体推进缓慢，物流企业标准化建设意识不强，物流标准化管理严重滞后等问题的出现。

（二）物流企业没有起到标准制定的主体作用

内蒙古自治区的物流企业大多数是中小型企业。广大物流企业是标准化工作推进的主体，企业主体作用的发挥直接决定着标准化工作开展的深入程度。制约企业主体作用发挥的原因有三个：一是内生动力不足，大多数企业标准化意识还

比较淡薄，特别是中小型物流企业，对物流服务和物流标准化的认识还不够全面和深刻，远远没有意识到标准对企业发展的支撑作用，以眼前利益为重，缺乏长远的发展规划，主动开展标准化工作的意愿不强；二是外生动力不足，主要体现在相关法律法规缺失，特别是涉及物流装备、安全等一些重要的基础性标准，都是作为推荐性标准，而非物流市场强制性标准和准入性规范，很难得到企业重视，推动企业实施推广现行标准的倒逼机制仍未形成；三是物流行业整体发展水平较低，产业起步较晚，发展相对不够均衡，目前物流市场仍然处在以价格为主的不良竞争环境，物流运作理念相对落后，缺乏专业的标准化人才，都不同程度地限制了企业主体作用的发挥。

（三）部门、地区条块分割管理，缺乏统一性和协调性

以部门为主的标准化体系，制约了与物流相关产业标准化之间的统一性和协调性。我国物流管理部门有标准管理机构和交通、铁路、民航、信息产业等代表政府的行业部门。而物流行业所涉及的各个产业技术组织和科研机构分散在各个政府部门和各个行业之中，标准运作之间的政府部门缺乏统一协调组织，标准化技术组织与科研机构分工明确，在各自的产业领域进行标准化工作，相互之间交流和配合存在障碍，不能进行统一的规划。

（四）虽然已经建立了部分物流相关标准体系，但实施推广的难度较大

内蒙古自治区质监局确立北重集团下属的企业北方风驰物流港作为装备机电物流服务标准化建设试点单位。从试点创建的实践来看，现行标准的实施推广还面临着一些制约因素：一是受制于物流的上游产业，以制造业影响为重。不同的制造企业有不同的产品类型和服务需求，物流企业缺乏主导权，服务标准自然要迎合制造业企业的现实情况。二是受制于现行标准的适应性，个别标准已不能适应市场需求，如有关商品车（乘用车）运输的《道路车辆外廓尺寸、轴荷及质量限值》（GB1589-2004）。该标准规定运输车辆长度上限为16.5米，如果第三方物流应用该标准，肯定亏本运营，虽然国外标准中也要求16.5米，但其运输车辆包含拖挂。三是受制于相关国家标准缺失，特别是在物流作业环节，如货运价格标准、赔偿标准、货物重量体积的换算标准、物流包装箱相关标准、物流服务的GPS通信标准等，以及物流综合信息平台、公共检测平台等缺失，都是推动物流服务标准化工作中急需解决的问题。

（五）物流从业人员对标准化的认知程度低

内蒙古自治区物流从业人员对物流标准认知程度普遍偏低，很多物流操作人

员根本不知道物流标准的相关内容。而且，目前物流仍然采用传统的经销渠道，企业对物流的运作方式方法和技术手段等普遍缺乏全面了解，先进的技术装备使用率很低，多数企业还是以传统的手段服务客户，所以导致物流成本居高不下，这也是阻碍物流标准实施的直接原因。

（六）物流标准化的市场价值难以实现

依据中华人民共和国国家标准《物流企业分类与评估指标》（GB/T19680 - 2005），内蒙古自治区已有 40 余家物流企业被评为 A 级物流企业。但是，一方面，企业贯彻执行国家标准的意识还不强，对"贯标"活动的理解存在一定偏差，有的企业片面认为评估只是一种行业评优。另一方面，有物流服务社会化需求的大企业在招标物流服务提供商的时候，没有把 A 级物流企业作为必要的条件来考虑。自治区政府针对 A 级物流企业也没有扶持奖励政策。

五、内蒙古自治区物流标准化发展对策

现代物流业的发展水平已经成为衡量一个国家或地区的重要标准，内蒙古自治区物流标准化的发展需要政府的支持和重视、扶持和发展。对于物流企业也应注重对优秀物流专业人才的引进，使之朝着规模化、产业化、专业化方向发展。

（一）以政府部门为主导，以企业为主体，积极推进物流标准化工作

当前，仍需更多地调动企业参与物流标准化工作的积极性和实效性。一是在标准化活动中多倾听物流企业的呼声，切实让企业（联合组织）在相关标准制修订中发挥主导作用，提升企业申报国家标准制修订项目的成功率；二是要从整个供应链环节扩大标准实施推广覆盖面，不仅仅局限于物流企业，还要积极争取物流上游企业、下游企业参与到物流标准化工作中来。

（二）试点先行，以点带面，整体推进物流标准化工作

进一步发挥物流标准化示范（试点）的辐射带动作用，选取物流产业集聚程度高、政府重视程度高、外部环境好的地区（园区）作为标准化示范（试点），积极探索有效的物流标准化工作机制、模式，积累先进经验，获取标准成果，力争在重点领域、重点环节、重点问题上取得突破，把示范（试点）的成果转化为具有普遍指导意义的好思路、好做法、好经验，并在全区范围逐步加以推广实施，开创从全局推动物流标准化工作的良好局面。

（三）政府应以优惠政策鼓励企业参与物流标准化建设

政府部门是国家标准的组织制定者和推广者，在国家标准的制定中扮演着重要角色。而企业是标准的最终执行者，物流标准的推广必须有企业的配合。企业是务实的，利益是它们平衡取舍的关键。政府可以在推广标准化方面予以政策支持和制约。

（四）物流行业协会应发挥引导协调作用

内蒙古自治区物流协会成立于 2006 年，自成立以来宣传贯彻 A 级物流企业评估标准的工作获得了骄人的成果。行业协会应鼓励催促行业中各企业参照国际先进物流标准，努力打破条块分割和地方保护主义，统筹规划，整合物流资源，从整个经贸发展的需要来规划物流产业的网络布局，加大行业协会的发展与引导作用，同时通过行业协会中间联络作用，使行业内各个企业在物资流通活动中得到统一与协调。

（五）积极借鉴、采用国外先进物流标准，注重与国际物流标准接轨

物流系统的信息化是现代物流的核心，物流企业借助互联网与信息技术，将生产、采购、运输、仓储、分拣、配送、回收等物流环节，以及商流、物流、信息流、资金流等进行统一协调控制，使物流活动和流程成为一个有机整体。在此过程中，物流信息标准极其重要，成为物流标准化建设的核心。因此，需要在物流标准化建设过程中，积极开发满足企业实际应用需要的企业资源计划、配送需求计划以及供应链管理系统，在物流企业中广泛推广应用，就此将物流的标准化固化到企业的管理中去。随着全球经济一体化进程的不断加快，国际标准的采用已非常普遍，采用国际标准已成为企业能否参与国际竞争及能否获得竞争优势的重要条件。因此，物流标准必须要与国际标准接轨，促使企业主动参与到全球竞争中去。

物流标准化工作是一项量大面广的系统工程。特别是对于中小型企业占大多数的内蒙古自治区物流产业来讲，整体发展水平还处在初级阶段，物流标准化相对滞后。必须立足现实、审时度势、奋发有为，进一步夯实物流标准化工作基础，加强物流标准化战略研究和顶层设计，特别是要切实发挥企业在标准化工作中的主体作用，强化内生动力和外在推力，以点带面，切实解决物流企业在标准化过程中存在的实际问题，为我国物流业、服务业乃至制造业健康、持续发展和经济转型升级提供有力支撑。

第十三章

中蒙俄经济走廊建设与内蒙古自治区现代物流业发展研究

　　中蒙俄经济走廊的建设思路是实现沿线国家交通基础设施的相互联通，以交通带动贸易，以贸易促进互利。可以说，物流是构建中蒙俄经济走廊的起点，交通干线及其物流体系的发展完备程度直接关系到中蒙俄经济走廊的成功与否。内蒙古自治区地处我国正北方，在"一带一路"战略以及中俄蒙经济带建设中，占据特殊重要地位。作为国家深入实施西部大开发战略的重要省区、向北开放的桥头堡和中蒙俄经济走廊节点省份，在加快建设整个丝绸之路经济带的时代背景下，内蒙古自治区现代物流业扮演着极其重要的角色。

一、中蒙俄经济走廊概述

2013 年，习近平总书记在哈萨克斯坦提出"丝绸之路经济带"战略构想，以"五通"政策和创新模式打造区域大合作的新格局。"丝绸之路经济带"是我国在不断发展和崛起的背景下提出来的，具有战略意义，是中国在新的历史条件下结合国际国内两个大局的新情况和新特点而提出的战略思路，旨在欧亚大陆空间形成一个新的经济发展区域，构建一个世界上最具有发展潜力的经济走廊和区域，通过基础设施现代化和贸易便利化将欧亚各国紧密联系起来，丰富欧亚大陆的合作内涵和形式。

在此基础上，国家主席习近平于 2014 年 9 月 11 日在杜尚别同俄罗斯总统普京、蒙古国总统额勒贝格道尔吉举行中俄蒙元首会晤。在该会晤中，首次提及中蒙俄经济走廊。即中国提出共建丝绸之路经济带倡议，获得俄方和蒙方积极响应。中国可以把丝绸之路经济带同俄罗斯跨欧亚大铁路、蒙古国草原之路倡议进行对接，打造中蒙俄经济走廊。经国务院批准，建设中蒙俄经济走廊正式纳入国际级战略版图。国家发改委确定中蒙俄经济走廊分为两条：一是从华北京津冀到呼和浩特市，再到蒙古国和俄罗斯；二是东北地区从大连、沈阳、长春、哈尔滨到满洲里和俄罗斯的赤塔。两条走廊互动互补形成一个新的开放开发经济带，统称为中蒙俄经济走廊。

（一）中蒙俄经济走廊的覆盖区域

中蒙俄经济走廊是"一带一路"重要的组成部分，是中国通向欧亚大陆西端的重要环节（见图 13-1）从区位上看，中蒙俄经济走廊位于"一带一路"的北端，承载着"一带一路"连接中国北疆与北部和西部周边国际环境的战略作用。其中俄罗斯和蒙古国是中蒙俄经济走廊能够直接覆盖的地区、中国北部邻居，内蒙古自治区可以通过满洲里和二连浩特两个铁路节点与俄罗斯和蒙古国的铁路网进行对接，是连接中国内地和俄罗斯、蒙古国及欧洲腹地的重要节点。因此，俄罗斯和蒙古国是中蒙俄经济走廊重要的合作区域和通向欧洲和东北亚的重要通道。从辐射区域上看，中蒙俄经济走廊的东段可以延伸至朝鲜、韩国、日本和美国等国家和地区。中蒙俄经济走廊的东段是亚欧大通道的重要平台和通道，是中蒙俄经济走廊在新的历史条件下所容纳的重要内容。中蒙俄经济走廊的西段效应也很明显，它是"沙漠丝绸之路"的重要分支，它以呼和浩特市、包头市、临河市为重要连接点，将宁夏回族自治区、青海省、甘肃省与新疆维吾尔自治区丝绸之路连接起来，成为经典的丝绸之路的组成部分。

从南北的区位优势上看，中蒙俄经济走廊承载着我国南北战略通道的战略作用，我国东南沿海地区属于我国经济发达地区，其经济能量的输入和输出极为频繁，而东南沿海地区将中原地区到达内蒙古自治区的经济走廊视为我国经济对外发展的重要通道。上海市、广州市、深圳市和中部地区省份向俄罗斯乃至欧洲的陆路运输需要经过内蒙古自治区。

图 13 - 1　我国"一带一路"战略支点定位示意图

（二）俄罗斯和蒙古国在中蒙俄经济走廊中的战略作用

打造中蒙俄经济走廊离不开俄罗斯，换句话说，中蒙俄经济走廊是否能够建设成功关键取决于如何与俄罗斯建立并保持从长期互利共赢的稳定的战略关系。俄罗斯对中国的"一带一路"战略非常关注。俄罗斯官方的表态是非常清晰的，即支持中国的"一带一路"战略并积极加以合作。2014 年 2 月，习近平主席与普京在索契会见时，习近平主席欢迎俄方参与丝绸之路经济带和海上丝绸之路建设，使之成为两国全面战略协作伙伴关系发展的新平台。普京总统积极回应，俄方积极响应中方建设丝绸之路经济带和海上丝绸之路的倡议，愿将俄方跨欧亚铁路与"一带一路"对接，创造出更大效益。这是中俄全面战略协作伙伴关系发展的重要合作方面。中国所提出的"一带一路"的战略是中国实现和平崛起的重要途径，也是中国与外部世界谋求对接的重要载体。在"一带一路"这个大的战略背景下，中蒙俄经济走廊是与俄罗斯对接的最直接的合作方式。

蒙古国对参加中蒙俄经济走廊建设也十分积极。内蒙古自治区通过中蒙俄经济走廊可以与蒙古国建立非常密切的经济合作关系。内蒙古自治区与蒙古国进行区域经济合作具有很多得天独厚的便利条件，蒙古族是跨境民族，同根同源的蒙古文化和民族特性是该地区进行深度经济合作的重要人文条件和推动因素；辽阔的草原形态是"中蒙俄经济走廊"伸展的有利媒介。蒙古国是中国内蒙古自治区构建"中蒙俄经济走廊"最重要的外国合作伙伴之一。

此外，蒙古国和俄罗斯是内蒙古自治区最重要的两个贸易伙伴。从近十年来内蒙古自治区对蒙古国和俄罗斯出口总额这一指标可以看出，总体而言，出口额一直在稳定增长，尤其是在国家提出中蒙俄经济走廊之后，出口额呈现高速增长的趋势。

以 2014 年为例，2014 年内蒙古自治区进出口总值为 145.53 亿美元，创历史新高，同比增长 21.4%，高于全国进出口增幅 17.9 个百分点，其中对蒙、对俄贸易均实现快速增长。在 2014 年，内蒙古自治区对蒙古国贸易额达 40.97 亿美元，同比增长 29.8%，占到内蒙古自治区全区进出口贸易的 28.2%，比重较 2013 年提高了 1.9 个百分点。据悉，2014 年内蒙古自治区对蒙古国进口为 31.7 亿美元，比 2013 年净增加 11.59 亿美元，同比增长 57.6%。与蒙古国贸易额达 40.97 亿美元相比，内蒙古自治区对俄贸易额尽管逊色不少，仅为 30.54 亿美元，但该数据亦较 2013 年止跌回升了 20 个百分点。数据显示，内蒙古自治区对俄 2014 年出口为 6.49 亿美元，同比增长 136%，高于内蒙古自治区全区出口增幅 79.8 个百分点；进口 24.04 亿美元，同比增长 2.2%（见表 13 - 1）。

表 13 - 1　内蒙古自治区对蒙古国、俄罗斯出口总额　　　单位：万美元

年份 \ 出口额	内蒙古自治区对蒙古国出口总额	内蒙古自治区对俄罗斯出口总额
2005	9393	6566
2006	11877	8840
2007	18415	20848
2008	28912	27811
2009	54409	19528
2010	52790	18518
2011	91310	21754
2012	105445	27863
2013	114479	27524
2014	627000	64900

（三）内蒙古自治区在中蒙俄经济走廊中所扮演的角色

在构建中蒙俄经济走廊的大背景下，内蒙古自治区在与周边相邻国家的经济合作中扮演重要角色。内蒙古自治区经济发展势头很好，内蒙古自治区能够更好地发挥区位优势和资源优势，有步骤地统筹发展国际和国内两个市场，运用"看不见的手"优化市场资源配置，着力推进贸易投资便利化。但资源型经济结构制约着自身的发展，内蒙古自治区应以构建"中蒙俄经济走廊"为契机，进一步加快对外开放的步伐，取得实质性、突破性的进展。

此外，内蒙古自治区还要在与国内其他省区的经贸往来中起纽带作用。从国内来看，中国沿海和内陆省区通过中蒙俄经济走廊，可以加快走向欧亚市场的进程。2014年满洲里率先发力，与江苏省苏州合作，组建了"苏满欧"运输模式。"苏满欧"铁路专线一经开通就显示出很大的优越性，与渝新欧、郑新欧和汉新欧相比更具有经济效益。到2014年底，广州、郑州等地希望与满洲里合作共建直达亚欧的铁路集装箱专线。内蒙古自治区具有独特的向外伸展的物质环境和基础设施，应该充分发挥呼和浩特、满洲里、二连浩特的重要城市节点作用，其中满洲里和二连浩特的作用不可替代。通过满洲里和二连浩特，内蒙古自治区将中国内地和沿海地区与俄罗斯的第一条欧亚大铁路有效地联系在一起，形成了便捷的运输通道。在基础设施便利化方面中俄、中蒙之间还有很多事情需要做，如应该推动修建中蒙"两山"铁路（中国阿尔山—蒙古国乔巴山），该倡议最早是由联合国计划署提出来的，这对蒙古国和中国都有好处。

二、中蒙俄经济走廊建设为内蒙古自治区现代物流业带来的机遇和挑战

在中国对俄最大陆路口岸满洲里、中国对蒙最大陆路口岸二连浩特等地，像"营满欧"这样经内蒙古自治区出境，前往俄罗斯、欧洲等地的国际货运班列不少。内蒙古自治区正再次成为丝绸之路经济带上的国际物流节点。

根据"一带一路"走向，陆上依托国际大通道，以沿线中心城市为支撑，以重点经贸产业园区为合作平台，共同打造新亚欧大陆桥、中蒙俄等国际经济合作走廊。按照国家对中蒙俄经济走廊的战略构想，在相当长的一段时间内，内蒙古自治区物流业面临的空前发展机遇和挑战并存。

（一）市场需求空间大与企业市场份额小并存

内蒙古自治区地处"三北"，外与俄罗斯、蒙古国接壤，从西部的策克到东

部的满洲里，全区 16 个开放口岸承担着中蒙贸易 95%、中俄贸易 70% 以上的货运量。两年来，内蒙古自治区加快推进"中蒙俄经济走廊"建设，面向北方，服务内地，口岸经济不断向纵深推进。

完善口岸经济布局，加强口岸能力建设。内蒙古自治区依托口岸推进经贸合作，西部以策克、甘其毛都口岸为重点，打造对蒙能源资源战略通道。中部以二连浩特口岸为重点，打造对蒙经济合作主示范区。东北以满洲里口岸为重点，打造对俄经济合作主示范区。一年多来，内蒙古自治区积极推进满洲里、二连浩特国家重点开发开放实验区建设，二连浩特—扎门乌德跨境经济合作区、呼伦贝尔中俄蒙合作先导区、满洲里综合保税区等项目建设有序推进。从 2015 年起，内蒙古自治区每年安排一定数量的资金用于口岸基础设施建设。在满都拉口岸基础设施和查验设施已通过国家验收的基础上，将室韦、阿日哈沙特、阿尔山等季节性开放口岸的铁路建设纳入内蒙古自治区铁路建设规划。

2015 年，中俄蒙三国五地旅游联席会议机制已建立，"茶叶之路"中俄跨境旅游专列于 2015 年 8 月开行。在呼和浩特市举办了首届中蒙博览会，在蒙古国库苏古尔省举办了"蒙古国·中国内蒙古自治区系列文化活动"。内蒙古自治区与俄罗斯缔结了 9 对友好地区关系，与蒙古国缔结了 10 对友好地区关系。有 30 所学校接收俄罗斯、蒙古国留学生近 3000 人。

内蒙古自治区还与俄罗斯和蒙古国开展产业合作，在进口煤炭、木材等资源性商品，出口建材、机电等商品外，推动上下游产业链和关联产业协同发展。在满洲里、二连浩特培育对俄罗斯、对蒙古国经济合作示范区时，产业的触角涉及商贸流通、综合加工、国际物流和跨境旅游。截至 2015 年 9 月，内蒙古自治区设立对蒙古国、对俄罗斯投资企业 206 家，协议投资额 23 亿美元，占内蒙古自治区全区对外投资总额的 1/3。2015 年前三季度，全区进出口总额完成 98 亿美元，增速高于全国 8.6 个百分点。

北开南联，承东启西，内蒙古自治区努力把口岸的制高点延伸为腹地的隆起带。内蒙古自治区充分发挥对内对外两个市场交汇点、东北亚区域合作支撑点的作用，从 2013 年 10 月开通第一列跨欧亚班列以来，满洲里口岸已经开通了苏满欧、鄂满欧和大连、营口、天津发往欧洲等 10 条陆海联运过境班列，其中苏满欧班列实现了常态化运营。截至 2015 年 9 月，经满洲里口岸过境班列达到 445 列。

内蒙古自治区衔接亚非欧国家的物流大通道带来的多方向国际物流辐射系统的建设机遇，与以往单纯的产品"走出去"以及内蒙古自治区物流企业在离岸港口与内陆腹地之间的物流服务不同，配合"丝绸之路经济带"以及我国产业、产品和投资"走出去"，内蒙古自治区物流企业需要通过供应链物流服务"走出去"。大规模、通道化和多向辐射的网络化物流，无疑为内蒙古自治区物流企业获得规模提升带来重大机遇。但是，内蒙古自治区只在内陆和港口之间提供物流服务的物流企业，对"走出去"既缺乏认识，更欠缺经验，这无疑又是重大的挑战。在某种程度上而言，内蒙古自治区物流企业能否从先导性的角度尽快适应这种角色转换，将对中蒙俄经济走廊的建设效果产生重大影响。

（二）辐射区域大与企业网络覆盖不足并存

为提高内蒙古自治区参与中蒙俄经济走廊建设的能力，沿线中心城市尤其是内蒙古自治区各大城市，需要在转型升级的前提下，高水平、高质量地发展陆海双向辐射产业。对于内蒙古自治区总体处于低水平的物流业而言，需要跟进产业集聚发展，打造产业集群，提供良好的物流供应链服务环境。而对内蒙古自治区领先的物流企业，的确带来了巨大的机遇。但是，由于内蒙古自治区产业发展起点较低，且多以原材料等初级产业为主，决定了其必须优先发展供应链物流。但由于市场需求缺乏，因而企业发展困难，可是不发展供应链物流，高质量产业又很难落地，这种两难选择将在一定时间内困扰物流企业，内蒙古自治区物流企业需要进行战略性思考和超前性准备，这对于绝大多数传统物流企业将是巨大的挑战。

（三）服务要求高标准与物流企业管理水平较低并存

无论是通道化、网络化物流，还是依托内蒙古自治区各大城市的物流，要适应以陆向辐射为主的物流系统建设的需要，必须在物流成本和物流效率两大方面取得突破。这种突破是内蒙古自治区物流业转型升级的重大机遇，但是，突破存在的客观困难，又带来了巨大的挑战。首先，内蒙古自治区多式联运服务不够发达，过去以运输方式发展形成的运输系统，在服务的对接和跨运输方式的运输资源整合方面，既缺乏企业经验，又存在市场政策的不配套，如何打破这种局面，需要内蒙古自治区物流业领域做出重大决策以进行创新。其次，跨区域的物流系统建设所需要的统一市场政策以及资源的共享，必须进行市场化方面的重大改革，为市场配置资源创造良好的条件。

总之，在"一带一路"背景下，内蒙古自治区现代物流业领域需要进行冷思考，不能简单一味强调基础设施投资，内蒙古自治区更需要在国际、国内统一的物流市场建设方面积累经验，尤其在国际合作方面需要成为双向多边相关物流服务协定、标准的重要主导者，而非被动的参与者。

三、中蒙俄经济走廊建设背景下的内蒙古自治区现代物流业的发展重点

（一）打造国际物流枢纽节点

随着中俄、中蒙经贸活动的开展，内蒙古自治区口岸物流业发展规模日益壮大，陆续建成了满洲里市国际公路口岸物流园区、二连浩特国际物流园区、策克口岸物流园区、甘其毛都口岸物流园区等重点物流园区，多层次的口岸物流网络节点设施体系正逐步形成。呼和浩特出口加工区是内蒙古自治区唯一的国家级出口加工区，随着国家赋予出口加工区拓展保税物流功能的实施，实现了加工区国际贸易、出口加工、跨国采购、保税仓储、中转分拨等功能，可以最大限度地满足企业需求。随着东北亚区域经济一体化进程加快，物流需求将持续扩大，有利于内蒙古自治区物流优势的进一步发挥。在此基础上，要充分发挥口岸优势，以综合物流为方向，大力发展陆路、空港和陆海物流产业，建设为国内外进出口企业提供中转分拨、进口保税仓储、运输配送和离岸加工等服务，积极承接国际物流外包服务的国际物流基地和国际性枢纽节点。此外，还要提升内蒙古自治区各口岸城市的基础条件，打造成"南接内陆、北连俄蒙、直达欧洲"亚欧陆路新经济走廊的国际性枢纽节点。

满洲里市，位于中国内蒙古自治区，接壤俄、蒙。满洲里口岸是通往东欧、中欧和西北欧国家重要的陆海联运通道。满洲里作为中国第一大陆路口岸，扮演亚欧大陆经济带"桥头堡"的角色。"中蒙俄经济走廊"的构建将为满洲里提供新的发展机遇。2013年10月3日，"苏满欧"专列的正式开通，使这条新的国际联运通道成了中国当前运行速度最快、运输价格最低、通关服务最优的欧亚货运大通道。借助"苏满欧"这条新的物流通道，苏州市周边生产的大量电子产品经满洲里口岸直达欧洲。未来将会有更多地区借助满洲里口岸通道打开欧洲市场。满洲里未来通过环境的打造、人气的提升、基础设施的完善，将建设成为面向东北亚的区域性国际贸易基地、跨境旅游基地、进出口加工制造基地、能源开发转化基地、国际物流中心、科技孵化合作平台，成为中蒙俄经济走廊上的重要节点城市。

二连浩特是中蒙间最大的口岸，在历史和今天都扮演着中国向北开放重要基地的角色。2014年6月5日，国务院正式批复设立中国二连浩特重点开发开放试验区，并明确其为"丝绸之路经济带"的重要节点，这也是国家层面首次下发文件将"丝绸之路经济带"落实到具体省区，也是二连浩特处于"丝绸之路经

济带"特殊地缘优势，充当着中国和蒙古国、俄罗斯以及亚欧桥梁作用的体现。

阿尔山有可能是未来连接内蒙古自治区东部和蒙古国的重要铁路枢纽。目前，蒙古国与内蒙古自治区东部地区并无直接的铁路线连接，蒙古国境内东侧的铁路从乔巴山需先进入俄罗斯境内再通向中国的满洲里。蒙古国的出海方案包括从三山建设铁路和公路到中国的阿尔山，然后从那里通向中国的大连港和俄罗斯远东滨海边疆区的港口。修建中蒙"两山"铁路（中国阿尔山—蒙古国乔巴山）的倡议最早来自于联合国计划署，在中国国家发改委已经印发的《东北振兴"十二五"规划》中，中蒙俄国际大通道被列为铁路重点项目，乔巴山（蒙古）—阿尔山口岸（内蒙古自治区）—乌兰浩特—白城（吉林省）—长春—珲春是这条新国际大通道的具体线路。

（二）构建强大的、系统的区域交通网络

在公路方面，在构建中蒙俄经济走廊的背景下，内蒙古自治区要优化路网结构，构建互联互通的交通运输网。内蒙古自治区作为国家向北开放的桥头堡，对外开放优势空前。自治区要围绕"丝绸之路经济带"战略和进一步优化与俄罗斯、蒙古国合作的重大机遇，抓住国家公路加速成网的重要机遇，加快高速公路、干线路网和口岸公路建设。将以干线公路为对外开放轴，在关键通道、关键节点和重点工程上加强与俄蒙及周边省区合作，强化跨区域规划和计划协调衔接，开工建设甘其毛都—临河等口岸公路，力争在2017年全部消除内蒙古自治区"断头路"和不对等路段，实现与俄蒙及周边省区重要节点的高水平连通；将全面开工临河至哈密高速公路，打通丝绸之路北路，为内蒙古自治区加快融入丝绸之路经济带提供支撑。将加快丝绸之路辐射区域路网建设，开工建设通辽至鲁北等高速公路，畅通向东、向南直达沿海港口，融入21世纪海上丝绸之路的快速通道。

在铁路方面，为迎合丝绸之路经济带的建设需要，各口岸城市也需有相应措施。在草原丝绸之路中，中蒙俄经济走廊的贸易通路以欧亚大陆桥三条支线（二连、满洲里、阿拉山口，均位于内蒙古自治区境内）组成的铁路通道为主，同时涵盖了沿线各国空港组成的空中走廊以及高速公路网络。在中国对俄最大陆路口岸满洲里、中国对蒙最大陆路口岸二连浩特等地，像"营满欧"这样经内蒙古自治区出境，前往俄罗斯、欧洲等地的国际货运班列不少。内蒙古自治区将再次成为丝绸之路经济带上的国际物流节点。

相较于公路和航空物流，铁路快运货物班列（含国际货运班列）最大的特点是"省时省钱"。与此同时，铁路快运班列还是各国进出口贸易的"直通车"以及经济联系枢纽，它的逐步兴起将有望改变全球物流和产业链版图。

（三）与国内其他省区建立无缝链接的运输通道

内蒙古自治区作为中蒙俄经济走廊的发起点和重要节点，必须加快完善通道功能。一是加快哈密至额济纳铁路的建设进度。这条铁路的建设，为内蒙古自治区融入"丝绸之路经济带"增加了新的重要通道。其与既有的临策铁路组成新疆与华北、东北地区的大通道，让进疆与出疆的物资更顺畅，让往来于"丝绸之路经济带"内的物资与人员交流更便捷。二是积极培育满洲里铁路集装箱专列大通道。"苏满欧"班列在中国版图内运行路线与传统欧亚大陆桥几乎重合，并都是由国内最大陆路口岸满洲里口岸直通俄罗斯腹地，对将在新时期进一步激发传统大陆桥的活力，充分发挥其经济辐射带动作用具有重要意义。未来要全力争取开通"郑满欧"、"广满欧"专列，争取将"铁路新丝绸之路"（长三角、珠三角及内陆地区经满洲里口岸对接俄罗斯和欧洲市场的跨国贸易大通道）纳入国家"丝绸之路经济带"规划。三是加快推进"两山"铁路建设进度。内蒙古自治区要与周边省区，尤其是吉林省合作，加快推进"两山"铁路前期工作。要尽快将修建"两山"铁路提升到中蒙两国国家间合作重要载体的高度，协调国家有关部委，把"两山"铁路纳入两国政府会晤内容。

（四）链接全球物流体系

中国借"一带一路"战略，要构建一个全球物流体系。即要横跨四大洋，连接五大洲，形成全球覆盖的物流体系。全球物流体系有几个层面，包括物流基础设施层面、信息层面、组织运营调度层面，使得整个物流体系形成高效的整体。例如铁路、公路、航空、水运、仓储、中转、集散，还有国际的政策、标准、运营信息，最重要的是服务于全球的生产、贸易和市场，最终服务全球70多亿人。

在此背景下，满洲里要继续推进东线亚欧大陆桥的计划，打造"苏满欧"、"渝满俄"等更多的中欧货运班列。作为中国同欧洲国家、地区直接进行贸易往来的新型跨国通道，也是当前最有活力中欧贸易大通道，需要满洲里海关目前和今后一段时期成为助推新型"丝绸之路经济带"建设、服务蒙东区域经济发展的重要工作载体。二连浩特口岸作为中国对蒙最大陆路口岸，也是内蒙古自治区向北开放的桥头堡与新亚欧大陆桥的重要节点。自二连浩特口岸出境的亚欧大陆桥支线于2005年开通，该大陆桥经二连浩特口岸出境后仅经过蒙古国、俄罗斯、白俄罗斯、波兰即可抵达德国法兰克福，具有运输速度较快、途经国家较少等特点。

在此基础上，还要把中欧货运班列和亚欧大陆桥支线与基于"一带一路"

战略构建的全球物流体系进行链接，实现干线、网络全面衔接、全面协同的效果，以进一步提升道路连通、贸易畅通的效率和效益。

（五）以区域性商贸中心促进国际物流的发展

依托已初步建成的综合交通运输网络和国际商贸物流体系，尽快建设和形成面向周边国家和国内的现代商贸物流网络，在呼和浩特、包头、临河、通辽、海拉尔和满洲里、二连浩特等地建设区域性国际商贸中心和商品集散地，发展适应国际采购、国际中转、国际配送要求的国际物流。

充分发挥内蒙古自治区现有的国际经贸合作交流平台作用，积极搭建新的国际经贸合作交流平台，办好面向周边国家和地区的境外展会。加快建设物流公共信息平台和各专业市场交易信息平台，促进电子商务发展，建成覆盖俄蒙和内地、功能齐全的物流信息网络。

满洲里已经在上述方面走出了第一步。满洲里把发展跨境电子商务作为加速推动外贸战略转型升级的突破口，以建设跨境电子商务产业园、跨境电商信息平台和综合保税区为契机，以创建国家跨境电子商务领军城市为方向，力争将满洲里打造成为我国最大的对俄跨境电商基地。此外，2015年3月，国务院正式批复设立满洲里综合保税区，成为内蒙古自治区首个综合保税区。综合保税区封关运营后将成为集口岸通关、保税加工、保税物流、保税仓储、国际贸易等多功能为一体的综合性对外开放平台。跨境电商企业入驻综保区，在区内开展口岸作业业务，海关、国检等部门在园区内查验货物后，可以在口岸转关出口，无须再开箱查验。货物入区可视同出口，实行退税政策，这将起到简化监管流程、物流便捷高效、成本支出降低、集聚效能放大的作用。

附　　录

附件 1
物流标准化中长期发展规划（2015～2020 年）

物流业是融合运输、仓储、货代、信息等产业的复合型服务业，是支撑国民经济发展的基础性、战略性产业。标准化是保障物流运作安全便利、高效畅通的重要手段，对于提高物流服务水平、降低物流成本、促进我国物流业健康发展、增强国际竞争力具有重要作用。为促进我国物流标准化工作有序开展，更好地为物流业发展提供技术支撑，根据《物流业发展中长期规划（2014～2020）》的要求，特制订本规划，规划期为 2015～2020 年。

一、发展现状与面临的形势

（一）发展现状

"十二五"以来，我国物流标准体系逐步完善，物流标准制修订工作顺利推进，物流标准实施成效显著，物流标准化机制不断完善，为物流业健康发展发挥了重要作用。

1. 物流标准体系逐步完善。在《全国物流标准 2005～2010 年发展规划》的基础上，根据《物流业调整和振兴规划》，国家标准委会同国家发改委等 10 部门联合印发了《全国物流标准专项规划》，确立了以"物流基础标准、物流技术标准、物流信息标准、物流管理标准、物流服务标准"和"公共类物流标准、专业类物流标准"为主体结构的物流标准体系总体框架。交通运输、仓储配送、快递物流、商贸物流、技术装备等物流领域的标准化工作快速发展，物流标准体系进一步完善。

2. 物流标准制修订工作顺利推进。"十二五"以来，我国新发布物流国家标准 152 项，物流国家标准总数已达 466 项，其中基础类国家标准 47 项，公共类国家标准 252 项，专业类国家标准 167 项。行业和地方也在积极推动物流标准制修订工作，截至 2014 年 6 月底，我国已发布的各类物流标准达到 794 项。冷链物流、医药物流、应急物流、物流园区、汽车物流等专业类物流标准的制修订工作深入推进，专业类物流标准大幅提升，有力地推动了专业物流的快速发展。物流全流程、各领域逐步实现"有标准可依"。

3. 物流标准实施取得成效。近年来，政府部门、行业组织、相关企业积极推进物流标准实施。国家标准委组织开展了"服务业标准化试点"工作，截至目前已下达物流标准化试点 43 项，有效提高了物流企业参与和实施标准的能力和水平，促进了物流服务质量提升。各部门和行业组织的物流标准宣贯工作稳步推进，各领域物流服务的规范性和协同性逐步提高。物流企业分类与评估、快递服务等一批重点标准的实施工作取得了明显成效，在加强物流企业规范自律、诚信经营、健康发展等方面发挥了重要作用，得到了政府、市场和社会各界的广泛认可。

4. 物流标准化工作机制不断改善。物流标准制修订工作全过程管理机制进一步完善，标准化技术组织和人才队伍建设不断加强，标准制修订的前期研究工作逐步夯实，物流标准实施监督管理机制初步建立，企业参与物流标准化工作的积极性显著提高，有效推动了物流标准的实施应用。上海、北京、广东、重庆等地相继成立了地方物流标准化技术组织，形成了国家、地方、企业协同推进物流标准化工作的良好局面。

5. 国际物流标准化工作顺利开展。密切跟踪国际物流标准发展动态，积极参与国际标准制修订，采用国际先进的物流标准。企业参与国际物流标准的制修订的积极性明显增强，由企业参与制定的物流领域国际标准《ISO 18186：2011 货物集装箱—RFID 货运标签系统》，对促进集装箱的透明度、保障安全和效率，引导物流产业的健康发展都具有重要的意义。

总体上看，我国物流标准化工作取得了长足进展。但是，由于我国物流标准化工作起步较晚，尚存在一些与物流业发展不相适应的突出问题，具体表现在：一是物流标准化工作协同推进机制有待进一步完善；二是部分领域间标准协调性有待提高；三是重点领域、新兴领域物流标准尚不能满足技术创新、产业转型和社会事业快速发展的需求；四是物流标准的实施缺乏相应的配套措施；五是实质性参与国际标准化工作的能力和水平有待提升。

（二）面临的形势

当前，经济全球化深入发展，新一轮供应链资源全球配置促使物流竞争日趋激烈，高新技术的不断创新加速了产业融合步伐；伴随着改革全面深化、经济转型持续升级、产业结构不断调整、物流市场快速发展、企业对物流标准需求日益增加等变化，特别是《物流业发展中长期规划（2014~2020）》进一步明确了物流在国民经济发展中的基础性、战略性产业地位，物流业新发展对物流标准化工作提出了新的要求，我国物流标准化工作面临新的形势。

1. 全面深化改革成为物流标准化新动力。十八届三中全会提出发挥市场配置资源的决定性作用、加快转变政府职能，这就要求进一步明确政府、团体组织、企业和市场在强制性和推荐性标准制定和实施中的关系定位，充分发挥物流企业在物流标准化中的作用。

2. 科技进步对物流标准化提出新要求。科技进步促进生产工艺不断变革、产品更新速度持续加快，并催生了一系列新兴产业、物流技术、服务与运作模式，亟须在相关领域制修订一批物流标准，提高采购、生产、销售、回收等供应链各环节标准的协调一致性，以保障优质、高效、稳定、便捷的物流服务，推动产业融合发展。

3. 关注公共利益成为物流标准化新重点。经济社会的快速发展和人民生活水平的不断提高，促使公共利益维护意识不断增强，对资源节约、环境保护、市场秩序稳定、诚信建设、消费者利益维护等方面提出更高要求，亟须在相关领域开展物流标准制修订工作，并加强标准的执行力与监管力，保证公共利益不受侵害。

4. 统一开放市场需要物流标准化提供新支撑。物流市场的统一开放、深入发展，要求打破地区间、行业间的技术封锁和交流障碍，这就需要物流标准化规范市场秩序、构建公平竞争环境，为物流市场运行提质增效提供规范化支撑。

5. 经济全球化标示了物流标准化新方向。随着国际产业转移发展和我国"走出去"战略的实施，与采购、生产、销售全球化相适应的物流模式正在形成，我国物流企业参与国际竞争的程度不断加深，迫切需要从服务品质、设施设备、术语标识等方面与国际标准对接。

二、指导思想、基本原则与发展目标

（一）指导思想

以邓小平理论、"三个代表"重要思想、科学发展观为指导，贯彻落实党的十八大和十八届二中、三中、四中全会精神和习近平总书记系列重要讲话精神，深入贯彻落实国务院《物流业发展中长期规划（2014~2020）》，全面深化物流标准化工作改革创新，以促进物流标准化升级为主线，创新物流标准化工作机制，完善物流标准体系，加强重点标准研制，积极探索团体标准，强化标准推广实施，提高评估监督水平，提升实质性参与国际标准化活动能力，大力推进物流标准化工程，提升物流标准化水平，增强物流标准竞争力，为促进国民经济转型升级和物流业可持续发展提供有力的支撑。

（二）基本原则

创新机制：创新全国物流标准化工作机制，发挥政府在物流标准化工作中的顶层设计、服务和监督作用。强化行业组织在物流标准化工作中的重要作用，明确行业组织在团体标准工作中的主导地位。提高企业参与各类物流标准制修订的积极性，充分发挥企业在物流标准实施推广中的主体作用。

协同推进：打破行业、部门和地区分割，注重行业间、部门间、地区间在物流标准化工作中的协同配合。注重政府、行业组织、企业在标准制修订和应用实施中的协同。

突出重点：根据现代物流市场发展需求，着力推进重点领域关键技术标准制修订，注重物流标准之间及与其他产业标准的协调配套，提高物流相关标准的国际化水平，促进物流服务体系高效运转。

注重实效：进一步完善物流标准分类管理，着力提升物流标准制修订的适用性，强化普及应用，加强实施信息反馈、效果评估和监督管理，创新实施推广模式，着力提高物流标准应用水平。

（三）发展目标

到2020年，我国物流标准化工作主要实现以下目标：

1. 物流标准体系进一步优化。建成适应物流业发展的层次分明、结构合理、重点突出、衔接配套、科学适用，强制性标准与推荐性标准相互协调，科学研究与标准研制更加紧密，社会团体标准有序发展，覆盖全供应链范围的物流标准体系，物流安全、物流诚信、绿色物流、模式创新、设施设备等关键技术标准有所突破，制定若干项物流标准，满足新常态下物流业全面健康可持续发展的要求。

2. 物流标准化机制更加完善。初步建立分工明确、协调有序、高效运作的物流标准化管理机制。物流标准化基础研究，标准制修订、实施推广、评估监督、人才培养等工作机制进一步完善，对物流业科学发展的支撑作用明显增强。

3. 物流标准水平明显提高。物流标准科学性、有效性和实用性显著增强，科学研究与标准研制的结合更加紧密，标准在国际竞争中的影响力显著提升。

4. 物流标准实施效果显著增强。物流标准的宣传推广渠道和手段不断拓展，物流标准化实施信息反馈机制进一步完善，在重点领域开展若干个物流标准化试点，物流标准化示范项目成效显著，在促进物流运行效率提高方面的作用进一步显现。

三、主要任务

（一）完善物流标准体系

科学划分物流强制性标准和推荐性标准，整合强化物流强制性标准，调整优化物流推荐性标准；强化研制基础通用类、政府监管类、公益类，以及涉及面广、需要多部门协同的国家标准；培育发展满足市场和创新需要的团体标准；鼓励企业制定严于国家标准、具有竞争力的企业标准，建立和完善企业标准体系；不断提高基础类物流标准、公共类物流标准、专业类物流标准之间的协调性与统一性，促进物流标准与其他产业标准以及国际物流标准的衔接，逐步形成政府主导制定的标准与市场自主制定的标准协同发展、协调配套的新型物流标准体系。

（二）提高物流标准制修订水平

鼓励企业、社团组织积极参与物流标准化工作，使物流标准更好地反映行业、市场发展需求。推动物流业先进技术成果转化为标准，以科技创新促进物流标准水平提升，提升标准科技含量。加强物流标准研制全过程管理，及时披露制修订过程信息，提高透明度，便利社会各方广泛参与，建立物流标准实施反馈机制及评价机制，逐步形成物流标准持续完善的内生动力，提高我国物流标准的科学性、有效性、适用性。

（三）加大物流标准实施监督力度

加大重点物流标准宣贯力度，利用媒体、网络、会议等平台，开展多层次、多角度的培训、研讨和解读。发挥企业在物流标准实施中的主体作用，鼓励企业采用标准化的物流设施和设备，积极推广先进物流技术标准及新型物流组织模式标准。加大物流标准实施监督力度，针对危险货物仓储运输、物流装备安全要求及操作规程等强制性标准，提高政府监管和处罚力度；针对物流业推荐性标准，充分利用认证认可、政策引用等方式，强化标准实施，完善行业协会、第三方组织、社会公众和媒体的多方监督机制。

（四）深化物流标准化试点示范

选取部分基础较好、潜力较大的地区、物流企业和物流园区，围绕物流关键设施设备、运营模式，以及支撑区域经济一体化等战略的重大工程项目，推进物流标准化综合试点。同时，选取部分物流关联度高的行业和物流聚集度高的节点城市，以大型龙头企业为主体，开展重点领域的物流标准化专项试点，加强物流标准化设施设备升级改造和普及推广，提高物流标准化服务水平，降低物流成本，提高物流效率。

（五）积极参与国际标准化工作

开展物流国际标准化战略研究，明确我国物流国际标准化工作定位，逐步建立政府引导、行业协会和龙头企业实质参与的国际物流标准化工作格局。及时跟踪国际标准化组织、相关国际组织、发达国家物流标准化动态，加强对国际标准的分析评估和及时转化，推动优势国际标准"引进来"。鼓励我国企业、社团组织等，参与国际物流标准制修订，推动中国标准"走出去"，力争在一些优势领域实现国际标准突破，提高我国在国际物流标准化工作中的参与度和影响力。

（六）强化物流标准基础研究

加强物流标准基础理论、新兴领域和重点项目物流标准化的前期研究。促进物流模数、物流信息、绿色物流、现代化物流装备、电子商务物流技术研发与标准研制的衔接互动，依托物流业技术创新，促进物流标准水平提升。加深物流团体标准研究，探索建立具有中国特色的物流团体标准工作体系，促进物流团体标准工作有序开展。加快物流标准实施效用机理与效用评价等综合性研究，推动研究工作对物流标准化的支撑引导作用。

四、标准制修订重点领域

（一）基础类物流标准

重点开展物流术语、物流标识等标准的制修订，逐步探索物流模数标准制定。

（二）公共类物流标准

重点开展物流诚信标准、应急物流标准，以及绿色物流指标及评价、绿色仓储及设备、绿色包装、逆向物流等绿色物流标准的制修订。

大力推进多式联运、共同配送、货物换装、货运代理等组织模式标准，基于联运的设施设备和运输工具标准，托盘、集装箱等集装单元化器具标准，联运电子单证、铁路货票等物流单证标准，以及基于联运和全程跟踪追溯的物流信息平台标准和管理软件接口标准的制修订。

积极探索物流安全、风险管控等标准的制定。

（三）专业类物流标准

重点开展加工食品物流、医药物流、汽车物流、家电物流、电子商务物流、城市配送（城乡配送）、冷链物流、烟草物流、危化品物流标准的制修订工作，加快各领域物流装备标准化进程。

大力推进仓储设施、干燥工具、装卸机械、运输工具、信息编码、品质监督、在线监测等粮食物流重点标准制定；大力推进农产品产地预冷，农产品交易棚、冷库、高温库等基础设施和分级、清洗、包装等物流设备的标准的制定；大力推进快递安全、服务设施、服务质量、信息化等快递物流标准制修订。

加强钢铁、机械、煤炭、铁矿石、石油石化、建材、棉花（纺织配棉配送）等大宗产品物流标准的制定。

逐步探索以面向周边国家区域物流为突破的国际物流、跨境贸易电子商务物流相关标准的制修订。

五、重点工程

（一）托盘标准应用推广及循环共用体系建设工程（牵头单位：商务部，交通运输部、中物联托盘专业委员会、仓储协会、中国连锁经营协会等单位协同开展）

树立单元化理念，从托盘标准化入手，开展物流装备单元化标准制修订，带动上下游及横向环节装备的衔接。选取重要物流节点城市，开展托盘标准化及其循环共用，以大型龙头企业为主体，支持对非标准托盘按照国标《联运通用平托盘主要尺寸及公差》、《联运通用平托盘性能要求和试验选择》进行标准化改造和更新，鼓励企业带标准托盘运输，使用和更新标准化周转箱、笼车等标准化物流设备，着力推进托盘及仓储配送等相关配套设施设备的标准化改造和衔接，提升物流一体化运作水平。开展商贸领域标准化托盘推广应用专项行动计划，培育10～20个统一标准的、跨区域的物流标准综合信息服务平台，在快速消费品、农副产品、药品流通领域培育一批标准托盘应用和循环共用重点企业。力争在商贸领域将标准托盘使用率提高5%。

（二）多式联运标准体系建设工程（牵头单位：交通运输部、公安部、发改委，铁路局、民航局、海关总署、中国铁路总公司、商务部、中物联等单位协同开展）

在现有物流设施设备标准的基础上，建立基于联运的物流设施设备标准体系，实现运输设备与配套设施、物流器具的有效衔接；开展基于联运的物流设施、运输设备、物流器具等标准，以及联运单证和服务接口、质量和安全管理等标准的制修订，研究制定设施与装卸接驳平台设计标准；选择重要的港口、作业场站等开展陆海联运和海铁联运等标准化专项实施行动计划，建立基于联运的物流信息交换平台，开展信息标准化的实施推广，实现多式联运信息共享。

（三）冷链物流标准体系建设及应用推广工程（牵头单位：中物联，发改委、工信部、国家食药监局、商务部、交通运输部、国家标准委、海关总署、农业部、国家林业局、供销总社、国家粮食局等单位协同开展）

适应新形势下冷链物流发展的需要，建立全程冷链标准体系。开展城市食品和药品冷链配送服务、温度控制、服务质量及评价等标准的制修订，研究借鉴国际先进的食品冷链物流标准，完善我国食品冷链运输和运输设备的相关标准，加强冷链运输车辆车型及其安全、环保等方面的技术标准制修订，推动运输车辆标准化、专业化，探索制定食品、肉类、水产品等物流环节的安全强制标准。加强冷链物流标准的培训宣传和推广应用，鼓励企业建设全程温控和可追溯标准体系，引导和鼓励企业使用托盘、容器、包装等标准化运输工具，在医药和食品冷链领域，开展低温冷库安全运行标准、食品冷链温控追溯标准、医药冷链设备（如保温箱）循环共用标准的推广。

（四）物流信用标准体系建设工程（牵头单位：发改委、中物联，工商总局及相关协会共同参与）

研究建立物流企业诚信标准体系，制定物流企业诚信要素标准，及失信行为管理标准，引导物流企业建立内部诚信管理；推动多个企业联盟或合作群体形成若干具有品牌效应的诚信标准，建立物流诚信信息共享平台，促进相互间合作共享；选择物流园区、企业联盟，以及汽车物流、冷链物流、危险品物流等专业物流领域开展诚信标准化的试点示范。制定并完善物流质量追溯标准体系，为物流信息的可追踪及诚信的评价提供保障；建立物流信用标准体系，制定信用、评价、奖惩系列标准，制定物流信用采集和分类管理标准，为提高物流信用服务的规范性和可信度提供支撑。

（五）物流信息标准化工程（牵头单位：中国编码中心，交通运输部、工信部、中物联、邮政总局等单位协同开展）

结合物联网、云计算、大数据等新兴信息技术，完善我国物流信息标准体系和国家统一物品编码标准体系，服务于第三方物流公共服务平台的建设。重点研究制定物流信息基础数据元标准、交换标准、公共服务平台标准；二维码、RFID等技术在粮食、医药、冷链、大宗物资、智能制造、采掘等重点领域的物流应用标准；电子商务及移动商务等新兴商务模式下物流信息应用规范等。重点在汽车配件、家用电器、农副产品以及大宗物资等领域开展物流信息标准应用推广，实现物流全程透明可视化，产品可追溯与召回等应用。

（六）物流服务标准化综合试点工程（牵头单位：中标院，相关协会共同参与开展）

充分发挥标准化对我国综合交通运输体系建设、区域经济一体化等宏观战略重点项目的支撑作用，推动物流企业专业化、精益化服务升级，京津冀、长三角、珠三角等区域物流协调发展，以及国内、国际物流一体化发展等领域的综合标准化试点建设，重点遴选一批物流企业、物流枢纽、配送中心、售后服务平台等，推进100项物流服务标准化综合试点，提高物流标准实施力度，提升物流枢纽、物流设施设备的标准化运作和服务水平。在试点的基础上，推出一批有影响力的标杆企业、典型区域，打造物流服务标准化示范单位，支撑物流业转型升级。

（七）物流标准国际化培育工程（牵头单位：中标院，中物联、物流标准化技术委员会、相关协会等共同参与开展）

在部分基础较好的重点领域，有序开展国际物流标准化协作平台建设，为国内组织机构和专家实质性参与国际标准化活动提供服务。加大国际物流标准化跟踪力度，对国际物流标准和先进国家的标准进行系统分析研究，积极采用适用于我国物流发展的国际先进标准，推动优势标准"引进来"。重点针对电子商务物流、快递物流等我国优势领域，积极推动我国物流标准上升为国际标准，努力实现国际标准化突破。结合"一带一路"国家战略，加强与沿线国家物流标准化交流与合作，共同制定区域物流标准，稳步开展物流标准外文版翻译工作，通过标准"走出去"服务于物流企业"走出去"，推动国际贸易发展。

（八）物流标准化基础能力建设工程（牵头单位：中物联，高校教职委、有关高等院校等共同参与开展）

在全国现代物流部际联席会议合作框架下，成立物流标准化协调工作组，协调解决物流标准化工作的重大问题。组建物流标准化专家委员会，做好物流标准化工作的顶层设计及重大问题咨询。优化物流标准化技术组织整体布局，形成分工明确、协同配合的物流标准化技术组织体系。进一步吸纳物流产业上下游和相关行业、消费者组织代表，提高技术组织委员构成合理性。启动物流标准化专家库建设，初步建立一支既精通物流专业，又熟悉标准化工作程序和要求的复合型专家队伍。强化物流标准化基础理论研究，构建物流标准化理论体系，编写出版物流标准化教材，服务相关科研院校、物流企业培养物流标准化人才队伍。

六、保障措施

（一）强化组织协调

加强对物流标准化工作的组织和协调，按照统一管理、分工负责的原则，建立常态沟通机制。国家标准化主管部门负责本规划实施的统筹协调，相关部门各司其职、各负其责，及时协调解决工作中遇到的问题，共同推动重点领域物流标准的制修订、实施推广、监管等工作的开展。各级地方政府应加强领导，建立完善物流标准化协调机制。加强物流标准化省部合作，协商解决跨区域跨领域的物流标准化问题，协同推进、务求实效。

（二）完善政策支持

加大政府对物流强制性标准和公益类推荐性标准制修订，以及参与国际标准化活动经费的投入力度，对一般性产品、服务标准，鼓励、引导社会各界加大投入。重点支持科研机构、高等院校和相关企业开展物流标准化基础研究。出台具体办法积极引导和鼓励具有实力的企业参与制订相关物流标准，对应用效果显著的企业标准采用政府购买服务的方式加以升级推广。鼓励先进的物流标准研制成果争取各级科学技术奖励。

（三）加强人才培养

完善物流标准化人才培养体系，加强标准化技术机构建设，提高技术委员会专家队伍的能力和水平，着力培养国际物流标准化复合型人才。鼓励高等院校积极开设物流标准化相关课程，校企联合建设物流标准化人才培养基地，以提高实践能力为重点，探索产学研联合培养人才的新途径。完善在职人员培训体系，提高物流从业人员标准化素质与能力。

（四）发挥行业协会作用

进一步加强行业协会的桥梁和纽带作用，做好物流标准需求分析、调查研究、推广实施、人才培养等方面的重点工作。探索团体标准新模式，鼓励行业协会开展团体标准的制修订和实施推广工作，积极推动物流标准化工作健康有序开展。

七、组织实施

各级地方政府和行业协会要充分认识到物流标准化工作对促进物流系统各环节衔接配套、物流服务体系高效运转、物流业健康发展的重大意义，采取有力措施，明确权责分工，确保各项任务落到实处。各地方政府和行业协会要加强与中央各部委的沟通对接，完善协调机制，密切结合本地区实际抓紧制定规划落实的细化方案，及时将规划实施过程中出现的新情况、遇到的新问题上报国家标准化管理委员会。

附件 2

2014 年内蒙古自治区物流大事记

2014 年 7 月 3～4 日，"2014 年中国物流与采购信息化推进大会暨物流企业 CIO 峰会"在呼和浩特市召开。本次会议以"大数据时代的智慧物流"为主题，为电子商务和物流信息化相关各方搭建了一个交流的平台，为积极推进信息化、智能化在物流行业的应用，促进物流企业的转型升级提供了广泛的交流。

2014 年 9 月，由内蒙古自治区发展和改革委员会、内蒙古自治区统计局、内蒙古自治区物流协会三家联合制定的《内蒙古自治区物流统计报表制度》正式出台。

2014 年 9 月 23 日，内蒙古自治区发展和改革委员会、内蒙古自治区统计局联合发文开展内蒙古自治区物流统计工作。

2014 年 11 月 25 日，内蒙古自治区物流统计工作培训会在呼和浩特市召开。

附件 3

2015 年内蒙古自治区物流大事记

2015 年 5 月 25 日，呼和浩特铁路局被中国物流与采购联合会评为 5A 级综合服务性物流企业。截至 2015 年底，内蒙古自治区共有 A 级物流企业 41 家，在全国 31 个省市自治区中排名居中。

2015 年 5 月 29 日，内蒙古自治区 2014 年和 2015 年 1～3 月社会物流统计报告正式发布。内蒙古自治区物流统计核算工作由内蒙古自治区发改委牵头，内蒙古自治区统计局负责业务指导和数据支持，同时审核把关年度发布的数据，内蒙古自治区物流协会负责统计工作的具体实施。此项工作的开展，填补了内蒙古自治区社会物流统计的空白。

2015 年 6 月 25 日，内蒙古自治区人社厅和内蒙古自治区物流协会联合开展关于评选推荐全国物流行业先进集体、劳动模范和先进工作者工作。

2015 年 10 月 19 日，内蒙古自治区物流云平台上线仪式正式启动。它是内蒙古自治区第一个互联网＋物流云平台，该平台将极大解决内蒙古自治区物流成本高、物流企业信息闭塞、发展缓慢的顽疾。

2015 年 12 月 1 日，由阿拉善盟发改委、阿拉善盟统计局、内蒙古自治区物流协会联合举办的阿拉善盟物流统计工作培训会在阿拉善左旗召开。内蒙古自治区物流协会具体负责阿拉善盟社会物流统计报告的编制工作。

附件 4

2014 年 4 月内蒙古自治区物流行业企业信用排名

　　11315 全国企业征信系统，按照国务院《征信业管理条例》规定，以全国各级工商、税务、质检、安监、纪监、审计、统计、公安、法院、司法、商务、民政、环保、卫生、农业、林业、水务、物价、住建、文化、教育、财政、国土等国家 54 部门 7 年来依据《国家信息公开法》发布的数亿条对企业监管信息为基础，吸纳各行业协会（社团组织）、金融、主流媒体及实名制下广大消费者发布的评价信息，依法为 2000 多万家企业建立信用档案，对企业整体信用状况进行客观、动态记录。以跨行业跨区域、覆盖全国、标准统一、数据动态等强大优势，提高市场透明度，克服了由单一部门、单一行业或区域性评选和信息披露的局限性。

　　信用档案，是企业获得信任、促成交易的基础，也是大众消费、合作交易、招聘就业、政策扶持、市场执法、政府采购、工程招标、银行信贷、民间借贷等活动的重要参考依据和消费、交易保障体系。

　　现依据 11315 数据，对内蒙古自治区物流行业企业进行信用排名，让广大消费者通过查看物流行业企业历史信用记录，突破"迷雾"，通过对企业信用排名的查看，选择信用度较高的商家，以保护自己合法权益不受伤害。

内蒙古自治区物流行业企业信用排名

企业名称	信用分值
通辽市国强物流有限责任公司	71.8
开鲁县慧通物流有限责任公司	66.0
通辽四方物流有限公司	48.8
通辽市同鑫物流有限公司	42.0
通辽市梅花物流有限公司	38.0
通辽瑞丰物流有限责任公司	36.0
通辽市英原物流有限公司	32.0
神东天隆集团有限责任公司物流配送中心	26.0
包头市铁缘物流综合有限公司	26.0
开鲁县犇腾物流有限责任公司	26.0
西乌珠穆沁旗亿源物流有限公司	22.0

企业名称	信用分值
内蒙古自治区正奇粮食物流有限公司	22.0
通辽市通粮物流有限公司	20.0
鄂尔多斯京顺药业邮政物流有限公司	20.0
锡林郭勒盟苏林物流有限责任公司	20.0
内蒙古自治区太豪国际物流有限公司	18.0
内蒙古自治区华明物流有限公司	16.0
包头华通物流（集团）有限公司	16.0
霍林郭勒市东阳物流有限公司	16.0
通辽经济技术开发区泰丰物流有限责任公司	14.0

附件 5

内蒙古自治区出台多项优惠政策
支持重点煤炭企业发展

为进一步促进内蒙古自治区煤炭工业由数量扩张型向质量效益型转变，加大调结构、转方式、促转型力度，内蒙古自治区人民政府于 2014 年 5 月出台了关于加快发展重点煤炭企业的指导意见。

按照内蒙古自治区煤炭工业发展的计划，到 2020 年，重点煤炭企业原煤产量占内蒙古自治区总产量 80% 左右，利润额占内蒙古自治区煤炭行业利润总额 75% 左右，在重点煤炭企业中形成 2~3 户亿吨级、6~7 户 5000 万吨级原煤生产企业。

内蒙古自治区将支持重点煤炭企业"以煤为基、多元发展"，延伸产业链。鼓励重点煤炭企业建设煤化工、低热值煤发电等煤炭转化项目和煤炭分质利用、煤机制造、煤炭物流项目。在重点煤炭企业相关项目建设审批以及土地等相关要素供给上，应予以优先保障。

鼓励重点煤炭企业兼并重组其他煤炭企业，支持重点煤炭企业联合、兼并、重组其他煤矿，逐步提高煤炭开发生产集中度。按照相关规定优先配置煤炭资源，保障重点煤炭企业持续发展的资源供给。原煤产量超过 5000 万吨的重点煤炭企业，在同等条件下优先享受内蒙古自治区各类优惠政策。

鼓励银行等金融机构创新金融产品，改进金融服务，拓宽重点煤炭企业融资渠道。支持重点煤炭企业通过上市、新三板挂牌、发行短期融资券、中期票据等多渠道筹集发展资金，鼓励非公有制重点煤炭企业参与国有企业改革。此外，还鼓励重点煤炭企业控股、参股内蒙古自治区煤炭外运通道的建设，优先建设矿区铁路专用线和集运站台项目。

附件6
内蒙古自治区人民政府关于发展空港经济的指导意见

随着经济全球化深入发展，航空运输正成为在全球范围内配置高端生产要素、提升国家和区域竞争力的重要途径，依托航空运输业兴起的空港经济日益成为推动经济社会发展的新引擎。发展空港经济对于挖掘内需增长潜力、促进产业转型升级、增强辐射带动作用、促进民航业发展、优化经济发展格局、深化全方位对外开放、加快转变经济发展方式具有十分重要的意义。近年来，内蒙古自治区民航业得到较快发展，航空运量持续快速增长，航空运输网络不断完善，航线运营模式更加合理，航空运输能力显著提高，在改善投资环境、促进对外开放、优化经济结构、带动产业发展、方便人民群众出行等方面发挥了重要作用，依托机场航空资源发展空港经济已具备了良好的基础。为充分发挥空港经济对区域经济社会发展的辐射和带动作用，使临空经济区成为内蒙古自治区经济结构战略性调整、产业结构优化升级、区域均衡协调发展和对外开放深入发展的重要平台，现就发展空港经济提出如下意见。

一、总体要求

（一）指导思想

以邓小平理论、"三个代表"重要思想、科学发展观为指导，深入贯彻党的十八大和十八届三中、四中、五中全会以及习近平总书记系列重要讲话特别是考察内蒙古自治区重要讲话精神，认真落实内蒙古自治区"8337"发展思路，充分把握国家实施丝绸之路经济带战略机遇，主动融入国家对外开放战略布局，促进内蒙古自治区与"一带一路"战略有效对接。在尊重市场配置资源的决定性作用前提下，优化发展环境，转变发展方式，创新发展模式，更好地发挥政府规划和政策引导作用，通过发展空港经济，进一步加大改革创新力度，加快转型升级步伐，提升对外开放水平，将空港经济打造成为带动内蒙古自治区经济社会发展的新引擎和重要增长极。

（二）基本原则

——集群发展。把丰富产业门类、加快产业集聚、培育产业集群、完善产业配套作为推动地区空港经济发展的重要举措，全面构建和完善规模化现代产业体系，发挥集群综合效应。

——创新发展。大力实施创新驱动发展战略，不断推进体制创新、合作创新和理念创新，推动形成深度融合的开放创新局面，加快形成以创新为主要引领和支撑的空港经济发展体系和模式，培育带动区域发展的创新高地。

——高端发展。坚持高端定位和高端特色化发展思路，充分利用两个市场、两种资源，集聚各类高端要素，大力培育发展具有临空指向特点的高端科技、高端制造、高端文化和高端服务，形成以高端产业为特征的空港经济。

——统筹发展。发展空港经济要在产业协作、城市规划、交通基础设施和环境保护等各方面与区域发展战略进行统筹规划、统筹协调、统筹推进，整合各类发展资源，推动区域联合开发，实现地区经济的整体发展和协调推进。

（三）发展目标

"十三五"期间，逐步增强机场客运功能，大幅提升货运功能，依托内蒙古自治区内枢纽机场和骨干机场开展临空经济区规划、申报和建设工作，空港、产业、城市互动发展效应显现，空港经济对经济社会的辐射作用和支撑力度初见成效；"十四五"期间，旅客吞吐量、货邮吞吐量快速增长，空港经济与口岸经济、陆港经济有效融合、明显集聚，对内蒙古自治区经济社会发展的辐射带动作用大幅提升、支撑力度显著增强。争取"十四五"末建成2~3个临空经济区、1个临空经济示范区，形成引领区域经济发展、服务全国的内蒙古自治区对外开放高地。

二、加快构建国际航空枢纽

（四）完善航空运输网络体系

拓展优化航线网络，建立和完善枢纽网络、国际航线、国内干线、区域支线、通勤通用相互支撑、协调发展、四通八达的运输网络体系。完善国内航线网络，不断提高与国内枢纽机场、支线机场和通勤通用机场的通达性，积极发展联程联运。鼓励和引导相关航空企业进驻内蒙古自治区，积极发展基地航空公司和通用航空公司。加快建设国际航空枢纽，以连通俄罗斯、蒙古国枢纽机场为重点，优化中转流程，开辟通往欧洲的远程国际航线和航班，形成具有竞争力的国际中转航线网络格局，努力打造联系全球的空中通道。根据各机场资源条件，支持发展低成本航空业务、设立航空口岸开展国际航线业务。积极支持发展全货机航班，发展跨境电商航空货运，扩大货运服务网络，打造地区航空货运和快件集散网络中心。

（五）加强集疏运体系建设

根据综合交通运输枢纽建设布局原则，认真开展集疏运网络规划研究，推进机场与其他交通运输方式有效衔接，改善机场集疏运条件，形成一体化综合交通枢纽。积极推动高速铁路、城际轨道、城市轨道、高速公路等交通运输方式引入机场。合理规划建设机场范围内的长途客运、城市公交、轨道交通和出租汽车等站点。构建枢纽机场与临空经济区发展相适应的交通体系，建设形成大运量、高效率通道网络，实现多种运输方式高效衔接、互动发展的格局，为国际物流大通道建设奠定基础。

（六）加快发展多式联运

加快推动陆空联运体系建设，构建综合交通运输体系，建成安全便捷、绿色低碳的综合立体交通走廊。统筹铁路、公路、航空、管道建设，加快发展公路、铁路、航空多式联运，加强各种运输方式的衔接，形成高效衔接、互动发展的联运格局。推进"一单制"的全程无缝运输服务，提升货物中转效率，降低物流成本。推进多式联运信息系统建设，提供多式联运公共信息服务。围绕重点枢纽机场，建设一批布局合理、功能完备、集疏便捷的综合性场站和设施，提高转运综合服务能力。积极申请设立多式联运海关监管中心，实现进出口物流货物高效运转。

三、打造高端临空产业体系

（七）大力发展高端制造业

以打造高端制造产业为目标，大力发展具有高附加值和高技术含量的高端装备制造产业和战略性新兴产业。积极鼓励航空航材、航天装备、电子信息、生物医药、新材料、新能源、精密机械及零配件、高端特色农牧产品等临空高新技术产业发展。立足内蒙古自治区制造业现有基础，依托空港经济开放和聚集优势，着力推动传统制造业向研发、设计、创意、品牌等价值链高端延伸，助推传统产业向中高端迈进。积极发展智能制造装备和产品，推进生产过程智能化，深化互联网在制造领域的应用，将临空经济区打造成"高端＋智能"的制造业基地，提升内蒙古自治区制造业水平。

（八）加快现代服务业发展

加快航空物流业发展，构筑现代化空港物流体系。大力发展特色产品物流、航空快递物流、国际中转物流、航空保税物流业务，提高航空物流配套服务水平，推动航空物流和加工贸易联动发展。按照专业化、品牌化、国际化的标准，推动文化创意产业快速发展，重点开展专业展会、设计服务、展示展销、艺术创意和文化交流活动，形成重点文化创意产业板块，打造完整的文化创意产业链。借助航空口岸优势，积极开展跨境电子商务，加大进出口商品通关服务、结售汇等方面的改革力度，推动跨境第三方支付机构发展，建设跨境电子商务综合试验区。在重点航空口岸扩大出入境免税店规模。积极发展与空港经济密切相关的金融租赁、离岸结算、航运保险、贸易融资等航空金融业务。依托临空经济区，打造具有内蒙古自治区产业特色的服务外包基地。积极推动航空旅游发展，实现航空旅游与航空运输、航空产业协同发展。

（九）积极发展总部经济

依托临空经济区集聚的人流、物流、信息流、资金流和各类产业等优势，加快培育航空产业核心集聚区，引导和培育总部经济企业落户，使临空经济区成为总部集聚强、辐射面广、信息和资源等服务能力最具综合竞争优势的区域之一。发挥自身的独特优势，结合产业特点，吸引一批世界500强、中国500强、中央直管企业设立核心营运机构或分支机构入驻，包括管理中心、结算中心、物流中心、营销中心、展示中心、采购中心、研发中心、信息中心、投资中心等，进一步提升临空经济区的经济竞争力、影响力和辐射力，支撑引领区域发展。积极培育本土总部企业，形成独特的本土总部企业品牌。

四、提升对外开放水平

（十）加强口岸建设

积极推动航空口岸扩大对外开放，打造对外开放国际大通道。遵循"超前规划、分步实施"的原则，进一步加大建设投入力度，完善基础设施和查验配套设施，全面提升航空口岸通关能力和水平。增强航空口岸功能，打造高水平对外开放平台。积极推动开展72小时过境免签业务。按照国家相关规定，积极申请设立汽车整车、药品、肉类、水果、植物种苗、食用水生动物等其他特种商品指定入境口岸，增加进口货源，促进航空货运进出口双向均衡发展。立足口岸安全防控，建立常态化的联合工作机制，加大口岸安防设施设备等硬件的投入。

（十一）促进通关便利化

落实国家和内蒙古自治区"三互"推进大通关建设改革方案，打造更加高效的口岸通关模式。加快内蒙古自治区电子口岸建设，实现不同部门、地区、企业间基础信息综合汇总和信息资源的及时交换共享，建设物流大通关平台，提高通关效率，降低通关成本，为跨境电商发展提供核心功能支撑。积极推广实行海关、检验检疫、边检联动服务和24小时预约通关、预约查验，压缩通关时限。在机场增设动植物检验检疫窗口，实现"一站式"服务，方便相关物品运输。加快推进口岸与海关特殊监管区的"区港联动"、"区区联动"，全面实行"一次申报、一次查验、一次放行"的通关模式，实现"信息互换、监管互认、执法互助"和国际贸易"单一窗口"。加快旅客通关信息化建设，积极推动自主查验通道等智能查验设施建设，提高旅客自助通关人员比例。加强区域通关合作，实现与沿海、内地和边境主要口岸的互联互通，完善通关联络协调机制，打造网络化协同监管模式和服务体系。

（十二）优化投资环境

进一步加大改革力度，加快转变政府职能，建立国际化、法制化的营商环境，以更加完善的市场化体制和机制保证空港经济高质量、可持续发展。在行政审批、投资审批、商事制度、监管方式和职业资格许可认定方面赋予临空经济区更多自主权。引进国际专业服务机构，加强与国际规则和国际惯例接轨，提供国际化服务。通过扶持引导、购买服务、制定标准等制度安排，支持行业协会和专业服务机构参与市场监督，维护诚信守法、公平公正与开放的市场秩序。以具体项目为抓手，努力在制度创新和管理创新方面取得突破，加快构建与国际投资、国际贸易通行规则相衔接的开放型经济新体制。

五、注重生态环境保护

（十三）强化生态环境保护

临空经济区按照节约优先、保护优先的基本方针，坚持绿色发展、循环发展、低碳发展道路，把握处理好经济发展和生态环境保护的关系，在推进生态文明建设中发挥窗口、示范、辐射、带动作用。坚持绿色集约发展，鼓励绿色低碳循环发展，依法开展环境影响评价，严格资源节约和环境准入门槛，提高能源资源利用效率，减少污染物排放，确保环境质量，大力发展生态工业和循环经济，开展 ISO 14001 环境管理体系建设。

（十四）坚持节约集约利用土地

坚持规划引领，临空经济区要严格依据土地利用总体规划和城市总体规划开发建设，坚持科学、高效、有序开发。坚持土地节约集约利用，严格土地管理，严控增量、盘活存量，坚持合理、节约、集约、高效开发利用土地。加强土地开发利用动态监管，加大对闲置、低效用地的处置力度，探索存量建设用地二次开发机制。建立健全土地集约利用评价、考核与奖惩制度。健全用地执法程序，规范执法行为，强化执法监管水平。

六、组织保障

（十五）加强组织领导

各地区要建立健全推进空港经济发展工作联动机制，整合各方资源，形成发展合力，把临空经济区发展纳入城市发展总体规划和土地利用总体规划，实行统一规划、统一政策、统一协调、统筹重大项目建设。各有关部门要牢固树立大局意识和全局观念，密切协作、协调联动、相互借鉴，勇于探索创新，敢于率先突破，积极推动解决发展空港经济过程中遇到的问题。

（十六）加大政策扶持力度

各地区、各部门要积极主动争取国家政策支持，出台支持空港经济发展的具体政策措施，把先行先试权运用到空港经济发展之中。各有关部门要按照各自职能，采取有效措施，在政策、资金、用地、配套设施和通关环境等方面加大对发展空港经济的扶持力度。要定期对重大规划、政策、项目等进行衔接，加大对议定事项的落实力度，确保各项政策措施落地生效。

（十七）有序推进实施

各地区、各有关部门要认真学习借鉴国内外空港经济发达地区的成功经验，结合实际，因地制宜，合理确定临空经济区的空间布局和功能定位。条件成熟地区要研究制定本地区空港经济发展具体方案，分阶段设定规划目标、主要内容和实施路径，科学组织实施，杜绝盲目投资和重复建设，积极稳妥、扎实有序地推进本地区空港经济发展。

2015 年 11 月 20 日

附件 7

内蒙古自治区人民政府办公厅关于支持煤炭
转化企业与煤炭生产企业重组有关事宜的通知

各盟行政公署、市人民政府，自治区各有关委、办、厅、局，各有关企业：

根据《国务院关于进一步优化企业兼并重组市场环境的意见》（国发〔2014〕14 号）精神，为有效化解煤炭产能过剩，推动煤电、煤化重组并购，构建内蒙古自治区煤电化整体优势，经自治区人民政府同意，现就支持煤炭上下游企业重组有关事宜通知如下：

一、政府支持符合现行配煤政策的新建煤炭转化项目企业（以下简称转化企业）与拥有煤炭资源矿业权的企业按照企业自愿、市场化运作、政策引导的原则进行重组。

二、拥有煤炭资源矿业权并纳入国家开发规划井田的企业，按照自治区人民政府确定的煤炭转化项目配煤价款标准与转化企业重组，转化企业所占股权对应资源量达到该井田储量 49% 以上或经自治区人民政府认可的，可视为转化企业的自有矿业权；经自治区人民政府同意，对其新建转化项目按《内蒙古自治区人民政府关于印发自治区完善煤炭资源配置管理若干规定的通知》（内政发〔2012〕126 号）、《内蒙古自治区人民政府办公厅关于执行内政发〔2012〕126 号文件有关事宜的通知》（内政办发〔2013〕74 号）规定计算的配煤量达到该井田储量 70% 以上，该井田剩余部分煤炭储量按内政发〔2012〕126 号文件相关规定处理。由自治区国土资源厅与转化企业、拥有煤炭资源矿业权的企业签订三方协议，并按规定缴纳相关税费后，自治区主管部门优先安排该井田的煤矿核准报批。

三、拥有煤炭资源矿业权企业没有转化项目的，可自己联系也可委托政府介绍，与转化企业重组，且达到第二条标准的，执行第二条的规定。

四、支持已配煤的转化企业与合法煤矿通过资源置换等方式进行重组。

五、转化企业控股煤炭生产企业所属合法煤矿周边有不宜单独设置矿业权的边角资源，可根据煤炭产业政策和开发规划的有关要求配置给该煤矿整合开发，具体程序执行《内蒙古自治区人民政府办公厅关于做好煤炭资源整合工作有关事宜的通知》（内政办发〔2011〕92 号）规定，新增煤炭资源价款按自治区人民政府确定的煤炭转化项目配煤价款标准缴纳。

六、按照上述要求转让股权、矿业权的，经自治区人民政府同意，可不再履行审批程序直接办理相关手续。

七、认真落实国家关于支持企业兼并重组的税收等相关优惠政策。

八、转化企业与煤炭生产企业重组中的特殊事项由自治区人民政府按照"一事一议"的原则可另行研究。

2015 年 6 月 4 日

附件 8

内蒙古自治区人民政府办公厅关于公布自治区级服务业集聚区（第一批）的通知

内政办发〔2015〕16 号

各盟行政公署、市人民政府，自治区各委、办、厅、局，各大企业、事业单位：

按照《内蒙古自治区人民政府关于加快推进服务业发展的指导意见》（内政发〔2013〕80 号）精神，自治区人民政府决定认定赤峰市红山物流园区等 28 个服务业集聚区为自治区级服务业集聚区（第一批），现予公布。

经认定的自治区级服务业集聚区要继续加强重点项目和公共服务平台建设，完善服务功能，提升发展水平，充分发挥示范带动作用，为自治区经济持续健康发展和社会和谐稳定作出更大贡献。

自治区发展改革委要建立健全自治区级服务业集聚区考评机制和统计制度，细化措施，推动全区服务业集聚区健康发展。自治区级服务业集聚区要定期向自治区发展改革委报送集聚区建设和经营情况。

附件：自治区级服务业集聚区名单（第一批）

2015 年 2 月 15 日

附件：

自治区级服务业集聚区名单（第一批）

一、现代物流园区

1. 赤峰市红山物流园区
2. 兴安盟乌兰浩特物流园区
3. 锡林郭勒盟安快锡林浩特北物流园区
4. 巴彦淖尔市甘其毛都口岸现代物流园区
5. 包头市北方装备物流园区
6. 呼和浩特市托克托嘉和煤炭物流综合区
7. 通辽市科尔沁区综合物流集聚区

8. 乌兰察布市综合物流产业园区

二、商贸功能区

1. 内蒙古自治区食全食美美通商贸功能集聚区
2. 赤峰市翁牛特旗乌丹商贸物流区
3. 呼和浩特市金海国际五金机电城
4. 呼和浩特市海西路汽车产业集聚区
5. 赤峰市松山物流园区

三、中央商务区

呼和浩特如意总部基地

四、旅游休闲区

1. 鄂尔多斯市响沙湾旅游景区
2. 鄂尔多斯市成吉思汗旅游景区
3. 满洲里市东湖生态旅游示范区
4. 呼和浩特市托克托黄河湿地辖区
5. 锡林郭勒盟太仆寺旗旅游休闲区
6. 包头市南湖湿地旅游休闲区及文化创意产业园区
7. 呼和浩特市大青山前坡生态休闲旅游区
8. 鄂尔多斯市九城宫旅游景区
9. 包头市希拉穆仁草原休闲旅游区

五、文化创业园区

呼和浩特市大召文化产业集聚区

六、科技创业园区

1. 内蒙古自治区高层次人才创新创业基地
2. 内蒙古自治区大学科技园
3. 呼和浩特市盛乐现代服务业集聚区
4. 鄂尔多斯市高新技术产业园区科教孵化园

附件9

内蒙古自治区人民政府关于加快推进
"互联网+"工作的指导意见

内政发〔2015〕61号

各盟行政公署、市人民政府，自治区各委、办、厅、局，各大企业、事业单位：

互联网与云计算、大数据、物联网等新一代信息技术的不断突破创新、加速应用，深刻改变着企业生产、市场供给、商业服务和生活消费方式，并以前所未有的力度重塑传统产业和催生新兴产业。"互联网+"正在点燃信息消费新引擎、催生行业发展新业态、引领企业抢滩新机遇，"互联网+"模式将成为企业竞争、产业竞争乃至地区竞争的新常态。内蒙古自治区正处于调整经济结构、加快转型升级的关键时期。为加快推进内蒙古自治区"互联网+"工作，大力发展互联网经济，充分发挥互联网在稳增长、调结构、转方式和惠民生中的战略性、基础性和先导性作用，主动适应经济发展新常态，促进经济发展迈上新台阶，现提出以下意见。

一、明确思路目标

（一）总体思路。以党的十八大和十八届三中、四中全会和习近平总书记系列重要讲话精神为指导，贯彻落实"四个全面"战略布局以及"一带一路"等国家战略，抓住新一轮科技革命和产业变革的历史机遇，围绕信息化、工业化、城镇化、农业现代化"四化同步"发展要求，深入实施内蒙古自治区"8337"发展思路，充分发挥内蒙古自治区比较优势，坚持人才为先、用户思维、企业主体、环境优化的方针，以大力发展互联网应用和互联网产业为重点，突出商业模式创新，促进跨界融合创新，使互联网经济成为新常态下内蒙古自治区增强竞争能力的新优势、推动转型升级的新动力、促进经济发展的新力量。

（二）主要目标。到2020年，"互联网+"加速推进，以云计算、大数据、物联网、移动互联网等为代表的新一代信息技术在经济社会各行业各领域广泛应用，互联网在促进经济结构调整、产业转型升级中发挥作用明显，信息消费快速增长，互联网经济发展水平全面提升。建成5个自治区级互联网经济集中区、10个电子商务集聚区、10个大宗商品电子交易市场，电子商务交易额达到5800亿元以上，互联网服务收入达到500亿元。

二、聚焦发展重点

（三）"互联网＋"工业。紧紧围绕内蒙古自治区工业"四大基地"建设和工业转型升级需求，以推进两化（信息化和工业化）深度融合为主线，引导工业企业实现生产全流程的互联网转型，推动传统产业实现生产方式、经济模式、产业结构的改造升级，加快信用、物流、安全、大数据分析等工业互联网配套体系建设，推动生产方式和商业模式变革。面向煤炭、电力、冶金、化工、农畜产品加工、装备等重点行业和重点企业，加大"互联网＋"推进力度，积极开展智能制造和两化深度融合管理体系贯标对标工作。发展基于互联网的个性化定制、众包设计、云制造等新型制造模式，推动形成基于消费需求动态感知的研发、制造和产业组织方式。加快工业云及工业大数据创新服务平台建设和应用示范，推动软件与服务、设计与制造资源、关键技术与标准的开放共享，催生在线研发设计、协同供应链管理、协同制造等新业态。积极推进智能制造，探索建设智能工厂。加快工业园区信息基础设施优化、开发管理精细化、功能服务专业化、产业发展智能化，打造智慧工业园区。建立工业运行在线监测平台，推动工业运行决策科学化。实施中小企业信息化推进工程，推动基于互联网的信息化服务和中小企业公共服务体系建设。到2020年，两化融合指数达到全国平均水平，智能制造水平明显提高，创建智能工厂50座、智慧园区10个，培育两化融合示范企业100家，企业网上销售占销售总额的30%，企业网上采购占采购总额的60%。（自治区责任单位：经济和信息化委）

（四）"互联网＋"农牧业。紧紧围绕内蒙古自治区农畜产品基地建设需求，深入实施农牧业信息服务全覆盖工程，积极推进宽带进村、信息入户，促进信息化与农业现代化同步融合发展。加速培育新型农牧业经营主体，深化新一代信息技术在农牧业生产、经营、管理和服务四大领域的应用，建立全产业链的智慧农牧业系统，加强内蒙古自治区农牧业信息服务体系、农牧业大数据服务平台建设和农牧业数据资源的开发、整合。开展农牧业物联网试点，开展基于农牧业网站、12316服务平台、农牧业微信公众号和移动客户端等平台的农牧业综合信息服务，提升农牧业信息化水平。加快农畜产品质量安全检验检测和追溯体系建设，强化生产源头治理和产销全程监管。推进绿色、有机、地理标志等产品认证，支持电子商务进农村牧区，建立健全适应农村牧区电子商务发展需要的支撑服务体系，加强电子商务在工业品下乡和农畜产品进城双向流通中的应用，实现线上与线下交易的融合，扩大农村牧区电子商务应用领域。到2020年，农村牧区电子商务应用普及率达到30%。（自治区责任单位：农牧业厅、经济和信息化委、发展改革委、商务厅）

（五）"互联网＋"商贸。深入推进电子商务细分领域发展，鼓励发展垂直类电商平台，积极培育煤炭、有色金属、化工、特色农畜产品、稀土等大宗商品电商交易平台，引导线上线下互动融合发展。依托满洲里、二连浩特口岸，建设跨境电子商务服务平台。加快内蒙古自治区国家电子商务示范城市、示范基地和电子商务产业园等集聚区的建设。加快建立和完善支付、信用、物流、人才、安全、税收等电子商务服务体系。推动跨地区跨行业智慧物流信息平台建设，发展现代物流配送服务体系。到 2020 年，创建 10 个电子商务示范集聚区、10 个特色电子商务交易平台，全区网络购物交易额占社会消费品零售总额达到 5%。（自治区责任单位：商务厅、发展改革委、经济和信息化委）

（六）"互联网＋"金融。推动金融业依托互联网转型升级，支持持牌金融机构发展网上综合性金融服务，鼓励有条件的企业发展互联网金融业务。支持小额贷款公司、融资性担保（再担保）公司、区域性股权交易市场、各类交易场所等新型金融组织创新开展互联网业务。强化内蒙古自治区融资服务网建设，进一步完善网上银企对接机制。鼓励取得互联网支付业务许可的机构，探索开发新型的支付方式和支付工具。鼓励并规范网络保险、网络借贷（P2P）、股权众筹机构健康发展。鼓励持牌金融机构与互联网企业跨界融合，建立互联网金融数据共享交换平台，构建互联网金融产业联盟。支持互联网金融企业建立面向中小微企业线上线下多层次投融资服务体系，在融资规模、周期、成本等方面提供更具针对性和灵活性的产品和服务。到 2020 年，形成 2 家以上业内领先、知名度高的互联网金融企业。（自治区责任单位：金融办、人民银行呼和浩特中心支行、银监局、证监局、保监局、发展改革委）

（七）"互联网＋"政务。积极开展基于云计算和互联网的电子政务公共平台建设与应用，推广政府购买云服务的模式。加快自治区电子政务外网向基层延伸，完善电子政务云中心，扩大应用。加快建设集行政审批、便民服务、政务公开等功能于一体的自治区、盟市、旗县三级联动的网上政务大厅，实现与行政服务实体大厅融合。加快建设智慧城市，逐步实现基础设施智能化、公共服务便捷化、城市管理精细化、生活环境宜居化、网络安全长效化。深化人口、法人、空间地理、信用等基础信息资源开发利用，加快推进政务信息共享和数据开放，建立政务信息共享交换平台和公共数据服务平台，促进政务在线协同和数据创新应用。加强和支持社会信用服务、市场综合监管、食品药品安全监管、城乡规划和建设管理、公共安全、应急协同、安全生产等领域和部门重要业务信息系统建设与应用，提高科学管理水平。到 2020 年，形成纵横贯通内蒙古自治区的电子政务网络及政务服务体系。（自治区责任单位：政府办公厅、经济和信息化委、发展改革委、财政厅、住房城乡建设厅等部门）

（八）"互联网＋"文化。推动传统媒体和新兴媒体融合发展，加快内容集成和数字传输综合平台建设。推动旅游在线服务模式创新，发展智慧旅游，实施文化信息资源工程，促进文化产业、旅游产业与互联网融合发展，传播草原文化，打造旅游观光、休闲度假基地。加快推动影视美术、书籍报刊、动漫游戏、建筑设计等文化产品和服务的数字化、网络化进程。全面推进三网融合，积极发展交互式网络电视（IPTV）、互联网电视（OTT TV）、手机电视、移动电视等新型信息消费，促进网络视听全产业链发展。到2020年，新型业态占文化产业增加值比重进一步提高。（自治区责任单位：党委宣传部、文化厅、旅游局、新闻出版广电局、经济和信息化委、通信管理局、发展改革委等部门）

（九）"互联网＋"民生。围绕民生热点，构建盟市公共服务信息平台，推动基本公共服务向城乡社区延伸。实施信息惠民工程，统筹推进基于互联网的智慧社区、智慧健康、智慧养老、智慧环保、智慧交通、智慧法治、智慧家居等，加快数字图书馆和智慧博物馆建设、公共服务一卡通应用等，大力推进教育、医疗、社保、旅游等公共领域数字化、网络化、智能化，积极发展区域化线上线下结合（O2O）平台服务，鼓励各种市场主体共同参与增值性、公益性开发和创新应用，为人民群众提供便捷实惠的优质服务。到2020年，建成更加普惠的智慧民生综合服务体系。（自治区责任单位：民政厅、教育厅、司法厅、人力资源社会保障厅、住房城乡建设厅、商务厅、文化厅、卫生计生委、发展改革委、环保厅等部门）

（十）"互联网＋"生态。大力推进智慧国土"一张网"和"一张图"，加快构建覆盖全区的"国土云"和"环保云"，建立和完善地理空间基础框架和共享平台。加快传统产业绿色化、信息化、智能化改造，建立和完善重点行业、重点企业能源和环境质量与主要污染物排放远程在线监测信息云平台，促进节能增效、清洁生产和环境保护。推进智慧水利建设，构建完善自治区水利数据中心、水利信息服务平台、水资源管理系统和防汛抗旱指挥系统体系。积极探索能源互联网，推进电力能源智慧化，建立电力需求侧管理和工业能源管理云平台，推动重点行业节能降耗。建立草原和森林防火应急管理信息指挥系统、火灾预警监测系统及防火远程网络视频监控系统，加强防灾减灾体系建设，打造北疆绿色生态安全屏障。（自治区责任单位：国土资源厅、环保厅、经济和信息化委、发展改革委、财政厅、水利厅、林业厅等部门）

（十一）培育壮大互联网服务业。积极推动互联网与云计算、大数据、物联网、移动通信等新一代信息技术产业融合发展、产用互动。充分整合内蒙古自治区软件和互联网领域的资源，在电子商务与移动支付、电子政务与移动办公、公共服务与移动互联、即时通讯与社交、搜索引擎与定位服务、网络与手机游戏等领域，培育若干有特色的互联网产品及服务。支持培育一批为传统行业提供平台服务、软件服务、数据服务等专业服务的互联网服务商，为传统企业量身定制个性化的互联网解决方案，并提供咨询、设计、数据分析挖掘、流程优化、运营管理等服务。加快物联网技术支撑、公共服务和资源管理平台建设，面向企业供应链管理、交通、环保、物流、农畜产品溯源、精准农业等领域开展物联网重大应用示范。推动云计算服务在智慧城市、电子政务、工业制造、中小企业公共服务、电子商务等领域商业化运营，支持云计算服务创新和商业模式创新。开展大数据应用，鼓励行业、企业深度加工应用数据库，提供数据挖掘分析、精准营销和商业智能等大数据应用服务。推动移动互联网和各种终端、行业融合，培育智能终端、软件及应用研发、内容与服务一体的产业链。（自治区责任单位：经济和信息化委、发展改革委、科技厅等部门）

三、强化政策措施

（十二）促进产业集聚。以市场为导向，以企业为主体，以大众创业、万众创新为基础，充分发挥政府引导作用，推动产业集聚。有条件的盟市结合云计算产业园和软件园建设，规划建设与当地经济发展相匹配的互联网经济集中区。鼓励有条件的工业企业改造现有厂房兴办互联网经济孵化器、集聚区或电商园区，可不办理土地用途变更手续、不增收土地出让价款。对于重点互联网数据中心（IDC）等项目，在新增建设用地时给予倾斜，土地使用权出让收益按规定计提各种专项资金后的盟市、旗县（市、区）留存部分，用于支持互联网产业园区基础设施建设；在达到享受自治区扶持电价政策所需条件前设置一定期限的经营过渡期，在此期间按相关扶持电价政策执行。内蒙古自治区相关专项资金对特色园区公共服务能力建设、项目培育等给予重点支持。鼓励各地政府对互联网企业所需工作场所、人才公寓以及云计算、数据中心等公共资源给予政策支持。（自治区责任单位：经济和信息化委、财政厅、发展改革委）

（十三）培育龙头企业。创新招商模式，推进以数据开发换项目、以平台建设招项目、以投资模式创新引项目，大力引进和推动阿里、百度、腾讯、京东等国内龙头互联网企业优先向内蒙古自治区开放平台接口、数据资源和市场渠道，优先在内蒙古自治区建立培训或创业基地，可参照有关支持政策奖励。加强资源整合，以特许经营等方式将公共服务平台、公共信息资源优先委托区内优秀企业运营开发，力争催生一批信息技术行业龙头。对首次入围全国互联网百强企业或全国软件百强的服务型企业（不重复计算），内蒙古自治区相关专项资金给予企业200万元的一次性奖励。（自治区责任单位：经济和信息化委、发展改革委、财政厅、商务厅）

（十四）鼓励创新创业。放宽市场准入条件，互联网企业登记注册可实行"先照后证"。支持以知识产权等非货币资产出资形式设立互联网企业。简化互联网企业住所登记手续，允许使用自有、租用的住宅或集中办公区域作为住所（经营场所）办理注册登记，实行"一址多照"。完善公共就业服务体系的创业服务功能，大力推进大学生创新创业教育，实施大学生创业引领计划，搭建大学生创业创新平台，鼓励和辅导大学生互联网创业。对于符合创业扶持政策规定的重点孵化项目，内蒙古自治区相关专项资金采取资金资助、融资担保等方式给予支持。举办互联网创新创业大赛，对在内蒙古自治区落地注册企业的获奖项目，内蒙古自治区相关专项资金给予优先资助。鼓励高新技术产业园区、科技企业孵化器、高校和社会性组织创建互联网众创园，支持发展"创客空间"、"创业咖啡"、"创新工场"等各种形式的众创空间等创业服务平台，形成大众创业、万众创新的新局面。有条件的地方政府可对众创空间等新型孵化机构的房租、宽带接入、公共软件、开发工具等给予适当财政补贴。呼和浩特市要发挥首府优势，起到示范、引领作用。（自治区责任单位：工商局、党委网信办、科技厅、发展改革委、教育厅、财政厅、人力资源社会保障厅等部门）

（十五）强化市场带动。发挥政府资金和政策的引导作用，深入推动信息消费业态培育、重大信息消费平台建设。加快制定并落实政府部门采购本地云计算服务商、互联网企业的相关产品和信息服务的政策。普遍推行基于云计算和互联网公共服务平台的信息服务外包，大幅减少政府和企业自建数据中心，逐步推进各部门、各行业信息系统向云计算中心迁移。鼓励重点扶持的互联网企业购买内蒙古自治区内云计算数据中心服务，各级政府可通过各种途径给予支持。（自治区责任单位：发展改革委、财政厅、经济和信息化委）

（十六）加强人才支撑。各级政府要加大对互联网紧缺人才的引进和培养。凡在国内外知名互联网企业或机构有3年以上工作经历且担任中高级以上职务、带项目来内蒙古自治区创业的管理人员或核心技术人员（团队），按企业发展规模和创新水平，当地政府给予不低于30万元的创业资金支持。建立人才激励机制，结合"草原英才"计划，对做出突出贡献的高端人才及其团队，内蒙古自治区财政一次性给予团队不低于50万元的经费资助，对团队研发和产业化项目给予优先立项支持，对团队核心成员职称评定、家属就业、子女入学、落户等方面提供绿色通道。各高校要加大互联网行业相关专业人才培养力度，积极调整专业课程结构，加强对计算机专业应用技能型人才的培养，保障本土人才供给。强化职业教育和技能培训，引导内蒙古自治区一批普通高校和职业技术学院向应用技术院校转型，建立一批实训基地。鼓励互联网、云计算企业设立培训机构，与内蒙古自治区互联网相关产业园合作共同设立培训机构或实训基地，或与高校合作建设实训基地，由内蒙古自治区有关部门认定验收后，内蒙古自治区相关专项资金给予一定数额的一次性奖励。（自治区责任单位：党委组织部、人力资源社会保障厅、财政厅、经济和信息化委）

（十七）加大资金支持。支持互联网企业申请高新技术企业、生产性服务企业等认定，经认定的企业按规定享受相关税收优惠政策。调整内蒙古自治区服务业发展引导资金使用方向，支持产业园区和公共服务平台建设、网络运营补助以及引进优秀人才等。内蒙古自治区建立产业发展基金，支持互联网经济发展。对于新认定的互联网企业技术中心、企业研发中心、工程中心、重点实验室等创新平台，以及关键技术研发及产业化项目，按照有关规定给予优先支持。运用财政补贴、贷款贴息、融资担保和风险补偿等多种方式，鼓励吸引各类金融机构、私募基金和风投资金投资互联网企业。鼓励企业通过贷款、私募债券、集合债券和集合票据等多种方式融资。对在新三板成功挂牌的互联网相关企业，参照内蒙古自治区有关政策优先给予奖励。（自治区责任单位：财政厅、国税局、地税局、发展改革委、经济和信息化委、科技厅、金融办、人民银行呼和浩特中心支行）

四、优化发展环境

（十八）提升网络基础。优化资源配置，促进信息基础设施集约化建设和共享。深入实施宽带战略，支撑数字家庭、两化融合、公共服务、智慧城市等深度应用，以政府补贴或购买服务等方式支持公共场所提供免费无线宽带服务。积极争取国家政策，申请建立国家级互联网骨干直联点和区域国际互联网转接点，以及创建宽带示范城市等。鼓励市场竞争，进一步降低信息网络资费，提升宽带网络速率、信息服务质量和资源利用效率。打破网络接入垄断，允许多家电信企业、广电企业以及其他信息技术企业进入同一住宅小区或办公楼宇或工业园区开展宽带接入，允许云计算服务商、互联网企业利用公路、铁路、石油、天然气、电力、广电等行业富余的通信管道资源承担内蒙古自治区异地灾备网络传输和本地网络接入业务。（自治区责任单位：通信管理局、党委网信办、发展改革委、经济和信息化委、新闻出版广电局、交通运输厅、呼和浩特铁路局等部门）

（十九）构建诚信体系。加强网络信用体系和可信交易保障环境建设，规范电子认证服务。加快建立社会信用信息平台，规范信用信息的公开和使用，鼓励符合条件的信用服务机构开发信用产品，提供信用评估服务。依法加强对信息服务、网络交易行为、产品及服务质量等的监管，实行严格的知识产权保护制度，严厉打击互联网领域知识产权侵权假冒行为，并将侵权、假冒行为纳入社会信用体系。（自治区责任单位：发展改革委、党委网信办、人民银行呼和浩特中心支行、经济和信息化委、工商局、质监局、科技厅、公安厅）

（二十）保障网络安全。引进培育国内网络安全品牌和骨干企业，培育支持本土网络安全企业，支持重点行业购买网络安全服务，加强自主可控安全产品的推广应用。建立网络安全信息运行机制，健全完善网络安全保障体系，实现互联网数据资源的安全存储与灾难备份，加快网络安全保障基础设施智能化和全覆盖。建立全区网络安全态势感知、监测预警、应急响应联动机制，推动重点行业和重点领域信息安全风险评估、信息安全等级保护和网络安全与保密检查的制度化、规范化、常态化。坚持网络安全与"互联网＋"推进同步规划、同步建设、同步运行。在电子政务、电子商务、公共服务等领域推广使用电子签名及 EID（公民网络电子身份标识），鼓励数字证书在互联网上的应用。（自治区责任单位：党委网信办、经济和信息化委、公安厅、通信管理局、新闻出版广电局、质监局）

（二十一）加强宣传培训。支持举办互联网学术会议、发展论坛、创新沙龙、创业大讲堂等多层次、多形式、多受众的交流活动。组织评选年度互联网优秀企业和领军人物等。主要媒体开辟"互联网＋"宣传专栏，定期报道先进，树立典型，营造鼓励创新、宽容失败的互联网文化氛围。分类分层开展"互联网＋"业务培训。（自治区责任单位：党委宣传部、党委网信办、经济和信息化委、发展改革委等部门）

（二十二）强化合力推进。建立内蒙古自治区互联网经济联席会议工作机制，联席会议召集人由自治区人民政府分管领导担任，联席会议办公室设在内蒙古自治区经济和信息化委。涉及互联网应用和互联网产业发展的重大政策、重大规划、重大项目、资金安排等重大事项要经过联席会议研究审议。（自治区责任单位：经济和信息化委、党委网信办、发展改革委等部门）

各地区、各部门要高度重视"互联网＋"推进工作，认真抓好本意见的贯彻落实，明确工作职责和思路目标，突出重点，制定实施方案，细化配套政策措施，切实推动内蒙古自治区互联网经济快速健康发展。

2015 年 6 月 2 日

附件 10

内蒙古自治区人民政府关于
促进口岸经济发展的指导意见

内政发〔2015〕20 号

各盟行政公署、市人民政府，自治区各委、办、厅、局，各大企业、事业单位：

为深入贯彻落实习近平总书记考察内蒙古自治区重要讲话精神和国家关于扩大向北开放、建设丝绸之路经济带、深化同俄蒙各领域互利务实合作的重大决策部署，全面落实内蒙古自治区"8337"发展思路，充分发挥内蒙古自治区对外开放口岸优势，构建开放型经济新体制，现就促进内蒙古自治区口岸经济发展提出如下指导意见。

一、总体要求

（一）重要意义。口岸经济是以各类口岸为依托，集物流、人流、资金流、信息流于一体，跨国界、跨地区、跨部门，多行业、多层次、多环节分工协作的复合型经济，涵盖口岸现场及口岸所在地区的基础设施建设、进出口加工业、对外经贸合作、现代服务业、对外人文交往等，对周边地区和毗邻国家经济发展具有辐射和带动作用。近年来，内蒙古自治区边境陆运口岸、空运口岸开放程度不断扩大，内陆港建设快速发展，基本形成了覆盖内蒙古自治区的口岸布局。同时，内蒙古自治区口岸优势发挥还不够充分，口岸经济与周边和腹地经济联系还不够紧密，内蒙古自治区陆运口岸、空运口岸和内陆港经济发展还不够协调。内蒙古自治区地跨"三北"，外接俄罗斯、蒙古国，内邻八省区，是我国向北开放的重要前沿和建设丝绸之路经济带承东启西、连接南北、连通俄蒙欧的重要枢纽，依托口岸优势促进口岸经济发展，是新形势下落实国家扩大内陆和沿边开放战略、加快形成开放型经济新体制、推动经济结构调整和转型升级的破题之举，是促进内蒙古自治区对外开放和经济发展的战略举措。

（二）指导思想。高举中国特色社会主义伟大旗帜，以邓小平理论、"三个代表"重要思想、科学发展观为指导，深入学习贯彻习近平总书记系列重要讲话和考察内蒙古自治区重要讲话精神，全面贯彻落实党的十八大和十八届三中、四中全会精神，深入实施内蒙古自治区"8337"发展思路，转变口岸发展方式，大力发展口岸经济，构建覆盖全区、辐射周边省（区、市）、连通俄蒙欧的开放型经济新体制。进一步优化口岸开放布局，明确口岸发展定位，完善口岸综合功能，加快在口岸地区建设一批综合保税区、边境经济合作区、跨境经济合作区、临空产业园区和现代国际物流园区等平台和载体，集聚国际国内先进要素，强化国际国内产业分工与合作，形成内外联动、特色鲜明、优势互补、协调发展的口岸经济格局。

（三）目标任务。到2017年，形成完备的发展口岸经济的基础条件。实现五个"提升"：口岸发展规划科学，定位清晰、功能完善、布局合理，发展水平显著提升；口岸基础设施和查验配套设施完善，通关能力显著提升；口岸通关模式创新，通关手续简化，通关协作顺畅，通关效率显著提升；建成覆盖内蒙古自治区所有口岸的、统一的电子口岸平台和口岸监控指挥系统，口岸现代化、信息化、智能化水平显著提升；口岸管理模式创新，服务设施齐备，口岸管理和服务水平显著提升。到2020年，初步构建覆盖内蒙古自治区，有效连接沿海、内地和俄蒙欧的开放型经济新体制。边境口岸经济、空港经济、陆港经济协调发展，与周边省（区、市）和毗邻国家紧密联系、相互依托、有效衔接、良性互动的局面初步形成；围绕清洁能源输出基地，绿色农畜产品生产加工输出基地，体现草原文化、独具北疆特色的旅游观光、休闲度假基地，现代煤化工生产示范基地和现代装备制造新兴产业基地五大基地建设的外向型经济产业布局初具规模；口岸和口岸所在地的国际物流、商贸、金融、旅游、中介等现代服务业体系初步建立。

二、完善口岸经济产业布局

（四）推进沿边开发开放经济带建设。依托沿边陆运口岸，建设边境经贸合作高端平台。西部以策克、乌力吉、甘其毛都、满都拉口岸为重点，打造对蒙能源资源战略通道、加工和储备基地；中部以二连浩特、珠恩嘎达布其口岸为重点，打造集商贸流通、综合加工、国际物流、人文交往为一体的对蒙经济合作主示范区；东部以阿尔山、额布都格、阿日哈沙特口岸为重点，打造对蒙跨境旅游和生态产业合作区；东北以满洲里、黑山头、室韦口岸为重点，打造集商贸流通、综合加工、国际物流、跨境旅游、人文交往为一体的对俄经济合作主示范区。充分发挥沿边经济带比较优势，有效借助沿黄沿线经济带等区域经济较发达、要素集聚程度较高等优势，加强沿边与腹地在多方面、多领域的密切合作，推动全区资本、技术、信息等生产要素向沿边延伸，加快形成优势互补、有效衔接、互为支撑、良性互动的一体化发展新格局。

（五）加快构建现代物流体系。依托空运口岸，大力发展航空物流，开展保税仓储、物流中转、国际采购、展览展示等临空现代服务业。引进有运营资格的企业或大型快件公司，开通快件、邮件业务，扶持跨境国际快递业务。引进大型电商公司，依托航空高效的运输方式，促进内蒙古自治区电子商务发展。引进航空公司和大型物流企业，发展国际航班货运业务，形成辐射内蒙古自治区和周边省（区、市）的空运货运国际货运代理服务格局。依托内陆港，发展货物集散、中转、分拨、配送、国际集装箱多式联运、保税物流，打造连通境内外的国际物流重要节点、多式联运现代物流中心和进出口商品集散地。发挥内蒙古自治区向北开放重要桥头堡和丝绸之路经济带重要枢纽作用，加强口岸区域物流合作，推动内蒙古自治区陆运口岸、空运口岸、内陆港之间以及与沿海和内地省（区、市）口岸之间的联动发展，构建设施先进、网络完善、支撑有力、运行高效的货运集疏体系，形成国际物流、航空物流、保税物流、特色产品物流、城市商贸物流等各类物流业态门类齐全、一体联动发展的多式联运格局。

（六）推进海关特殊监管区域建设。推进重点口岸、区域中心城市重点开发开放试验区、综合保税区、跨境经济合作区、边境经济合作区建设，发挥海关特殊监管区域的辐射功能，培育区域外产业配套能力，带动有条件的企业进入加工贸易产业链，促进区域内外生产加工、物流和服务业深度融合，形成高端入区、周边配套、辐射带动、集聚发展格局。推进边境陆运口岸中俄、中蒙边民互市贸易区建设，拓展口岸综合贸易，发展进出口加工产业，促进边境贸易向加工、投资、贸易一体化转型。对接俄罗斯、蒙古国在与内蒙古自治区毗邻地区建设工业园区和自由经济区，积极探索建立中俄、中蒙自由贸易园区，整合提升对外经济、科技、金融、贸易、加工、物流等功能。

（七）大力发展口岸现代服务业。推进口岸物流业发展，加快升级改造和新建一批大型物流园区，发展国际物流，构建集仓储、运输、加工为一体的现代物流体系。推进商贸流通业发展，发展连锁经营、仓储式超市、电子商务等新兴流通业态，建设集购物、餐饮、休闲、娱乐为一体的购物中心，形成一批现代化大中型专业市场。依托内蒙古自治区电子口岸平台，推进跨境电子商务发展。推进口岸金融业发展，争取国内外金融机构在口岸城市（镇）设立分支机构。推进口岸旅游业发展，加大沿线和周边地区旅游资源整合和开发力度，开发特色旅游产品，与俄蒙合作开展跨境旅游。推进口岸中介服务业发展，积极引进国内外知名的科技、会计、法律、咨询、评估、设计等中介服务，提升中介服务水平。

三、深化与俄蒙经贸合作

（八）优化双边贸易结构。优化贸易方式，实现边境贸易、一般贸易、加工贸易和旅游贸易协调发展，货物贸易和服务贸易相互促进，开展对俄蒙跨境电子商务，推动双边贸易持续发展。优化商品结构，围绕双边进出口优势产品，加快进出口基地建设，培育进出口资源主导产业。培育和引进贸易龙头企业，促进边境贸易企业贸工一体化发展，提高企业进出口加工增值能力，形成"以贸带工，以工促贸"的发展格局。围绕清洁能源输出基地，绿色农畜产品生产加工输出基地，体现草原文化、独具北疆特色的旅游观光、休闲度假基地，现代煤化工生产示范基地和现代装备制造新兴产业基地五大基地建设，大力发展外向型经济产业和高新技术产业，提高出口产品附加值和竞争力。优化市场结构，推动内蒙古自治区有条件的羊绒纺织、民族餐饮、农畜产品、机电、高新技术、文化贸易企业培育出口商品自有品牌，建立健全境外营销网络和售后服务体系，扩大市场影响力和竞争力，促进自有品牌商品出口。结合建设内蒙古自治区境外名优特产品展览中心项目，打造内蒙古自治区产品展示平台。

（九）深化双边投资合作。发挥内蒙古自治区能源、化工、冶金、农畜产品加工等特色产业优势，加强与俄罗斯、蒙古国能源资源领域的合作，积极提升木材加工、农业种植、能源化工、食品加工、基础设施、商贸物流等领域合作水平。引导企业"走出去"在俄蒙境内投资建设以内蒙古自治区特色产业为主导的工业园区，拓宽与俄罗斯、蒙古国经济发展的合作领域。组织区内外有实力的企业参与蒙古国扎门乌德、俄罗斯后贝加尔斯克等各类园区的建设和发展，提高"走出去"的组织化程度，构建内蒙古自治区与俄罗斯、蒙古国深化经贸合作的重要载体。举办和参加与俄罗斯、蒙古国的项目对接会、展洽会、研讨会、博览会等活动，建立内蒙古自治区与俄罗斯、蒙古国之间稳定的经贸交流平台，推动内蒙古自治区企业与俄罗斯、蒙古国经贸合作交往的有效开展。

（十）推进境外资源合作开发。抓住蒙古国实施"矿业兴国"战略和俄罗斯与我方合作开发资源的机遇，在互惠互利的基础上，加强与俄蒙资源领域的合作。重点加大煤炭、石油、铁矿、有色金属等矿产能源领域的投资合作，深化森林采伐和木材深加工合作，扩大农牧业产业化合作开发规模。建立多元、稳定、可靠的境外资源供应渠道，提升内蒙古自治区在我国与俄蒙经济合作方面的战略地位。鼓励有条件的企业到境外开展资源合作项目或在境外就地加工转化资源，建立境外资源开发加工基地。扶持涉及国家重要而紧缺资源的合作项目，通过实现对境外资源特别是俄蒙资源的有效利用，把内蒙古自治区建设成为国家能源资源供应基地。

（十一）扩大承包劳务合作。支持有承包资质、研发能力的对外承包工程企业与境内外大公司合作，多渠道、多方式地搭建更多合作交流平台，在俄罗斯、蒙古国境内开展建筑、铁路、公路、电力等工程领域的合作，提高企业参与承包工程的竞争力。加强与俄罗斯、蒙古国外派劳务多层面的磋商，改善其对外劳务合作的法律和实际运行环境，提升对俄罗斯、蒙古国的劳务合作空间。规范有序扩大外派劳务人员规模，拓展就业渠道，增加外派劳务人员收入。建立健全自治区对外劳务合作突发事件应急协调机制，做好信息服务和风险管控，保障境外企业、机构、人员的安全和合法权益。拓展俄罗斯、蒙古国建筑市场，使工程建设、劳务承包和房地产开发成为内蒙古自治区对俄罗斯、蒙古国合作的增长点，带动建筑机械、建筑材料出口。

四、提升口岸发展水平

（十二）优化口岸开放布局。稳妥推进沿边陆运口岸开放，原则上不再新开陆运口岸，如确有必要，必须经过充分的可行性研究论证，确保新开口岸符合内蒙古自治区扩大向北开放和深化与俄蒙务实合作的现实需要。当前和今后一个时期，口岸工作的重点是推动铁路口岸开放和现有口岸扩大开放，积极探索实行"一口岸、多通道"的通关模式。改变内蒙古自治区空运口岸少和不平衡的现状，积极推动具备条件的机场对外开放。根据内蒙古自治区地域辽阔、东西狭长的实际，发挥区位优势，积极推动内陆港建设，加强与沿海港口的区域通关合作，打通出海通道。

（十三）明确口岸发展定位。依托沿边陆运口岸，加强与俄蒙互联互通，深化与俄蒙互利务实合作，规划建设各具特色、优势互补的沿边经济带。依托空运口岸，发展保税仓储、物流中转、国际采购、展览展示等临空现代服务业，发展电子信息产品、通信设备、微电子等高新技术领域的高端制造业。依托内陆港货物集散、中转、分拨、配送、国际集装箱多式联运、保税等物流功能，发展"陆海联运"国际集装箱运输业务。

（十四）完善口岸功能布局。改变现有口岸功能较为单一的现状，大力发展口岸进出口贸易、进出口加工、国际物流、保税仓储、跨境旅游、人文交往、现代服务业等综合功能，实现口岸功能进一步完善。改变现有口岸布局不合理的现状，综合考虑口岸通道建设、查验配套设施、城镇建设、各类产业园区、物流园区等因素，科学合理布局口岸各功能区，实现口岸有序发展。加强内蒙古自治区陆运口岸、空运口岸和内陆港之间的紧密联系和有效衔接，形成优势互补、良性互动、协调发展的格局。

五、加强口岸保障能力建设

（十五）完善口岸基础设施。口岸基础设施和查验配套设施建设要遵循"超前规划、分步实施"的原则，根据口岸发展需要逐步建设和完善。进一步加大口岸建设投入力度，完善口岸基础设施和查验配套设施，全面提升口岸通关能力和水平。实行政府引导、企业运作、财政适当补贴的口岸建设多元投入机制，按照

"谁建设、谁经营、谁受益"的原则，鼓励国内外战略投资者和民间资本投资建设口岸各类产业园区、物流园区和口岸城镇基础设施建设，提高口岸基础设施对口岸经济发展的保障能力。积极探索与沿海和内地省（区、市）铁路、海运和港口等经营企业深度合作，支持相关企业以多种形式参与内蒙古自治区口岸设施、物流设施、内陆港建设，推动港口功能前移，实现互利双赢。

（十六）提升口岸信息化水平。按照"政府主导，联合共建，实体化运作"原则，依靠科技创新加快内蒙古自治区电子口岸建设，提高通关效率，降低通关成本。加快内蒙古自治区口岸监控指挥中心建设，强化阳光执法，有效应对和处置口岸突发事件。构建内蒙古自治区电子口岸信息平台，设立电子口岸通关物流信息中心、通关业务服务中心、通关辅助监管中心，研发跨境电子商务、电子物流、电子金融等应用项目，把电子口岸信息平台建设成为集口岸通关执法管理、信息服务与相关物流商务服务为一体的大通关、大物流、大外贸信息平台，为进出口企业创造公平、公正、统一的经营环境。

（十七）创新口岸通关监管模式。进一步创新口岸通关模式，简化通关手续，提高通关效率。以集中审单为基础，以通关联动信息化系统为支撑，进一步实现在关区内多点报关、口岸验放的通关方式。深化区域通关作业改革，对内蒙古自治区符合条件企业的货物实行"属地申报、属地放行"或"属地申报、口岸验放"的通关模式。推进通关作业无纸化改革，逐步实现所有关区现场通关作业无纸化业务全覆盖。加快推进关检合作"一次申报、一次查验、一次放行"通关模式改革实现内蒙古自治区内各口岸、海关特殊监管区域、进出口企业、生产制造园区、物流基地之间通关流程全覆盖和互联互通。加快推动查验部门之间"信息互换、监管互认、执法互助"，积极推进"单一窗口"建设。加强区域通关合作，实现与沿海和内地主要口岸的互联互通，打造网络化协同监管模式和服务体系。深化同俄罗斯、蒙古国口岸查验部门的合作，完善双边查验部门定期会晤机制，加强联合执法合作。

（十八）加强口岸集疏运体系建设。优化路网结构，超前制定口岸现场和外围道路交通建设规划。按照客、货分离的原则，加快客运和货运通道建设，加强与俄蒙的互联互通基础设施建设，完善口岸"疏内通外"客货运通道设施，增强口岸集疏运能力。加强边境口岸与区内外通道建设，实现各边境口岸所在城镇与区内外区域中心城市和产业聚集区公路、铁路连接。

（十九）推进口岸城镇综合承载能力建设。加快推进口岸城镇化建设，促进城镇、产业与口岸经济协同可持续发展。完善城镇宜居、宜业、宜游功能，提升口岸城镇综合承载能力。统筹推进口岸城镇基础设施建设，保障口岸经济运行发展需要。营造整洁优美、文明有序的城市环境，突出"口岸城镇"的特点、特色和风格。开展口岸城镇公共服务能力建设，以社会保障、社会救助、教育、卫生、文化为重点，完善内外统筹、公平普惠的公共服务体系，提高旅客保障和公共服务水平。

（二十）优化口岸经济发展环境。统一并公开口岸收费项目和标准，口岸管理部门、查验部门、运营主体单位要及时向社会公布减免、调整的收费项目。政府定价的经营服务性收费项目，要严格按照价格主管部门核定的标准执行；市场调节价的经营服务性项目，要明码标价，公布收费项目、标准和优惠政策，接受社会监督。内蒙古自治区口岸及价格管理部门要按照收费管理权限，清理和规范进出口环节的行政事业性和经营服务性收费，坚决取消不合理收费项目，禁止超范围、超标准收费，切实减轻企业负担。规范企业进出口经营行为，各级口岸管理、执法部门要建立企业诚信和信誉评估体系，对进出口企业实行风险管理，根据不同企业的资信等级，采取不同的通关管理方式，引导企业诚信经营、守法经营。加强口岸各查验单位行政效能建设和廉政勤政建设，推行首问负责制、服务承诺制，规范行政执法行为。充分发挥行业协会的作用，建立监督自律制、责任追究制和激励机制，打造诚信口岸。建立口岸中介行业管理和监督机制，加强对口岸中介行业的管理和监督检查，规范中介行业从业行为。

六、强化保障措施

（二十一）强化组织和工作保障。建立健全党委统一领导、政府组织实施、行政主管部门具体落实、有关部门和盟市紧密配合的工作机制，形成推动口岸经济发展的合力。内蒙古自治区向北开放工作领导小组要加强对发展口岸经济工作的统筹，定期分析口岸经济发展情况和形势，及时研究解决口岸建设运行中和口岸经济发展中的各类新情况、新问题，协调处理和统筹推进涉及口岸建设运行和口岸经济发展中的重要事项和重点工作。内蒙古自治区向北开放工作领导小组办公室要加强对发展口岸经济各项工作任务的组织实施。各地区要把发展口岸经济摆上重要议事日程，及时研究制定口岸经济发展规划和推进措施，细化分解任务，明确责任单位和完成时限，确保措施到位、责任到位、落实到位。内蒙古自治区向北开放工作领导小组办公室要强化督促检查力度，确保各项工作落到实处，见到成效。

（二十二）加大资金支持力度。内蒙古自治区发展改革委、财政厅要积极配合有关部门争取中央资金，用于口岸基础设施建设，同时加大内蒙古自治区财政资金投入口岸建设和口岸经济发展的力度。各盟市要制定相应的配套资金支持措施，建立口岸多元投入机制，加大对口岸建设和口岸经济发展的资金投入，提升口岸综合承载能力，拓展产业发展专项基金覆盖面，推动特色产业转型升级，形成集聚发展优势。

（二十三）加大政策支持力度。按照国家和内蒙古自治区关于加强口岸建设和口岸经济发展的总体思路和主要任务，创新政策扶持机制，切实抓好涉及口岸发展的产业、财税、土地、金融和人才等扶持政策的落实工作。结合口岸发展实际，适当加大对特色产业的扶持力度，吸引优质资本集聚和发达地区产业转移，促进口岸经济加速发展。认真落实好国家和内蒙古自治区已经制定出台的各项扶持政策，并根据形势发展和实际工作需要，研究制定和出台新的扶持政策。同时根据内蒙古自治区口岸建设和口岸经济发展的需要，积极争取国家更多的政策支持。

2015 年 1 月 30 日

附件 11

内蒙古自治区人民政府关于深化流通体制改革
加快流通产业发展的实施意见

内政发〔2014〕15 号

各盟行政公署、市人民政府，自治区各委、办、厅、局，各大企业、事业单位：

为深入贯彻落实《国务院关于深化流通体制改革加快流通产业发展的意见》（国发〔2012〕39 号）精神，切实解决内蒙古自治区流通业发展水平低，市场体系建设滞后，对第一、第二产业发展支撑不足等突出问题，充分发挥流通业在国民经济中的基础性和先导性作用，现就深化内蒙古自治区流通体制改革加快流通产业发展提出如下意见。

一、总体思路和主要目标

（一）总体思路。坚持以邓小平理论、"三个代表"重要思想和科学发展观为指导，深入贯彻落实党的十八大、十八届二中、三中全会精神，紧扣科学发展、富民强区主题和加快转变经济发展方式主线，立足国家对内蒙古自治区的战略定位和内蒙古自治区"8337"发展思路，围绕提高流通效率、方便城乡群众生活、保障市场运行和商品质量、引导生产发展和促进居民消费，进一步夯实产业基础，壮大市场主体，创新流通方式，有效降低流通成本，提升流通现代化水平。

（二）主要目标。总体目标：到 2015 年，内蒙古自治区社会消费品零售总额突破 6500 亿元，流通业增加值占国内生产总值比重达到 14% 以上。到 2020 年，社会消费品零售总额超过 13000 亿元，流通业增加值占国内生产总值比重达到 18%，对经济社会发展的贡献显著增强。

具体目标：

——形成 3~5 个商业功能齐全、民族特色鲜明的区域性商业中心；建设 5~10 个以服务煤炭、冶金、建材、新兴产业为重点的大型集散地生产资料市场和依托绒毛、皮毛、皮革等资源的消费品专业市场；建设改造一批农畜产品交易中心，使内蒙古自治区流通网络进一步健全，商业网点布局更加合理，流通基础设施逐步完善，流通效率明显提高，流通成本显著降低，统一开放、竞争有序、安全高效、城乡一体的现代流通体系基本建成。

——培育跨盟市经营的大型连锁企业和具有一定规模的大型配送中心，力争使内蒙古自治区大型连锁超市商品统一配送率达到70%左右。信息技术在流通领域广泛应用，电子商务、连锁经营和统一配送等成为重要流通方式，流通现代化水平明显提升，流通产业整合资源、优化配置的能力进一步增强。

——培育一批具有较强带动作用的农畜产品流通主体，使内蒙古自治区名优特绿色农畜产品优势产区的农畜产品流通主体竞争力显著增强，形成一批网络覆盖面广、具有较强竞争力的农畜产品流通企业，农畜产品在区内外市场占有率明显提高。

——流通产业发展体制机制更加顺畅，综合保障更加有力，市场运行更加平稳规范，居民消费更加便捷安全。

二、科学统筹流通产业协调发展

（三）构建地区特色鲜明的流通产业发展格局。按照国家对内蒙古自治区的战略定位和内蒙古自治区"8337"发展思路，积极发挥西部地区资源优势，建设产地型能源、有色金属、特色农畜产品等商品交易市场；推进东部地区优势农畜产品交易市场建设；结合国家"两横三纵"城市化战略格局定位，提高呼、包、鄂城市商业功能，建设民族特色鲜明的区域性商业中心，发展便民利民商业服务网络，加速形成流通引导生产、扩大消费、惠及民生的先行示范区。加强东西部区域协调发展，引导流通资源跨区域整合。支持呼和浩特市建设区域流通中心城市，发展民族贸易；支持包头市、呼伦贝尔市、通辽市、赤峰市、锡林郭勒盟、乌兰察布市、鄂尔多斯市突出地域特色和资源优势，打造特色优势商品流通枢纽城市，提升商品集散功能。

（四）建立城乡一体的流通服务网络。在城区重点改造提升城区商业中心，引导商业网点合理布局、适度集聚，形成具有综合服务功能和较强辐射能力的消费中心。加强城市专业市场和物流园区的整合优化与改造提升，引导大型专业市场和物流配送中心在郊区集聚发展。在社区加强社区便民商业服务生活圈建设，重点开展社区商业便民工程、家庭服务体系建设工程、早餐示范工程建设。对各类经营主体进入社区建立便利店、菜市场（店）、早餐店、再生资源回收点、家政服务站等社区生活服务业态给予政策支持，打造一刻钟便民生活服务圈。在苏木乡镇重点培育农村牧区商贸服务中心。引导大型流通企业向农村牧区市场延伸，建立城乡一体化的营销网络。深入实施万村千乡市场工程，继续推进新农村现代流通服务网络工程，扩大农村牧区连锁超市覆盖面，提高商品统一配送率。深化供销合作社改革发展，培育农村牧区现代流通骨干力量。引导农村牧区商业网点拓展经营领域，开展日用消费品、农资、图书、烟草、通信等多元化经营和服务，拓展农畜产品购销、废旧商品回收等业务，畅通农畜产品进城和工业品下乡双向流通渠道。

（五）推动流通产业与农业、工业融合发展。开展贸工农一体化经营示范推广工作，从肉、菜、粮油、马铃薯、食用菌等不同领域遴选并重点培育 10 户左右一体化经营自治区级示范企业，按照"公司＋基地＋农户"的生产经营模式，建设一批优势农副产品生产基地、高端农副产品深加工基地、外贸出口基地和绿色品牌生产基地，打造集生产、加工、技术服务、品牌培育和营销配送为一体的完整产业链，促进内蒙古自治区优势农副产品规模化、标准化、产业化发展。加速推进制造业与流通业两业联动，引导有条件的流通企业和配送企业通过资本、信息融合，向制造业的采购、配送、销售等环节渗透，提升流通业为制造业服务的能力和水平。

（六）加快推进内外贸一体化发展。引导流通企业开展内外贸一体化经营，鼓励内外贸企业融合和合作。引进、消化、吸收国外先进的营销方式、经营理念和流通技术，以开放促进流通产业的发展。支持内蒙古自治区内拥有自主品牌和自主知识产权、具有较强竞争力的流通企业到境外开店设场，建立营销网络和网络设施，带动区内商品出口。整合会展资源，完善管理机制，依托工业、农畜产品和服务领域名优、特色产品产销地优势，培育、打造一批政府引导、市场认可、专业运作、经济社会效益显著的品牌展会。拓展内蒙古自治区内大型商品交易市场对外贸易功能，提升中国二连浩特中蒙经贸合作洽谈会、中国（满洲里）北方国家科技博览会、蒙港经贸合作周、蒙粤科技活动周、中国北方农业科技成果博览会、中国民族商品交易会、中国薯都内蒙古自治区乌兰察布马铃薯展洽会等重要展会对国际国内市场的辐射作用。选择 2 ~ 3 个口岸城市，建设内外贸一体化的特色边贸市场、商品交易市场、物流配送基地和跨境物流通道。

三、加快建立现代商品流通体系

（七）加快建设农畜产品现代流通体系。按照民生优先、政府主导、市场运作的原则，在呼伦贝尔市、通辽市、赤峰市、锡林郭勒盟、乌兰察布市、巴彦淖尔市等农畜产品主产区，打造少环节、低成本、有保障的产地农畜产品流通链条，促进农畜产品外销；在呼和浩特市、包头市、鄂尔多斯市、乌海市等农畜产品主销区，构建区域中心市场、城区市场、社区（县乡）终端市场 3 个层级的农畜产品流通网络，保障销区便民；在呼伦贝尔市、通辽市、赤峰市、锡林郭勒盟等活畜主产区发展大型专业市场，实现优势对接；在满洲里市、二连浩特市等口岸城市，建设面向俄罗斯远东市场、蒙古国市场的农畜产品口岸集配中心、中转基地和专业市场，扩大境外销售。引导企业在区外设立内蒙古自治区绿色农畜产品展示销售网点，构建内蒙古自治区绿色农畜产品输出平台。推进农超对接、农批对接、农社对接、批零对接等产销衔接，减少流通环节，促进直供直销。重点支持建设改造具有公益性质的城市郊区大型农畜产品批发市场、旗县（市、区）和重点镇农贸市场、标准化菜市场、社区菜店示范店、大型农畜产品物流配送中心，培育一批规模化经营的蔬菜水果批发商。加强生鲜农畜产品冷链物流设施建设，逐步形成以全区12个盟市为支点，批发市场、农贸市场、标准化零售终端为网络，顺应城乡经济社会发展、符合人民生活需要、保障市场供应和价格稳定的农畜产品流通体系。

（八）加强生产资料流通体系建设。建立生产资料重点企业联系制度，引导从事煤炭、钢材、有色金属、建材、农机、木材、化肥、农药等生产资料流通的龙头企业，运用先进技术和现代流通方式延伸产业链、完善服务链，吸收中小企业加盟，开展规模化、集约化连锁经营，建立健全覆盖城乡的公共物流配送网络。重点培育一批主业突出、经营规模大、网络覆盖广、核心竞争力强的大型生产资料流通企业。支持建设集交易、展示、仓储、加工、配送等功能为一体的综合性生产资料物流配送基地，逐步形成集原材料采购加工、配送销售、技术金融服务为一体的生产资料流通体系。

（九）完善工业消费品流通体系。以城市商业中心为主导，以社区和苏木乡镇超市、便利店为基础，以商品交易市场为特色，积极推动工业消费品市场建设，逐步形成渠道多样、业态丰富、功能完善、城乡畅通的工业消费品现代市场体系。支持大型批发市场创新经营模式，完善仓储、配送等配套设施，提升市场展览展示、信息集散、价格形成、物流配送等综合服务能力，推动有条件的市场向上下游延伸，更好地发挥对产业集群的带动作用；发展城市商业综合体、仓储会员店、工厂直营店、连锁便利店、无店铺经营等新型业态，加快形成差异化、便利化、多元化的零售网络体系；支持流通企业与品牌生产企业紧密合作，积极培育总代理商、总经销商，减少代理层级，降低流通成本，提高流通效率。

（十）加快建立废旧商品回收体系。坚持市场主导与政府引导相结合，逐步形成政府推动、市场调节、企业运作、社会参与的废旧商品回收机制。按照规划引导、合理布局的原则，加快建设居民废旧商品回收网点，畅通生产企业回收大宗废旧商品和边角余料渠道，特别要加强报废汽车、废弃电器电子产品、废轮胎、废弃节能灯等重点废旧商品的回收。率先在各级行政机关建立覆盖机关各部门办公区的废旧物品回收体系。按照城区每2000户、其他城镇每2500户居民设置一个回收点，每个社区、苏木乡镇设置面积不低于30平方米的回收点，培育覆盖全区12个盟市的废旧商品回收龙头企业及加工再利用园区，初步建立起符合城乡规划，"废品回收点＋废品分拣中心＋废品回收基地＋集散市场"的废旧商品回收网络体系，到 2015 年底，主要品种废旧商品回收率力争达到 70% 左右。

四、积极创新流通方式

（十一）大力发展电子商务。加快电子商务应用体系建设，支持传统流通企业依托线下资源，实现线上线下优势互补和协同应用。重点实施电子商务应用进传统流通企业（百货、超市、餐饮）、进市场（专业市场、农产品批发市场、农贸市场）、进社区（小区网点、便利店）、进农村牧区（农畜产品、农家店）、进园区（物流园区、开发区）、进中小微企业"六进工程"。加快电子商务平台建设，依托农畜产品、煤炭、稀土、矿产品、绒毛、新材料、装备制造等行业资源，建设行业电子商务平台。重点建设 10 个以上具有影响力的综合性电子商务平台和行业电子商务平台、10 家以上特色产业门户网站，发展 100 家以上电子商务平台企业。加快电子商务示范体系建设，培育和认定一批自治区级电子商务示范城市、示范基地和示范企业。鼓励创建国家电子商务示范城市、示范基地和示范企业，探索成功的运作模式和新型服务模式，为快速聚集电子商务产业链和提供专业化、一体化电子商务服务创造条件，为带动关联企业电子商务协同发展提供借鉴和范例。加快电子商务集聚区建设，依托现有开发区、物流园区、云计算基地，通过吸引电子商务企业入驻，形成集商品贸易、网络技术服务、平台建设、物流配送、融资与政策支持等多功能、多业态于一体的电子商务集聚区。重点推进内蒙古自治区电子商务园区、赤峰市电子商务基地、呼和浩特市金海电子商务基地、内蒙古自治区商网羊绒馆和特色农畜产品馆建设。积极引进国内外电子商务企业在内蒙古自治区设立区域总部和结算、物流、分拨中心，打造流通产业核心增长极。加快电子商务支撑体系建设，积极发展移动电子商务以及安全认证、电子支付、仓储物流、标准体系、信用服务等电子商务支撑服务企业，鼓励技术和服务模式创新，建立和完善电子商务服务产业链条。发挥服务外包对电子商务的促进作用，构建电子商务信息监测体系。

（十二）加快发展连锁经营。促进连锁经营快速协调发展，扶持培育连锁经营龙头企业。积极引导投资主体多元化、规模大、主业突出、核心竞争力强的连锁经营企业做大做强，向多业态延伸，提高流通规模化、组织化程度。按照"鼓励发展直营连锁，规范发展特许连锁，扶持发展自愿连锁"的原则，支持以民生为导向的连锁企业快速发展，鼓励其参与社区商业建设和农村牧区流通网络建设，提高统一采购、统一管理、统一核算、统一配送水平，运用信息化手段，优化供应链和物流配送管理体系，提高经营管理水平。

（十三）积极发展物流配送。大力发展第三方物流，促进企业内部物流社会化，引导传统物流企业改造升级，鼓励中小物流企业通过联盟、联合、兼并等方式实现资源整合，提高物流配送专业化、社会化、信息化水平。积极支持连锁企业、批发代理、工业企业、中小企业联盟进行物流配送中心建设并面向社会提供配送服务，加快建立综合性与专业性并存的多层次物流配送体系。加强城际配送、城市配送、农村牧区配送的有效衔接，推广公路不停车收费系统，规范货物装卸场站建设和作业标准。交通运输、公安、城管、市政等部门要按照依法、高效、环保的原则，尽快研究制定城市物流配送管理办法，有效解决城市配送车辆"行路难"、"停靠难"、"卸货难"等问题。

（十四）全面提升流通信息化水平。将信息化建设作为发展现代流通产业的战略任务，加强规划引导，推动营销网、物流网、信息网的有机融合。加快推广物联网、互联网、云计算、全球定位系统、移动通信、地理信息系统、电子标签等技术在流通领域的应用。引导企业利用先进信息技术提高仓储、采购、运输、订单等环节的管理水平。支持旗县（市、区）开展流通领域公共信息服务平台建设试点，提升各类信息资源的共享和利用效率。加快商务综合信息平台项目建设，力争通过5年努力，建立覆盖内蒙古自治区的流通领域公共信息服务平台。

五、增强流通企业核心竞争力

（十五）培育大型流通企业。积极培育"双十亿"骨干企业。到"十二五"末，内蒙古自治区培育10户左右年销售额超十亿元的工业消费品交易市场和10户左右年销售额超十亿元的大型零售企业，新增500户左右限额以上商贸流通企业。引导相关行业协会等第三方机构，联合发布内蒙古自治区流通企业、连锁企业、商品交易市场50强榜单，并加大对上榜企业的扶持力度。对通过参股、控股、并购、品牌输出、特许加盟等方式整合流通资源、开展强强联合、低成本扩张和跨区域发展的流通企业给予政策支持，加快培育一批拥有自主知识产权、核心竞争力强、主业突出的大型流通企业。

（十六）促进中小流通企业发展。认真落实内蒙古自治区关于促进中小企业发展的有关政策，研究对中小流通企业在财政扶持、税费优惠、信贷支持、信用担保、金融服务、产业升级、人才培训、信息服务等方面的措施办法，促进中小流通企业发展。凡与大型企业建立协作配套关系或开展连锁经营的中小流通企业，可享受国家和内蒙古自治区有关扶持大型企业集团和发展连锁经营的优惠政策。

六、加强市场供应和调控

（十七）加强市场运行监测。完善重要消费品和重要生产资料监测制度，进一步完善直报系统，引导样本企业改善信息报送条件，增强样本代表性，提高信息资源使用效率。积极整合信息资源，扩大监测范围，构筑全方位、多层次的市场信息发布渠道。充分利用现代信息技术，进一步完善监测信息网络平台，提高数据采集、运行分析、市场预测的科学性和准确性。发挥公共商务信息服务体系作用，建立健全重要消费品和重要生产资料的市场预测预警体系，提升城乡市场信息服务功能。

（十八）提高保障调控能力。建立自治区级牛、羊肉专项储备，优化储备品种和区域结构。适当扩大肉类、食糖、蔬菜等生活必需品储备规模，所需费用纳入同级财政预算。强化"菜篮子"市长负责制，百万人以上人口的城市要落实冬春蔬菜储备制度，建立大宗农畜产品商业收储机制，调节鲜活农畜产品上市时间，防止集中上市导致"卖难"现象的发生，保证农畜产品生产淡季市场供应，确保市场价格基本稳定。加强内蒙古自治区市场应急投放网络建设，建立健全应急调控反应机制，提高市场调控和应急保供能力，维护市场供求基本平衡。

（十九）加强流通领域食品安全监管。加强对商务流通领域食品安全的监管，形成覆盖所有畜禽定点屠宰企业的全过程监管机制。支持开展肉菜酒类流通追溯体系、"放心肉"服务体系建设试点，逐步建立健全肉类、蔬菜、酒类等商品全过程质量追溯体系。加大商务领域综合行政执法监督检查力度，深入开展畜禽屠宰、酒类流通等领域的监督检查，依法严厉打击侵权售假、商业欺诈等违法行为。强化零售商供应商交易监管，加快商业诚信体系建设，完善信用信息采集、查询、披露制度，推动行业管理和执法监管部门、行业组织、金融监管部门、银行业金融机构信息共享。

七、强化政策支持

（二十）科学编制流通规划。完善内蒙古自治区流通领域相关行业规划，提升规划的执行力、约束力。各盟市、旗县（市、区）要科学制订商业网点规划，将商业网点规划纳入城市规划，苏木乡镇商业网点建设纳入小城镇建设规划。制定控制性详细规划和修建性详细规划要充分考虑流通网络建设需求，征求同级商务部门意见，做好与流通领域各行业规划的衔接。完善社区商业网点配置，新建社区商业和综合服务设施面积占社区总建筑面积的比例不得低于10%。地方人民政府应出资购买或租赁部分商业用房，用于支持社区菜店、菜市场、农副商品平价商店、便利店、早餐店、家政服务点等生活必备的商业网点建设。

（二十一）落实支持流通业发展的用地政策。各地区要加强流通产业发展用地需求与土地利用总体规划的衔接，在年度土地供应中适当增加流通产业发展用地，统筹安排流通业各类用地。商务部门要会同国土资源、规划等部门制定鼓励发展的流通设施目录，重点支持列入目录范围的项目用地，优先保障农畜产品批发市场、农贸市场、物流配送中心、社区菜市场和便民服务网点等流通基础设施用地。对政府投资建设不以盈利为目的、具有公益性质的农畜产品批发市场、农贸市场、农副产品平价商店，可按划拨方式供应土地，但禁止改变土地用途和性质。对符合规划并对经济具有推动作用的物流园区、物流基地、物流配送中心、大型第三方物流项目，优先安排物流用地。利用工业旧厂房、闲置仓库等建设现代物流、农贸市场、家政服务培训机构、废旧商品回收体系等符合规划的流通设施，涉及原划拨土地权使用转让或租赁的，经相关部门批准可以协议方式供应。对旧城区改建需搬迁的流通业用地，在收回原国有建设用地使用权后，经相关部门批准可以协议出让方式为原土地使用权人安排用地。依法加强流通用地管理，土地出让前要制订控制性详细规划和土地供应方案，明确容积率等规划条件，不得擅自调整用地规划，禁止以物流中心、商品集散地等名义圈占土地。

（二十二）加大财政支持力度。在积极争取和用好国家扶持资金的同时，增加内蒙古自治区各级财政对流通业的投入。要逐步增加内蒙古自治区促进商贸流通服务业发展资金规模，制定《内蒙古自治区流通业发展指导目录》，对列入其中的流通领域公共服务设施给予资金支持。重点支持鲜活农畜产品流通体系、电子商务集聚区、电子商务示范工程、电子商务公共服务平台、电子商务应用、电子商务支撑与配套服务业、小微流通企业服务体系建设。各盟市要设立专项资金，对符合国家和内蒙古自治区产业政策要求、具有重要示范带动作用、与民生密切相关的重点项目给予支持。要规范资金管理，加强监督检查，确保专项资金发挥最大政策效果。

（二十三）创新金融支持政策。稳步发展消费信贷市场，促进银行卡在流通业中的使用。创新金融产品，改进信贷管理，发展符合流通产业特点的融资租赁、商圈融资、供应链融资、商业保理等业务，积极开展动产、应收账款、仓单、商铺经营权、租赁权等质押融资。金融机构、融资性担保机构要加大对流通企业的支持，促进新型流通业态和现代流通方式的发展，加快建设适应现代流通方式发展要求的支付平台。支持符合条件的大型流通企业上市融资，设立财务公司及发行公司债券、短期债券、中期票据和中小企业集合债等债务融资工具筹措发展资金。鼓励大型流通企业使用票据、银行卡等非现金支付工具，拓宽非现金支付渠道，提高资金使用效率。稳步扩大典当公司、小额贷款公司经营规模，发挥对小微流通企业融资的补充作用，合理引导民间资本流动。加强银企合作，推进政府部门、地区与金融领域的战略合作。

（二十四）积极落实税收政策。认真贯彻落实国家减轻流通产业税收负担的一系列税收优惠政策，自2012年1月1日起至2014年12月31日止，对物流企业自有的（包括自用和出租）大宗商品仓储设施用地，减按所属土地等级适用税额标准的 50% 计征城镇土地使用税；2013 年 1 月 1 日至 2015 年 12 月 31 日，对专门经营农产品的农产品批发市场、农贸市场使用的房产、土地，暂免征收房产税和城镇土地使用税；对符合条件的蔬菜和部分鲜活肉蛋产品按照相关规定免征流通环节增值税；对符合条件的"公司＋农户"经营模式销售畜禽按照相关规定免征增值税；自 2011 年 10 月 1 日至 2014 年 9 月 30 日，对家政服务企业由员工制家政服务员提供的家政服务取得的收入免征营业税；对符合条件的二手车代理销售业务按照相关规定不征收增值税；对月销售额不超过 2 万元的小型微利流通企业暂免征收增值税；对月营业额 2 万元以下的小型微利流通企业暂免征收营业税；对列入《西部地区鼓励类产业目录》的国家鼓励类流通产业项目按照规定暂减征收企业所得税；落实跨地区经营总分支机构汇总纳税政策以及交通运输业和部分现代服务业营业税改增值税试点政策。

（二十五）降低流通环节费用。严格执行鲜活农产品运输"绿色通道"政策，认真落实对合法装载运输鲜活农畜产品的车辆免收通行费政策，鼓励使用符合国家强制性标准的鲜活农畜产品专用运输车型，完善城市物流配送车辆的运行管理，积极为鲜活农畜产品配送车辆提供畅通便捷有序的通行和停靠条件，取消鲜活农畜产品进城时间限制。规范农畜产品市场收费，对政府参与投资建设的农畜产品批发市场、农贸市场、超市收费纳入地方政府定价目录；对企业投资建设的农贸市场、超市收取的经营权承包费或摊位（进场）费要公布参考收费标准，降低偏高的收费标准。农畜产品批发市场、农贸市场、农畜产品冷链物流的冷库用电按一般工商业用电价格执行。商业用水价格，已按要求简化用水价格分类的地区，应执行非居民用水价格。城市社区服务业电费按照居民合表户电价标准执行。加大对涉及流通产业收费的管理和监督检查力度，对合法的收费项目及标准按照规定公示并接受社会监督。对流通产业的行政事业性收费，凡收费标准有上下限幅度规定的，一律按下限收取。

（二十六）多渠道增加对流通产业的投入。要按照"谁投资、谁受益、谁负责"的原则，鼓励多渠道、多层次、多形式地增加对流通业的投入。加大流通项目的招商引资力度，引导社会闲置资源投向流通业，鼓励大型工业企业和上市公司进入流通领域。建立健全以政府投入为引导，企业投入为主体，境内外投资共同参与的多渠道、多元化投入体制。

八、优化流通产业发展环境

（二十七）健全流通领域法规制度。认真落实国家已出台的流通领域各项法律法规，制定出台《内蒙古自治区牲畜屠宰管理办法》，完善生产资料、再生资源、成品油、典当拍卖等重点行业管理及农畜产品批发市场和大型商业网点建设及管理、突发事件保障市场供应等方面的地方性法规和规章，加快流通领域立法步伐。规范、精简流通领域行政许可和非行政许可项目，合理降低流通主体市场准入门槛，推行电子政务，简化程序，提高效率。推进流通标准化体系建设，支持自治区流通龙头企业、行业协会积极参与国家和自治区流通标准制定工作，结合自治区实际，重点围绕商贸服务、生产性服务、居民服务等领域出台地方性标准。

（二十八）加强信息统计工作。要进一步加大流通费用统计工作力度，建立符合自治区实际的流通费用统计制度、指标体系和信息共享机制，将连锁经营、物流配送、电子商务等新兴流通业纳入统计范围。健全运输、仓储、保管、配送、批发、零售等企业收支情况和价格调查的统计方法和手段。建立收费公路经营主体收费标准、收费金额等情况的统计、监测制度，全面、准确掌握收费公路的收费情况。

（二十九）发挥行业协会作用。积极培育和发展自治区流通领域行业协会等中介组织，引导协会收集行业信息、参与政策研究、制定行业规范和标准，加强行业监督、行业自律和信用评价。支持协会为企业提供法律、政策、管理、技术、市场信息咨询及人才培训等服务，及时反映行业诉求，维护企业合法权益。充分发挥行业协会在商业网点设置、产业损害调查、引导行业发展、政府与企业间桥梁搭建等方面的积极作用。加强对流通领域理论问题的基础性、系统性、长期性和前瞻性研究，要加强政府部门与学校、科研机构的联合协作，通过专家库的形式强化对流通重点、难点、热点问题的研究，为决策咨询提供服务。

（三十）完善机构建设。各盟市、旗县（市、区）要高度重视流通管理部门机构建设和人员配备，建立与现代流通体系相适应的流通管理模式。健全基层商贸流通工作机构，充实工作人员，各级编制管理、财政部门要在机构设置、人员编制、职能确定、工作经费保障等方面给予大力支持。完善流通领域行政执法制度，建立覆盖内蒙古自治区流通领域的行政执法体系，各级财政部门要对12312商务综合行政执法平台建设予以支持，力争到2015年旗县（市、区）覆盖面达到60%以上。建立自治区、盟市、旗县三级商务综合行政执法队伍，有效开展执法工作。培养和引进流通专业人才，建立完善人才培训、激励约束和引进交流机制。强化干部队伍建设，开展以盟市、旗县（市、区）流通管理人员和企业主要负责人为对象的系列培训，全面提高行业人员素质。

九、切实加强组织领导

（三十一）建立健全统筹协调机制。成立由内蒙古自治区分管领导任组长，自治区商务厅、发展改革委、财政厅、国土资源厅、交通运输厅、住房城乡建设厅、工商局、地税局、供销合作联社、内蒙古自治区国税局等相关部门组成的内蒙古自治区流通促进工作领导小组。各盟市也要建立相应工作机构，全面落实责任，研究制定具体的实施方案，加强对流通工作的协调指导和监督检查，及时研究解决流通产业发展中的重大问题，加强统筹规划和政策协商，重视政策衔接，推动信息共享，形成加快流通产业发展的整体合力。

（三十二）强化监督考核。各地区要高度重视深化流通体制改革工作，把加快流通产业发展工作纳入本地区经济工作目标管理考核和政府绩效考核体系，实行动态管，科学确定考核内容、设定考核标准。内蒙古自治区各有关部门要加强调度协调、跟踪研判和督促检查，确保各项工作落实到位。

2014 年 1 月 20 日

附件 12

内蒙古自治区人民政府关于印发加快电子商务发展若干政策规定的通知

内政发〔2014〕138 号

各盟行政公署、市人民政府，自治区各委、办、厅、局，各大企业、事业单位：

现将《内蒙古自治区加快电子商务发展若干政策规定》印发给你们，请结合实际，认真贯彻落实。

2014 年 12 月 31 日

内蒙古自治区加快电子商务发展若干政策规定

为加快内蒙古自治区电子商务发展，根据《国务院关于加快发展生产性服务业促进产业结构调整升级的指导意见》（国发〔2014〕26 号）、《国务院关于促进信息消费扩大内需的若干意见》（国发〔2013〕32 号）、《国务院办公厅转发商务部等部门关于实施支持跨境电子商务零售出口有关政策意见的通知》（国办发〔2013〕89 号）有关精神，结合内蒙古自治区实际，制定如下政策规定。

一、加快电子商务管理体制改革

（一）改进资质管理方式。认真清理针对电子商务企业的资质审批项目，逐步减少行政审批。加强依法行政，在规范管理的前提下，按照电子商务特征，适当放宽对电子商务企业运营资质的行政许可和审批条件，降低准入门槛；改进资质审批管理方式，完善许可或备案操作流程，除法律法规有明确规定外，一律不得对电子商务企业设立前置审批事项。按照国家统一部署，推动放开电子商务领域外资准入限制。对法律法规未规定或国务院未批准必须由法人机构申请的资质，电子商务企业总部统一申请获得资质后，其非法人分支机构可向所在地有关部门备案获得。（责任单位：内蒙古自治区通信管理局，自治区教育厅、商务厅、文化厅、卫生计生委、食品药品监管局、新闻出版广电局）

（二）改革工商登记制度。破除地区封锁和体制、机制障碍，积极为电子商务企业设立法人、非法人分支机构提供便利，鼓励电子商务企业开展跨地区、跨区域经营。电子商务企业总部统一办理工商登记注册和经营审批手续后,其非法人分支机构可持总部出具的文件,直接到所在地工商行政管理机关申请登记注册,免予办理工商登记核转手续。

允许"一址多照"。对有实际经营场所的电子商务经营者,在符合条件的同一办公场所内允许多家企业注册。对于只在网上从事经营活动的经营者,可在符合相关规定的前提下,将其自有或租用的住宅作为经营场所进行登记。

在名称不重复且符合名称登记管理相关规定的情况下,允许电子商务经营者使用包括自有网站中文域名在内的个性化词语作为企业名称的字号。(责任单位:自治区工商局)

二、加大土地政策支持力度

(三)保障重点项目用地。在土地利用总体规划修编或调整过程中,统筹安排电子商务产业园区用地空间布局,优先保障重大电子商务项目用地。对重点电子商务项目可比照内蒙古自治区重大项目,在安排年度新增建设用地计划指标时给予倾斜。(责任单位:自治区国土资源厅)

(四)鼓励利用存量建设用地。鼓励利用存量建设用地发展电子商务产业,支持在不改变用地主体、不重新开发建设的前提下,改造利用工业企业老厂区、老厂房发展符合规划的电子商务产业,涉及原划拨土地使用权转让或改变用途的,经批准可以采取协议出让方式供地。(责任单位:自治区国土资源厅)

三、加大财政资金支持力度

(五)充分利用相关资金政策。各级人民政府可通过利用国家、内蒙古自治区相关税收优惠政策和统筹使用现有的相关专项资金,以贷款贴息、先建后补、以奖代补、担保补贴等间接补助方式,加大对电子商务发展的扶持力度。使用有关专项资金进行补助的,应明确政策执行期限。(责任单位:自治区财政厅、发展改革委、科技厅、经济和信息化委、商务厅)

(六)加大重点项目支持力度。支持国家电子商务示范城市、自治区级以上示范基地和示范企业创建及重点园区、骨干电子商务平台建设。对带动作用强、规模大的电子商务企业在仓储设施建设等方面予以支持;对符合内蒙古自治区产业结构调整总体布局的重点电子商务园区比照经济技术开发区、产业集聚区相关支持政策执行。支持建立网络营销孵化中心,加快电子商务人才培养;支持电子商务统计渠道建设,尽快构建内蒙古自治区电子商务统计体系。(责任单位:自治区财政厅、发展改革委、科技厅、经济和信息化委、商务厅、工商局、统计局)

四、落实税收优惠政策

（七）高新及软件企业税收政策。积极培育并鼓励具备条件的电子商务及相关服务企业申请高新技术企业和软件企业认定。经认定为高新技术企业和软件企业的，按照国家相关政策规定，享受税收优惠。（责任单位：自治区科技厅、财政厅、地税局，内蒙古自治区国税局）

（八）西部大开发税收优惠政策。自治区电子商务企业如以《西部地区鼓励类产业目录》中规定的产业项目为主营业务，且其主营业务收入占企业收入总额70%以上，经认定，可享受减按15%税率征收所得税的优惠政策。（责任单位：自治区财政厅、地税局，内蒙古自治区国税局）

（九）小微企业税收优惠政策。自2014年10月1日起至2015年12月31日，对月销售额2万元至3万元（含本数，下同）的小微电子商务企业（必须为小规模纳税人），免征增值税；对月营业额2万元至3万元的小微电子商务企业，免征营业税；自2014年1月1日至2016年12月31日，对年应纳税所得额低于10万元的小微电子商务企业，其所得减按50%计入应纳税所得额，按20%的税率缴纳企业所得税，并免征其中地方分享部分。（责任单位：自治区财政厅、地税局，内蒙古自治区国税局）

（十）研发费用税前扣除政策。对电子商务企业交易平台为开发新技术、新产品、新工艺发生的研究开发费用，未形成无形资产计入当期损益的，在按规定据实扣除的基础上，按研究开发费用的50%加计扣除；形成无形资产的，按照无形资产成本的150%摊销。（责任单位：自治区财政厅、地税局，内蒙古自治区国税局）

（十一）营业税改征增值税政策。对属于营业税改征增值税范围的电子商务企业，按照适用税率或征收率征收增值税。（责任单位：自治区财政厅、地税局，内蒙古自治区国税局）

（十二）农产品流通税收政策。对从事蔬菜批发、零售的电子商务企业销售的蔬菜，对从事农产品批发、零售的电子商务企业销售的部分鲜活肉蛋产品，可按规定享受免征增值税的税收优惠政策。（责任单位：自治区财政厅、内蒙古自治区国税局）

（十三）跨境电子商务零售出口税收政策。符合条件的自建跨境电子商务销售平台的电子商务出口企业、利用第三方跨境电子商务平台开展电子商务出口的企业，适用国家有关跨境电子商务零售出口税收政策。（责任单位：自治区财政厅、内蒙古自治区国税局）

五、加大金融支持力度

（十四）拓宽融资渠道。建立多元化、多渠道的投融资机制，引导各类社会资本投资电子商务产业。支持电子商务企业在境内外多层次资本市场挂牌、上市融资，支持电子商务企业通过发行企业债、公司债、短期融资券、中期票据、中小企业集合票据、中小企业集合债券、中小企业私募债券等方式拓宽直接融资渠道，鼓励电子商务企业引进私募股权投资、创业投资和天使投资。（责任单位：自治区发展改革委、金融办，人民银行呼和浩特中心支行、内蒙古自治区证监局）

（十五）创新融资方式。鼓励金融机构积极探索无形资产和动产质押融资方式，扩大电子商务企业贷款抵质押品范围，开展知识产权质押融资。鼓励融资性担保机构帮助小微电子商务企业增信融资。积极发展小额贷款保证保险，缓解电子商务企业抵押担保难问题。积极探索网络联贷联保等中小企业网络融资产品，提高中小企业信贷审批和发放效率。（责任单位：自治区金融办、商务厅，人民银行呼和浩特中心支行、内蒙古自治区保监局）

（十六）完善支付服务。鼓励银行机构和支付机构为电子商务提供支付服务。支付机构办理电子商务人民币跨境支付业务的，需按照中国人民银行跨境人民币业务管理部门相关规定执行。完善电子支付、清算、结算服务体系，切实加强对银行机构和支付机构支付业务的监管力度。（责任单位：人民银行呼和浩特中心支行、自治区金融办、中国银联内蒙古自治区分公司）

（十七）便利企业收付汇。进出口企业跨境电子商务外汇收支应具有事实交易背景，允许电子商务出口企业申请设立外汇账户，凭海关报关信息办理货物出口收结汇业务。支付机构应按照有关规定，在银行开立外汇备付金账户，并通过外汇备付金账户办理跨境代收、代付业务。（责任单位：人民银行呼和浩特中心支行、国家外汇管理局内蒙古自治区分局、呼和浩特海关、满洲里海关）

六、加大其他方面政策支持

（十八）降低收费便利通行。鼓励电子商务企业将配送业务外包给第三方快递物流企业，对物流企业配送车辆给予通行便利。按照规定逐步有序取消政府还贷二级公路收费，继续清理不合理收费站点，尽快实施高速公路联网收费。加强城市配送车辆车型及其环保方面的技术管理，全面禁止将客运车辆改装为货运车辆，有效解决城市中转配送难、配送货车停靠难等问题，促进符合条件的物流企业加快规模化发展。（责任单位：自治区发展改革委、公安厅、交通运输厅、商务厅）

（十九）建立电子商务出口新型海关监管模式。海关要对经营主体出口商品进行集中监管，并采取清单核放、汇总申报的方式办理通关手续，降低报关费用。经营主体在网上提交相关电子文件，并在货物实际出境后，按照外汇和税务部门要求，向海关申请签发报关单证明联。将电子商务出口纳入海关统计。（责任单位：呼和浩特海关、满洲里海关、自治区商务厅）

（二十）建立跨境电子商务检验监管模式。对电子商务集货、备货进口的商品，实施"分类管理、便利进出"、"一次申报、分批核销"的检验检疫监管措施。对电子商务出口企业及其产品进行检验检疫备案或准入管理，实行全申报制度，以检疫监管为主，一般工业制成品出口不再实行法检，特殊工业产品完善监管制度，保障质量安全。实施集中申报、集中办理相关检验检疫手续的便利措施。（责任单位：内蒙古自治区出入境检验检疫局、自治区商务厅）

（二十一）加大通信基础设施建设力度。加快通信基础设施、光纤宽带网和移动通信网建设，积极利用新一代移动通信技术建设宽带无线城市，建设覆盖城乡、有线无线相结合的宽带接入网。推进农村牧区和边远地区宽带互联网等通信基础设施建设，建立健全农村牧区信息服务体系。加快建设新农村新牧区综合信息服务平台，推动电子商务运营、服务企业利用服务平台拓展农村牧区市场，开展面向"三农三牧"的增值服务。积极推进农村牧区连锁经营龙头企业及配送中心信息化建设，建立连锁直营店、加盟店信息网络，逐步实现网上订货、网上配送、网上结算等电子商务功能。加强快递基础设施建设，推进快递下乡。（责任单位：内蒙古自治区通信管理局，自治区发展改革委、经济和信息化委、财政厅、农牧业厅、商务厅，内蒙古自治区邮政管理局）

（二十二）加快电子口岸建设。推动口岸监管实现"三个一"（一次申报、一次查验，一次放行）和"三个互"（信息互换、监管互认、执法互助），推动各通关部门简化流程、协同执法、联合查验和信息共享，为跨境电子商务提供"一站式"服务，促进跨境电子商务发展。（责任单位：自治区商务厅、内蒙古自治区出入境检验检疫局、呼和浩特海关、满洲里海关）

（二十三）推进电子商务可信交易环境建设。健全网络商品交易及有关服务行为的规章制度，研究制定统一的网络经营者信用评估指标体系，推动网络经营者交易信用信息采集、加工、评价、公布和共享，鼓励社会中介机构开展网络经营者信用评价活动。研究制定网络市场主体电子标识管理制度，推动网络市场主体、客体及交易过程基础信息的规范化管理，组织网络市场服务企业开展可信交易环境保障服务试点工作。加强网络市场交易电子合同监管，依法明确网络市场交易各方的权利、义务和责任。严肃查处商业欺诈，打击侵犯知识产权、销售假冒伪劣产品和侵害消费者合法权益等违法违规行为。建立和完善网络市场交易非诉讼纠纷解决机制，切实维护网络消费者的合法权益，营造良好的网络市场秩

序。（责任单位：自治区发展改革委、科技厅、商务厅、工商局）

（二十四）加大人才引进力度。鼓励电子商务企业与区内高校合作，推进电子商务、快递、物流配送等学科专业建设，共建电子商务人才培养基地，培养电子商务复合型、应用型、技能型人才。鼓励企业引进、培养高端复合型电子商务人才，符合国家和内蒙古自治区有关规定的，可享受落户、住房、子女入学、医疗等方面的优惠政策。对电子商务企业引进高端电子商务人才产生的有关住房货币补贴、安家费、科研启动经费等费用，可列入成本核算。鼓励电子商务产业园区按照集约用地的原则，引导用工单位等各类投资主体建设公共租赁住房，面向园区内就业人员出租。（责任单位：自治区党委组织部、科技厅、教育厅、人力资源社会保障厅、国土资源厅、住房城乡建设厅）

七、建立组织协调机制

（二十五）建立联席会议制度。内蒙古自治区建立推进电子商务发展工作联席会议制度，协调解决内蒙古自治区电子商务发展中的重大问题。联席会议由各责任单位组成。各部门要结合各自职能，各司其职，为电子商务健康发展创造良好的政策环境。联席会议办事机构设在内蒙古自治区商务厅。各盟市也要建立相应工作机制，发挥统筹规划、政策制定和综合协调作用，全面推进电子商务加快发展。（责任单位：自治区联席会议成员单位）

（二十六）建立公共信息共享机制。推动行业、政府部门间通过网络化管理平台协同合作，建立互联互通、公共信息资源共享机制，逐步实现跨部门、跨层次的信息集成，打通"信息孤岛"。（责任单位：自治区联席会议成员单位）

参考文献

［1］北京产业研究院．中国仓储物流行业发展状况及十三五规划研究报告
［R］．2015．

［2］陈华．我国物流标准化存在的问题与措施研究［N］．现代物流报，
2015 － 11 － 30．

［3］崔双成．"一带一路"战略下中国物流业发展探讨［J］．物流技术，
2015（12）：109 － 112．

［4］崔忠付．我国物流信息化的发展现状及趋势［J］．物流技术（装备
版），2014（12）：10 － 13．

［5］呼和浩特商务局．呼和浩特市物流业规划发展情况［EB/OL］．http：//
www. nmgswt. gov. cn/news － aadcb0f4 － 456c － 45ee － 9fee － 7e00e3e646e7. shtml，2014 －
07 － 28/2015 － 12 － 23．

［6］胡辽克．物流信息标准化的发展及面临的问题［J］．中国标准化，
2012（2）：61 － 64．

［7］华经视点．2015 － 2020 年内蒙古自治区信息化运行前景及投资策略研究
报告［R］．2015．

［8］华研中商研究院．中国仓储行业十三五规划建议及未来发展趋势研究报
告［R］．2015．

［9］姜宗品，罗国富，刘海东．基于云计算的物流信息平台的设计与实现
［J］．物流技术，2015，34（13）：256 － 258．

［10］李晓蕾．供应链模式下物流产业信息化发展研究［J］．物流技术，
2015，34（3）：291 － 293．

［11］厉骁，常芳．论中小企业仓储发展存在的问题及对策［J］．管理学
家，2013．

［12］刘春梅．完善现代物流标准化体系的建议［J］．哈尔滨商业大学学

报，2007（4）：76－77.

［13］刘庆国．加快推进物流标准化建设问题研究［J］．交通标准化，2011，237（2）：43－47.

［14］刘峥．物流标准化提升物流效率的机理分析［J］．物流技术，2015（5）.

［15］内蒙古人民政府．内蒙古自治区"十二五"物流业发展规划［R］.2011.

［16］内蒙古统计局.1－9月内蒙古规模以上服务业运行情况分析［EB/OL］.http：//www. nmgtj. gov. cn/nmgttj/tjbg/zzq/webinfo/2015/11/1441781737690130. htm，2015－11－16/2015－12－23.

［17］内蒙古自治区发展研究中心信息化研究处．内蒙古自治区信息化发展现状及存在的主要问题［J］．北方经济，2008（15）：16－18.

［18］内蒙古自治区经济和信息化委员会．内蒙古自治区"十二五"工业和信息化发展规划［R］.2013.

［19］邵成．基于云模型的内蒙古物流企业绿色物流综合评价［J］．物流技术，2013，32（9）：336－338.

［20］王志玲．从大数据时代看电子商务物流配送发展趋势［J］．品牌，2015（4）.

［21］王忠敏．服务标准化的战略地位和未来发展［J］．中国标准化，2010（7）：19－24.

［22］徐茜，黄祖庆．我国物流信息化标准体系研究［J］．中国标准化，2011（11）：74－77.

［23］薛强，晏绍庆．我国物流标准化现状和发展趋势［J］．物流技术，2011，30（12）：19－21.

［24］严维红．基于电子商务环境下第四方物流管理平台研究［J］．物流科技，2014，37（10）：123－124.

［25］姚育章，靳瑾，陈宓等．内蒙古自治区交通物流信息化的应用研究［J］．数字技术与应用，2013：54－55.

［26］张铎．物流标准化教程［M］．北京：清华大学出版社，2011.

［27］张琳，吴文娟．现代物流标准化对物流规模的影响研究［J］．物流技术，2012，31（9）：41－44.

［28］中国产业调研网.2015－2021年中国物流仓储行业发展现状调研与市场前景预测报告［R］.2015.

［29］中国产业调研网.2015年中国仓储市场现状调研与发展趋势预测分析

报告［R］．2015.

　　［30］中国新闻网．内蒙古建互联网＋物流云平台［EB/OL］．http：//
news. ifeng. com/a/20151019/45654511_ 0. shtml，2015－10－19/2015－12－28.

　　［31］中商产业研究院．2015－2020年内蒙古自治区信息化市场调查与发展
前景预测报告［R］．2015.